近藤潤三

比較のなかの戦後史

― 日本とドイツ ―

木鐸社

比較のなかの戦後史　目次
― 日本とドイツ ―

序章　比較の方法と本書の主題 ……………………………… 7
　はじめに…………………………………………………………… 7
　1.　戦後史と比較の方法 …………………………………… 8
　2.　日独比較の主題と本書の構成 ………………………… 12

第1章　日独戦後史の比較に向けて ……………………… 20
　　　　　－研究史を中心に－
　はじめに…………………………………………………………… 20
　1.　日独戦後史の共通面・類似面 ……………………… 22
　2.　西洋近現代史研究の特徴とその変容 ……………… 25
　3.　戦後の日独比較への関心 …………………………… 34
　4.　ドイツ統一以降の関心の変化 ……………………… 40
　結び …………………………………………………………… 47

第2章　戦後史のなかの5月8日と8月15日 ………… 54
　はじめに…………………………………………………………… 54
　1.　ドイツの敗戦 ………………………………………… 56
　2.　日本の終戦 …………………………………………… 70
　3.　日独の終戦・敗戦の比較 …………………………… 83
　4.　日独の相違の主要点 ………………………………… 101
　結び …………………………………………………………… 105

第3章　戦後史のなかの反ファシズムと反共主義 …………… 121
　はじめに…………………………………………………………… 121
　1.　戦後日本の反・反共主義と反ファシズム ………… 123
　2.　西ドイツにおける反共主義 ………………………… 137
　3.　日独の反共主義・反ファシズム・民主主義 ……… 151
　4.　日独の相違と全体主義論 …………………………… 166
　5.　日独比較から見た保革対立 ………………………… 173

結び……………………………………………………………………………………… 184

第4章　ドイツ第三帝国の崩壊と避難民・被追放民問題 ………………… 201
　はじめに………………………………………………………………………………… 201
　1. 第二次世界大戦末期の避難民 ………………………………………………… 203
　2. 第三帝国崩壊後の被追放民 …………………………………………………… 216
　3. 戦後復興と避難民・被追放民 ………………………………………………… 226
　4. 避難民・被追放民問題の現在と歴史的位置 ……………………………… 234
　結び……………………………………………………………………………………… 243

終章　日本の「戦後」を考える視点 ……………………………………………… 253
　はじめに………………………………………………………………………………… 253
　1. 日本とドイツの「戦後」の始点 ……………………………………………… 256
　2. ドイツの「戦後」………………………………………………………………… 265
　3. 日本の「戦後」とその終焉 …………………………………………………… 271
　4.「戦後」をめぐる世代的断層…………………………………………………… 281
　結び……………………………………………………………………………………… 290

あとがき…………………………………………………………………………………… 300

索引………………………………………………………………………………………… 305

比較のなかの戦後史

　－日本とドイツ－

序章　比較の方法と本書の主題

はじめに

　本書の主眼は，政治史上の論点に焦点を据え，それを切り口にして日本とドイツの戦後を比較検討することにある。日本とドイツの比較はこれまでしばしば行われてきたが，フィールドを戦後政治史に絞り込んで比較考察を行うことがここでの課題である。その際，両国の政治構造や制度の次元に関心を集中したり，主要な政治勢力の角逐を中心に据えるのではなく，歴史の展開を担い，あるいはそれによって翻弄された人々の多様で具体的な経験の次元を重視し，その角度からのアプローチに力点を置くようにしたい。それによって様々な思いが込められた歴史が把握可能になり，深部におけるダイナミズムが浮かび上がると考えられるからである。また比較を行う目的は，一国だけに集中していては可視的になりにくい特徴を捉え，日独戦後史の共通性とともに各々の特殊性を明確に把握する点にある。無論，比較の対象となりうる国はいくつも存在するし，二国よりも多くの国々を比べることもできるから，本書で日独両国に対象が絞り込まれているのは，著者の関心と能力の及ぶ範囲がそこまでであることを意味している。

　表題に掲げた戦後もしくは戦後史という言葉は，わが国では一般に第二次世界大戦終結を始点にして今日にまで及ぶ長い時代として理解され，広く使われているといってよい。この言葉が有する含意をはじめ，使用される頻度や脈絡には時期によって変化が認められるが，長い時代を指すことは当然視されていて，ことさら疑問が呈されることはないように見受けられる。本書の表題もこのような通念に配慮してつけられている。けれども，この点には

注意が必要とされるのを忘れてはならない。というのは，本書が公刊される2018年の現在も含めて戦後と呼ぶのは，日本を除くと世界にほとんど例がないからである。例えばアメリカには社会に深い傷跡を残したベトナム戦争もあれば，湾岸戦争，イラク戦争もあり，どこに戦後の起点をとるかは自明な事柄ではない。また本書で比較の対象とするドイツに目を向けると，同じ敗戦国だから日本に類似した用法があると想像されやすいのに反し，実際には戦後という語が使用される頻度は格段に少なく，その上，使われる場合でも敗戦から4年後の1949年あたりで早くも戦後は終わったという有力な見方が存在している。この年に東西に分裂した形で二つのドイツが出現したからである。これを短い戦後と呼ぶならば，他方には東西ドイツが統一して分断に終止符が打たれた1990年に戦後が終結したという見方があり，後者は長い戦後と呼ぶことができる。それとの対比でいえば，日本のケースは「終わらない戦後」もしくは「過ぎ去らない戦後」と名付けることができるかもしれない（中村 285; 成田 10）。いずれにせよ，これらの例に照らしただけでも，第二次世界大戦での敗北以降今日まで延々と続く戦後という用法は決して当たり前の事柄ではないといわなくてはならない。その意味で，日本に特有な長引く「戦後」については終わらないこと自体が問題とするに値するのであり，これをドイツとの比較で考えてみるのが本書の眼目なのである。

1．戦後史と比較の方法

　1980年代末に東欧諸国で共産主義体制が連鎖的に崩壊し，ドイツ統一に続いてソ連が1991年に解体した。これらの一連の出来事が国際社会全体に大転換をもたらしたのは当然だった。国際面での戦後の枠組みになり，各国の国内政治に深い影響を及ぼしてきた冷戦体制が解消し，東西陣営の衝突による第三次世界大戦の悪夢が雲散霧消して核戦争の恐怖が大幅に軽減されたからである。同じ頃，日本の国内では昭和から平成に元号が変わるのに符節を合わせるかのように，1980年代後半に膨らんだバブルがはじけて長く続く経済停滞に突入するとともに，政治面でも磐石に見えた55年体制が瓦解した。これらの国内，国際の二重の変動に揺さぶられて日本でも戦後が大きな曲がり角にさしかかったことは，明治維新，敗戦後に匹敵する第三の開国が語られたことからも窺えよう（佐道 iii）。それにもかかわらず，戦後が終わったという議論は萌芽的に出現しただけで，広く展開されるには至らなかった。それ

には分断下の朝鮮半島や台頭する中国など東アジアでは従来からの緊張関係が解けず，ヨーロッパと違って冷戦体制が存続した影響が大きい。しかし，日本における政治と経済の二重の構造変動の意義を重視する立場から，ドイツとの比較を主眼とする本書では1990年前後を日独両国における主要な画期と捉えることにしたい。アメリカの著名な日本現代史家 J. ダワーは「日本モデル」が崩壊に瀕したことに着目し，「天皇の声を臣下たちがはじめて聞いた瞬間に始まった『長い戦後』は1989年に真の終わりを迎えた」と述べ，「戦後は44年間つづいた」と断定している（ダワー 187f.）。これを参照して本書では「日本モデル」をはじめとして国内外の重層的な変化を総合的に考慮する見地に立ち，敗戦・降伏から1990年前後までをひとまず戦後として一括する立場から出発する。その上で，政治史に重心を置きつつ，主要なトピックに即して日独の戦後史の比較を試みるのが本書の狙いなのである。

このように戦後を区切ってみると，戦前・戦中ばかりでなく，それ以後の時代との相違が鮮明になってくる。戦後に続くこの新たな時代の呼称はいまだに定まっているとはいえないが，さしあたりポスト戦後と呼ぶことができよう。時折見受けることのあるこの表現は，もはや戦後ではないということを明示できる効用があるものの，他面で二つの問題点があるのも否めない。一つは，ポストとしての新しさの内実が不明瞭であることである。もう一つは，終わったとされる戦後に縛られ，それを引きずっていることである。とはいえ，ポスト戦後という呼び方は，米ソの軍事的対決が止んだポスト冷戦と重なり，またロシア革命以降の険しいイデオロギー対立が決着した点でポスト・イデオロギーの時代とも重なるので，多層的なポストの一環であることが鮮明になるという利点があるのも確かであろう。

それはともあれ，こうした意味で戦後からポスト戦後に移行するにつれて日独両国では多面にわたってグローバル化が進み，加えてドイツではヨーロッパ化がそれに重なったのはよく知られている（近藤(1) 53）。日本ではグローバル化の高波に洗われて経済面で国際競争が強まるなかで80年代に賛美された日本的経営が苦境に立たされるに至った。そのために大企業で会社が被用者の生活を丸抱えする構造が緩むとともに，非正規労働の増大をはじめとして雇用や格差の問題が深刻化する一方，経済停滞のためにジャパン・バッシングがジャパン・パッシングに変わり，国際面での存在感が大きく低下した。また政治面では長期に及んだ55年体制が崩れたあとに新党設立と政

党の離合集散が繰り返され，次々に首相が入れ替わって政界流動化といわれる現象が顕著になった。それを象徴するのが，55年体制の主軸の一つだった社会党が事実上消滅したことである。

統一後のボンからベルリンへの首都移転を受け，「ベルリン共和国」と呼ばれるようになったドイツにも，このような日本との類似面がある。というのは，統一以降に起こった多面的な変化のいくつかがドラスティックだからである。なによりも西ドイツ以来の繁栄を下支えしてきた手厚い福祉国家がドイツ産業の国際競争力を意味する産業立地の桎梏と見做されるようになり，世紀が転換する頃から「支援と要求」を標語にして自由主義モデル化が進められて生活保障のシステムが揺らいできたのが重要であろう。また欧州統合に加速がつき，その一環として強いドイツ・マルクが廃されてユーロに変わる一方，領域防衛から国際的な危機管理とNATO域外派遣に主軸を移した連邦軍が国際貢献の名目でアフガニスタンなど国外に送り出され，「普通の国」としてのドイツの存在感が高まってきている。さらに高度成長期に大量の外国人労働者を導入してきたにもかかわらずドイツは長く非移民国を標榜してきたが，今世紀に入ってから新基軸を打ち出し，公式の移民国への転換を進めてきたことも見落とせない変化の一つであろう（近藤(3)）。このように1990年前後を境にして戦後とポスト戦後を区分してみると，個別の出来事に着眼しただけでは掴みとれない構造的な変動が浮かび上がってくる。本書ではこうした構造的次元での変化に注意を払いながら，日独の戦後史を比べていくことにしたい。

ところで，以上のような限定をつけて戦後といっても，戦争終結から数えると45年にも及ぶ。このように長期にわたることを考えれば，日独両国の戦後を高所から鳥瞰しつつ比較するのがきわめて難しいのは当然であろう。なぜなら，眺望するのに適した高度まで到達するには何らかの理論的枠組みに依拠するか，あるいは詳細で幅広い予備知識が推力として不可欠になるからである。私見によれば，現時点ではそうした困難を乗り越えるにはまだ充分に条件が熟していないように思われる。詳しい事実認識に関していえば，第1章で論じるように，ドイツの長い戦後についての日本での研究は本格化してまだ日が浅く，蓄積が乏しいのは否定できないからである。またこの点を踏まえれば，ある程度の知識や判断材料が整わない状態で既成の理論やモデルを当てはめて議論するのは，プロクロステスのベッドの轍を踏む危険が大

きい。たしかに何らかのモデルに依拠し，いくつかの指標に即してデータを解析することによって差異を検証する比較の方法が啓発的であるのは間違いない。しかし，それには陥穽があるのも否定できない。この点に関しては，例えば G. エスピン＝アンデルセンが比較福祉国家研究の金字塔とされる自著に寄せた長大な「日本語版への序文」の言葉が傾聴に値しよう。そのなかで彼は，社会民主主義レジームなどと並ぶ「独自の『日本型福祉国家レジーム』は存在するのか」という問いを提起し，「保守主義的なビスマルク型レジームと自由主義的残余主義との混合物としての性格が強い」ことなどを指摘しながらも，「最終的な判定にはもうしばらく猶予が必要」だとして結論を留保したのである(エスピン＝アンデルセン xiv)。このような慎重な姿勢は，理論に立脚した性急な扱いを戒める貴重な事例になるであろう。こうした問題点を考慮するなら，現在の研究水準から出発するかぎり，日独両国の戦後史を高みから俯瞰した比較論を展開するのはしばらくは期待しがたいといわねばならない。

　そうだとすれば，戦後の日独の政治史を見比べようとする際，どのような方途があるのだろうか。

　今日では国境の壁が低くなり，国際的相互依存が深まっていることから，国家が閉じられた組織体ではないことは誰の目にも明らかになっている。国境で仕切られた空間で生活する人々の構成を一瞥しただけでもそのことは明瞭になる。なぜなら，当該国の国籍を有する人の傍らには他国の国籍を保有する居住者が暮らしているし，国外から来て帰化した人，逆に国籍を保有していても国外に流出する人もいるのが昨今の現実だからである。しかし，便宜上国家を閉じられたものと考えてみた場合，その中には遠い過去からの無数の出来事や多種多様な人々の経験が充満している。もしそれらを重視することを優先し，無尽蔵の事実の山に分け入ってなんらかの文脈をつかみ出そうとするならば，比較の高みに立つのは不可能になる。比較をするためにはむしろ一般化や抽象化によって個別事実の集積から距離をとることが不可欠であり，密着したり沈潜したりするのとは異なる思考回路が求められるからである。例えば日本で近年出版が相次いだ東ドイツ研究の成果として，足立芳宏『東ドイツ農村の社会史』，石井聡『もう一つの経済システム』，河合信晴『政治がつむぎだす日常』がある。これらはいずれも原資料に基づく緻密な考証の結晶であり，貴重な価値を有しているのは多言を要しない。けれど

も，これらは東ドイツに密着した著作であって，掘り起こされた諸事実には興味深いものが多いとしても，それ自体としては比較を意図したものではない。無論，そのことはそれらが比較に役立たないとか，あるいは著者たちに比較への関心がないことを意味しない。それどころか，むしろこのような精密な研究成果こそ，それに依拠して比較分析を試みるための堅固な土台を提供するというべきであろう。

このように考えてくれば，出来事や経験の堆積から離れ，比較に必要な高度まで上昇できるか否かは，土台となる信頼できる研究成果がどれだけ存在するかによって決定づけられるといってよい。けれども他方では，そうした土台があるだけでは比較が成立しないのも確かであろう。比較をするには何を見比べるかという比較の対象ないし主題の確定が前提になるが，それらは事実を追跡する過程で自ずから定まるわけではないからである。換言すると，対象を限定し，光を照射して見比べていくには光源が必要になるが，その光源になる問題意識や対象に接近する視座は，それ自体が歴史的存在である認識主体のなかからしか生まれないのである。

それだけではない。本書で取り上げる日本とドイツは別個の国なので比較は不可能だとする考え方は，原理的には排除できない。検討しようとする二つの対象が全く異質な歴史的個体だと考えるならば，比較は成り立たないからである。換言すると，共通面や類似面のように交錯する部分が見出せない場合，比較することは不可能になるのである。けれども，両国における人々の暮らしや文化，政治制度や経済構造などが広く知られるようになっている今日，異質性を強調して比較を排除するような議論は著しく説得力を失っている。人的交流を含めてつながりの密度が増すのに応じて日独両国の間に多面に亘る類似点が見出され，歴史的発展についても近似した面の多いことが明らかになってきているからである。そうした現実を背景にして，今日では様々な面で日独両国は比較が可能であるばかりでなく，自国の特徴や特殊性を知り，広い視野のなかで相対化してみるためにも必要だと感じられるようになっているのである。

2．日独比較の主題と本書の構成

それでは日本とドイツの戦後史の何をどのように比較したらよいのだろうか。言葉を換えると，どこに焦点を合わせ，いかなる方法で対比することが

求められるのだろうか。ここではフィールドを政治史に絞り込んでこの問題を考えてみよう。

　前述のように，どんな主題であっても比較分析が可能になるわけではない。綿密な考証の蓄積が欠如している問題については，たとえ重要なテーマであっても比較論を展開できないのは自明といえるからである。このような制約か存在することを念頭に置きつつ主要と思われる論点を見渡してみると，具体例としてすぐに浮かんでくるのは，戦後史の出発点である敗戦・降伏に見られる共通点と相違点の比較という問題である。両国とも連合国に対して無条件降伏したのは同一だが，占領下に置かれた日本では明治憲法で主権者とされていた天皇が残り，中央政府と行政機構も存続した。これに反し，ドイツでは国家自体が消滅し，敗戦は文字通り亡国だったのである。この相違がその後の両国にどのような影響を与えたのかは，戦後史の展開を見ていく上できわめて重要なテーマになるであろう。それに続き，戦後政治の基本的枠組みを定めた点で日本国憲法と西ドイツの基本法に関して成立過程と主要な内容の比較検討をすることが枢要な課題になってくる。いずれも社会権のような現代憲法の要件を充たしているといえるものの，押し付けか自主的かという制定過程の問題点のほか，第1条に人間の尊厳が不可侵であることを明記した基本法と比べると，天皇を象徴とする条文が真っ先に登場し，その後にくる「国民の権利および義務」については基本的人権を国民に限定している日本国憲法の特異性が際立つからである。また両国とも連合国共通の占領目的だった非軍事化の方針に沿い出発時には軍隊を持たなかったが，冷戦の激化に応じて日本では警察予備隊ないし自衛隊，西ドイツでは徴兵制に基づく連邦軍が1950年代に創設された事実を踏まえれば，両国における再軍備をめぐる国内対立と政治力学に関して比較検討することが求められよう。さらにドイツではナチ党が禁圧された反面，占領した軍政部の許可を得て設立されたキリスト教民主同盟・社会同盟と社会民主党の二つの政党がヴァイマル期までとはタイプの異なる国民政党に発展し，ボン・デモクラシーを担ったが，日本では多数の翼賛議員が日本進歩党に移行し，公職追放で打撃を受けた後も保守勢力の主要な水脈を形づくったことも見過ごせない相違点になる。

　ここでは若干の例示にとどめるが，依拠できる先行研究の有無を別にすれば，これら以外にも一考するのが望まれる論点がいくつも存在する。日本で

は占領下の一連の戦後改革とそれが反転した逆コースが語られるが，冷戦の最前線になったドイツにも同様なプロセスが見出せるのか否か，あるいは日本でも近年知られるようになった1000万人を上回るドイツの避難民・被追放民は，同じく照明を浴びるようになって日の浅い満州などからの引揚者と類似しているのかどうか，さらに本土から切り離されてアメリカの統治下に置かれた沖縄とシュレージエンをはじめとするドイツの失われた東部領土とはどの程度類似しているのかなどのテーマである。

　敗戦・降伏から戦後初期に絞って鳥瞰しただけでも，このように比較検討に値する論点が次々に浮上してくる。さらにその後の時期にまで射程を延ばせば，戦後の日独における福祉国家の発展と類型に見られる大きな相違はどうして生じ，なぜ日本では「福祉元年」が高度成長が終わった1973年にまでずれ込んだのかといった問題がある。またそれと並び，いわゆる1968年世代が社会を揺るがしたのは共通していたのに，西ドイツではその世代が影響力を持ち続けて新たな政治的潮流を形成したのと違い，日本では影響が持続せず，むしろベトナム反戦や大学解体を唱えた人々がやがて企業戦士に変身していったのはどうしてかという論点も重要であろう。一方，外交面については，焼け跡から出発して経済大国に上り詰めた点に共通面があるものの，ヨーロッパを重視し，独仏協調を先頭に周辺国との関係を修復した西ドイツに比べ，日本がアメリカ一辺倒の路線を守り続けてアジアでの孤立から抜け出せなかったのは何故かという疑問がある。政党政治の面では日本では自民党が優越政党の地位を固め，55年体制の下で長期支配を続けたのに対し，西ドイツでは政権交代が起こり，政治に新風を吹き込むことが可能になったのはいかなる原因によるのかというテーマは，依然として重要性を失っていないといえよう。

　無論，ここに列挙したのは日独の戦後史を一望しただけですぐに思いあたる論点ばかりであり，そのほかにも検討を要する課題が多々存在するのは付け加えるまでもない。これらの問題群のうちから本書ではとりあえず2つを抜き出して考察するにとどまっている。したがって本来は政治をフィールドにした日独の比較戦後史が目指すところだとしても，実際にはほんの一部にしか光が届いていないことを最初に断っておかねばならない。その意味で本書は遠くの峰に向かって踏み出した最初の数歩にすぎないというのが正確であろう。そのことを踏まえたうえで，全体の構成を簡単に説明しておこう。

まず第1章では，戦後史に限らず日本とドイツの歴史の比較がどのように
して行われてきたのか，研究史の平面に絞ってその推移を整理してみる。日
本の敗戦を境に再出発した戦後史学と総称される歴史学ではマルクス主義の
影響が色濃く，同時に戦争の反省を込めてドイツに関心を向けるときにはナ
チズムに視線が集中した点に特徴があった。ナチズムとは一体どのようなも
のであり，なぜドイツ近代史はナチズムに行き着いたのかという問いが研究
を推進する原動力になっていたのである。そのために戦後が長引いていって
もドイツの戦後史は関心の周辺に押しとどめられ，結果的に開拓の手薄な状
態が続くことになった。ドイツにおける長い戦後の終結を意味した統一が日
本ではメディアだけでなく専門家の間でも青天の霹靂のように感じられたの
はそこに主因があった。ドイツ統一後，その反省を踏まえて戦後史にも鍬が
入れられるようになり，さらに戦争から遠く離れた世代が台頭してきたこと
がその変化を後押しする形になった。ナチズム研究の厚みと対比すると，戦
後史に関してはいまだに研究蓄積が乏しいといわざるをえないが，主たる原
因はこの点にあるといえるのである。

　このような現状を見据えた上で，第2章では日独両国の敗戦と終戦に焦点
を合わせている。日本では8月15日は終戦の日として認識されている。とい
うのは，1945年の同日正午に天皇の玉音放送がラジオから流れ，ほとんどの
国民がそれによって一斉に降伏を経験したからである。ところが，同年の5
月8日に連合国に対してドイツが降伏したものの，敗戦は一斉の経験とはな
らなかった。ドイツの無条件降伏を目指す連合国はドイツの国土の大半を制
圧し，降伏以前に首都ベルリンも陥落していたように，ドイツ国民の実質的
な敗戦は地域によって日付が違ったのである。それだけではない。日本では
軍部が呼号した本土決戦が天皇の「聖断」によって回避された結果，民間人
を含む膨大な犠牲が生じる手前で戦争は終わりを告げた。また事実上アメリ
カ単独の占領がおこなわれたものの，残った天皇と中央政府を利用する形で
占領が実施された。これに対し，ドイツでは軍隊が壊滅状態に追い込まれた
局面でようやく戦火が止み，占領国による軍政が敷かれたのであった。この
ような相違をこの章では徹底的な無条件降伏と不徹底なそれとして捉え，そ
の違いが戦後政治の展開に重大な差異をもたらしたことを論じている。日本
では検証抜きでドイツと同様な敗戦を経験したと考えられがちだが，相違の
意義はきわめて大きいのである。

続く第3章で焦点に据えるのは，戦後の日独における反ファシズムと反共主義である。日本では自民党一党支配としての55年体制は保守と革新の対立が固定化したものとして理解されてきた。そして保守が反共主義と重なるところから，革新の立場が反・反共主義であるのは自明なことと見做されてきた。ところが，日本に類似した保守・革新の対立があると想定されていた西ドイツでは，実は保革いずれも反共主義の立場で一致していた。一方，日本で反ファシズムを唱えるとき，ファシズムが神権的天皇制と重ねあわされ，これに戦後民主主義が対置された。またその際，神権的天皇制や侵略戦争に反対し，敗戦後に知識層の間で絶大な権威を確立した共産党が戦後民主主義の陣営で重要な位置を占めた。ところがドイツではヴァイマル共和国の崩壊に手を貸した共産党は反ファシズムではあっても民主主義の陣営には入れられなかったのである。その結果，反ファシズムと反共主義が西ドイツでは戦後の民主主義を担う政治勢力の共通基盤になったのに反し，日本では反ファシズムと反・反共主義が合体し，保守陣営に対峙する戦後民主主義すなわち革新勢力の背骨になった。日本では民主主義を支える幅広い合意が形成されないまま，保革対立の構図が固まったのである。戦後史を貫流する民主主義のこのような構造的問題を日独を対比して考察するのが第3章の主題である。

　日独比較に関わるここまでの章を本論とすれば，それを補う第4章ではドイツの敗戦前後に生じた避難民・被追放民問題に照準を合わせている。比較から離れてこの問題に脚光を当てているのは，ドイツでは種々の事情でそれが長くヴェールで覆われてきたことや，その影響で日本ではほとんど知られていなかったことを考慮したからである。日本でもこれまで無視されてきたわけではないが，引揚者という用語が充てられてきた経緯が暗示するように，関心が向けられる場合，大抵は満州などからの引揚者と類比する視座からだった。ところが植民地支配を背景にもつ日本の引揚者と違い，避難民・被追放民は先祖代々の居住者だったばかりか，1千万人を大きく上回る規模だったのでその存在は敗戦後の重大な問題だった。しかも避難と追放の過程で数百万人にも及ぶ人命が失われたことや，流入したのが食糧や住宅など生存条件が逼迫した敗戦後の崩壊社会だったことを考えあわせれば，その重大性が加重されることになる。戦後への出発に当たり，日独には数々の相違がみられたが，代表的な事例として本書では避難民・被追放民に視線を向け，

敗戦後のドイツが直面した主要な難問を確認することにより，ドイツ特有の戦後を把握する一助にしている。

　本書の締め括りとなる終章では，日独の戦後に接近する視点を論じている。先に触れたように，同じ戦後という言葉を用いても意味するところは両国で異なっている。ドイツには短い戦後と長い戦後があり，どちらの意味で使用する場合にも，戦後は既に終わっているという含意がある。これに対し，日本では戦後が長引き，戦争を経験した人々が少なくなっても，敗戦・降伏を起点にとる現代史が戦後として表現されている。この点にはドイツだけでなく，多くの先進諸国と比べた日本の特殊性が見出される。その一方で，世代交代が進んで戦争が経験から記憶の問題に変わるとともに，全体として戦争が遠のき，敗戦・降伏を現代史の始点に据える意味が薄らいできている。また同時に，戦争の記憶を受け継ぎ，風化に抗する努力がなされる反面で，敗戦と占領を負の歴史として捉え，戦争の記憶を作り変える動きも顕著になっている。この章ではそうした現状を確認すると同時に，世代論の観点を組み入れ，戦後派と戦無派のように異質な時代体験をし，異なる人生観や社会観を身につけた別個の世代が同一の戦後を語りつづけるのが困難になっている現実に目を向けている。その上で，ドイツと違って日本で戦後が今後も続いていくとすれば，客観的な事実の集積としての戦後についてだけでなく，世代ごとに生きられた戦後を描き，戦後に関する様々な理解を整理する作業が必要になるという問題提起をしている。

　以上で概略を説明したように，補論に当たる第4章を除き本書ではいくつかの焦点に的を絞り込んだ上で，ドイツとの比較を通して日本の戦後史について考察している。あるいは日本と対比しつつ，ドイツの戦後史を論じているといってもよい。比較の対象に据えたのは，両国それぞれの戦後史の文脈に照らして重要であるだけでなく，そこから日独の戦後史の展開が広く眺望できる一種の戦略高地の位置を占めていると思われる論点ばかりである。その判断が適切だったかどうかについては議論の余地があるかもしれない。それに加え，ドイツ現代史の研究に従事してきた著者にとっては日本の戦後史は精通した分野ではなく，膨大な資料や文献を渉猟した上で比較考察を展開しているわけではないことも付言しておかねばならない。このことが能力不足や怠慢に起因していることは否めないものの，他方で，今日のように研究が細分化している現状では，一国の特定の時期を展望するだけでも決して容

易ではないことは認めざるをえないであろう。その点からみて，専門外の別の国にまで射程を延ばすとなれば，たとえそれが生まれ育った国であっても離れ業に類した冒険になるのは必定といわなくてはならないのである。

このようにいうのは，ドイツにおける研究の現状が念頭にあるからである。先に東ドイツに関する3つの日本の著作に言及したが，ドイツには東ドイツが消滅してからアクセス可能になった膨大な資料が存在し，それらに沈潜して結実した多数の優れた成果が世に送られている。この点については今から10年以上前に既に見渡すのが不可能なほど東ドイツ研究が蓄積されているという悲鳴に近い声が聞かれたほどだった（近藤(2) 317f.）。事実，主要な著作の網羅を目指して2003年に R. エッベルマンたちによる大部な文献目録の書が刊行されたが（Eppelmann / Faulenbach / Mählert），その当時で既にそうした手引きが不可欠になるレベルに達していたのであった。東ドイツに限ってもこのような状態が現出していたとすれば，今日では西ドイツそして統一後のドイツに関する文献が夥しい量にのぼり，個々の専門家の手に余る状況になっていることは容易に想像できよう。

そうした実情に照らせば，日独を視野に入れた本書に様々な欠陥が見出されるのは当然であろう。とくに日本の戦後史に関わる議論では重要な論点や基本的な文献を見落としていたり，既に決着がついた議論を蒸し返しているといった問題が残っている虞が大きい。また事実関係についての初歩的な誤認や個別の事実の過大ないし過小な評価などをしている可能性も小さくない。しかし他方で，一国的な考察の枠組みから一旦外に出て，比較という方法によって事実の集積から距離をとってみることは，ともすれば閉塞しがちな視界を広げ，対象を多角的に観察する上で効果が大きいと考えられる。とりわけ近年では日本現代史の分野で粗い議論が目に付くようになるとともに，他方で自国にしか関心を払わない一国主義的な傾向が強まってきているように感じられる。そうした動向を考慮に入れると，対象への内在を重んじる王道を行くだけではなく，接近方法を柔軟にし，視点を多角化してみる必要がますます高まっているように思われる。比較とはとりもなおさず複眼的アプローチを意味し，それが日本という一国に自閉するのを遮断するのに有効だと考えられるのである。この点からみると，ささやかな一歩である本書には思考上の実験ないし柔軟体操とでもいえる面があるかもしれない。ともあれ，本書が議論のきっかけやたたき台としてなにがしかの役割を果たすこ

とができれば，著者の意図は満たされたといえるのである。

引用文献

Eppelmann, Rainer / Faulenbach, Bernd / Mählert, Ulrich, hrsg., Bilanz und Perspektiven der DDR - Forschung, Paderborn 2003.

イエスタ・エスピン゠アンデルセン，岡沢憲芙・宮本太郎訳『福祉資本主義の三つの世界』ミネルヴァ書房，2001年。

近藤潤三(1)『統一ドイツの政治的展開』木鐸社，2004年。

近藤潤三(2)『東ドイツ(DDR)の実像』木鐸社，2010年。

近藤潤三(3)「ベルリン共和国の政治的変容(1)(2)」『愛知大学法学部法経論集』210-211号，2017年。

佐道明広『「改革」政治の混迷』吉川弘文館，2012年。

ジョン・ダワー，三浦陽一ほか訳『敗北を抱きしめて　増補版・下』岩波書店，2004年。

中村政則『戦後史』岩波新書，2005年。

成田龍一『「戦後」はいかに語られるか』河出書房，2016年。

第1章　日独戦後史の比較に向けて

―研究史を中心に―

はじめに

　この章の主眼は，本書全体のための予備的考察を行うことにある。すなわち，戦後政治史をフィールドにして著者が専門とするドイツと日本の比較について考えることがここでの課題である。その際に主に照準を合わせるのは，日本における比較研究の流れである。日本ではどのような問題意識に基づいていかなる仕方でこれまで日独比較が行われてきたのか，またそこにどんな変化が見出せるのかなどを検討し，今後に求められる比較の視座や方法について一考することが当面の目的である。したがってなんらかの論点に的を絞って日独の具体的な比較論を展開することはこの章の課題ではないことを最初に断っておきたい。

　日本ではこれまでドイツとの比較が頻繁に行われてきたことは改めて指摘するまでもない。試みにマスメディアをみると，両国を含めた国際比較の形で報道がなされるケースが少なくない。例えばグローバルな観点から見た日本の位置を扱う場合には頻繁にドイツが引き合いに出され，ニュースとして報じられる。少子・高齢化の人口動向，経済成長率，労働時間や労働条件，各種の社会保障，子供の学力，原子力や再生エネルギー利用などアメリカ，イギリスなどと並べてドイツが比較対照に使われるのである。国会図書館の調査および立法考査局が2010年にまとめた『国際比較にみる日本の政策課題』と題した総合調査報告書は，多種多様なトピックに着目して多くの国を並列する代表例といえよう。学術面でも同様であり，一例として政治学の分野でみれば，2013年に出版された鎮目真人・近藤正基編『比較福祉国家』（ミ

ネルヴァ書房)をはじめとして，2016年の水島治郎編『保守の比較政治学』(岩波書店)や同年の駒村圭吾・待鳥聡史編『「憲法改正」の比較政治学』(弘文堂)などは，特定の領域もしくは論点に的を絞って数カ国を比較した主要な事例といってよい。

　その場合，比較のためにある国に視線が向けられ，他の国が触れられない理由が丁寧に説明されることは少ないように思われる。例えばイギリスやフランスが扱われているのに，同じ西ヨーロッパに属し政治・経済の面で同等レベルの先進国であってもオランダ，ベルギー，オーストリアなどが取り上げられることは稀だが，その理由は，これらの国々が人口や経済規模の点で小国だからであると忖度される。換言すれば，イギリスやフランスとともにドイツに目が向けられがちなのは，単に先進国というだけではなく，国際社会で影響力のある大国ないしミドル・パワーとしての地位を占めているからだと考えられる。

　その一方で，小国であっても比較対照のために議論の俎上に載せられることがある。それは，その国が何らかの理論モデルの典型ないし純粋型とでもいえる位置を占めているような場合である。例えばかつて先進国デモクラシー論のフィールドで多極共存型デモクラシーが関心を集めたことがあったが，その文脈で柱状化を特徴とするオランダが注目された。また多元主義の対極に立つネオ・コーポラティズムとの関連では代表例の一つと考えられたオーストリアに光が当てられたことがある。あるいは福祉国家の比較研究で社会民主主義モデルと見做されるスウェーデンを筆頭に北欧諸国に視線が注がれたのも同様だった。

　しかしながら，ここで主題にしようと思うのは，このような視点からの比較とは違っている。本書で重視するのは，日本とドイツに大国もしくはミドル・パワーという共通項があるという点ではない。また両国が何らかの理論モデルの典型をなすということでもない。むしろ重心が置かれるのは，両国には歴史的な観点から眺めて様々なレベルに共通面ないし類似面が見出されると考えられることである。実際，この基本的認識に基づいてこれまでに多くの日本の研究者がドイツの歴史に取り組んできたし，現在でも研究関心や問題意識を強く規定しているといってよい。歴史的な共通項の存在は，一面では多様な研究を通じて確かめられた結果といえるが，他方では研究への出発の前提であり，その土台でもあったといえよう。

それでは従来，日本でのドイツとの取り組みはどのようにして行われてきたのだろうか。また長期的に見てその取り組みにはいかなる変化が見出されるのだろうか。以下ではこうした問題について若干の検討を加えてみたいと思う。これらの問題を本格的に究明しようとすると，関連する膨大な量の文献を博捜することが不可欠になる。けれども，率直にいって著者には幅広く関連文献を読み込んで綿密な分析を進めていく用意はなく，またそのための能力もない。それゆえ，本章で言及するのはこれまでに著者が折に触れて接した文献に限られており，分野や系統を考慮に入れて満遍なく見渡した上で主要なものとして選別されているわけではない。その意味で論及する文献の取捨には偏りや遺漏があり，この点からしても本章はあくまで一つの試論にとどまることを予め確認しておきたい。

1．日独戦後史の共通面・類似面

一般に日本とドイツの間に存在する共通面や類似面といえば，従来，真っ先に挙げられてきたのは，勤勉な働き方，堅実な生活ぶり，規律正しい行動など広く国民性として一括される特色であろう。またそれ以外にも，社会面では先進国としての経済の高度な発展と市場メカニズムを重視する経済構造，基本的人権を尊重する民主的な政治制度と多党システム，福祉国家と生活保障に基づく安心の仕組みなども類似面が大きいと見られてきた。さらに遅れて近代化に乗り出した歴史から芸術・文化・高度な科学技術に至るまで共通面・類似面が多岐にわたって存在していると考えられてきたのである。

その場合，明治維新を起点とする近代国家建設の過程で，憲法や法律，芸術，医学をはじめとする諸科学や先進的技術などを主にドイツから吸収してきたことによる影響を逸することはできない。E. ベルツ，H. ロェスラー，K. ラートゲン，K. W. J. メッケルのようなお雇い外国人として来日したドイツ人が様々の分野のエリートを養成する一方，進取の気性と野心に燃えた青年たちはドイツに渡り，森鴎外はミュンヘン，滝廉太郎はライプツィヒ，北里柴三郎はベルリンで学んだのである。このような一方的ともいうべき交流によって日独の共通面が色濃くなったのは当然だった。この点に関連して，エリート養成機関の役割を担った旧制高校では，ドイツ語はもとより，英語，フランス語などの外国語の習得に力点が置かれた事実がとくに重要になってくる(竹内(1) 253)。さらに歴史に関していえば，近代化に遅れて出発し，

先発国に追いつくために国家主導で近代化が推進されたこと，ひ弱な民主主義を掘り崩してファシズムないし軍国主義が台頭し，対外的膨張に走った結果として戦争を引き起こしたこと，周辺国・地域に甚大な被害を与えて敗北した後は一転して民主化と経済成長の道を突き進み，経済大国の地位を占めるまでになったことなど日独の間には多面に及ぶ重要な類似点があると見做されてきたのである。

　ここに挙げた日本とドイツの共通面・類似面はいわば常識の部類に属し，社会に広く定着している見方だといえよう。けれども，少し掘り下げてみるなら，その見方が漠然とした印象に基づいている面が大きく，必ずしも厳密な裏づけがあるとはいえないことが浮かび上がる。また主要な相違点がいくつも存在するにもかかわらず，それらがあまり重視されてこなかったことも明白になる。今日のドイツがヨーロッパの一国として９カ国と国境を接している事実に照らしただけでも，東アジアの東端に位置する島国の日本との相違が多々存在することを暗示している。一例として，近年の難民のドイツへの殺到に日本では驚きの念が生じるが，ヨーロッパの中央部に位置するドイツでは大規模な人の移動は決して例外的なことではなかった（近藤(6)）。また冷戦の時期にドイツは東西に分断され，東西陣営の最前線として強い軍事的緊張に晒されてきたが，極東の日本はいわゆる「９条＝安保体制」の下でアメリカの核の傘によって守られ，切迫した危険を感じることなく平和を享受してきた。９条と安保には明白な矛盾があるにもかかわらず，平和の体制化が語られるようになったのはそのためである（山本 80ff.）。同じ敗戦国なのに日独の間には過去の克服をめぐって大きな落差があることはよく知られているが，対米一辺倒をはじめとして過去に蓋をするのを可能にした条件を照合してみれば，その問題もまた両国の基本的な相違から切り離しては理解できないことが分かる。したがって日本とドイツの共通面とされている特定の事象に焦点を絞り，何がどこまで共通していて，どこからが異なるかを検証し，そうした異同がなぜ生じているのかを分析してみることは，両国についての認識を正確にする上で無駄ではないであろう。一方を鏡にして自己を映すことによって，部分的であっても自己の姿を正しく把握する手掛かりが得られるからである。また最初の糸口がたとえ狭くてもその作業を積み重ね，様々な側面に検証の範囲を押し広げていけば，印象論のレベルを脱して，より正確でバランスのとれた全体像に近づくのが容易になることが期待

できよう。同時に，その都度得られた知見を概括し，より一般的なテーゼに定式化していけば，日独以外の国々も射程に入れた幅広い考察を行うのに有用な手掛かりを得ることも可能になるであろう。

　その一方で，日本と同じく戦争による廃墟から経済大国にまで駆け上ったドイツは，東西の統一を実現して以来フランスとともにヨーロッパ統合の推進力になり，ますます存在感を高めている。この点は，東アジアで中国・韓国との摩擦が絶えない日本と好対照をなしている。実際，近年の事例に即していえば，ギリシャが震源地となったユーロ危機への対処をはじめとして大量に押し寄せる難民問題やイギリスのEU離脱問題への対応でフランスを凌駕してドイツが欧州連合を主導する役割を果たしていることは，今や明々白々たる事実になっているといえよう（近藤(5)）。オランドやマクロンのようなフランスの大統領よりはメルケル首相の言動が注目され，ロシアのプーチンやアメリカのトランプと渡りあう彼女が民主社会の価値観の「最後の守り手」（2017年1月4日付『朝日新聞』社説）とさえ評されるのは，たんに首相としての在任期間が長くなり，イギリス元首相のサッチャーと同じ「鉄の女」の異名をとるまでになったからだけではないのである。

　そうしたヨーロッパの牽引車としてのドイツを現在という短いスパンで観察するのではなく，戦後史ないし現代史という比較的長い歴史の光で照らしてみることは，今後のドイツが進む方向を見定め，ひいてはヨーロッパの進路を占う上でも有益だと思われる。例えばギリシャ危機の際にメルケルが放漫財政を批判し厳しい財政規律を唱えた裏には国益重視の思惑だけではなく，物価安定を最優先するドイツの不文律があったが，それは第一次世界大戦後の天文学的インフレの経験に裏打ちされていた（Schmidt 10f.）。また徴兵制を基礎にした連邦軍を保有していても領域防衛に活動を制限してNATO域外には派遣せず，多国間主義と「自制の文化」を長く守ってきたのは，ヒトラーの侵略戦争という悲痛な経験に基づいていた。さらに2015年からヨーロッパに殺到した難民の多くをドイツが引き受けたが，その背景には第三帝国の崩壊前後に発生した避難民・被追放民をはじめとして様々なタイプの多数の難民を受け入れてきた経験があった（近藤(6)）。それらと同様に戦後史のなかで蓄積された多彩な経験は政治的決定を制約する見えざるコンセンサスを作り出してきているのである。

　本書で戦後史を中心にして日本とドイツの比較の問題について考察しよう

と思うのは，このように日独各々の特性を共通面とともに浮き彫りにする二重の意義があるという考えに基づいている。それでは，この課題に取り組むとき，どこに注意を払うことが必要とされるのだろうか。この問題を中心にして日本におけるこれまでの研究を簡単に振り返り，反省点などを確かめつつ，比較の視座と方法に関して考えよう。

2．西洋近現代史研究の特徴とその変容

まず，日独比較という主題に関わる範囲で，日本における「戦後」とドイツを含む西洋近現代史研究の問題点を点検することから始めよう。

日本ではこれまで「戦後」という言葉はメディアなどで多用されてきた。2015年は敗戦から70年目に当たり，「戦後レジームからの脱却」を唱える首相の「終戦記念日」の談話が注目を浴びたのは記憶に新しい。しかし，国際比較の視点から見ると，現在まで続く「戦後」という日本のような用語法はほとんど見当たらない（本書終章）。戦勝国であるアメリカやイギリスはもとより，敗戦国であるドイツにおいても「戦後」はとうに終結したと見做されており，区切りや終点をどこに求めるかに関して違いがあるにしても，既に終わったという認識では広範な一致がある（Hoffmann 123f.）。

これに反し，日本では一部に「ポスト戦後」や「戦後後」を語る論調があるものの，総じて「戦後」が長引いているといってよい。しかし，それだけにその内実が時の経過とともに空疎になり茫漠としてきたように思われる。「戦後」の前提になる戦争を生身で体験した人々が少なくなり，戦争観が拡散するようになったことを考慮すれば，そうした変化は避けがたかったともいえよう。戦争の記憶の風化が問題になって久しいが，今では「風化どころか誰も戦争を知らないという時代」（平川 153）が間近に迫ってきている。戦争観の変化を論じるなかで既に2005年に吉田裕は「戦争体験世代の大幅な減少」に注目したが（吉田 280），そのプロセスは遂に終局に到達しつつある。実際，戦争が終わってから2010年代の今日まで「戦後」が続いてきたと考えるなら，世代交代が大幅に進み，祖父母の世代と孫の世代が同じ「戦後」生まれという現象が広範に見出されるようになっている。現に2012年の時点で「戦後」生まれの人口は1億人を超えて総人口の78.7％を占め，降伏の年に成人していた人は2.3％を数えるにすぎなくなっていた。その事実を踏まえ，さらに「戦後」に多面的で巨大な社会変動が生じたことを考慮に入れれば，

二つの世代が同一の「戦後」の理解を共有することは期待しがたく，まして や戦争の記憶を継受するのはきわめて困難になっているといわねばならない であろう。現在が「あの戦争から遠く離れて」きた結果，「戦争を知らない 若者たち」が少なくないのが昨今の実情なのである(古市 11, 23)。

　この点に照らしただけでも「戦後」のイメージが混濁せざるをえないのは 明白だが，他方で，日本に限らず「戦後」は文字通り現代史であり，歴史 研究者を含め多くの人が様々な立場からその全体像を描く努力を続けてき た。例えばヨーロッパに関しては邦訳のある W. ラカーの『ヨーロッパ現代 史(原題『我々の時代のヨーロッパ』)』や T. ジャットの『ヨーロッパ戦後史 (原題『戦後』)』が代表的な著作であろう。ラカーは1992年の原著の冒頭近 くで「今日に至ってやっと『戦後』は終わったと確信をもっていえるように なった」と記して「戦後の終焉」を宣告するとともに(ラカー 3)，終わっ たというその戦後の歴史を通観している。

　一方，日本の「戦後」についてもこれまでに多数の著作が世に送られてき たのは改めて指摘するまでもないであろう。その際，長期に互り，それに関 する研究や議論が，大学に籍を置き日本をフィールドとする多分野の専門家 によって主導されてきたのが特色になっていた。けれども，日本が経済大国 になり，国際社会での存在感が増したのを境にして重要な変化が看取され， これまでの独壇場が崩れてきているように見える。変化の一つは，『敗北を 抱きしめて』の著者 J. ダワーや『歴史としての戦後日本』の編者 A. ゴード ンをはじめとする欧米の日本近現代史の専門家の仕事が注目を浴び，主要 な著作が翻訳されて知的なインパクトを及ぼすようになってきたことであ る。とくに B. アンダーソンの『想像の共同体』をはじめとする他分野から の影響と重なって，従来自明とされていた国家としての日本や日本人という 共同性が問われるに至ったのは注目に値しよう(成田(1) 12f.)。無論，それ 以前にも E. ライシャワーや R. N. ベラーなどの日本に関する業績も紹介され ていたが，近年では質量ともに厚みが増してきているところに大きな違いが ある。例えばアメリカにおける日本研究は４世代に区分されるが，世代を下 るにつれて日本研究で博士号を取得した研究者の数が膨らんできているこ とや，J. ダワーと H. ビックスが２年続きでピュリッツァー賞を受賞した事 実が量的な面，質的な面での顕著な変化を物語っている(中村(1) 217, 220)。 それに加え，経済面で日本の存在感が大きくなり，日米貿易摩擦を背景にし

て日本異質論が台頭した当時，Ch. ジョンソン『通産省と日本の奇跡』(1982年)や K. v. ヴォルフレン『日本　権力構造の謎』(1990年)のような著作が翻訳され，本質主義的な立論が波紋を広げたのも忘れることはできない(カミングス 5f.)。

　もう一つの変化は，ジャーナリストや評論家の参入が目立つようになり，書店の一般書のコーナーに並んだ彼らの著作が専門的な歴史研究者のそれよりも遥かに目を引くようになってきたことである。多くの著作のある保阪正康や半藤一利などを別にすれば，最近の例としては孫崎享『戦後史の正体』(創元社 2012年)，白井聡『永続敗戦論』(太田出版 2013年)，加藤典洋『戦後入門』(筑摩書房 2015年)などが挙げられよう。このような状態が現出するようになった底流には，専門的な研究が生活史や地域史などに広がり，多面化・細分化してきた裏側で，パースペクティブが狭隘化してタコツボ化の様相を呈するようになった現状がある。近現代の天皇制に関して日本近代史家の瀬畑は，「実証研究が積み重ねられる一方で，研究の多様化と細分化が進み，天皇制を支える社会構造やイデオロギーをトータルに分析する視角が弱い」状態が見られるようになったことを問題視し(瀬畑 260)，歴史書の編集・出版者の立場からより巨視的に永滝は，「実証だけに執着し，何のためにその研究をしているのかをアカデミズム内部に対してだけ語り，テーマ設定・考察がタコ壺化し，全体構造分析が希薄になっている」現状に警鐘を鳴らしているが(永滝 184)，こうした指摘が広く戦後全般にも当てはまるのである。

　研究面のこのような動向のために専門的な歴史書が一般読者から敬遠されるに至ったのは間違いないと思われる。しかし，それと併せて，正確な裏づけのある厳密な知見よりも手っ取り早く全体像をつかみたい願望が読者層の間で強くなっていることや，人々が漠然と抱くイメージを言語化し，分かりやすく明快な解釈を提供する評論的作品が受け入れられやすい土壌が形成されていることも原因として指摘できよう。例えば新聞紙上の批評で武田は，「時事問題でも歴史問題でも，重厚な解説を回避して端的な結論を欲する昨今」の風潮に言及しているが(武田)，そうした風潮の前では回りくどい実証は撥ねつけられる結果になりやすいのである。主に若者の間で反響を呼んだ小林よしのりの一連の劇画作品は，ある意味でこうした傾向を凝縮していたと見做せよう。「敗戦後から1950年代にかけ，さらに1960年代にも歴史学は

大きな役割を果たし」てきたのに，近年では「歴史学の知恵を借りなくても
よいかのような状況」が現れていると指摘され（成田 (2) 196），社会に対す
る歴史学の発信力の衰退が問題とされるのは（矢野 68f.），そこに一因がある
と考えられる。

　ところで，その場合にも見逃せないのは，降伏による戦争終結から70年以
上が経過し，冷戦が終結して国際情勢が激変してもなお自分たちは依然とし
て「戦後」を生きているのかという問いかけが根底に存在していることであ
る。また，そうした問いかけがなされる背景には，連綿と続く「戦後」とい
う時代のイメージが混濁し，明確な輪郭を描くのが難しくなってきていると
いう事情がある。実際，ある時点までは「戦後」として一括できる時代が存
在し，「戦後」といえば大半の人々が似通ったイメージを思い浮かべること
が可能だった。けれども，その時点を過ぎると，世代交代とも重なって「戦
後」のイメージは拡散し，その結果，長引く「戦後」の全体が曖昧模糊とし
てきた。坪井は戦後50年になる1995年頃から「戦争経験の忘却を戒める禁制
やモラル」が弛緩する傾向が見られるようになったと述べているが（坪井 11,
132f.），戦争を基底にした「戦後」イメージの変化はそれに連動していたの
である。

　このことは，「戦後」と表裏一体の「平和」に関する意識についても当て
はまる。山本によると，1970年代から80年代にかけて「豊かさをもたらし
た戦後日本を肯定する意識」が広がったが，その裏では「『あの戦争』とし
て共有されたアジア・太平洋戦争との対比で『平和』を考える」姿勢が薄
れていった。またそれに伴って，「戦後日本が抱えてきた９条・自衛隊・日
米安保の矛盾や，それが集約された沖縄の問題」は意識の周縁に追いやら
れることになった（山本 139）。「平和」はもはや戦争の経験や記憶には結び
つかず，豊かな社会に上昇していく「戦後」に貼りつくようになったとい
うわけである。

　このような実情を踏まえた上で日本の「戦後」に関する研究を振り返って
みると，長期に亙ってもっぱら日本人研究者が担い手だった事実が浮かび上
がる。日本が1980年代に経済大国といわれて脚光を浴びる以前には，国外か
ら日本に関心が向けられることは少なく，逆に先進国としての欧米諸国に日
本国内から熱い視線が注がれた。それは日本が遅れた貧しい国であることが
一種の共通了解になっていたことによる。「1950年代初頭の日本は，今から

みれば何ともつつましく，古色蒼然とした社会だった」と吉川洋が書いたのは決して誇張ではなかった（吉川 3）。現に高度成長が始まって間もない1963年の時点で見ると，第一次産業人口が就業人口の半数近くを占めていた上，家庭における家電製品の普及度も低く，家計支出に占める飲食費の比率であるエンゲル係数は35％に達していた（森・浅井・西成田・春日・伊藤 125f.; 浅井 25）。とりわけ農山村の暮らしはそれ以前と大きくは変わっておらず，その様子は竹内啓一編『日本人のふるさと』（岩波書店 1995年）に収録された1950年代の様々な写真や長野県阿智村を多年に亘って撮り続けた熊谷元一『ふるさとの昭和史』（岩波書店 1989年）のほか，「旅する巨人」と呼ばれた民俗学者の宮本常一が1960年前後に撮影し，佐野真一が編んだ『宮本常一の写真に読む失われた昭和』（平凡社 2004年）所載の一連の写真などから窺うことができる。それらから立ち現れてくるのは，今日の感覚に照らすとまるで異国ないし別の時代のようにみえる風景なのである。

　そのような社会から眺めれば，アメリカを先頭にして豊かな欧米諸国が先進的で普遍的な価値を体現していると考えられ，追いかけるべきモデルとして暗黙裡に位置づけられたのは不思議ではなかったであろう（石田(2) 91ff.）。安保闘争が終わって政治の季節が去り，池田内閣の所得倍増計画が話題をさらった1961年に行われた世論調査で，バラ色の倍増計画の唱えた「10年後の国民生活はヨーロッパなみ」というビジョンをどう思うかという問いに対して，考えられないという人が東京で65％，大阪で66％に上ったが（宮本 35），その数字はヨーロッパのレベルに到達したいという願望とそれは無理だという諦念や劣等感が混じりあっていたことを物語っている。日本を研究するのは自国の専門家という構図が出来上がり，外国を主たるフィールドとする者が自国の「戦後」に関する議論に参入することが稀だった背景にはそうした事情があったのである。なるほど比較の視座の重要性は度々指摘されてきたし，外国との比較を柱にした研究成果も多くはなくても存在した。とはいえ，比較の視座と方法に関する議論はほとんど行われず，先進・後進という牢固たる枠組みが暗黙に前提とされていた。そのため，そこで主流を占めたのは，種々の分野での欧米と比べた日本の遅れを洗い出すか，あるいは一定の共通テーマを掲げた上で各国の専門家の手になる論考を並列するパターンであった。先進諸国の実例を紹介することが主眼とされ，正確な意味での比較分析に到達していないのが通例になったのは，そこに起因して

いたのである。

　しかしながら，日本における外国研究，わけても西洋近代史研究を遡っていくと，大塚史学が代表例になるように，明示的か否かを問わず比較の視座を土台に据えて外国研究が進められてきたことが明らかになる。よく知られている通り，大塚史学ではイギリスの近代化が範型とされ，そこから他国・他地域の発展の特殊性を析出する接近方法がとられたのであり，比較経済史学と呼ばれた理由もそこにあった。一方，講座派と労農派の周知の論争は日本における当面の革命の性格規定を中心的争点として展開されたが，そこではブルジョア革命を経験したヨーロッパ主要国の発展が先進的なモデルとして議論の前提とされていた。フランス革命と明治維新が度々比較の俎上に載せられ，天皇制国家が絶対主義か否かが熱心に論じられたのは，日本の後進性をどのように把握するかが主要な争点だったからである。

　もちろん，その論争が知識人の間で脚光を浴びたとしても，それとは傾向を異にする西洋史研究の潮流が存在していたのは指摘するまでもない。しかし，巨視的に眺めた場合，日本の西洋史研究には二つの特徴が刻みこまれていたのは確かであろう。一つは，イギリスやフランスが先進国として位置づけられ，後進国である日本が追いつくべきモデルとしての役割を果たしていたことである。それを伝える事例はいくつもあるが，ここでは敗戦後に西洋経済史をフィールドにしてスタートした角山栄の述懐を引いておこう。彼は「ヨーロッパとくにイギリス史の専門家として仕事をしてきた」が，しかし，「イギリス史それ自身が目的ではなく」て，むしろ「新生日本をどう建て直すかを求めて，民主主義，工業化の祖国であるイギリスの歴史を勉強」したのであった（角山 113f.）。それに加え，日本国憲法を柱とする戦後の民主主義がたびたび危機に直面したことも重要になる。というのは，危機に見舞われただけに戦後民主主義を擁護する観点から英仏のそれが理想化され，目指すべき目標とされる傾向が強まったからである。

　もう一つは，今日のように特定の側面に視線を注ぐのではなく，それぞれの国の政治，経済，社会を含めて総体が視野に収められ，明示的に言及するか否かを別にすれば，いわば丸ごと比較する傾向が濃厚だったことである。この点をよく示すのは上述した大塚史学であろう。たしかに大塚史学は経済史を中心的なフィールドにして展開されたが，論理の射程は経済史の範囲を大きく超え出ていた。なぜなら，核心的な関心は人間類型に向けられていた

からであり，その立場が「近代主義」と呼ばれたことには十分な理由があった（日高 8）。同様に日本の社会科学に絶大な影響を与えたマルクス主義の立場でも，下部構造としての生産関係に照準を合わせながら，上部構造とされた政治的支配やイデオロギー，さらには市民社会の社会的諸関係までもが視野に収められていたのである。

　けれども，高度成長を経て日本自体が先進国の一員になり，欧米諸国と横並びになる段階を迎えると，大きな変化が現れた。なによりも国民の間で「経済大国」が自画像になり，焼け跡から出発して豊かさを実現した実績が自信と自負を強めたのである。日本人が「高度成長という特急列車に乗った」のは，「欧米とりわけアメリカの『進んだ』生活に少しでも近づきたいと思った」からであり，「American Way of Lifeへの渇望」が強く働いていたからだとすれば（吉川 41；見田 14），その願望は「経済大国」に到達することによって満たされたことになる。ドイツ史家の望田幸男は自己の足跡を振り返る中で，すでに1960年代中頃に「意識のうえではヨーロッパはもはや日本のモデルではなくなりつつあり，とくに学生たちの価値意識としてはヨーロッパは『熱いあこがれの対象』どころか，『ヨーロッパは遠くなりにけり』であった」と述懐している（望田 185）。しかし，アメリカや英仏へのキャッチアップを成就したという意識が広く浸透したのは，やはり２度のオイル・ショックを乗り切ってからだと見るべきであろう。

　いずれにせよ，欧米に追いついたという達成感は，国外から聞こえてくる「ジャパン・アズ・ナンバーワン」や「ルック・イースト」という標語によって一段と強められた。それにより敗戦で傷ついた誇りが癒されたが，同時に新たな課題も浮上してきた。1983年に早くも『経済大国』と題した著作を世に送った宮本憲一は，公害の語を創始した一人として経済大国の影の側面にも目配りし，「企業国家」や「公害先進国」という問題にも触れつつ，次のように書いた。「私たちは明治以来，欧米先進国を教科書として近代化を進めてきた。しかし，いまや追いつき追い越して，教科書のない時代をむかえ，自ら教科書を作る時代にはいった」（宮本 18）。もはや欧米というモデルはなくなり，目標を自力でみつける以外になくなったというのである。自信の回復を土壌にして，停滞し無気力で遅れたアジアという理解が見直され，西洋中心主義的な歴史観が批判の対象とされていったのはそのコロラリーであり，そうした流れの先に例えば川勝平太『文明の海洋史観』（中央

公論社 1997年)のような作品が脚光を浴びる状況が現れることになったのである。

　それはともかく，宮本が注目したような論調は当時広範に見られたが，そこには今日につながる重大な問題が潜んでいた。宮本が重視した「企業国家」が当時「社畜」とすら揶揄された「会社人間」や「モーレツ社員」を作り出し，その後の雇用環境の激変を経ながらも今日の過労死の多発につながっていることや，利益誘導を梃子にした自民党支配の長期化が財政規律を弛緩させ，膨らみ続けた財政赤字が次世代の肩に重くのしかかっていることなどである。当時からこれらの問題は端緒的な形であっても既に感知されていた。強力な労働組合を柱にして政労使の三者が経済政策を協議するヨーロッパの協調システムはコーポラティズムとして知られるが，それとの対比で日本が「労働なきコーポラティズム」と呼ばれた点にも表出している労働側の弱体さは，人権が企業の壁に阻まれるという結果を招いたのである。例えば淺川純の小説などにも描かれた企業ぐるみ選挙で集票する構造は民主主義の理念からは程遠く，担い手である「会社人間」や「会社主義」の歪みが露呈していたといえるが，それと対比すれば仕事の後の自由時間を地域での活動に費やす欧米先進国は依然として教科書の役割を果たしえたはずであろう。実際，一人当たり国民所得で先進諸国を凌駕しても，緑豊かな郊外の広い住宅に住み，長い休暇を家族で楽しむ欧米人の姿が垂涎の的になってきた実情を考慮すれば，「教科書のない時代」に至ったという断定には重大な錯視が内包されていたのは否めない。けれども他方で，明治期に脱亜入欧して以来，第一次世界大戦を境にした欧米以外で初の一等国入りと第二次世界大戦での奈落への転落を経て，遂に欧米に追いつき追い越したという達成感や高揚感が共有されたのも事実だった。もはや教科書はないと広く感じられた土台には，このような実感が存在したのである。その意味で，高度成長から経済大国にいたる道程は，国民意識をはじめとして様々なレベルにおける重層的で巨大な転換過程だったといえよう。

　このような大きな変化が研究面にも深甚な影響を及ぼしたのは当然だった。とりわけ重要なのは，しばしば指摘されるとおり，「70年代の日本研究は，それ以前の研究に見られた『西欧近代社会』を準拠点にすることを超えて，『近代化＝西欧化』という観点を離れた」ことである(青木 108)。またそれと歩調を合わせる形で，それまでの総体としての比較という暗黙裡に前提

とされていたアプローチは後退し，特定の側面や論点に限定した比較が前面に押し出されるようになった。こうした変化の底流では，「一億総中流」化や「大衆社会」化が進む過程で階級対立や窮乏化を説くマルクス主義の知的吸引力が衰え，マルクス主義に牽引されてきた社会科学が社会諸科学へと専門分化していくという重大な変化が進行していたのも見逃せない(石田(1) 212ff.)。ともあれ，このような多重の変化の結果として，二つの問題が浮上することになった。第一は，欧米と比べた日本の後進性やその読み替えともいえる特殊性というそれまで自明とされてきた通念が疑問視されたことである。欧米と同じ方法やタームで説明可能だと唱えられるようになったのはその表れであり，後進性は前提とはされなくなったのである。第二は，総体的比較は印象論の色彩が濃厚であって，客観的証拠による綿密な裏づけが欠落していると批判され，専門科学の名の下に実証性や精密さが新たな標語とされたことである。たとえば日本の行政学をリードしてきた村松岐夫は，研究者としての自己の足跡を回顧するなかで，「先行する有力な研究が欧米からのズレを問題にしたり，日本の特殊性を強調する傾向があると感じてきた」とした上で，そうした傾向を克服して専門科学として「欧米と共通の土俵」に立たねばならないと考えたと述懐している(村松 66)。この村松の言葉には，上記の二つの問題点への批判が込められているのは明白であろう。彼の考案になる政官スクラム型リーダーシップ論はこうした思慮に支えられているのであり，印象論を乗り越えて認識を精緻化する努力の所産だったといってよい。

　このように一口に比較といっても，そのアプローチは一様ではなく，大きな変化が確認できる。同時に，そうした変化の背景には，欧米で進展した脱イデオロギー化の流れが日本にも波及したことと並び，経済成長を遂げて先進国の仲間入りした日本社会に生きる人々が自信をつけ，欧米諸国をもはやモデルとは見做さない横並び意識があることが読み取れる。1980年代に入る頃から経済大国という表現が頻繁に使われるようになり，多くの日本人の自画像の構成要素になるとともに自己肯定的な傾向が強まっていったが，比較の視座の転換はそうした推移に連動していたのである。

　比較に関わる以上のような動向を踏まえるなら，今後に望まれるのは，専門分化の現実に足場を置きつつ，同時にできるだけ幅広い視野に立った比較を目指すことであろう。この二つの志向は原理的には両立しがたいが，以下

ではあえてこうした立場をとり，これまで著者が従事してきたドイツ現代史をベースにして，日本の戦後史とドイツのそれとの比較について考えてみることにしたい。もちろん，本書のような小著でなしうるのは第一歩にすぎず，本格的な議論にまでは至らないのは多言を要しない。ここでは本書での考察が著者自身にとっての礎石になるだけではなく，日本におけるドイツ現代史研究の潮流に照らしても一定の意義をもちうることをまずもって確認し，続いてその理由について手短に考察することにしよう。

3．戦後の日独比較への関心

　日本とドイツを比較するのは，歴史学の世界では決して目新しいことではない。むしろその試みはこれまでに度々行われてきたというのが正確であろう。上述のように，両国の歴史的発展には類似性があると考えられてきたためである。その代表例としては，古くは日独両国の近代史を比較の視点に立って概観した望田幸男の『比較近代史の論理』（ミネルヴァ書房 1970年）がある。そこではマルクス主義史学の成果を取り入れつつ，長いスパンで両国の近代化を中心にした比較論が展開されている。他方，戦後に範囲を限定した比較としては，日独の第一線の研究者が参加したシンポジウムの報告集がある。それが公刊されたのは1993年だが，その共同編者となった R. ルプレヒトは序文で日独「両国の間にある明瞭な類似は現代に限らない」とし，「少なくとも1920年代以降，その出発点が異なっていたにせよ，両国の発展には見逃すことのできない共通点がある」と述べて数々の事例を列挙している（ルプレヒト 1）。また，もう一人の共同編者の山口定も同じく序言で，「幸いにしてドイツと日本は不幸な歴史と戦後の『経済大国』化のなかでの共通の体験を前提にして，お互いに『自己の姿を映す鏡』として利用しうる条件にある」と明言している（山口 19）。このように両国の間には類似性ないし共通性があり，それを土台にして比較を行うことは各々の認識を深める有意義な方法だと考えられていたのである。

　しかしながら，他方では日独比較にはいくつかの問題点があることも見逃せない。見方によっては比較すること自体が大きな問題を孕んだプロジェクトだといえるが，ここではそうした原理的な問題に立ち入るのは避け，日独比較をめぐる関心の偏りという問題にだけ照準を合わせることにしたい。

　戦後日本のドイツ現代史研究を導いていた基本的な問いは，同じ敗戦国と

しての惨状を踏まえ，なぜ両国は無謀な戦争に突進して自国民のみならず周辺国の多くの人々を苦しめたのか，戦争を推進したファシズムと軍国主義はなぜ他の先進国と違って日独両国で力を得ることができたのかという問題だった。この問いに先導される形で多くの研究者がナチズムの諸問題に取り組んだのである（木谷 64ff.）。明治以降，自然科学ばかりでなく，日本の人文・社会科学もドイツの強い影響下で発展し，良かれ悪しかれドイツと太い絆で長く結ばれていたが，そのこともそうしたテーマに多くの人が関心を払う土壌になった。というのは，未曾有の惨禍をもたらした戦争の震源になった以上，ドイツの影響下に立つ学問のあり方自体が見直されねばならなくなったからである。

　敗戦からしばらくたった1950年に廃止された旧制高校では教養主義と呼ばれる文化が開花したのは周知の事柄であろう。同時にその中核になったのがドイツ哲学だったこともよく知られている（竹内(1) 237ff.）。例えばアウフヘーベンのような難解な哲学用語が新制大学になってからも学生の間で使われたのは，教養主義的文化の残照だったといってよい。そのことは，旧制高校では西洋の進んだ文化を学ぶため欧米語の習得に注力したことの例証にもなっている。また「日本の大学は西洋の学問の輸入代理店だという揶揄」を長く撥ねかえせなかったことも（三谷 10），これに関連している。同時にその裏面では，日本の伝統的な文化や思想は軽視される傾向が強かった事実も見逃すことはできない。知識人集団として知られる昭和研究会の中心メンバーだった三木清や笠信太郎などを論じた M. フレッチャーは，彼らが「ヨーロッパの最新の動向に追いついていかなければならないと思い込んで」いたために著作で「日本が生んだこれまでの知的遺産になんら触れていない」ことに驚いているが（フレッチャー 17f.），それは教養主義の一つの帰結だったと解することができよう。坂野によると，同じ問題は民本主義を説いた吉野作造にも見出されるが，その背景には，西洋から多くを学ぶ一方で，「日本の過去の知識人たちが，自分たちの思想は最新のものであり，過去の思想は全くの時代遅れだと思い込んできた」という事情があった（坂野 ii, 219）。なるほど1930年代後半には日本主義が鼓吹され，国体明徴と絡んで例えば「日本経済学」の確立などが唱えられたが（牧野 119f.），それは長くは続かなかったのである。教養主義の底流にあったそうした西洋への傾倒は敗戦を経てもすぐには変わらなかった。1956年の著作の冒頭で久野収たち

が「日本ではこれまで現代思想をあつかった書物といえば，ほとんど外国の思想流派の紹介」に限られていたと指摘しているのは(久野・鶴見 i)，その一端を伝えている。

　これに加え，国政の中枢を担う官僚養成の学としての法学の分野ではとくにドイツの影響が濃厚だったことも重要であろう。そのことは，東京帝国大学と京都帝国大学の法学部の教授たちの圧倒的多数が留学先としてドイツを選んでいた事実を見ただけで推し量れる。ドイツと併せてイギリスやフランスを訪れる教授も存在したものの主流はドイツであり，アメリカに行く者は皆無だったといっても過言ではない状態だった(潮木 27f.)。天皇制国家の密教といわれる美濃部達吉の天皇機関説は G. イェリネックなしには存在しなかったし，明治憲法を核とする明治国制自体が L. シュタインや R. グナイストをはじめとするドイツ国家学の摂取を経て作り出されたのが事実だった(瀧井 82ff.)。 東京帝国大学で行政法を講じた筧克彦は拍手を打ってから講義を始めたと伝えられるが，その筧は 6 年間もドイツに留学したし，天皇主権説の立場から美濃部と対立したため西洋とは無縁のように想像されやすい上杉慎吉もドイツ留学組の一人だった。因みに，帝国大学法学部から分かれて経済学部が独立していったが，著名な理論経済学者の安井琢磨が回想するように，経済学の世界でも「総じてドイツの影響が日本では強かった」のである(牧野 173.)。

　敗戦を境にしてドイツの学問から離れ，代わって英米系の学問が積極的に輸入されたのは，そうした背景があったからだった。1966年に心理学者の宮城音弥が述べたように，「戦前はドイツに留学した人でなければ陽が当たらなかったのが，戦後はアメリカに留学した人に陽があたった」のである(鶴見 37)。戦争末期に東京医学専門学校(後の東京医科大学)に入学した山田風太郎は詳細な日記を残したが，そのなかには1945年11月 1 日に校長が学生たちを前にして次のように話したことが書き留められている。「教授内容はドイツ医学より米国医学に切り替えるべし。従って外国語はドイツ語より英語を重んず。できるなら教授数名をただちにアメリカに派遣致したし。この際進んでアメリカの懐に入るにしかず」(山田 601)。

　もちろん，そうした無節操にも見える豹変の際には，英米が戦勝国であることや確立されるべき民主主義の先進国であることばかりでなく，ドイツとは異なる気風で育まれた諸科学が高度に発達していたことが強く作用したの

は指摘するに及ばないであろう。例えば社会学の分野でアメリカ社会学が席巻し，「ドイツ社会学はクラシック・ソシオロジーとなり，アメリカ社会学がニュー・ソシオロジーとして若い世代の関心を集めるようになった」のは（竹内(2) 18），その表れだった。このようしてドイツから英米への軸足の転換を推し進めつつ戦後の学問研究は再出発したが，その一環をなす歴史学はもとより，ドイツ現代史研究の場合にも，主導的な問題意識に直近の戦争の経験が強く刻み込まれたのは当然だったであろう。事実，『ドイツ金融資本成立史論』（有斐閣 1956年）でスタートを切った大野英二が例証になるように，ナチズムに収斂する問題関心の中軸には，侵略戦争に行き着いた日本近代史に対する深い悔悟と反省の思いが貫かれていた（大野 272ff.）。そしてその思いが欧米における研究を摂取しながら優れた成果を産み出す原動力にもなってきたといえるのである。

　しかしながら，その反面では，「戦後」と呼ばれる時代が次第に長くなっていったにもかかわらず，ナチズムに関心が集中し固着するという問題が生じた。ヴァイマル共和国や第二帝政にも対象が広がり，研究成果が蓄積されていったが，多くの場合，照明を当てる光源に据えられていたのはナチズムであり，ナチズムの前史としての位置づけが基調になっていた。1848年の3月革命やビスマルクによる「上からの革命」としてのドイツ統一，あるいは1918年の11月革命がいずれも挫折し未完に終わったブルジョア革命という視点から検討されたことや，ヴェーラーやヴィンクラーなどを中心とする「批判的歴史学」ないし「歴史的社会科学」が共感を呼び，広く受け入れられたりした理由はそこにあった。一方，戦後に再開した歴史学では「戦後歴史学」と総称される流れが「圧倒的な主潮流」になり，マルクス主義が思想と方法の両面で中心的な地位を占めたが（成田(2) 176; 網野 29f.），そこには天皇制国家と戦った共産党の威信や総体把握としてのマルクス主義の優越性が浮き彫りになっていただけではなく，「戦前，戦中の国家によって無力化した人間の意志や行為に眼を向け」なくなったという変化が垣間見えた（グラック 374）。けれども，その結果として，国家やイデオロギーのような「上部構造」よりは経済的「下部構造」を重視する史観を反映して社会経済史が主流になったことは，もう一つの問題になった。政治史的なアプローチが低調になる一方で，生活史や社会史が登場し，市民権を確立して多彩なアプローチが並び立つまでに長い時間を要することになったのは，そこに主因

が存在したのである。この点に関しては生活史をリードしてきた先述した角山栄の言葉が傾聴に値しよう。敗戦直後に研究の道に入った彼は，出発点で大塚史学に強い感銘を受けたことを振り返り，「歴史学，もっといえば経済史が，これほど全国の若い俊秀を魅了したというような時代は，この時代をおいてなかった」と述べると同時に，他方で，「1980年代の中頃までに歴史学界の潮流は，政治史，労働運動史，それからマルクス史学，農村史といった歴史はもうすっかり過去のものになって，生活史，社会史，都市史に大きく移り」かわったことを確認している（角山 15, 94）。要するに，ややや誇張した表現を使うなら，関心の膠着とアプローチの一元化とも呼びうる問題が生じたといえよう。このように二つの問題が重なったために，日本のドイツ現代史研究においてドイツの「戦後」には関心が及びにくく，とりわけドイツの「戦後政治」はかすかな光しか届かないエア・ポケットになったのであった。

　これらに加え，もう一つの要因がこの傾向を助長することになったのも見逃せない。米ソの冷戦が激化していく過程でアメリカの対日占領政策の基本路線が民主化と非軍事化から「逆コース」に転じた結果，1952年に発効した講和条約で占領に終止符が打たれてからもファシズムないし軍国主義の復活が憂慮されるという政治的現実が存在したことである。再軍備や改憲の是非を巡って保守と革新の激しい攻防が演じられ，それがいわゆる55年体制として構造化したことは，上記の傾向を強めるとともに長引かせたのであった。この点に関しては，1954年の歴史学研究会の大会でファシズムを主題にした議論が繰り広げられ，藤田省三などと共同報告を担当した藤原彰が回想記のなかで，「MSA協定ができ，自衛隊が発足したときで，戦争とファシズムが現実の課題となって」いたとその背景を説明しているのが参考になろう（藤原 212）。関心の拡大やアプローチの多元化はそうした政治情勢によって押しとどめられ，両面で硬直した状態が見られるようになったのである。熱い政治の季節が続いたことは，その渦中にいた人びとの意識を規定し，研究面にも色濃い影を落としていたのである。

　戦後政治を含むドイツの「戦後」に対する関心の希薄さは，様々な面に表れた。当然ながら，ヒトラーやナチズムに関する書籍は翻訳を含めて数多く世に送り出された。けれども，その反面では，東西で「戦後」ドイツの立役者を演じた人物や政治勢力に関する研究が長期にわたって皆無に近かったの

はその例証といえる。西ドイツの初代首相を務めたコンラート・アデナウアーの名前は比較的知られていても、彼に関するまとまった研究が国内になく、回顧録の翻訳と外交官出身で大手建設会社の会長を務めた鹿島守之助の著作しかないという寥々たる状態が長く続いたのである。また戦争に反対した共産党の威信やマルクス主義への関心の高さを反映してドイツ社会民主党の研究が盛んになったが、光が当てられたのは結党から共産党と分裂したヴァイマル共和国の時期までであり、佐瀬昌盛『戦後ドイツ社会民主党史』（富士社会教育センター 1975年）や仲井斌『西ドイツの社会民主主義』（岩波新書 1979年）のようなコンパクトな著作を除くと、戦後の同党の歩みはほとんど知られないままだった。S. ミラーの手になる通史の部分訳が『戦後ドイツ社会民主党史』（ありえす書房）と題して公刊されたのは、ようやく1987年になってのことだった。石堂が述懐するように、ゴーデスベルク綱領で同党が画期的な転換を遂げたことは日本では注目を引かず、関心が向けられる場合には「社会主義に背を向けた」ことが指弾されたのである（石堂 377; 清水 6）。ローザ・ルクセンブルクやベルンシュタインの名前は頻繁に見かけることがあっても、西ドイツ建国当時の同党の指導者でアデナウアーのライバルとして鳴らした K. シューマッハーの知名度はきわめて低かったし、文人政治家として人望を集めた初代大統領 Th. ホイスについても所属する自由民主党とともに完全に視野の外に置かれていたことは、「戦後政治」に対する関心の低調さを裏付けている。さらにアデナウアーが創設の中心になったキリスト教民主同盟が国民政党として発展し、コールを筆頭に同党を率いる政治家が首相として西ドイツ建国以来3分の2以上の長期に互って統治責任を引き受けてきたにもかかわらず、キリスト教民主同盟については加藤秀治郎『戦後ドイツの政党制』（学陽書房 1985年）で論及されているだけで、同党がいかなる綱領的立場や社会的基盤を有する政党かを解明した専門書は存在しなかったのである。

　同様に東ドイツに関しても、最高指導者だった W. ウルブリヒトや E. ホーネッカーがどのような経歴を有する人物だったかは全く知られていなかった。事実上の独裁政党だった社会主義統一党に関しても、はたして共産党と同一なのか異なるのか、同じだとすればなぜ共産党と名乗らないのかなどの疑問は解かれず、大部分が謎に包まれたままだった。ましてや東ドイツにも西ドイツと同名のキリスト教民主同盟がドイツ降伏の1945年以降一貫して存

在し，統一後に西のキリスト教民主同盟に吸収されたことなどは全く知られていなかった（近藤(1)(3)）。なるほど東ドイツに関しては，1970年代になって近江谷左馬之介『ドイツ革命と統一戦線』（社会主義協会出版局 1975年）や上杉重二郎『東ドイツの建設』（北海道大学図書刊行会 1978年）のような著作が現れた。けれども，それらは東ドイツにおける公認学説のコピーの域を出ず，自前の研究と呼べる水準に達していないのは否めなかった。そのことは独裁体制の形成過程で政治的暴力が担った役割が全く論及されていない点に表れている。

　これらの点に照らすなら，板橋拓己『アデナウアー』（中公新書）や近藤正基『ドイツ・キリスト教民主同盟の軌跡』（ミネルヴァ書房）が2013年と2014年に相次いで出版され，東ドイツに関しても河合信晴『政治が紡ぎだす日常』（現代書館）と清水聡『東ドイツと「冷戦」の起源』（法律文化社）が2015年に公刊されたことは，隔世の感を呼び起こすといっても過言ではないであろう。今から20年以上前の1995年に『年報日本現代史』が発刊されたとき，栗屋健太郎は創刊の辞のなかで，「日本とドイツの『戦後』を比較・検討する仕事はさまざまに積み重ねられ，有益で興味深い論点が多く提示されている」と記した（栗屋 iii）。しかし，これらの著作の出現が示すように，ようやくドイツの戦後の研究が本格化してきた現状に照らせば，栗屋の指摘に同意することはできない。おそらくこの言葉は日本における当時のドイツ研究の水準に関する重大な誤認に基づいていたと思われる。もしそうでないなら，ドイツの戦後に対する日本現代史研究の側からの関心の希薄さを物語る事例になると考えざるをえなくなるからである。

4．ドイツ統一以降の関心の変化

　ところで，ドイツが統一した1990年以降になるとドイツの「戦後」に向けられる関心は格段に高まった。その一端は上記の板橋や近藤の著作以外にも西田慎『ドイツ・エコロジー政党の誕生』（昭和堂 2009年）や妹尾哲志『戦後西ドイツ外交の分水嶺』（晃洋書房 2011年）などが世に問われたことから窺える。また東ドイツに関しても関心が高まり，消滅した後になって足立芳弘『東ドイツ農村の社会史』（京都大学学術出版会 2011年）や石井聡『もう一つの経済システム』（北海道大学出版会 2010年）などの本格的な研究が前述の河合，清水のそれに先んじて公にされた。その一方で，Ch. クレスマン

の著作『戦後ドイツ史』（未来社 1995年）をはじめとして，M. フルブルック『二つのドイツ』（岩波書店 2009年），H. ウェーバー『ドイツ民主共和国史』（日本経済評論社 1991年）などの貴重な訳書が送り出されるようになった。さらに H. A. ヴィンクラーの大著『西方への長い道』が表題を『自由と統一への長い道』（昭和堂 2008年）と改めて邦訳されたことは，ドイツでも広く読まれている著作であるだけに特筆に値しよう。だが，これらが日本で手にできるようになるには1990年のドイツ統一以降まで待たなくてはならなかったことを看過することはできない。統一前には日本語で読める信頼できる著作は1981年に出版された A. グロセールの『ドイツ総決算』（社会思想社）が存在するのみであり，1986年にようやく H. K. ルップの『現代ドイツ政治史』（有斐閣）が加わったものの，全体として未開拓に近い状態が続いてきたのである。

　ドイツ統一が突発したのはこのような状況においてだった。C. シュテルン・H. A. ヴィンクラー編『ドイツ史の転換点』や D. パーペンフス・W. シーダー編『20世紀ドイツの諸変革』が教えるように，近現代のドイツには1918年のドイツ革命や1945年の第三帝国崩壊のようにいくつかの画期が存在する（Stern / Winkler; Papenfuss / Schieder）。1990年のドイツ統一がそれらと並んで20世紀のドイツの歴史においてきわめて高いピークをなすのは言うまでもない。ところが，それは東西ドイツの国民にとってばかりでなく，ドイツ問題の専門家にとっても予想外の出来事というのが実情だった。1989年にベルリンの壁が開くこと，それから僅か一年足らずで東ドイツが消滅することはほとんど誰も予想していなかったのである。例えば当事者の一人である東ドイツの最高指導者 E. ホーネッカーは1989年の年頭にベルリンの壁はこれからも存続すると豪語し，それが直に崩れるとは微塵も思っていなかったのである。

　ドイツ統一が予想外という点では，ドイツに関心を持つ日本の研究者にとっても事情は同じだった。しかし違っていたのは，それまでの現代史研究が手薄だったために統一が単なる寝耳に水の出来事にとどまらず，現代史の展開に即した解説を後から行うことすら容易ではない文字通りの青天の霹靂になった点である。日本ではドイツ統一からしばらくはドイツ問題に関する著作が次々と書店に並んだが，坪郷實『統一ドイツのゆくえ』（岩波新書 1991年）を別にすれば，朝日新聞ボン支局長を務めた雪山伸一『ドイツ統一』（朝日新聞社 1993年）を筆頭にして大半はジャーナリストの手になるも

のだった事実がそれを裏付けている。例えば国際政治史家の高橋進が外交面を中心にした『歴史としてのドイツ統一』（岩波書店）を世に問うたのは，壁の崩壊から10年が経過した1999年のことだったのである。研究者がミネルヴァの梟だとすれば，時事的問題に即座に反応することは期待できないとしても，巨大な変動が眼前で生起したにもかかわらず，その原因や力学が不明なまま事態を見守るしかなかったのが実情であり，そのことは重大な反省点になった。ナチズムやヴァイマル・ドイツを詳細に究明した著作が少なくないのと見比べれば，ドイツの「戦後」に対する関心が長期にわたって極めて低調だったことが浮き彫りになったのである。

　もっとも，そうした関心の低調さが研究上の困難と絡まっていたことも看過できない。ドイツの戦後史を扱う際には，冷戦下でのドイツ分断を考慮に入れなくてはならないのは指摘するまでもない。ところが，日本国内の保革対立が厳しいイデオロギー対立と重なっていた実情とも関連して，共産圏の一国になった東ドイツには日本からほとんど関心が向けられなかった。それにはいくつかの理由があった。なによりも西ドイツに比べて東ドイツが人口も国土も小さいことと，経済発展の面で東西間に大きな開きが生じていたことが重要であろう。また東ドイツがソ連によって操縦される衛星国で国家としての自立性が欠けていると見做されたことも，関心の外に置かれることにつながった。さらに研究面では実証が肝要だが，事実やデータが秘匿されたり操作されていたので(Steiner 13)，信頼度に問題のある公式資料にしか接することができなかったことも人を寄せ付けない原因になった。東ドイツは共産党独裁の国だったが，共産党に当たる社会主義統一党に関しては同党中央委員会付属マルクス・レーニン主義研究所の『ドイツ社会主義統一党史』(労働大学 1980年)と題した公認の党史の翻訳があるのみで，実態は濃い霧に包まれていた(近藤(3))。東ドイツは「支配されつくした社会」や「監視国家」だったともいわれるが，社会主義統一党の「楯と剣」を自称し，暴力装置として東ドイツ市民から怖れられた国家保安省(通称シュタージ)については存在を知る人すらごく一部の人に限られていたのである。

　先に触れたとおり，確かに日本でも一部に東ドイツ研究が存在したのは無視すべきではない。とはいえ，ボン在住で西ドイツの文献に依拠した仲井斌『もう一つのドイツ』(朝日新聞社 1983年)を除けば，ほとんどは東ドイツを擁護するイデオロギー的立場が鮮明であり，批判的な距離を置く姿勢が

欠落していたのは否定できない。支配の暗部であるシュタージが眼中に入らなかったのはその表れであり、そのために信頼できる研究成果とは見做されず、東ドイツが崩壊した後はほぼ完全に忘れ去られる結果になった（近藤(2) 48）。こうした事情から、日本では東ドイツに関する正確な知識が大幅に欠如し、そのことがドイツの戦後史に取り組むのを阻害すると同時に、ドイツ統一の的確な把握を困難にする原因にもなったのである。

　ドイツ統一自体が冷戦の終結を象徴する世界史的な出来事だったのに加え、東ドイツが消滅してこのような阻害要因が取り去られたのを契機にして、日本でも戦後ドイツに向けられる関心が急速に高まった。それにはドイツが統一によって一段と巨大化したばかりでなく、長く行動を束縛してきた分断の重石がとれた結果、統一後のドイツの新たな進路に注目が集まったことが寄与していた。もっとも、仮にドイツ統一が起こらなかったとしても、ある程度は戦後ドイツへの関心が高まっていただろうと想像される。というのは、オイル・ショック以後アメリカを先頭に先進国経済が軒並み低迷するなかで日本と西ドイツに世界経済を牽引する機関車の役割が期待されるようになり、冷戦が終結したときには真の勝者はこの二国だと評されたことが物語るように、日本とともにドイツが広く注目の的になってきていたからである。とりわけ敗戦の後に残された見渡す限りの廃墟のゆえに復興には100年かかるといわれたドイツが目覚しい躍進を遂げたことは大きな驚異であり、ドイツに集まる関心は強くなっていた。それに加え、政権交代のない日本からは、1969年に起こった政権交代で誕生したブラント政権が東方外交で華々しい成果を収めたことや、環境政党としての緑の党が政治に新風を吹き込んだことなどが注目を浴びた。そうした事実を考えれば、戦後ドイツへの関心が高まるのは自然な流れだったというべきであろう。永井清彦『緑の党』（講談社新書 1983年）をはじめ、仲井斌『緑の党』（岩波書店 1986年）や坪郷實『新しい社会運動と緑の党』（九州大学出版会 1989年）のように緑の党と新しい社会運動に関する著作が1980年代に相次いで出版されたのが、そうした動向を立証している。とはいえ、その場合にも日本の高度成長に匹敵する西ドイツの経済の奇跡に光が当てられても、長引く分断の下で部分国家である西ドイツが「正統性と活力」を獲得し、「暫定国家という自己理解」から脱したという「政治的奇跡」（Löwenthal 11, 17）にまでは関心が及ばなかったことは見過ごせない。戦争による「物質的、心理的な破壊の度合いを考えれば、

その基礎の上に安定した民主的な戦後秩序が打ち立てられえたことは奇跡に等しい」とも指摘されるが（Ullrich 4），戦後ドイツへの関心が広がりかけた段階ではこの問題は視界に入らず，後に持ち越されたのであった。いずれにせよ，ドイツ現代史の大きな転換点になった統一がようやく高まりかけた機運を強力に押し上げたのは指摘するまでもないであろう。

　こうして「戦後」自体の重みが時とともに増大していったが，それに加え，ナチスの時代が次第に遠ざかるとともに，55年体制が安保闘争を経て安定化し，自民党支配として固まったことによってファシズム再来の危険が薄れたことが，ドイツ研究者の間でナチズムに関心が収斂する構造が弛緩していく原因になった。なるほど戦争が終結してからしばらくはナチズムはドイツ研究者の熱いテーマでありつづけた。しかし，戦争が遠のき米ソの平和共存を背景に平和が自明な状態になる一方，政治面での保革対立が膠着して内実が空洞化していくと，それと相即してナチズムが帯びていたアクチュアリティが揮発し，むしろ視野を狭める要因に化していった。その面から見ると，ドイツへの視線を包み込んでいた呪縛が次第に解けるようになったといってよいかもしれない。ナチズムに帰着するドイツ特有の道よりは，ナチズムにも貫徹する近代の歪みが問題とされるようになるのはその後のことだが，いすれにしてもナチズムが有していた圧倒的な磁力が衰え，ドイツ現代史を照らし出す強力な光源としての役割が失われていったのである。

　この点に関して示唆的なのは，日本ファシズムの解明に精力的に取り組んできた丸山真男が早くも1958年に「精神的スランプ」を告白していたことである。この年のある座談で彼はこう述べた。「ぼくの精神史は，方法的にはマルクス主義との格闘の歴史だし，対象的には天皇制の精神構造との格闘の歴史だったわけで，それが学問をやっていく内面的なエネルギーになっていたように思うんです。ところが，現在実感としてこの二つが何か風化しちゃって，以前ほど手ごたえがなくなったんだ」（丸山 234）。彼はこのスランプ状態の中で1960年の安保闘争に積極的に関与した後，日本の政治状況を分析する仕事から離れていった。今日から眺めると，そうした丸山の軌跡には天皇制ないしファシズムがアクチュアリティを喪失したことや，思想としてのマルクス主義の衰微が反映されていたと解することができよう。

　もとより丸山はドイツの専門家ではない。けれども，彼が長くドイツを視野に収めていたことを考えれば，ファシズムの呪縛力が低下していったこと

が彼の足跡から窺える。さらにその問題に関しては，長い戦後に進行した世代交代も付け加えるべきであろう。というのは，ナチズムを同時代人として経験した世代が第一線から退いたばかりでなく，戦争の記憶を有する世代も順次退場していったからである。そうした背景の下では，彼らに代わって登場した戦後生まれの世代が自己の同時代としての戦後ドイツに視線を向けるようになったのは不思議ではなかった。ナチズムが依然として重いテーマであることに変わりはなく，新たな光で照らす努力が続けられているのを見落としてはならないとしても，少なくとも従来のようなある種の特権的な地位が失われたのは間違いない。こうして日本でもようやく戦後ドイツの研究が本格化する条件が整うようになったといえるのである。

　しかしながら，冷戦終結とドイツ統一を境に戦後ドイツの本格的研究が始動したといえるものの，今日まで立ち遅れの影響が色濃く残っているのも否めない。既述のように，翻訳を除くと，戦後ドイツ史の専門書が日本の研究者によって送り出されるケースはいまだに少ないのが実情といえよう。無論，野田昌吾『ドイツ戦後政治経済秩序の形成』（有斐閣 1999年）や安野正明『戦後ドイツ社会民主党史研究序説』（ミネルヴァ書房 2004年）をはじめとする堅実な業績が存在することを軽視してはならないが，それらによってカバーできた範囲が極めて狭いことも間違いない。その意味で，日本における戦後ドイツの研究蓄積は乏しく，ナチズムやヴァイマル共和国のそれに比べて厚みに格段の差があるといわなくてはならない。

　そうだとするなら，現段階で日独の長い「戦後」を比較して考察しようとするのは無謀の誹りを免れないであろう。なによりも土台がいまだ脆弱だからである。この点に関して著者は差し当たってこう考えている。すなわち，一気に全体的な比較を目指さなくても，少なくとも主要なトピックに絞った比較を行い，それを積み重ねて点から線，面へと幅を広げていくことによって，戦後ドイツについての新たな知見や視点を掴み取ることができるし，それが巨視的な比較論にもつながるであろう。もちろん，他方では社会科学で開発された理論を土台にし，なんらかの仮説を設けて検証するという道が開かれている。けれども，個別研究の蓄積が貧弱な状況で仮説を立てるのはかなりの無理があるというのが現段階での著者の判断である。

　いずれにしても，長い間，外国研究に見られる通例として，ドイツ現代史研究の場合にもドイツにおける主要な研究成果の咀嚼と祖述が日本での研究

の中心部分を占めてきたのは否定できない。けれども、それで事足れりとするのではなく、比較の観点から自国を見詰める視線を研ぎ澄まし、それをドイツに向けることによって戦後ドイツの見えにくい部分が把握可能になってくると著者は考えている。無論、ドイツ人研究者と同じ土俵で競い、あるいはその成果を吸収することが依然として枢要であり、同時にそれが実証を柱とする歴史学の基本であることに変わりはない。とはいえ、例えば史料へのアクセスの難易度ひとつをとっただけでも、それにはおのずから限界があるのは自明であろう。他方、史料に密着する場合と違い、比較の視座に立つことによって構想力を働かせ、新たな着眼点や新しい理解を引き出す可能性が開かれることが期待できよう。この意味で、ドイツに密着したアプローチと日独比較のアプローチは排除しあうのではなく、むしろ互いに補完する関係にあり、日本から戦後ドイツを見る上での両輪になると思われるのである。

　ここまで日独比較への関心とその変化について一瞥してきた。しかしその際に比較の対象とする「戦後」については論及してこなかった。この点に関しては終章で詳しく考察するので、ここでは必要な範囲で触れておこう。

　日本の場合、一口に「戦後」といってもその捉え方はきわめて多様であり、またそのイメージにも大きな変化があって茫漠としている。「戦後」がすでに終焉したのか否かに関する見方が今日なお一致から程遠いのは、そのコロラリーの一つといってよい。例えば主要な全国紙の論調と異口同音に2015年に戦後70年を語る人々が数多く存在し、それを代弁するかのように論壇では延々と続く「戦後」を前提にして佐伯啓思や白井聡のように対極的な立場から「戦後レジームの限界」や「永続敗戦」を論じるケースがある（佐伯 68ff.; 白井 10ff.）。ところが、これに対して他方では、上野昂志や半藤一利のように早くも1972年の田中角栄の首相就任に「戦後の消滅」を見出したり、同年の「沖縄返還で戦後日本は完全に終わり、新しい日本の歴史が始まった」と解説するケースも見られる（上野 223; 半藤 541）。また昭和の終わりと冷戦終結が重なったことに着眼し、1990年前後を戦後の終わりないし終わりの始まりとして重視する議論も存在する（中村(2) 189）。これらの見方はさしずめ長い戦後、中位の戦後、短い戦後と呼ぶことができるが、巨視的にみるとマスメディアを含めて前者が大勢を占め、後の二つの立場をとる論調が微弱なことも付け加えておくべきであろう。

　一方、ドイツの「戦後」に関しては、日本と対照的に今日まで続く「戦

後」という見方が存在しない。またすでに終わったという認識が共有されているので，その終焉を巡る論議も今ではほとんど見出せない（Eitz / Stötzel 453f.）。ドイツではむしろそれは現代史として学問的な研究の対象になり，保存ないし掘り起こされた膨大な史料を基礎にして歴史学，政治学，経済学，社会学などの分野で活発な研究が進められてきた。その蓄積はますます厚みを増し一望するのが不可能なほどだが，既述のとおり，従来，日本からその成果に眼差しが注がれることは少なかった。自らの壊滅によってドイツに「戦後」をもたらしたナチズムに日本からの関心が集中した反面，ドイツの「戦後」に向けられる関心は低調だったのである。前述のようにドイツ統一を境にして関心が高まったのが事実だとしても，今日に至っても日本における蓄積が貧弱なのは，その結果にほかならない。だが，日独両国が歴史的発展の共通性ないし類似性のゆえに他のどの国にもまして互いに「自己の姿を映す鏡」の役割を果たしうるとするなら，両者を比較検討することによって有益な知見が得られ，自国を見る眼を研ぎ澄ましたり，新鮮な自画像を描いたりする道が拓かれたはずであろう。その意味では，いわば「戦後」ドイツを素通りしてきたことにより，自国を捉える貴重なチャンスを長く逸してきたといわなくてはならないのである。

結び

　本章では「戦後」に範囲を絞って日本とドイツを比較検討する視座やその意義などについて論じてきた。またその議論を深めることを目的にして，これまでの研究史を不十分ながら振り返り，そこに見出される変化や特徴について一考してみた。これまでの論述から帰結するのは，要約すれば次の一点に尽きるといえよう。すなわち，日本におけるドイツ現代史研究の実情を踏まえると，トピックに絞った比較という考察方法が有意義なだけではなく，必要でもあるということである。

　改めて指摘するまでもなく，日本の「戦後」については夥しい文献があり，手記や証言なども見渡すことが不可能なほど存在している。けれども他方で，ドイツの「戦後」に関する研究がいまだ手薄な現状を考慮すれば，ドイツとの比較の観点から日本にアプローチするに当たり，ドイツ側の空白部分を埋める作業と並行する形で検討を進める以外に方途がないのは明らかであろう。このような認識に基づいて著者は，一方で，「敗戦」・「終戦」と

いう論点と「反ファシズム」・「反共主義」という論点を中心にして日独比較を行ってみた(本書第2章・第3章)。また他方では,ドイツに張り付く形で社会主義統一党の成立をはじめ東ドイツの形成過程に関わる主要な問題のほか,国土が戦場になった敗戦時のドイツの状況と戦後ドイツに重くのしかかった東西分断を具象化した内部国境に照明を当てる作業を進めてきた(本書第4章;近藤(3)(4))。日独の戦後史の比較を目標としながらも,あえて敗戦当時の状況や内部国境などを取り上げたのは,日本の場合には本土決戦によって竹槍での突撃や市街戦のために犠牲者の山が築かれる前に降伏した事実と,冷戦の強い影響を受けはしたものの国土分断の悲劇に見舞われずに済んだ事実があり,「戦後」に出発する前提や初期条件にドイツとの決定的な相違が存在していたことを銘記するためである。例えば分断に関していえば,事実としては知られていても,その異常さや過酷さを感得するのは決して容易ではない。日本で戦後ドイツについて語る際,ともすると西ドイツに視線が偏り,分断の重みが薄れがちな傾向があるのはそのためだと思われる。また戦後ドイツの再建を考えるとき,日本との類比で生活インフラをはじめとして焦土となった国土の惨状に目が向いても,敗戦に伴う被追放民などの巨大な人口移動とその過重な負担が視界から抜け落ちやすいように見受けられる。こうした点を考慮して,ひとまず戦後初期のドイツの経験を復元してみる必要があると考えたのである。

　もとより比較分析と実証研究を同時に進行させることは容易ではない。とりわけ実証を重んじる立場からはトピックの選定を前提とする比較の方法が恣意的ないし主観的に映るのは避けられないであろう。なぜなら,どこに焦点を絞り,どのような角度からアプローチするかは比較する主体の判断によって決まるからである。また比較を行う場合には何らかの理論モデルを援用して史実に向き合うことがあるが,その場合,多種多様な事実を拾い上げることよりも,モデルに合致しない事実の軽視や切捨てが優先しがちであることも看過しがたい問題点になる。それだけに誠実な歴史研究者が比較論に違和感を覚えたり躊躇を感じたりするのは理解できることである。けれども史料に接する眼差しを鋭くし,発想を柔軟にする上で比較というアプローチが重要な役割を果たすのは間違いない。逆に言えば,比較論の展開に向けて最初の一歩を踏み出し,思い切って一石を投じない限り,狭い専門に閉塞して生き生きとした議論が起こらないままになるの

は避けがたいといえよう。

　たしかにドイツ現代史を主たるフィールドとする者にとって，日本現代史の専門家ではない立場を顧みないであえて逸脱し，その理解に関わる議論に参入しようとすることは冒険に等しい行いであり，日本現代史家には越権行為に類した所業のように映るであろう。学界動向に疎いため，新たな知見のつもりで提起した解釈でもことによると既知ないし決着済みの事柄かもしれないし，偏見や誤解に基づく的外れな問題提起は無用な混乱を招くだけかもしれないからである。しかし，これまでに著者が接した数々の著作を踏まえて展望する限りでは，日本における現代史研究には死角ともいうべき欠落があるように感じられる。しかもそれは瑣末な事柄ではなくて，基本的な理解に関わっているように思われるのである。

　もっとも，著者がそのように感じるのは，ドイツ現代史を追跡している間にこびりついた偏光レンズのせいである可能性が大きい。実際，ドイツではなくフランスやイギリスを専門とする眼で接した場合には，おのずから異なった相貌が見えてくるに違いない。その意味では，数多くの外国を観察する複数の眼差しで日本の「戦後」を見詰めなおすのが有益だと思われる。とはいえ，率直なところヨーロッパの一国だけでも現代史を鳥瞰するのは至難であり，公開情報が溢れている今日ではその困難がますます加重されている。また政治，経済から社会，文化にまで及ぶ様々な側面で国際的なつながりが濃密になり，一国が閉じられた存在ではないことが明白になってきているため，一国だけを視野に入れたアプローチが成り立ちにくくなり，視界の拡大が求められるようになっている。その上，いつの時代であっても一国の総体ともいうべき実在は，仮にあるとしても永遠に人間の手には届かないという原理的な限界が付け加わる。

　ヨーロッパの国々を日本との比較の対象とする場合，これらの問題が重みを増している現状に留意することが必要とされよう。加えて，研究者の数が増大し，専門分化が著しく進んでいることも，全体像が遠のく要因になっている。原理的に到達できない全体像は追い求めること自体が最初から無意味であり，専門領域を深く掘り下げて堅実に成果をあげるのが先決だとされやすいのはそのためであろう。日本経済史の分野で牽引役を担ってきた石井たちはシリーズ『日本経済史』に寄せた文章で，「かつての諸研究が目指した『ダイナミックな全体像の構築』への努力が学界全体として弱まったこと

は否定し難い」と現状を診断し，とくに「若手研究者は狭い研究・史料空間に閉じこもる傾向が生まれた」として憂慮の念を表明しているが（石井・原・武田 i），その傾向は日本経済史の領域に限られないし，また若手だけにみられるわけでもないのである。

　ここで指摘した諸問題は簡単に解決することはできないし，無視して飛び越えることもできそうにない。とはいえ，そうした難点を自覚し，限界を確認した上でなら，主要国の比較と銘打った著作が存在するように，各国の事例の単なる羅列を超え，互いを付き合わせつつ福祉，経営，家族，教育など様々な分野で特定の部分に絞って比較を行うことには十分に意義があり，これからも積極的に進められるべきであろう。それに加えて，特定分野で事足れりとするのではなく，それを押し広げて到達不可能な全体像を目指し，比較の観点から多面的な検討を加えてみることもやはり重要になる。というのは，比較は多角的であるほど知的な興味をかきたて，想像力や構想力を働かせるだけでなく，自分たちの世界を相対化し，足元を見直す上で有用になると考えられるからである。本章は試論として荒削りな議論に終始したが，このような意味で戦後史を中心にして日独現代史の比較論が活発に行われるようになることを期待したいと思う。

引用文献

Eitz, Thorsten / Stötzel, Georg, Wörterbuch der „Vergangenheitsbewältigung",
　　Hildesheim 2007.

Hoffmann, Dierk, Nachkriegszeit, Darmstadt 2011.

Löwenthal, Richard, Dauer und Verwandlung, in: Richard Löwenthal / Hans - Peter
　　Schwarz, hrsg., Die zweite Republik, Stuttgart 1974.

Naumann, Klaus, Die Frage nach dem Ende, in: Mittelweg 36, H. 1, 1999.

Papenfuss, Dietrich / Schieder, Wolfgang, hrsg., Deutsche Umbrüche im 20. Jahrhundert,
　　Köln 2000.

Schildt, Axel, Deutschland seit 1945, in: Geschichte in Wissenschaft und Unterricht, Jg.
　　62, H. 9 / 10, 2011.

Schmidt, Manfred G., Immer noch auf dem mittleren Weg?, Bremen 1999.

Steiner, André, Die DDR - Statistik. Probleme und Besonderheiten, in: Thomas Rahlf,
　　hrsg., Deutschland in Daten, Bonn 2015.

Stern, Carola / Winkler, Heinrich August, hrsg., Wendepunkte deutscher Geschichte, Frankfurt a. M. 1979.

Ullrich, Volker, Wir sind noch einmal davongekommen, in: Die Zeit, Sonderheft, Teil 2, 2005.

青木保『「日本文化論」の変容』中央公論社，1990年。

浅井良夫「20世紀のなかの日本」安田常雄編『変わる社会，変わる人びと』所収，岩波書店，2012年。

網野善彦『歴史としての戦後史学』洋泉社，2007年。

栗屋健太郎「創刊にあたって」『年報日本現代史』創刊号，1995年。

石井寛治・原朗・武田晴人「『日本経済史』（全6巻）の刊行にあたって」石井寛治・原朗・武田晴人編『高度成長』所収，東京大学出版会，2010年。

石田雄(1)『日本の社会科学』東京大学出版会，1984年。

石田雄(2)『社会科学再考』東京大学出版会，1995年。

石堂清倫『わが異端の昭和史　下』平凡社，2001年。

上野昂志『戦後再考』朝日新聞社，1995年。

潮木守一『京都帝国大学の挑戦』講談社，1997年。

大野英二『比較社会史への道』未来社，2002年。

ブルース・カミングス「アメリカから見た戦後日本」中村政則ほか編『戦後改革とその遺産』所収，岩波書店，1995年。

木谷勤「戦後日本のドイツ近現代史研究」『ゲシヒテ』6号，2013年。

久野収・鶴見俊輔『現代日本の思想』岩波新書，1956年。

キャロル・グラック「戦後と『近代後』」テツオ・ナジタ・前田愛・神島二郎編『戦後日本の精神史』所収，岩波書店，1988年。

アンドルー・ゴードン，森谷文昭訳『日本の200年　下』みすず書房，2006年。

近藤潤三(1)「ソ連占領期東ドイツのキリスト教民主同盟―自立した政党から衛星政党へ」『社会科学論集』51号，2013年。

近藤潤三(2)「東ドイツ・社会主義統一党の成立について」『ゲシヒテ』8号，2015年。

近藤潤三(3)「ソ連占領期東ドイツにおける社会主義統一党の成立と変容(1)(2)」『愛知大学法学部法経論集』203・204号，2015年。

近藤潤三(4)「ドイツ内部国境の変容と強制立ち退き問題(1)(2)」『南山大学ヨーロッパ研究センター報』22・23号，2016・2017年。

近藤潤三(5)「ベルリン共和国の政治的変容(1)(2)」『愛知大学法学部法経論集』210・211号，2017年。

近藤潤三(6)「ドイツ現代史のなかの難民問題」『ゲシヒテ』10号，2017年。

佐伯啓思『従属国家論』PHP新書，2015年。

清水慎三『日本の社会民主主義』岩波新書，1961年。

トニー・ジャット，森本醇訳『ヨーロッパ戦後史　上』みすず書房，2008年。

白井聡『永続敗戦論』太田出版，2013年。

瀬畑源「象徴天皇制の形成と展開」『岩波講座日本歴史　18』所収，岩波書店，2015年。

瀧井一博『文明史のなかの明治憲法』講談社，2003年。

竹内洋(1)『学歴貴族の栄光と挫折』中央公論新社，1999年。

竹内洋(2)『メディアと知識人』中央公論新社，2012年。

武田砂鉄「激動の時代と呼応する構成」2018年7月7日付『朝日新聞』。

角山栄『「生活史」の発見』中央公論新社，2001年。

坪井秀人『戦争の記憶をさかのぼる』ちくま新書，2005年。

鶴見俊輔『語りつぐ戦後史　上』講談社文庫，1975年。

永滝稔「歴史学・学術書・読者の新たな関係を考える」歴史学研究会編『歴史を社会に活かす』所収，東京大学出版会，2017年。

中村政則(1)「現代歴史学の課題」『年報日本現代史』8号，2002年。

中村政則(2)『戦後史』岩波新書，2005年。

成田龍一(1)『近現代日本史と歴史学』中公新書，2012年。

成田龍一(2)「『戦後歴史学』の戦後史」福永文夫・河野康子編『戦後とは何か　上』所収，丸善出版，2014年。

半藤一利『昭和史　戦後篇』平凡社，2006年。

坂野潤治『明治デモクラシー』岩波新書，2005年。

日高六郎「戦後の『近代主義』」日高六郎編『近代主義』所収，筑摩書房，1964年。

平川克美「戦後70年の自虐と自慢」内田樹編『日本の反知性主義』晶文社，2015年。

藤原彰「戦後50年と私の現代史研究」『年報日本現代史』創刊号，1995年。

古市憲寿『誰も戦争を教えられない』講談社文庫，2015年。

マイルズ・フレッチャー，竹内洋・井上義和訳『知識人とファシズム』柏書房，

2011年。

牧野邦昭『戦時下の経済学者』中央公論新社，2010年。

丸山真男『丸山真男座談　2』岩波書店，1998年。

見田宗介『現代日本の感覚と思想』講談社，1995年。

宮本憲一『経済大国』小学館，1983年。

村松岐夫「戦後体制―行政学と地域の視点から」福永文夫・河野康子編『戦後
　　とは何か　上』所収，丸善出版，2014年。

望田幸男『二つの戦後・二つの近代』ミネルヴァ書房，2009年。

森武麿・浅井良夫・西成田豊・春日豊・伊藤正直『現代日本経済史』有斐閣，
　　2002年。

矢野久「社会からの要請，社会への発信」『メトロポリタン史学』13号，2017年。

山口定「序」山口定・R. ルプレヒト編『歴史とアイデンティティ』所収，思文
　　閣出版，1993年。

山田風太郎『戦中派不戦日記』講談社文庫，2002年。

山本昭宏『教養としての戦後「平和論」』イースト・プレス，2016年。

吉川洋『高度成長』読売新聞社，1997年。

吉田裕『日本人の戦争観』岩波現代文庫，2005年。

ウォルター・ラカー，加藤秀治郎ほか訳『ヨーロッパ現代史　1』芦書房，
　　1998年。

R. ルプレヒト「はじめに」山口定・R. ルプレヒト編『歴史とアイデンティ
　　ティ』所収，思文閣出版，1993年。

第2章 戦後史のなかの5月8日と8月15日

はじめに

近年の日本では「戦後」という言葉はかつてのような自明性が希薄になってきている。そのことは,「戦後」の前提となる戦争を生身で経験した人々が少なくなり,戦争の記憶が拡散してきたことを考えれば避けがたかったともいえる。またそれと相即して,「戦後」はもう終わったのか否かが問われるようにもなっている。例えば御厨貴は東日本大震災の衝撃を受けてすぐに『中央公論』の論説で「災後」という言葉を造語し,巨大災害を境にしていつまでも続く「戦後」が終わり,新たな時期を迎えたことを表現しようとした(御厨)。しかしそれ以前に同じ問題を取り上げた中村政則が,岩波新書の『戦後史』で長い戦後を通観しながら,1990年以降を「戦後の終焉」として捉え(中村(2) 189ff.),同じく成田龍一も冷戦が終わった1990年頃を画期として位置づけつつ,「『戦後』後」という表現を用いている(成田(2) 3; 成田(3) 179)。さらに国外に目を向けると,『日本の200年』を通史として描いた歴史家の A. ゴードンが,昭和天皇の死去で昭和が幕を閉じた1989年以後を「ポスト戦後期」と呼んで,戦後の終わりについて語っている(ゴードン 654ff.)。

一方,やはり岩波新書の『ポスト戦後社会』(2009年)では吉見俊哉が現在をポスト戦後社会と規定し,その上で中村たちより早く,すでに1970年代後半にポスト戦後社会に移行したと論じている。また渡辺昭夫は政治指導者の言葉を引きつつ,高度成長の終幕と重なる1972年の沖縄返還を境にして「『戦後』の終わりの始まり」について語り(渡辺 7),同じく様々なトピッ

クに目配りした『戦後再考』を書いた上野昂志も，田中角栄の登場以降の時期を「戦後の消滅」（上野 223）と呼んでいる。ただ上野の場合，増補版を10年後の2005年に刊行した際に『戦後60年』というタイトルをつけたところに60年経っても「戦後」がいまだ消滅していないという首尾一貫しない面が表れている。さらに現実政治の動向にも触れておけば，周知のとおり，安倍首相をはじめとして「戦後レジームからの脱却」を呼号する勢力が政界に存在し，社会的共鳴板も拡大しつつある。そうした人々の場合には，戦後レジームは日本国憲法とりわけ第9条と同一視されており，改憲が実現しない限り戦後は続くという立場がとられているといってよいであろう。内容的に相違する面があるものの，「戦後日本のレジームの限界」を説く佐伯啓思の見方はこれに類似している。また「永続敗戦」というレジームを批判する白井聡は，正反対の立場から佐伯と共通する問題提起をしていると見做せよう（佐伯 68ff.; 白井 10ff.）。

　近年では実体験として戦争の真実を語りうる世代が相次いで世を去り，戦争のイメージが拡散するのと並行して，戦後についての見方も多様化してきている。戦後として一括できる時代がすでに終わったのかどうか，終わったとすればどこで時期区分できるのかに関してこのように見方が分岐してきているのは，それに連動した現象といえよう。しかし何を画期と見做すかを別にすれば，全体として終焉論が有力になってきているといえるかもしれない。そうした実情を踏まえるなら，「戦後」という表現で何を表象するかという点も含め，印象論のレベルを超えて主要な論点を整理し，議論を緻密化する作業が求められているといえよう。その意味では，専門領域を異にする多くの研究者が寄稿した共同著作『戦後とは何か』（丸善 2014年）は，副題にある「政治学と歴史学の対話」を試みている点で貴重な役割を果たしているといえる。冷戦が終結してソ連が空中分解した1991年に井出孫六は言葉としての「『戦後』はそろそろ退場していくべき運命にある」と記したが（井出 iv），それから4分の1世紀が経過した現在でもいまだに退場したとはいえないのである。

　ところで，戦後の終わりを巡って議論が錯綜した観を呈しているのとは逆に，戦後の始まりに関しては見方はほぼ一致しているということができる。国民がラジオから流れる天皇の玉音放送を聞いた8月15日に戦争が終わり，これを境にして戦後が始まったと広く考えられていて，その認識の妥当性を

問う議論は研究者の間でもあまり見られないのである。しかしながら、加藤聖文が『「大日本帝国」崩壊』(中公新書 2009年)のなかで丁寧に描き出しているように、当時の大日本帝国は今日の版図よりもアジアに大きく広がっていた。そして朝鮮半島や樺太など本土以外の諸地域では戦争の終わり方も戦後の始まり方も決して一様ではなかったのであった。さらに日本と比較されることの多い同じ敗戦国のドイツでも、それらは日本と同一ではなかった。そのことは、第三帝国の首都ベルリンが敗戦前にすでにソ連軍に占領されていたことや、戦争終結後はドイツの消滅に伴い首都であるのをやめた上、米英仏ソの四つのセクターに分割された事実から推し量れよう。それだけではない。日本で終焉が問題となる戦後に関しても、ドイツでは分断が固まった1949年に戦後は終わったとする見方が有力であり(Hoffmann 7ff.)、少なくとも今日まで戦後レジームが存続しているという議論は見当たらないといってよい。では、このような違いは何を意味し、どこに起因しているのであろうか。そうした疑問を念頭に置きつつ、本章では、ドイツの戦後はいつ始まったのか、またそれはどのように認識されているのかを「終戦」と「敗戦」という論点を軸にして考察することにしよう。その上でこの点に光源を据えて日本のケースを照らし出し、そこに見られる問題点を比較を通して浮き彫りにしてみたいと思う。

1. ドイツの敗戦

　ドイツでは戦争終結の日は5月8日とされている。『荒れ野の40年』という邦訳タイトルで有名な演説をヴァイツゼッカー大統領が連邦議会で行ったのは、戦争が終わって40年が経過した1985年5月8日のことだった。ドイツでは長らく大統領が5月8日に演説することが慣例となり、一定の関心が向けられてきたが、70年目の2015年にはやや意外な措置がとられた。『西方への長い道(邦訳『自由と統一への長い道』)』などの著作で高名な歴史家の H. A. ヴィンクラーが、自著を要約する形でドイツよりもヨーロッパの視点を前面に押し出す演説をしたのである(Winkler)。

　もっとも、ヴィンクラーのケースは異例とまではいえない。戦争終結から50年が経過した1995年の5月8日には、ドイツによる侵略に苦しめられたポーランドのバルトシェウスキ外相が招かれた。そしてヘルツォーク大統領に続いて演壇に立った彼は、戦争終結後のドイツ人追放を巡ってポーランド

側の非を認める心のこもった演説をしたのであった（近藤 (1) 176）。またベルリンの壁が崩壊した11月9日も記念すべき日になっているが，東ドイツの国籍を剥奪されたことのある反体制派の歌手 W. ビアマンが25周年を迎える2014年11月7日にやはり本会議場で自作の歌をギターを弾いて披露した。ただこの時に彼は東ドイツの独裁政党だった社会主義統一党の系譜を引く左翼党を攻撃する発言をして物議を醸す一幕が見られた（Die Zeit vom 7.11.2014）。このように常に記念日に要職にある政治家が演説するのが恒例となっているわけではないにしても，新聞などで時事問題への発言を頻繁に行ってきたヴィンクラーが招かれたのはやはり特筆に値しよう。彼はかつてはヴェーラーやコッカなどと並ぶ「批判的歴史学」の旗手の一人だったが，ヴェーラーが世を去った現在では国民全体に模範的な歴史解釈を提示する役割を担い，いわば桂冠歴史家になったといえるかもしれない（Frankfurter Allgemeine Zeitung vom 8.5.2015）。

　しかしながら，ドイツでは5月8日に連邦議会の議場で追憶の催しが行われているものの，日本のように多数の戦没者の遺族が参列して大規模な式典が催されているわけではない。10月3日には統一条約での取り決めでその日をドイツ統一の記念日に定めたのに従い，各州の持ち回りでそれぞれの州都に大統領や首相が集まり，式典が大々的に挙行される。それに比べると5月8日は記念日として正式に定められていない上，議場を舞台にして挙行される式典もささやかと評してよいであろう。また5月23日は西ドイツの建国の日にあたるが，これについても概ね同様である。そうした面から，大掛かりな儀式が恒例化している10月3日と対比すると，5月8日と23日が冷ややかな扱いを受けている印象は否めない。

　実のところ，西ドイツが1949年に発足してから長く5月8日は冷遇どころか，無視同然の状態が続いてきた。M. ボムホフが「1945年5月8日のヨーロッパでの世界大戦終結への追憶は西ドイツにおける記憶文化の構成要素ではなかった」と指摘しているのは，否定しようのない事実だったのである（Bomhoff 1）。それにとどまらない。1945年から西ドイツがNATOに加盟して主権を回復した1955年までの時期に限るなら，5月8日を「積極的に忘却しようとする傾向」が強かったとさえ指摘される（サーラ 11）。ナチ時代との「批判的な決着」よりは「過去の駆逐」が優先したのである（シェーンベルナー 57）。

そうした傾向が見られたのは，５月８日には戦争末期から続いた恐怖や困窮など国民の多くが嘗めた塗炭の苦しみの記憶がこびりつき，その日が心の奥に封印したい日々を想起させることにならざるをえなかったからだといってよい。実際，多くの国民にとって敗北を象徴していたのは都市空間に広がる廃墟の殺伐とした光景だった（高橋 157f.）。そこでは「瓦礫女」と呼ばれた女性たちが戦火の残骸を撤去するのに悪戦苦闘し（Deppe 22），その傍らでは親を失った子供たちがさまよっていた。現に空爆や戦闘，疎開や避難のなかでおよそ160万人の子供が片親あるいは両親を失い，親も出身地も分からない孤児が14万人に達したといわれる（中野 243）。今日までに明らかになっているところでは，実際に瓦礫を片付けるのに貢献したのは女性たちの素手ではなく，機械の力だったし，彼女たちが撤去作業に従事したのは少しでも多くの食糧などの割り当てを受けるためだった。その意味では，苦しい労働に励む瓦礫女の物語は敗戦にまつわる伝説の一つであり，詳細な調査を行った L. トレーバーが著書に『瓦礫女の神話』という表題をつけたのは十分な根拠があるといってよい（Michels: Wetzel; Treber）。けれども他面では，男性の多くが戦場から戻らない状況で女性たちが廃墟の中で肉体労働に鞭打つ姿が敗北の惨めさや空しさを凝縮していたのも確かといえよう。瓦礫女が例になるように，肉親や友人を失くし，住む家も失って一日一日を生き延びなければならない苦しみは，一方で「犠牲者としてのドイツ人」という感覚を強め，加害者としての自覚を阻むことになった。また他方では，その裏返しとして，「ヨーロッパ中の占領地域で自分たちの犠牲となった人々の苦しみには思い至らない」という視野狭窄をも生み出した（エヒターンカンプ 44; ジャット 75）。こうした二重の歪みを刻み込まれた瓦礫の表象が人々の脳裏に長く焼き付けられたのである。

このような背景から，５月８日に西ドイツの大統領が演説を行ったのは，本格的な政権交代によって社会民主党の W. ブラントが首相に就任した直後の1970年までずれ込んだ。1960年代の一連のナチス裁判や親の世代の責任を問う68年世代を中心とした若者の運動を布石にする形で，敗戦から25年の歳月が流れるのを待たねばならなかったのである。またその演説を行ったのは，篤信のプロテスタントとしてナチスに抵抗した告白教会の有力メンバーだっただけでなく，キリスト教民主同盟の創設者の一人として初代の連邦内相を務めた信念と気骨の政治家 G. ハイネマンだった（Blasius）。彼はアデナ

ウアーと袂を分かったのちに立ち上げた全ドイツ人民党を経て社会民主党に転じ，1969年に大統領に選ばれた。そして大統領として，「国家の大統領」よりは「市民の大統領」であろうと努めたことや，反核運動と人権擁護に尽力した人物として知られ (Posser 15ff.)，日本ではドイツ帝国創建100周年の1971年の演説で，ビスマルクの鉄血政策による統一を「市民の内的自由を伴わない表面上の統一」だと述べたことが紹介されている (石田 221f.)。また彼を大統領に推すことで合意したことが，ブラントの下で社会民主党と自由民主党が連立を組む端緒になったのも重要であろう。こうした社会的気流の変化を底流としたハイネマンの大統領就任や，キリスト教民主同盟から社会民主党への政権交代が，5月8日を記念日として浮上させる役割を果たしたといえよう。その日に式典が行われ，大統領が演説するのが定着するようになったのは，ドイツにおいてもこのように1970年代以降のことだった。そしてその底流には，「1945年から60年の間には自国の苦難の歴史に焦点が当てられ，1980，90年代には『犠牲者との同一視』が見られた」という大きな変化が存在したのである (エヒターンカンプ 47)。

　一方，周知のとおり西ドイツに続いて1949年10月に東ドイツが建国され，ドイツ分断が確定した。その前年に西側占領地区で通貨改革が実施され，ベルリン封鎖が1年近く続いたことを考えれば，ドイツ分断は当然の成り行きだったといえるが，しかし当初にはそれが固定化して40年にも及ぶと予想した者はいなかった。その意味で西ドイツと同じく東ドイツも暫定国家と見做されたが，その東ドイツが土台としたのは，反ファシズムという建国神話だった (Backes / Baus / Münkler 31ff.)。もちろん，それは単なる神話ではなくて，一定の真実性があったのを見逃せない。なぜなら，東ドイツの初代大統領を務めたピークや実質的な最高指導者だったウルブリヒトなどは，反ナチ闘争で多数の犠牲を払ったドイツ共産党の幹部であり，毀誉褒貶はあるにせよ，長くモスクワに亡命した反ファシズムの闘士と呼べたからである (近藤 (3) 182ff.)。こうして東ドイツでは反ファシズムという国是に基づき，建国以降，5月8日がファシズムからの解放記念日に定められ，法定の祝日になった。そしてソ連に倣って1967年からはその日は勝利記念日に改称されることになった。共産党を中心とするドイツの反ファシズム勢力がソ連など国外の反ファシズム勢力と協力してナチスを壊滅させたとされたからである。P. ヤーンによると，「東ドイツの歴史理解では『我々』が勝利を収めた」と

されたために，官製青少年組織の「若きピオニールの少年たちの多くは，自分の祖父がソ連の赤軍の戦士ではなく，ファシスト国防軍の兵士だったことを知って大いに驚いた」といわれている (Jahn 47)。東ドイツでのこのような５月８日の扱いには，ナチ・ドイツを継承する西ドイツとの違いを際立たせる狙いがあったのは当然だった。そのことは西ドイツの要職にある人々のナチ時代の前歴を執拗に暴き立て，西ドイツをファシズム国家だと攻撃し続けたことに照らせば明白であろう。こうして東西のドイツには５月８日を巡って鮮やかなコントラストが見られたのである。

　因みに，５月23日については国家としての連邦共和国が発足し，ボン基本法が発効した1949年のその日がドイツ分断を象徴した日でもあったことが想起されるべきであろう。ボン基本法はそれを審議した議会評議会で採択され，各州での承認を経て５月23日に施行されたが，議会評議会での採択が行われたのは５月８日のことだった。この日が選ばれたのは偶然ではなく，降伏の記憶を薄め，戦後の再出発という新たな記憶に置き換える意図が働いていた。そのことは，1950年にアデナウアー政権が５月８日を戦争終結ではなく，基本法制定の記念日にしようとしたことから窺えよう (Wiegel 564)。その点でボン基本法の誕生には消極的な形で敗戦の記憶が染みついていたといえるのであり，５月８日の忘却と再定義の思惑が作用していたのである。また過去との訣別を明示するためにドイツ帝国という呼称を廃止して付けられた連邦共和国という国名についても新しい表現で馴染みが薄く，それだけに国家としてのドイツの変転の激しさを想起させた。ヴァイツゼッカーは『ヴァイツゼッカー回想録』（岩波書店 1998年）という表題で邦訳されている回想を綴った書に『四つの時代』というタイトルをつけたが，その書名が暗示するように，20世紀前半のドイツで普通の市民は時代の転変に翻弄されてきた。カイザーが君臨した繁栄するドイツ帝国から奔放さと混乱に彩られたヴァイマル共和国，その共和国からユダヤ人のいない「秩序正しくて清潔な」ナチ・ドイツ，その指導者が引きずり込んだ世界大戦の苦難とそれに続いた窮乏と失意のなかでの国家喪失などである。

　なるほど昨今では愛着や自負をこめて自国をドイツではなく連邦共和国と呼ぶ市民が増大している。けれども，このように激しい変動に晒されてきたことを考慮すれば，建国当時にその呼称に違和感を持つ人が少なくなかったのは不思議ではなかったといえよう。現に基本法を審議した議会評議会では

連邦共和国以外にもドイツ諸邦連合やドイツ国家共同体のようないくつかの案が検討されたが，どれも国民にとって馴染みがなく，親近感をもてないものだったのである(Schmidt)。さらにその議会評議会が定めたボン基本法に関しても，2014年のアレンスバッハ研究所の調査結果が示すように，今日では広く国民に受け入れられて社会に定着し，偏狭なナショナリズムに代わる憲法愛国心がポジティブな意義を帯びているのに反して(Allensbacher Kurzbericht vom 21. 5. 2014)，制定当時には誰もがやがて果たされるはずの統一とともに解消される「西ドイツ暫定国家のための過渡的憲法」と見做していて，尊重する雰囲気は乏しかった(Vorländer 8)。事実，基本法という呼び方や，前文に明記された暫定性からいっても，憲法としての重量感を欠いていたのは否定できなかった。そうした事情が冷淡さの背景としてあり，国名と憲法に誇りを感じる市民が今では増えているものの，冷ややかな扱いがいわば慣習化して現在まで続いてきたと思われる。

　ところで，5月8日に関しては，たんなる終戦ではなくて敗北・降伏の日であったことがやはり重要であろう。第三帝国の瓦解を歴史学界の大御所的存在だった晩年の F. マイネッケは著書の題名どおりに『ドイツの破局(邦訳『ドイツの悲劇』)』として捉え，それに倣って「破局(Katastrophe)」という表現が頻繁に使われたが，他方で「崩壊(Zusammenbruch)」という語も使用され，いまではそれが主流になっている感がある。その理由は，「崩壊社会」という語を選んだ Ch. クレスマンによれば，当時の様々な「期待，希望，ムードに左右されずに」現実を客観的に見詰められるからだという(クレスマン 44)。さらに当時には「真空」，「無人地帯」，「大空位時代」，「隔離空間」などの表現が自嘲の念を込めて使われたというが(Scherpe 9)，なかでも「零時(Stunde Null)」という言葉は，物質面だけでなく道徳面でもすべてが壊れてゼロから出発するほかないという喪失，絶望，虚脱のような当時の人々の実感を言い表した。W. ベンツが指摘するように，後から見ればそうした意味での零時は実際には「存在しなかったが，新たな出発をシンボライズするために想像された」といえよう(Benz 94)。強制労働者としてベルリン陥落を目撃した父親の体験談に導かれ，戦争終結直後の諸国の現実を丹念に描いた I. ブルマが著書に『零年(邦訳『廃墟の零年』)』という表題をつけたのは，明らかにそうした影響を受けてのことだったと思われる(ブルマ(2) 14f.)。

これらの表現のどれが適切かという問題は，当時の実情を客観的に正確に表しているか，それとも人々の率直な心情を的確に反映しているかという重心の置き方によって答えが違ってくる。いずれにしても，戦争末期に状況が急速に悪化し，奈落に落ち込むようなプロセスが見られたのは間違いない。戦争が後半から末期にさしかかると勝利の見通しが薄れて破局や崩壊の予兆がはっきりと感じられるようになり，それを背景にして当時のドイツ国内で厭戦気分が濃厚になっていたことは，ゲシュタポが作成した監視報告書からも看取される（Jacobsen 5）。後に論壇人となる Th. ゾンマーや級友たちは，まだ14歳の少年だった1945年の年頭の辞で最終勝利に向けた「歴史的転換の年」と虚勢を張ったヒトラーの言葉を信じたと語り，当時13歳だった歴史学界の重鎮 H. - U. ヴェーラーは町へのアメリカ軍の侵入を阻止するために武器をとったと回想していて（Sommer 8; Wehler（2）26），その点では日本の少国民に通じるものがある。けれども，全体的に見れば，劣勢を持ちこたえよというヒトラーの厳命や戦意を煽るゲッベルスの大音声の演説にもかかわらず，国民の多くはもはやそれに反応せず，士気は萎えていったし，新聞やラジオによる華々しい戦果の報道も信用を失っていったのである（ポイカート71; ムーアハウス 452f.）。そうした変化には征服地域を奪還され，そこから移送される略奪物資の流れが途絶したために食糧事情など生活条件が急速に悪化したことが大きく作用していた（Plato / Leh 35; Echternkamp 660f.）。加えて，戦死者や戦傷者が多数に上り，頻繁な空襲に晒されて一般市民が長引く戦争のために多大の犠牲を強いられたことも重要な原因だった。そうしたなかで訪れた無条件降伏の日は，生き延びた喜びがあったとしても，生存を維持するための苦闘の日々が続くことには変わりがなかった。15歳の少年として敗戦を迎えたゾンマーが2005年に往時を振り返り，「当時，多くのドイツ人にとっては，我々は打倒されたのだ，という感覚は解放されたという感覚を完全に凌駕していた」と記しているのはそのためであり（ゾンマー152），この点は「５月８日の子どもたち」と題した記事を書いた J. トマンやクレスマンによっても確認されている（Thomann; Klessmann 462）。「打ち負かされたことと解放とが分かちがたく結ばれていることへの理解を1945年5月8日にドイツ人たちに期待するのは無理」であり，「敗北の中により良い未来の萌芽があるという意識が芽生えるのはずっと後のことだった」のである（Wolfrum（2）13）。

問題はこれだけではない。市民の一部は1944年秋以降ドイツ本土に侵入した連合軍によってすでに制圧された地域で暮らしていた。そしてその数は占領地域の拡大とともに増大していったのであった。それゆえにドイツ国民の大半にとっては終戦以前に戦争は実質的に終わっていた。ライン川にかかるレマーゲンのルーデンドルフ橋をめぐる攻防は映画にもなったが，それを見ればライン左岸の一帯が連合軍の手に落ちていたことが明白になる。５月８日がドイツでは日本の８月15日のような劇的な転換点として感じられなかったのはそこに一因がある。例えば首都ベルリンは壮絶な戦闘の末に５月２日に陥落し，度重なる空襲に市街戦が重なってほとんど廃墟と化したが，この都市をドイツ軍が奪還する可能性は事実上皆無だったので，ベルリンに留まっていた市民にとっては陥落の時点で戦争は終わっていたといえよう。むしろ，無条件降伏の日の前から，食糧や住居の心配だけではなく，占領したソ連軍の兵士による野放図な略奪や暴行，レイプなどが多発し，被害にあう恐怖に震えていたのが現実だった（ビーヴァー 601ff.; メリデール 364ff.）。さらに労働力不足を緩和するために農業などの分野に大規模に送り込まれた諸外国出身の強制労働者や捕虜たちがドイツの軍事的敗退に伴って次々に解放されたが，故国に帰還するまでの間，連合軍の進出にあわせて自由になった彼らによる報復や狼藉にも直面しなければならなかった。例えば各地で伝えられているポーランド人の集団による無法な行為はそれを表している（Schley 284f.; Büttner 4）。彼らはドイツの地にいながらも，一般のドイツ人と違って「民族共同体の外に置かれ，またそれゆえにヒトラーの戦争のために容赦なく搾取された人々」だったのである（フライ (1) 227）。そうした事情のために生き延びられた喜びは恐怖や不安によってかき消され，相殺されていたといえるが，同時にナチスによって強められた人種主義的偏見が長引く要因になったことも見落としてはならないであろう。

　たしかに国家的な観点からは５月８日が重要な意味を持つのは間違いない。それは降伏が法的な意味での開戦や講和に並ぶ重要な意義を有するからである。連邦議会でヴィンクラーが，ヨーロッパにおける第二次世界大戦の終結，ナチ・レジームの崩壊に加えて「ビスマルクによって創建されたドイツ帝国の４分の３世紀の終結」と位置づけて自身の史観を滲ませながら，「ドイツ史には1945年５月８日以上に深い切れ目は存在しない」と語ったのは（Winkler），その点を重視した結果であろう。しかし，普通の市民にとっ

ては法的意味での降伏はそれほど重要ではなく，5月8日は打ち続く苦難の記憶の一部として焼き付けられるにとどまった。そのために5月8日が祝賀すべき日とは感じられなかったのはもとより，重い意義を有する日にもなりにくかった。例えばベルリン陥落に際会したある少女の日記に記された生活には終戦による区切りがないといわれるが(高橋157)，それは匿名の女性が綴った日記『ベルリンのある女(邦訳『ベルリン終戦日記』)』と共通している。また1932年生まれの歴史家R. v. タッデンは，「大抵の人にとっては戦勝国の部隊が村や町に侵入した何ヵ月も前に5月8日はあった」としつつ，今日のポーランドにある故郷の村では2ヵ月前に戦争は終わっていたので，「私自身は5月8日を全く目立たないで体験した」と述懐している(Thadden 98f.)。児童文学で知られるエーリヒ・ケストナーの日記に後述する5月7日のヨードルによる降伏文書署名のことが触れられていても，5月8日の調印が出てこないのも同じことを暗示している(ケストナー151)。このようにその日が格別とは感じられなかったのは，たとえ終戦とともに至るところで砲声が止んでも，それ以前から瓦礫に囲まれた苦心惨憺の生活が始まっていたからだった。「戦争とナチ支配の終わりは大多数のドイツの人々にとって1945年5月8日ではなかった。1944年10月と45年5月8日の間のどこかで町や村が征服され，あるいは戦うことなく明け渡されたが，その時にそこで暮らす人々は『自分の5月8日』を体験した」というR. リュールプの言葉は(Rürup 11f.)，当時の実感を言い表しているといえよう。

　その面から見るなら，ヴァイツゼッカー大統領が1985年に自力では果たせなかったナチズムからの解放について語り，その後に徐々にこの見方が社会に受容されていったのは注目に値する変化であろう。また関連して，ヴァイツゼッカー演説の半月ほど前に公になった首相コールの発言も無視すべきではない。大統領の演説が行われた当時，アメリカのレーガン大統領がコール首相とともに戦死した武装親衛隊員が眠るビットブルクの軍人墓地を訪問する計画が論議を呼んでいたが(足立81ff.; 石田276ff.)，おそらくその失点を埋め合わせる狙いを込めてコールはアンネ・フランクの最期の地になったベルゲン＝ベルゼン強制収容所の解放40周年記念式典に参列し，挨拶で「1945年5月8日のナチ独裁の崩壊はドイツ人にとって解放の日である」と明言したのであった。無論，そうした発言に異議を唱える人々が存在したのは指摘するまでもない。例えばキリスト教民主・社会同盟の連邦議会院内総務の要

職にあった A. ドレッガーは，同じ政党の所属ながら，大統領が一面的に勝者のパースペクティブから見ていると非難し，それに賛同する声も小さくなかった（Eitz / Stötzel 120f.）。たしかに解放という見方を煮詰めていくと，勝者の立場に乗り移る傾向があらわれてくるのは否定できない。例えば2004年に連合国のノルマンディ上陸から60周年の記念式典に招待されたシュレーダー首相が出席したことは，一面ではかつての敵国同士の和解のシンボルになったが，同時に解放の名の下に「悪しきドイツ」の戦争責任をナチスに押し付け，「良きドイツ」が戦勝国の一つに変身したかのような印象が生じた（Wiegel 570）。解放という表現では圧制を加える者とその犠牲になる者との峻別が暗黙の前提にされているので，後者の側に立つことによって前者の罪悪の責任から免れるとともに，解放される者が解放する者の位置にひそかに転位することができたのである。

　もちろん，ヴァイツゼッカーが5月8日を解放の日と呼んだとき，ドイツがナチスから解放されて新たな出発点に立つチャンスを掴んだことを含意していた。そして一部に逆流があったにせよ，政治指導者レベルばかりでなく，社会全体で進む世代交代にも後押しされる形で，紆余曲折を伴いながら5月8日の見方はこの意味での解放として捉える方向へ緩やかに変化していった。例えば2005年の世論調査でみると，5月8日を「解放の日」として捉える人々が60％にまで増大していたのである（Allensbacher Berichte, Nr. 9, 2005）。その調査で最も多かったのが「再建の始まり」の74％だったことを考え合わせれば，大勢とまでは確言できなくてもこの見方が昨今ではほぼ主流としての位置を占めているのは間違いなく，K. ヤーラウシュが「敗北から解放へのメタモルフォーゼ」について語っているのは当を得ている（Jarausch (2) 230）。無論，その際に，それが長い時間が経過した後年になってようやく顕在化した現象であることを看過することはできない。同時に，ヴァイツゼッカーが演説で多くの集団に言及したように，解放という場合，ナチスの圧制から自由になった人々にはドイツの一般市民だけではなく，抵抗運動家，政治犯，戦争捕虜，強制労働者，強制収容所の囚人など多種多様な人々も含まれることになり（クレスマン 41），パースペクティブの拡大ないし転換が含意されている点にも留意すべきであろう。この意味で，5月8日を敗戦ないし降伏とみるか，それとも解放と捉えるかという問題は，どの集団の視点から考えるかという問題に直結しているといえるのである。

この点に関して付け加えれば，初代大統領になった Th. ホイスは５月８日を「逆説に包まれた日」と捉え，その理由を「我々は解放されたと同時に打倒されたからである」と述べたという (Bracher 13)。この言葉が一部の人々に強い感銘を与えたことは，政治学者のブラッハーが引用しているだけではなく，グラーザーやゾンマーのような著名な知識人が言及していることから推し量れる (Glaser 9; ゾンマー 152)。けれども，この見地から「忘却に対する戦い」をホイスが呼びかけたにもかかわらず，その事実すらほとんど忘却されてしまったのであった。この点は，ベルゲン＝ベルゼン強制収容所の跡地に作られた警告碑の除幕式で「ドイツ人によって犯された犯罪を認める」だけの内面的自由を訴えた1953年の彼の演説が後のヴァイツゼッカーのそれに「優るとも劣らない哀悼の勇気に溢れている」と評されるのに (三島 50)，ほぼ完全に忘れ去られてしまったのと同様といえる。そのことを考えると，５月８日を公の場で初めて敗戦ではなく解放として解釈したのが1975年のシェール大統領の記念演説だったとされているのは間違いとまではいえない。彼はドイツの悲劇は1945年ではなく，ヒトラーが権力を掌握した1933年に始まったと述べ，「我々は恐ろしい束縛から，戦争，殺戮，隷属，野蛮から解放された」と明言したのである (Blasius)。外相としてブラントの東方政策を支えた W. シェールはホイスと同じ自由民主党の所属であり，当時の同党ではフライブルク・テーゼに結晶した社会自由主義的傾向が濃厚になっていたことや，首相の座にあったのが社会民主党の H. シュミットだったことを考慮に入れれば，ブラント政権成立以降の社民・自民連立政権期の政治的雰囲気の変化がそこに表出しているのは明らかであろう。1982年の政権交代の際に首相に就任したコールは新政権の新鮮度を表すキャッチフレーズとして「転換」を唱えたものの，実はキリスト教民主同盟のコールはブラント社民・自民連立政権が推進した東方政策を実質的に継承した。それと同様に，キリスト教民主同盟に属するヴァイツゼッカーが，社民と自民のハイネマンからシェールにつながる流れの上に立っていたことを見落としてはならないであろう。日本ではヴァイツゼッカー演説の評価は極めて高く，多数の言語に翻訳されたことが示すように，諸外国からも賛辞が贈られて国際社会でのドイツの信頼感が高まったが，その演説は突如として出現したのではなく，底流が存在していた。そして敗戦から40周年になるのを契機に論議が活発化した局面で，過去を直視することを求める格調高い演説が行われたのである

（永井 2ff.; 石田 282ff.）。

　ところで，前述のとおり，ドイツでは長く5月8日は冷ややかに扱われたが，そうした結果になったのは，第一次世界大戦の教訓を踏まえ，連合国がカサブランカ会談でのローズヴェルトとチャーチルの合意に基づいて無条件降伏の方式のみを考え，講和に関するドイツとの話し合いの可能性を排してきたことが背景にある（吉田 18f., 156f.）。ヒトラーは敗色が濃厚になっても総統官邸の地下壕にこもって徹底抗戦を唱えたが，そのことも無条件降伏が戦争終結の唯一の方式になった一因だった。そのために国土の大部分が連合軍によって制圧され，抗戦する戦力が枯渇寸前になってもヒトラーに対する忠誠の宣誓や即決の軍事裁判の恐怖に縛られて将兵は武器を棄てることができないまま，事実上決着のついた戦争が無益に続けられたのであった。たしかにノルウェーには40万人の兵力が無傷で残っていたし，ドイツ本土でも北部のキール周辺や東部のドレスデン付近の狭い地域のほか，チェコスロヴァキアのプラハからオーストリアのグラーツにかけての一帯などにもドイツ軍が辛うじて確保していた空間が存在した（Der Spiegel, Nr. 18, 2015, 48）。けれども，それらは連合国によって分断されていた上，イタリア方面軍が4月29日に休戦を申し入れ，5月4日には北西ドイツからオランダにかけてのドイツ軍がイギリス軍に降伏したように，各地に展開していた国防軍の部隊が力尽き「最後の一兵」まで戦うことなくバラバラに現地で降伏ないし投降した。最終局面に至ってもヒトラーの軍隊は日本軍のように玉砕に突進することはなかったが，他方で，もはや統一的な指揮のもとに作戦行動する軍隊の体をなしてはいなかったのである。また敗北が必至になると戦意が低下し，最前線から逃亡する脱走兵が大量に発生したが，体裁だけの即決軍事裁判で死刑判決を瞬時に下し，その場で即座に執行して兵士たちを威嚇することによって辛うじて軍規が維持されていたのが実態だった。処刑された兵士の実数は明らかではないとしても，敗色が濃厚になっていなかった1944年までに正規の軍事法廷で25000人の死刑判決が下されていたことを考えれば（Neitzel 37），ドイツの降伏までに膨大な数の兵士が命を奪われたと推察される。これらの面からみてもドイツの終戦は徹底的な敗北であり，覆い隠しようのない明白な降伏にならざるをえなかった。後述する日本のように敗戦を終戦と言い替える余地がドイツには存在しなかった理由はここにある。連合国が無条件降伏を目指したのは，ナチス台頭の温床になった背後の一突きという伝説が戦

後に再び生じる余地を塞ぐ狙いからだったが，一突きされる軍隊が実質的に解体していたので，その意図は良くも悪くも見事に達成されたのである。

　もちろん，その成功には無用な犠牲を大量に生み出すという重大な代償が伴っていたのを見逃すことはできない。日本の場合，降伏が禁じられていたために玉砕が相次いだほか，取り残された戦地で補給を断たれたまま戦病死という名目の餓死が大量発生したが，これに度重なる本土空襲による民間人の犠牲者を合わせると300万人強の死者のうち約200万人が最後の1年に命を落とした。それと同じく，ドイツでも戦争の帰趨が明白になった戦争末期になって犠牲者の数が急激に増大したのであった。そのことは，ヒトラーの生前最後の映像が戦功表彰のあと首都防衛のために戦場に赴く少年たちを激励する場面だったことを想起すれば明白になる。事実，敗北が避けられなくなったにもかかわらず，実戦経験のない少年たちが大量に最前線に投入され，犠牲者の山を築く結果になった。1944年7月から1945年5月までに270万人以上のドイツ軍将兵が死亡したが，日本のような自滅的な玉砕戦法がとられなかったにもかかわらず，その数はそれ以前の5年に及ぶ戦争での死者よりも多かったのである(Neitzel 29, 33)。例えばドイツ軍がソ連軍と戦火を交えた東部戦線では最初の3年間は一日平均のドイツ側の死者は2000人だったのに，守勢に回った1944年夏以降になると平均5000人に急増した。そして1944年6月から45年5月1日までに150万人がソ連の捕虜になる一方，最後の数ヵ月だけで総計120万人に及ぶ兵士の命が失われたのであった(Wehler (1) 942; Overmans 3f.)。その頃にはソ連軍との戦力の差が拡大していて，歩兵で11対1，戦車で7対1，大砲で13対1に達していたともいうから(Bessel 25)，それは予想できた結果だったといえよう。

　そうした無意味な犠牲のシンボルともいえるのが，ベルリン南方の人口1200人の町ハルベであろう。この町の一帯では1945年4月22日以来20万のドイツ軍がソ連軍に包囲され，ベルリンが陥落した5月2日までに殲滅された。20万の兵士のうち12万人はソ連軍の捕虜になって生き延び，一部は包囲網を突破して米英軍のもとに辿り着いて投降したが，絶望的な戦いが終わった町の辺りには6万人のドイツ兵の死体が累々と転がっていたのである(Pietsch 187, 191)。統一宰相コールは1930年生まれだったために戦争末期に16歳から60歳までの男子すべてを徴集した国民突撃隊の少年兵になるのを辛くも免れ，それを「後れてきた者の恩寵」と表現して批判を浴びたが，18歳

で戦死した兄の運命を思えば，コールがそうした心境に至ったのも理解できなくはない。因みに，戦争の最終局面で多大の犠牲を強いられた点ではベルリンを制したソ連軍も同様だった。国土とりわけ首都を死守するドイツ軍の抵抗は激しく，今日も戦火の爪跡が残る帝国議会の議事堂は激烈な戦闘のシンボルにもなっている。ベルリンのトレプトウにはベルリン攻防戦で斃れたソ連軍将兵を哀悼する巨大なソ連兵の像が聳えているが，それは必ずしも東ドイツを支配したソ連の威力を誇示するためだけではなかったといえよう。ただ他面では「斃れた兵士に寄せられる悲しみが英雄的な死の賛美によって蔽われている」観を拭えないのも確かであろう(Camphausen 52)。また無意味な死に直面させられたことがソ連軍兵士の復讐心をますます強め，ベルリン制圧後の略奪やレイプの横行につながった事実が覆い隠されていることも付け加えておく必要がある(Bessel 152)。

　ところで，ドイツ降伏の日は5月8日というのが定説であり，ドイツ政府もこの立場をとっている。この見方は決して間違いではなく，その点については井上が諸説を検討し，史実と伝説とを整理している(井上 339ff.)。ここではそれを参照しつつ，同時にビーヴァーの臨場感溢れる叙述も視野に入れて(ビーヴァー 591ff.)，その問題に若干の言及をしておくのが望ましいであろう。

　ベルリン陥落が目前に迫る中，ヒトラーは4月30日に自殺した。その直前に彼が後継者に指名したのは海軍元帥で辛うじてドイツ軍が守っていたフレンスブルクに陣取っていた K. デーニッツだった。崩壊寸前のナチス・ドイツで権力を委譲されたデーニッツは直ちに降伏の交渉に入ることを国防軍最高司令部作戦部長だった A. ヨードル陸軍大将に命じた。フランス北部のランスに移っていた連合軍最高司令部に5月6日に赴いたヨードルには，米英軍に対して部分降伏して，一人でも多くのドイツ軍将兵が過酷な報復が予想されるソ連軍ではなく，アメリカ軍かイギリス軍の捕虜となるように工作することが指示されていた。米英両国政府も同意できる反共の立場を押し出すことによって米英軍とソ連軍を分断し，東部のドイツ軍将兵を撤退させるとともに，併せて迫りくるソ連軍から難民を救出することが交渉の主眼だったのである。しかし最高司令官アイゼンハワーの態度は強硬で部分降伏を受け付けなかった。そのため万事休したヨードルは，無条件の全面降伏の文書に5月7日午前2時に署名したのである。そこでは降伏は5月8日午後11時01

分に発効するものとされていた。

　ところが降伏交渉はこれで終わらなかった。アイゼンハワーのいるランス
が調印場所とされたことにスターリンが激怒し，ドイツと主に戦ったのはソ
連だから，降伏文書はソ連の足元にあるベルリンで調印されるべきだと主張
して譲らなかったからである。ヨードルが署名した降伏文書はソ連代表も署
名しているので法的に有効とされるが，連合国がその降伏文書だけでは不十
分で，それを批准する文書が必要だと唱えたのも一因だった。その文書に署
名する資格があるのは国防軍最高司令部総長の W. カイテル陸軍元帥だけと
されたので，5月8日に改めてカイテルがソ連軍司令部の置かれたベルリン
のカールスホルストに海軍と空軍の代表を伴って赴いた。しかし批准文書の
調印までに時間がかかり，無条件降伏が発効する予定の午後11時を過ぎてよ
うやく出席者全員による降伏文書の署名が完了した。その時刻はベルリン時
間で5月9日午前0時15分，モスクワ時間で同日午前2時15分，ロンドンの
夏時間で5月8日午後11時15分だった。ソ連とその後継国としてのロシアで
は対独戦勝記念日が5月9日になっているのに対し，アメリカなどでは5月
8日が戦勝の日とされ，敗戦国のドイツでも同日が戦争終結の日とされて食
い違いがあるのは，二度の調印と時差による日付のズレというやや錯綜した
経緯に加え，調印と発効のどちらを重視するかによって見方が分かれるから
だといってよい。

2．日本の終戦

　それではドイツから視線を転じて，次に日本の終戦の日に関して考えよう。
　8月15日は日本では広く終戦記念日として認識されている。しかし，そう
なったのは1960年代からだと考えられる。それまでは8月15日は終戦の日と
して公的に記憶されてはいなかった。例えば首相の吉田茂は1949年発行の冊
子に寄せた「復員者諸君に」と題した文章の中でこう述べている。「思えば
昭和20年8月14日，終戦の大詔がかん発せられてから早くも4ヵ年の月日が
経過しました。わが国はこの間に大きな変化をたどって来ました。終戦翌
年新憲法が公布されて……」（浅野 286f.）。改めて説明を加えるまでもなく，
この一文では8月15日ではなく，その前日が主要な位置を占めているのが注
目されよう。

　この観点からは，8月14日に代えて翌日の8月15日が終戦の日として公的

な記憶に刻み込まれていったことが重要になる。その契機になったのは政府の公的な行事である。1963年からその日に閣議決定に基づいて政府主催の全国戦没者追悼式が執り行われるようになり，さらに1982年にその日が「戦没者を追悼し平和を祈念する日」として閣議決定され，天皇が臨席して式典が挙行されるようになったのである。当日には主要紙に政府広報として告知され，式典の模様がニュースなどで報道されるのは，その日が終戦記念日として広く認識されていることを反映しているだけでなく，同時にその認識を強固にする役割も果たしている。さらに8月15日が終戦の日ということは学校教育を通じて広められているために，それは一種の社会常識になり，公的な記憶として固定化されているのである。そうした実情に照らすと，『8月15日の神話』と題した佐藤の著作は，コンパクトながらメディア史の観点から固定化した常識に挑戦を試みた点で画期的な意義を有していたといえよう。佐藤は閣議決定がなされる以前からメディアによって国民的記憶が再編成されていた点に注目し，政治面での55年体制の成立に続いて1956年からいわゆる「8月ジャーナリズム」が本格化したとして，8月15日の終戦記念を「国民的記憶の55年体制」と呼んでいる（佐藤 116）。この固定化した通念は自明性を帯びて絶えず拡散され，55年体制が消滅した後も生き延びているが，史実などに照らし合わせると大きな問題がある。大別するとそれは六点に整理できよう。

　第一は，敗戦という表現があまり使われず，終戦という言葉が多用されていることである。この点はジャーナリズムで話題になった白井聡の『永続敗戦論』で焦点に据えられている論点なので（白井 37），比較的知られているであろう。この問題に着眼した白井は日本史を専門とする歴史家ではないが，現代史家のなかでは纐纈が関心を向けている（纐纈 6f.）。他方，戦時期から占領期の日本外交史の第一人者と目される五百旗頭は，管見の限りでは両者の違いを重く受け止めず，相違の意味に触れないまま文脈に応じて使い分けている。そのことは同じテーマの二冊の著書の一方では章題に敗戦が使われているのに，もう一つの書では終戦と題されていることから見てとれよう（五百旗頭(2) 141; 五百旗頭(3) 85）。なぜそうなったのかは定かではないが，予想より早かった日本の降伏とそれに続いたアメリカの占領に幸運ともいえるポジティブな側面があったと評価していることに起因しているように思われる。

それはともかく，8月15日の正午にラジオから流れた玉音放送を通じて国民は主権者である天皇の肉声を初めて聞くことになった。けれども，そこで伝えられた終戦の詔書には難解な漢語が散りばめられ，内容が曖昧化されていた（島田 22）。とりわけ注目されるのは，降伏や敗北という表現が慎重に避けられていた点である。その結果，放送の意味を理解できず，戦争継続に向けて戦意を鼓舞するものと誤解するケースがあったことが作家の小松左京や女優の高峰秀子などの手記で伝えられている（小松 93; 高峰 131）。

　降伏という言葉が故意に回避された理由は，政府が終戦に固執して，敗戦の厳然たる事実を暈そうとしたことにあった。過去の事例に照らしても，敗戦であれば敗北の責任を問う声が噴出する公算が大きい。しかもその声は，銃後も含めて国民に大きな犠牲と負担を強いた総力戦だったために一段と大きくなることが予想された。そうなった場合，軍部や政治指導者の範囲を超えて主権者たる天皇にまで責任追及が達し，最後まで守り抜こうとした「国体」が危うくなる虞があったので，降伏や敗北を暈すことによってそうした事態を未然に防ごうとしたのであった。

　このような政府の責任回避策はかなり成功を収めたといえるが，それは軍国少年として育った子どもたちの視点から見れば，大人たちの欺瞞として映り，不信感を募らせた。敗北の報に接した直後に「軍国日本の再興」を願った中学生の山中恒の同級生は，こう怒りの言葉をぶつけたという。「占領軍を進駐軍だなんていったり，敗戦を終戦といったりして，自分たちの手で現実をゆがめているんだから，大人なんてくそったれだ」（山中(2) 143）。ここには戦後の始点にすでに埋め込まれていた欺瞞が鋭く見抜かれていたといえるであろう。一億総懺悔と同様に，大人たちのあいだでは終戦という表現で見たくない現実が糊塗され，政府の狙いどおりに責任が曖昧にされたのである。

　これには敗戦の際の日独の相違が大きく関係している。そしてこの問題が注意を要する第二点になる。ドイツでは第三帝国の瓦解に伴って政府も国家も消滅したのに加え，「下からのファシズム」ゆえに最大で800万人もの国民がナチ党の党員だった。そのために多かれ少なかれナチ体制にコミットした人が多く，ヒトラーと国民の間には一種の共犯関係すら存在したので，敗戦が招いた怒りをぶつけ，あるいは責任を追及すべき対象が特定しにくかった。すでに世を去っていたヒトラーとナチスの指導者たちに怒りが集中した

のにはそうした一面があり，同時にその裏では，かつてナチスに熱狂し，あるいは歓迎した自分の過去がもみ消され，自分自身の責任が曖昧にされた。「普通の人々を誤り導いた者たちだけに罪がある」とされ，かつての信心深いナチの仲間たちこそが「ヒトラーの第一の犠牲者」だとする風潮すら生じるとともに(Gries 17)，ナチ体制が実際には「国民の意に適った独裁」(アリー 41)だったのに，その事実には都合よく蓋がされたのである。長く強制収容所に囚われていた社会民主党の指導者 K. シューマッハーが，一般市民の自己弁護を聞いていると，「まるでアドルフ・ヒトラーだけがただ一人のナチであったと考えなくてはならなくなる」と1945年夏に語り，やはりアメリカ人ジャーナリストの M. ゲルホーンが同じ頃，「誰一人としてナチではない。ナチなどはいなかったのだ」と呆れて書きつけたのは，そうした状況を指している(コッカ(1) 184; Klessmann 462)。敗戦後の惨めな暮らしの原因がドイツ人自身にではなく，占領国の側にあると大半の人が思っていたという事実は(Foschepoth 74)，これに照応している。ここには「誤り導かれ欺かれた国民と犯罪的なナチ指導者を鋭く区別する無実のパトス」(Ullrich 27)が露出しているのは明らかであろう。

　これと同様な状況が日本に現出しなかったわけではない。その点は「戦争責任者の問題」と題した敗戦翌年のエッセイで映画監督だった伊丹万作が的確かつ辛辣に指摘している通りである。実際，彼によると，「多くの人が今度の戦争でだまされていたという。みながみな口を揃えてだまされていたという」のが実情だった。けれどもそうした責任逃れは自己欺瞞でしかなく，「日本人全体が夢中になって互いにだましだまされていたりしていた」のが真相だった。そのことは，新聞やラジオばかりでなく，「町会，隣組，警防団，婦人会といったような民間の組織がいかに熱心にかつ自発的にだます側に協力していたかを思い出してみれば直ぐにわかる」と伊丹はいうのである(伊丹 76f.)。このエッセイを臼井吉見は賛意を込めて高く評価し，谷沢も「戦後論壇史への反省」と題した文章で「問題の根本の掘り下げを，これほど鮮明に，これほど徹底した発言が，この時期，他に見られたであろうか」と評している(谷沢 379)。実際，例えば少国民の一人だった山中恒が密告の頻発に着目して記しているように，官憲による監視ばかりでなく，「国民も相互監視に力をかし，近所の人間を官憲に売り渡すことを平気でやった」のが戦時下の社会だった(山中(1) 160)。とはいえ，そうした類似にもかかわ

らず，差異が残ることを見逃すことはできない。日本にはヒトラーのような
カリスマは登場せず，選挙でナチ党を第一党に押し上げるような政治的行動
はみられなかった。また国民投票によってナチ独裁を正当化するような機会
は日本に存在せず，加えて，動機はともあれ数百万もの市民が積極的に独裁
政党に入党するような事態も出現しなかった。その点で，ナチスの支配は日
本の軍部支配とは質的に異なる大衆的な独裁だったといえ，それだけヒト
ラーと国民との共犯関係が濃密で広範囲に及んでいたといえよう。

　その一方で，ナチ党はもとより中央政府自体が消滅したドイツと違い，
日本では政府が存続しただけではなく，開戦と終戦を命じた天皇も残って
いたことが重要になる。日本では敗戦を契機にして登場した皇族の東久邇
首相が「終戦」処理を最大の課題にすると同時に，敗北の原因を国民の
「道義の退廃」にあるとしていち早く一億総懺悔を訴えたのは周知のとおり
である。また当時少年だった政治史家の三谷の記憶によれば，大日本政治
会の総裁だった南次郎陸軍大将は東久邇に先んじて新聞掲載の談話で「国
民の戦争努力の不足」を敗北の原因として挙げたという（三谷 242）。このよ
うな露骨な責任回避は，支配層に向けられる国民の怒りの矛先を転じて拡
散する意図から発していたのは指摘するまでもないであろう。国民を総動
員した総力戦だったために国を破滅させた敗戦の責任追及の声が噴き出る
のは避けられないと予想されたが，それが支配体制の正統性問題にまで発
展し，「国体」が危殆に晒される事態になるのを防止しなくてはならなかっ
たのである（吉田(2) 28）。国民ではなく，「国体」を守るという点では，敗
戦後に近衛文麿が死を選んだ理由もそこにあった。自殺する前夜に彼が親
しい友人に語ったところでは，戦犯として裁判の場で「自分が正しかった
とか，平和工作に終始したなどと言い出せば，結局は天皇陛下に迷惑を及
ぼす」ことになるのを恐れたのである（半藤(1) 76）。ともあれ，単なる終戦
ならば必ずしも懺悔の必要はないであろうし，指導者が命を断つことも必
要とされないといえるが，総力戦に敗れた場合の激震は大きいと思われた。
そうした予測に基づき国民に向かって全員が懺悔するように首相が説いた
とき，終戦が通常の戦争の場合とはレベルの異なる降伏ないし敗北だった
ことを言外に表明していたといえよう。

　この点に関連し，現実には「敗戦を迎えて日本国民は，なお日本国家を
人格化する天皇と自らの一体性を強く意識していた」ことが確認されてい

る（五百旗頭(1) 24）。国民の多くは，「戦争の恐怖から解放されたことの安堵感を感じながら，しかも天皇制思想をなお依然として支持して」いたのであり，新聞論調などに照らすと，「むしろ8月15日以後天皇はいっそう国民の親愛の対象になっているかのよう」にさえ映ったのである（日高(1) 86）。当時14歳の少年だった野坂の回想によると，「国体という言葉は妙な体温を持って」いて，「人々の多くも，戦争の原因と敗因を究明し，責任者を追及することには賛成だが，国体は『護持』されるべきだと思った」という（野坂 200）。戦犯容疑で拘束される寸前に自殺を図って失敗した東条英機が批判や嘲笑を浴びたのに反し，玉音放送から3ヵ月目の日に東京駅に到着した天皇の乗る列車に向かいホームに居合わせた人々が一斉に最敬礼や直立不動の姿勢をとったのは（高見 348），それを裏付ける事例であろう。占領にあたってアメリカが天皇を利用しようとしたのもそのためだった。この問題はその後も続いた。東京裁判の首席検察官キーナンが1947年10月に天皇の戦争責任を問わないという方針を表明したとき，復員学生だった色川たちは「天皇を免責して日本の戦争を裁くなど茶番ではないか」と感じたが，国内には静かな安堵が広範に見られた。また天長節から天皇誕生日に名称が変わった1948年の4月29日には祝賀に35万人の群衆が皇居に押しかけた。これを知って彼は，「戦争に負けて，天皇はもう元首でも神様でもなくなったのに，なんという国民性だろう。主権は国民にありといわれても，感情のほうはあいかわらずの君が代で，万歳万歳なのだ」と感想を記したのであった（色川(2) 133, 199）。これらの事実を踏まえるならば，降伏した際に東久邇首相が憂えた「国体」に迫る危険は杞憂に終わったと見做してよいであろう。

　敗戦当時を振り返った文章で竹内好は，「政治犯の釈放の要求さえ8・15の直後に自主的に出たものではなかった」ことを例に挙げつつ，「私たちの内部に骨がらみになっている天皇制の重み」を摘出したが，それは彼が首相とは逆の立場から同じ問題を見据えていたからだった。為政者が揺らいだと見た天皇制による呪縛が強く，その結果として，「私たちは，民族としても個人としても，8・15をアホウのように腑抜けて迎えた」と竹内は悲痛とも思える自省の弁を書き記したのである（竹内 130）。竹内が例示する政治犯釈放に絡んだ問題は日記で高見順も注目していて，報道に接してこう書いた。「これをどうして連合軍司令部の指令を俟たずして自らの手でやれなかった

か——恥ずかしい。これが自らの手でなされたものだったら、喜びはもっと深く、喜びの底にもだもだしているこんな恥辱感はなかったろうに」（高見 300）。文芸評論家の井出も戦後史を振り返るなかで政治犯の釈放問題を重視しているが、実際、「1945年には、戦争に反対した人々が現に日本の中に生きているということさえ国民から忘れられていた」のが現実であり（鶴見(3) 85）、そのために釈放に奔走したのがロイター通信やルモンド紙などの外国人特派員だった事実は銘記されるべきであろう（井出 39）。獄中では歴史家の羽仁五郎のように「8月15日には友人たちが自分を牢獄から解放してくれると思ってずっと待っていた」といい、また獄中でしびれを切らした共産党員のぬやま・ひろしや徳田球一などは「占領軍による解放というものを受けるべきか」否かに関して相談していたという（鶴見・上野・小熊 131f,）。政治犯をめぐるこのような顛末は天皇制の呪縛の強さを示す一例であり、政治犯釈放の経過を追跡した竹前が「大衆の政治意識の未成熟」を見出しているのは(竹前 166)、その裏返しといえよう。ただ公平を期す意味では、釈放を拒否した頑迷な内務大臣や法務大臣とは違い、東久邇首相は天皇の名による大赦を考えていたものの、GHQに先を越される結果になった事実を無視してはならないであろう（升味 74f.）。

　いずれにせよ、アメリカで極秘に進められた原爆製造を把握していなかったことはまだしも、ヤルタの密約に関する在外駐在武官からの情報などがあったにもかかわらず握りつぶす一方で、対日参戦の準備を急いでいたソ連に中立条約を拠りどころにして講和の仲介を期待したことや、それと並んで「聖戦完遂」を訴えかけた当の国民に疑念を抱き、その意識状況を的確に掴んでいなかった点で、敗戦当時の日本の政治指導者たちは国際・国内両面にわたって情勢の重大な誤認をしていたことになる。例えばソ連への期待から南樺太の返還など日露戦争以来ロシアから得た権益の返上ばかりか、「映画会社はロシア人の気にさわるようなことは一切脚本から省くように命じられ、日露戦争に触れることさえ禁じられた」が（キーン 134）、そうした場当たり的な対応の一因はこの誤認にあった。また上奏文を書いた近衛とそのグループは、統制経済下で強まった社会主義的傾向を憂い、敗戦に伴って日本で共産主義革命が起こることを怖れた。しかし実際の動きは、「民衆が反乱を起こすことを心配する者がいたとしたら、それは全然的外れだった」ことを結果として見せつけた（佐藤(2) 7）。国民の決起はもちろん、軍部と官僚

のなかに潜んでいる共産勢力の脅威というのも非現実的な幻影でしかなかったのである(源川 197f.)。上述のように，牢獄にいた共産党幹部の釈放要求すら国民の間から湧き起こらなかった事実が，それを裏付ける傍証になる。孫崎はポツダム宣言に関して強硬論を唱えた軍部の「情勢認識の甘さ」を暴いているが(孫崎 23)，現実を見極める眼力の欠如は決して軍部に限られた問題ではなかったというべきであり，古川が「軍を含む日本のエリートたちは，まったくエリート失格だったといわざるをえない」と断じている理由もそこにある(古川 119)。しかもこの問題は，より広い視野で見るなら，日本の戦時の指導者たちが日米の国力の差や世界戦争の性格から導き出せる「『敗北必至』や『自滅的な戦争』という認識を決定的に欠いていた」(笠井 65)ことにつながっていたのも見過ごせない。そうした認識があれば，対米戦争の勝利とはアメリカ本土への侵攻をはじめとして具体的にどんな状態を意味するかが議論されたはずであろう。またそうした議論が詰められていたなら，停戦交渉のための機会や方途がもっと早くから模索されていたはずだったからである。

　次に第三点として，降伏・敗戦を終戦に言い替えた際の心理的機制についても確認しておく必要がある。一般的に考えて，終戦ならば戦勝国と敗戦国とに違いはなく，両者に共通する出来事になる。それに対し，敗戦であれば戦争に敗れた国だけの出来事として意識される。終戦と呼ぶのでは「どっちが勝ったかわからない」ので「一種のごまかし」(加藤(2) 197)だという指摘が出てくる理由はそこにある。敗戦は同時に終戦でもあるが，終戦は必ずしも敗戦を意味せず，そのために敗戦の意味が薄まる。終戦は戦勝とともに敗戦を包括するのであり，そこにある一種のトリックが心理面で有する作用は見過ごせない。

　この点が問題になるのは，敗戦の場合，一般的にみて，犠牲を払ったのに敗れたという空しさ，悔恨，屈辱，無念などの情念が引き起こされるからである。それにはさらに臥薪嘗胆や捲土重来という言葉が示す一種の覚悟も付随しやすい。その戦争が総力戦として遂行され，前線だけでなく銃後の人々にも多大の負担と犠牲が強いられた場合，そうした心情は一段と強くなるであろう。竹内洋が命名した「無念共同体」が成立するのはそのためである(竹内(1) 47f.)。ところが，戦勝国にも共通する終戦と表現されれば，献身や忠誠などの美徳を守った自尊心や国民としての誇りについた傷は和らげ

られ，怒りや怨恨のエネルギーは抑制されて，むしろ長くて苦しい戦いが終わったという安堵感をはじめ，自由にものをいえない窮屈さや我慢を強いられる耐乏生活からの解放感が滲みでてくる。終戦から穏やかな平和への推移は語りやすいが，敗戦からは屈辱的な平和が生じやすいのである。「或る晴れた日に戦争は終わった」と書いた詩人がいたように(清水 143)，日本の場合に終戦を語るとき，実際には玉音放送の日は全国的に曇りがちの天気だったにもかかわらず，しばしばそれに8月の青空が結びつき，太陽が照りつける澄み渡った空が終戦の心象風景とされるのは，その関連を雄弁に物語っている(上野 14; 古市 347)。小学生の頃に玉音放送を聞いた大江健三郎によると，敗戦という言葉は「破滅とか屈辱とかのイメージ，もうどうしようもない，絶望的な状態のイメージ」を呼び起こしたが，それと違って終戦という言葉は，「終結とか安息とかのイメージ，働き終わって休息し再出発しようとする，物悲しいが静かなイメージ」をもたらしたのであった(成田(2) 22f.)。終戦と敗戦の間にはこのように重要な相違があり，連合国による占領を進駐と言い替えたのも同様だが，両者の異同を詳論するのはここでの課題ではないので，さしあたり終戦と敗戦の間にはニュアンスにとどまらない大きな落差があることを確認しておけば足りよう。

　第四の問題は，8月14日との関係である。玉音放送の録音されたレコード盤の争奪を巡って8月14日の夜から一部の軍人が決起した。その事件は映画にもなった半藤一利の『日本の一番長い日』に詳しく描かれている。しかし，軍人たちが阻止しようとしたのは，天皇の肉声による放送であって，あくまで国民向けないし国内向けの政治的措置の妨害が行動の焦点に据えられていた。けれども，戦争の本質は国家対国民の関係にあるのではなく，国家間の暴力的な敵対関係に存することは指摘するまでもない。

　この基本的事実を見据えれば，重視されなければならないのは，ポツダム宣言の受諾決定と敵国への決定の伝達であろう。その意味では，終戦という文字のないいわゆる「終戦の詔書」が8月14日付で発布されたことや，日本政府が連合国に宛ててポツダム宣言の受諾を発信した8月10日と連合国からの回答に応えて再度発信した14日が重要になる。この面から見れば，8月10日と14日を度外視することは，決起した軍人たちに似て，戦争を国際関係の中で考えず，一国的に閉ざされた経験として解釈する姿勢の表れであると見做さざるをえなくなる。事実，日本からの通告を受けたアメリカでは，ト

ルーマン大統領がすぐに国民にその事実を告げて周知された。それゆえ，アメリカでは8月14日に対独戦勝利に続く対日戦争の勝利の歓喜で国民は沸き立っていた。しかもそのニュースはアメリカにとどまらず，瞬く間に世界中に伝播した。例えば敗戦国ドイツにおいても，アメリカ占領地区で最初に認可された新聞だった8月15日付『フランクフルター・ルントシャウ』紙に日本の通信社である同盟通信が日本政府による連合国の降伏勧告受諾を14日付で配信したことが取り上げられた（サーラ 19）。ところが日本国内では情報統制のために降伏の事実を国民は知らなかった。終戦の詔書と呼ばれる文書は8月14日の日付をもち，同日に発せられたが，それを読み上げる天皇の肉声で自国の降伏を雑音まじりのスピーカーから日本国民が聞かされたのは，無条件降伏を再度発信した翌日の8月15日正午になってからだった。また降伏を報じるその日の新聞も夕刻になって出たので，活字で確かめるのもアメリカ国民よりも遅かったのである。因みに，フィリピンで捕虜になった大岡昇平が『俘虜記』のなかで，8月10日の日本の降伏通告を受けてその夜にアメリカ兵がドンチャン騒ぎをしているのに本人は何故だか分からなかったと記しているのは，よく知られた話であろう。

　第五点は，9月2日との関係である。この問題に関しては，国際法の角度から色摩力夫が検討を加え，終戦ないし敗戦は9月2日とするのが正しいと結論づけている（色摩 10）。周知のとおり，1945年のその日に東京湾に浮かぶミズーリ号の艦上で日本の軍部と政府の代表が降伏文書に署名した。それが「無条件」だったか否かを巡っては議論があるが，文書は即時に発効したので，法的にはその日から日本の降伏が効力を持つようになったというのは専門外の者にも納得しやすい。

　ただこの点に関連して二つの疑問が残る。一つは，戦争状態を終結させるのは講和条約の発効だと教えられてきたことを考えれば，1952年4月28日との関係が問われねばならないからである。1952年のこの日は長い占領が終わって独立を少なくとも名目的には回復した日として知られるが，それだけではなく戦争終結との関連においてもその意義が再確認されるべきであろう。

　もう一つの疑問は，占領の開始との関係である。8月28日にはアメリカ軍の先遣隊が日本に到着し，続いて同月30日にはマッカーサーが厚木に飛来して連合国総司令部を横浜に設置している。それゆえ，色摩も指摘するよう

に，8月14日から30日ないしは文書調印の9月2日までの期間を法的にどのように位置づけるかという論点が残る(色摩 16ff.)。しかもこの半月あまりの期間は，外地に展開している部隊に降伏を周知徹底させるとともに，本土の軍人をはじめとする降伏に反対する勢力の熱気を冷却し，暴発の危険を低減させると同時に(木村 93f.)，他方で，外国軍隊による占領という前代未聞の出来事に官民が適応するための心理的な地ならしに不可欠な時間だった。さらに例えば岩手県にアメリカ軍が進駐したのは降伏から1ヵ月ほど経過した9月12日，四国への進駐開始は10月11日までずれ込み，他方で玉音放送が流れた後もソ連による満州や南樺太・千島列島などへの武力による侵攻が続けられていたから，その問題は一層重要になる。いずれにしても昨日まで『鬼畜米英』といってあれだけ憎悪を抱き，アメリカを仇敵として戦った日本人がスパーッと銃を置いた」(半藤 14)のは隠れた注目点になるといってよい。ダワーも敗戦後の日本に関する切実な問いとして，「あれだけの悲惨と混乱の最中にありながら，なぜ日本は無秩序と無縁であったのか，あれだけの激しい戦闘のあとに，なぜ占領者に対する暴力がまったく発生しなかったのか」と問題提起しているが(ダワー (1) viii)，それには地域によって長短の異なる冷却期間があったことが見落とせないのである。

　因みに，この期間には戦時下で飛び交っていた流言飛語が頂点に達し，世情が騒然となっていたことが数々の証言から知られている。若い女性がことごとくアメリカ兵にレイプされるという噂が広がってパニックが起こったのをはじめ，「米軍が小さい子どもを軍用犬の餌にするとて恐怖している母親が多い」という状況が現出したほどだった。例えば大阪から縁故疎開していた下重暁子によると，「進駐軍が来たら軍人の婦女子がまっさきにはずかしめにあうという風評」が立ったために，職業軍人の妻だった母親は青酸カリを持っていたという(下重 151)。こうした出来事を日記に書きとめた大仏次郎は，「敵占領軍の残虐性については軍人から出ている話が多い。自分らが支那でやってきたことを思い周章しているわけである」と注記し，高見順も日記のなかで「自分を以って他を推すというやつだ」と辛辣に評している(大仏 313; 高見 261)。いずれも傾聴に値する批評であり，冷静さを失わない作家の眼力が光っているというべきであろう。この点は政治学者の田中浩も指摘しているが，ただその理由として，「今次の大戦において日本軍隊が占領地住民に加えた残虐行為については日本国民が一番よく知っていたから」

としているのは(田中浩 93)，検証が必要とされるといわねばならない。というのは，戦地にいた兵士と違い，情報が統制された社会で一般の国民が何をどこまで知っていたかは，乱れ飛んだ流言飛語と併せ，それ自体重要な検討課題になるからである。「一番よく知っていた」という田中の表現をはじめとして，戦争経験世代の著作にはしばしば性急な断定や安直な一般化が見出されるが，経験を重んじ，その多様性を重視するなら慎重さが求められるのである。

　それはともかく，実際にはアメリカ軍が進駐してきたとき，「オートバイ，戦車，ジープなどがつづいてくると見物は手を振って歓迎した」という。その光景を目撃した民俗学の「旅する巨人」宮本常一は，戦時下では「戦意をかきたてる者によって鬼畜米英などとみな叫んだのだが，どうもそれは民衆の本心ではなかったようである」とその時の印象を記した(宮本 130)。老境に達した映画評論家の佐藤忠男が，「敗戦直後のアメリカ軍の占領下におかれた時代に，どうやらひとつも反米テロが生じなかったことが，いまだに不思議に感じられる」と往時を回想しているのは(佐藤(2) 164)，この点に関わっている。現に降伏した時点では国内に本土決戦に備えた大量の兵器が残っていたのである。なお蛇足を付け加えれば，降伏後のドイツでは1944年にヒムラーが創設を指示した人狼という名称のパルチザンや地下にもぐったナチの残党による武力抵抗が懸念された。そのため占領軍の不安はしばらく続き，怪しまれた若者が拘束されるケースも少なくなかった。しかし，日本と違って冷却期間がなかったにもかかわらず，また眼前で略奪や暴行が生じたにもかかわらず，結果的に組織的なテロやサボタージュなどが起こらなかったのは注目に値する事実であり(Benz 95f.)，敗北の徹底性を裏書きしていると考えてよいであろう。

　いずれにしても，最後まで残った日本の降伏文書調印によって第二次世界大戦が正式に終結したのは間違いない。したがって，この日を終戦の日とするのがグローバル・スタンダードになったのは当然だったといえる(佐藤 84)。9月2日を終戦ないし戦勝の日と定めて式典を行う国が少なくないのはこのためである。代表例としてはアメリカやイギリスなどが挙げられ，主要国は押しなべてこの立場をとっている。本章で比較しているドイツでも，日本で終戦が8月15日とされていることを知る人はきわめて少ないのが実情だといわれる(サーラ 25)。とはいえ，「世界の教科書でも，みんな第二次世

界大戦が終了したのは，9月2日と書かれている」とまで断言するのは(保阪(1) 234)，おそらく行き過ぎであろう。いずれにしても，日本とは異なるこの現実がもつ意味はきわめて重い。というのは，一つには，8月15日を終戦の日とする日本の立場がグローバル・スタンダードから逸脱して異例となり，国際的に通用しにくくならざるをえないからである。いま一つは，8月14日ならまだしも降伏勧告の受諾を伝達した国際性があるのに反し，国内向けの玉音放送を重視する8月15日は明らかに一国主義的な論理に基づいていることが浮き彫りになるからである。なお，日本が戦火を交えた中国では若干の変動を閲したものの，終戦直後に祝賀行事が行われた9月3日が現在では抗日戦争勝利記念日と定められている。

　最後の第六の問題は，地域によって事実上の終戦の日が異なることである。たしかに戦争は国家間の行為だから，終戦ももっぱら国家的行為によって実現すると考えるのが自然であろう。けれども，当事国の一方に戦争継続の能力がなくなり，その段階で国土の一部が敵国に占領されていた場合，その地域では戦争は終わったと考えるのは不適切とはいえない。これまで見てきたドイツの場合，第一次世界大戦の敗北の時点では国土の一部が敵国に占領されていたわけではなかったので，国民には休戦という名目の敗戦は唐突にやってきたといえる。同時にそのことがいわゆる「背後の一突き」という伝説を生みだし，ナチスなどヴァイマル共和国に敵対する勢力が増殖する温床にもなった。ところが，そのことから引き出された教訓に基づいてドイツが無条件降伏するまで戦争を続ける方針を連合国が決めていたために，ドイツ本土に侵攻した連合軍はドイツ側の戦争継続能力が尽きかけていたにもかかわらず，攻撃の手を緩めなかった。1944年秋には東からソ連軍が東プロイセンに侵入し，西からはそれと前後して最初にアーヘンが連合軍に占領されたが，これらの地域を奪回する力はドイツ軍には残されていなかった。その点を踏まえれば，バルジ大作戦として映画でも知られるドイツ軍の最後の反攻のために連合軍の進撃スピードが鈍ったにせよ，東部では東プロイセンからシュレージエンにかけての一帯や西部ではアーヘンからケルン手前までの地帯で1945年初頭に戦争は終結していたのであり，軍政がすでに開始されていたことからしても，地域的なレベルでの終戦について語ることができよう(Kirsch 61)。ドイツでは終戦はこのようにして長引いたのである。

　一方，日本の場合には，1945年6月に激戦の末アメリカ軍によって制圧さ

れた沖縄ですでに終戦に至っていたといえる。沖縄は本土決戦のための捨石として本土から見放され，軍部には増援部隊を送ったり奪還を企てる意思も余力もなかった。沖縄では「夏の盛りを過ごす生き残りの住民たちに８月15日は何の日でもなかった」といわれるのはそのためである（野坂 174）。とはいえ，ドイツと違い，最終決戦に向けて日本の本土には満州などからの転用で膨らんだ約440万人といわれる兵力と一定の軍備が温存されていて，それがとりわけ陸軍の戦争継続に向けた強硬姿勢の土台にもなっていた。ヨーロッパ戦線から部隊を移した上で1945年11月に九州上陸作戦，翌46年３月に本州上陸作戦が予定されていたように，ドイツと同様な日本の無条件降伏までにはなおかなりの時間を要し，同時に犠牲も少なくないとアメリカが想定していたのはそのためだったことを忘れてはならないのである。それだけではない。アメリカ側が苦戦を強いられた「硫黄島，沖縄はアメリカ軍部にとって失敗した作戦もしくは苦すぎる勝利である，というのがアメリカ軍部の実感だった」ことがアメリカの対日戦の戦略に影響した点も見落とせない（五百旗頭(2) 103）。ともあれ，アメリカが占領した沖縄とソ連が侵攻して戦闘が続いた満州や樺太・千島などを除けば日本では天皇の玉音放送を境にしてほぼ一斉に敗戦が経験された。これに反し，ドイツでは連合軍の占領範囲の拡大につれて終戦は地域ごとに段階的に訪れたのであり，一斉の国民的体験にはならなかった点に留意することが肝要といえるのである。

3．日独の終戦・敗戦の比較

　以上で見てきたように，日本では終戦もしくは敗戦とその日付や呼称をめぐって重要な問題がいくつも残されている。ドイツでは戦争終結すなわち終戦と降伏や敗北という表現はほぼ互換的であって，乖離が問題とされることは考えにくい。比較の観点から日独の終戦と敗戦を論じたサーラが日本における終戦と敗戦の異同に考慮を払っていないのはそのためであろう。ドイツの通念を前提にすると，その問題は見えにくく，理解しがたいのである。

　ところが，そうしたドイツと異なり，上述のように日本では終戦と敗戦の間にはニュアンスの域にとどまらない大きな落差がある。そのために日本では両者が同義語として扱われることは想像しづらいが，他面で一般に８月15日が終戦の日として認識されているように，８月15日と終戦がセットになって前面に押し出される傾向が強いのは間違いないであろう。そして，そうし

た状態が続いているのは，意識的か否かを問わず，敗戦を曖昧にする意図や願望が依然として根強いところに原因があるといえよう。

　それでは，日本とドイツにこのような相違が生じたのはなぜであろうか。その主因は，日独両国の敗北の仕方にあると考えられる。ドイツでは連合国から降伏勧告が出されることは一度もなかった。また仮に出されたとしても，国土を焦土化してドイツ民族を死地に追いやるネロ命令を発するほどの狂乱状態だったヒトラーによって即座に撥ね付けられたであろう。そのためにドイツでは兵士たちはいわば最後の一兵に至るまで戦うことを強制され，一般市民も巻き込んで日本の２倍にも達する多大の死者を出す結果になったのであった。実際，ドイツ国防軍の力がほとんど尽きた段階で，そしてヒトラーが自殺して不在になったところでようやくデーニッツが降伏に向けて動き出すことができたのである。ヒトラーに忠誠を誓っていたデーニッツですら降伏に乗り出したのは，国防軍が追い込まれていた絶望的な状態の論理的な帰結であり，他にはもはやいかなる選択肢も残されていなかった。その点でドイツの敗戦は軍隊がほぼ無力化した状態での無条件降伏であり，あるいは徹底的な無条件降伏だったといってよい。

　これに対し，ドイツ降伏後もただ一国で戦争を続けた日本では，無条件降伏という形の戦争終結の過酷さをドイツの実例で観察することができた。例えば首都ベルリンを凄惨な市街戦の末に陥落させたのはソ連軍だったが，日ソ両国は中立条約が守られて戦争状態にはなかったので，中立国だけでなくベルリンの日本大使館からも情報が届いたし，少数ながら笹本駿二をはじめとするジャーナリストもぎりぎりまで踏みとどまっていたので，断末魔のドイツの実情をある程度把握することができた(新関 115ff.; 笹本 195f.)。連合国が傍受した通信の中に，ヒトラーの自爆計画を伝えるベルリン駐在の日本外交官の電報があるとされるが(ファーガソン 336)，そのことも戦争末期に至るまで情報収集が行われ，東京に発信されていたことを裏付けている。また戦局が悪化して勝利の見通しが失われる中で，敗戦後の共産主義勢力の台頭を憂慮する天皇周辺からは，近衛上奏文に見られるように，「国体」を死守することを目的にして戦争終結の工作に動き出すグループが現れた。外交官出身で降伏の際の外相として終戦工作に尽力した東郷茂徳は，1945年４月の就任時点で戦争を「今後１年も続けることは不可能と確信す」と首相の鈴木貫太郎に対して明言したという(保阪(2) 220)。

それと同じ頃，アメリカでは無条件降伏したドイツの惨状の報告を受けてスティムソン陸軍長官が「激しい戦慄を覚えた」と日記に記したが，その事実が示唆するように，アメリカの側にも変化が起こっていた。それは，ドイツの降伏を経た時点で，アメリカの指導部の中にドイツの例を「回避すべき負のモデル」とみるグループが登場したことである（五百旗頭(2) 184）。このグループの動きが活発化したのは，戦局の推移に影響されたからだった。その推移とは，硫黄島や沖縄のように戦場が日本本土に近づくにつれて日本軍の抵抗が激しくなったことである。実際，必死の反撃のためにアメリカ軍将兵の犠牲が膨らみ，硫黄島では戦死者は日本側が多かったものの，死傷者を合計するとアメリカ軍のほうが多いという結果になった（吉田・森 269）。また沖縄の場合も，日本側の評価と違って「沖縄戦に関してはアメリカ側が敗者意識を持った」といわれるほどだった（五百旗頭(3) 102f.）。それだけに事態は深刻に受け止められ，アメリカでも徹底した無条件降伏に日本を追い込むことに対して躊躇や疑問視する声があがるようになった。日本の無条件降伏はアメリカの若者の大量死を意味すると予想され，戦争の先行きを楽観できなくなったのである。

　政治的思惑が働いたために50万人から100万人という推定された死傷者数にはかなりの誇張があったものの，ヨーロッパ戦線での死者を上回ることもありうるという試算は衝撃的だったであろう（吉田 225f.）。ヤルタでローズベルトがスターリンから千島列島を代償にして対独戦終結から3ヵ月以内に対日参戦する約束を取り付けたのも，アメリカが単独で犠牲を引き受けつづけるのを避けるためであり，沖縄戦の渦中で大統領に就任したトルーマンもこの方針を受け継いだ。そのトルーマンを支えつつ，早期講和に動いたのが，「終始一貫天皇を平和主義者とみな」す立場をとり，「穏健派と天皇に大きな期待をかけていた」グルーを中心とするワシントンの知日派であり（中村(1) 33, 51），ソ連に対する警戒心を共有する彼らが戦争終結の際に果たした役割は大きかった（五百旗頭(2) 182ff.）。長く駐日大使を務めた後，1944年末に国務次官の要職に就任したグルーは日本の政財界に多くの知己を持ち，腹心のドゥーマンも日本事情に精通していた。ただ知日派は単一のグループではなく，ケーディスからコーエンに至る「もう一つの知日派」が存在していた事実も見過ごせない。実際，ニューディーラーを主体とする後者によって戦争終結後の日本のドラスティックな社会経済的改革が推進されることに

なった。また，保守的な前者のグループが戦争終結とともに影響力を失い，「ドミノの崩壊」ともいうべき現象が起こったことも忘れることのできない要点であろう（進藤 140, 163）。知日派について語るとき，これらの点に留意が必要だが，いずれにせよ，前者の知日派の尽力によってポツダム会談の際に日本に対して降伏を勧告するポツダム宣言が発出されたのは，ソ連への警戒と並び，軍事力だけに頼った悲惨な最終決着を憂えるこうした背景からだったのである。

　ところが，原爆の出現は局面を一変させた。鈴木首相がポツダム宣言につき黙殺という含蓄のある表現をしたにもかかわらず，その言葉は英語圏では拒否として報じられた。それを受けてトルーマンは日本への原爆投下を最終的に決断し，瞬時に広島と長崎の二都市を壊滅させて原爆の威力を実証したのであった。それにはさらにソ連による日ソ中立条約の破棄とソ連軍の満州侵攻が続いた。軍部は本土決戦に備えて根こそぎ動員と外地からの部隊の転用を進め，大きく膨んだ兵力と練習機などを含めて総計で3000機といわれる航空機など数字の上では一定の軍備を内地に用意していた。けれども，これらの強烈な衝撃を受けた日本の指導部では，「一億玉砕」に突進するのを避け，軍部とりわけ陸軍の強硬な決戦論を押さえ込んでポツダム宣言を受諾する方向に大きく流れが傾いたのである。そしてその流れを決定的にする場として天皇が臨席する御前会議が設定され，ドイツのような徹底的な無条件降伏に追い込まれる前に「聖断」によって降伏する方針が決定されたのであった。同じ無条件降伏であっても，ドイツでは国防軍がほとんど壊滅して無力化した状態での降伏だったのとは異なり，日本は貧弱になってはいても戦力を残して降伏したのであり，急いで徴集された老兵や飢餓状態の兵士など実質を問わなければ，その時点で名目的には約790万人の将兵を擁していた。その意味では日本の場合，ドイツと比べて不徹底な無条件降伏だったのである。

　この点は市井の人々にも直観的に捉えられていた。日本が降伏したと聞いたあるお婆さんは，そんなバカなことがあるか，「やるだけやって負けたんならしやうがねえけんど」と呟いたが（吉見 (2) 21），この言葉には真実性がある。同時に，「やるだけやって負けた」ドイツではそうした慨嘆が漏れ出てこなかったところに日本との重大な相違がある。事実，このような無条件降伏を巡っては，中国をはじめとする外地はもとより，内地にも一定の戦力

が残されていたにもかかわらず，原爆が落とされたから方針を一転して降伏するのであれば，なぜ沖縄戦のように無残な犠牲が生じる前に降伏しなかったのかという疑問や批判の声が聞かれる。1944年7月のサイパン陥落前後から戦死者が激増し，空襲による民間人犠牲者が増え続けたことに照らせば（吉田・森248），その指摘には説得力がある。この点に関し，玉音放送直後の次の会話は傾聴に値する。「バンザイするのやったら，もっと早う，思い切りようにしたらよろしいのにな，トコトンあかんようになってバンザイするねんから，エライ人は何考えてるやわかりまへん」「ほんまだす。家焼かれるわ，おばあちゃん怪我するわ，闇の買出しで苦労するわ，そのあげくに負けたいうねんさかい，阿呆らしおます」（田辺156f.）。

　このような声が出てくるのは，日本の場合には「絶対的国防圏」が崩れて敗北必至となる以前に政治的判断によって好機をつかみ，休戦ないし降伏の時点を前倒しする可能性があったと見做されているためであろう。この種の疑問の底には深い悔恨の情が流れているので一蹴するのは難しい。ミッドウェー海戦での壊滅的敗北の後に「水面下で講和が進められてそれが奏功していれば，絶対的国防圏が破られた後の大量の戦死者も本土空襲の死者も広島，長崎の被害者も出さずに済んだ。たぶん戦死者の90%は死なずに済んだ」という内田樹の想像は（内田・白井32），そうした疑問の延長上にあるといえよう。このような内田の議論は，歴史に仮定を持ち込んで多角的な思考を促す点で有益であり，同時に多大の犠牲を強いられた国民の側からみて納得しやすいであろう。

　とはいえ，他面では日本側だけに視線を集中して無条件降伏に固執した連合国の姿勢を無視しているところに大きな難点があり，たとえ想像だとしても，一国主義的な枠組みにとらわれているのを看過することはできない。この点では，2.26事件の中心にいた磯部浅一のような人たちが権力を握り，「太平洋戦争を指揮していたらどうなったか。本土決戦まで進んで，国体は消滅していたんじゃないでしょうか」という白井聡の貴重な問題提起も同様といえる（内田・白井46）。というのは，もし早期講和に動いたグルーのようなアメリカの知日派がいなかったら本土決戦が避けられなかったのではないかという問題も等しく重要であるのに，その視点が欠如しているからである。かつて西洋中世史家の鯖田豊之は，ヨーロッパに比べて日本では「国家の自然的基礎が整いすぎているだけに，ともすれば国家を空気のような存在に感

じがちである」と述べ，そのために「他国への関心だとか，国家を超えるものへの意識だとかが育つ条件がはなはだ弱い」ことを指摘した。鯖田が憲法の平和主義を「日本だけにしか通用しない鎖国的発想の産物」と断じるのに同意するか否かは別にして，彼が問題視した，「国際社会がまるで真空状態のように観念され，一方的宣言だけでことをかたづけようとする」一国中心的な傾向は，いまだに払拭されたとはいいがたい（鯖田 167,175）。片山杜秀はそれを「島国ならではの『甘えの構造』」と呼んでいるが（片山 50），白井の場合，その一国主義的な傾向は日本の戦後を論じながらもアジアの膨大な犠牲者への関心や植民地支配の責任への論及が欠落しているところにも表出している（中野(2) 316）。

　それはともあれ，御前会議での決定によって本土決戦は寸前で回避され，ドイツのように内地までが戦場になることはなくなった。徹底抗戦の場合にはスローガンだった一億玉砕が現実になり，高見順が日記に記したように，「みんな駆り出されて死ぬのである。国も人民も滅びるのである」と思われていたが（高見 234），結果的に銃後の人々は空襲で逃げ惑っても，竹槍で突撃したり，市街戦に巻き込まれたりする事態は避けられたのである。またアメリカは軍政を予定していたにもかかわらず，予想外に早期の降伏のために準備が整わず，結果的に日本には中央政府が残り，行政機構も存続することになった。本土決戦に備えた440万といわれる将兵も上陸してくる連合軍と一度も戦火を交えないまま内地で平穏に敗戦を迎えた。そして捕虜として囚われることなく，軍隊の解散に伴い，備蓄物資を分けあってじきに故郷に帰ったのであった（木村 92）。

　聖戦完遂を呼号していた軍隊が瞬く間に解体していく様子については，それを見聞したいくつもの記録が残されている（高見 272）。輜重隊にいたある兵士が部隊が保管していた被服などの物資をチッキで実家に送った上，「日ごろ親しんでいた馬を引き出し，それに鞭をあてて故郷に凱旋した」のち，すぐに売り払って金に換えたというのは（鎌田 115），ほんの一例であり，友人との会話で大仏は「将校たちがさかんに物を持ち出して自宅へ運び込むいやしさ」を話題にしている（大仏 320）。しかも他面では，空襲で焼け出された人たちのために軍隊の備蓄食糧や衣類・毛布などが放出されたというような話は数々の証言のなかで一つとして聞かれなかった。むしろアメリカ軍から横流しされた物資とともに隠匿された食糧などが闇市に出回り，疲弊し空

腹に苦しむ人びとの窮状につけいる形で公定価格を遥かに上回る高値で売買
されて一部の人間を肥え太らせることになった。大仏は8月16日に日記で東
京や横浜で米の特別配給があったことを伝えているが、それは炊き出し用に
保管されていた米であって、軍隊から放出されたものではなかったと考えら
れる（大仏310; 野坂125）。8月31日の日記で山田風太郎は、駅で見かけた元
兵士たちの「帯革、剣、銃なく丸腰の惨めなる姿」に注目する一方、「背に
は何やら山のごときものを背負う」、「半ば掠奪的に運び来るものなるべし」
としつつ、そこに「80年、日本国民が血と涙をしぼりて作り上げし大陸軍、
大海軍の凄まじき崩壊」を見出している（山田(2) 355）。戦時と違って敗戦
後の社会では元兵士たちに冷ややかな視線が向けられたことが確認されてい
るが（吉田(3) 30f.）、そうなったのは、降伏によって浮かび上がった天皇の
軍隊の、こうした終末の姿が一因だったのであり、戦争が末期にさしかかる
と、そうした軍隊に丸山真男や林健太郎のような高学歴の知識人が30歳を過
ぎて召集され、一兵卒として悪名高い内務班を実体験したのだった。同様な
召集の事例はいくつもあり、丸山の場合、軍隊での経験が彼を一躍有名にし
た天皇制国家の分析に結晶しているのは周知のところであろう。ある軍医の
日記によると、6月18日に「師団本土決戦要員107名の身体検査を行ったが、
多くが40歳以上で、身体の故障を申し立てる者がたくさんいた」のが（吉見
(1) 215）、勇ましく叫ばれた本土決戦に備えた皇軍の実態だった。ともあ
れ、丸山たちが証人になるように、戦場を経験したことのない兵士が少なく
なかった背景には、このような現実があったのである。

　これとは異なり、徹底抗戦をしたドイツでは敗戦に伴って総数で1000万人
に達する国防軍の将兵が連合国の戦争捕虜として拘束された。そのうちアメ
リカやイギリスに囚われた捕虜は比較的早期に釈放され、戦時下で捕虜に
なった一部はアメリカ本土にまで送られて快適な生活を過ごす幸運に恵まれ
た。しかし、ソ連に拘束された320万人から340万人に達するとされる将兵の
場合には、ヨーゼフ・マルティン・バウアーが聞き書きした『足が支えられ
る限り（邦訳『わが足を信じて』）』に綴られているように、多くがソ連に抑
留されて劣悪な自然環境と生活条件が重なる中で過酷な労役を強いられた。
ソ連の地で収容所に入れられたのは230万人から280万人と見積もられている
ことに照らすと（Karner 59）、ドイツに帰国できたのが約200万人にとどまっ
たのは、処遇の厳しさと犠牲者の多さを物語っている（K. - D. Müller 273）。

またフランスに抑留された捕虜でも地雷除去などの危険な作業に投入されて犠牲が少なくなく（Lehmann 13ff.; カレル 307ff.），さらに例えばライン川の河川敷に急造されたアメリカ軍の名ばかりの収容所に押し込められた捕虜の場合には，食糧やテント，医薬品などにも事欠く雨ざらしの惨憺たる状態におかれたために死者が続出し，怒りや憎しみを招く結果になった（バクー 55ff.; Smith 47f.）。ドイツ兵はアメリカ軍が捕虜をもっとも手厚く扱ってくれると思い込んでいたが，実際にはアメリカ軍に囚われた捕虜の死亡率はイギリス軍の4倍以上に達したという（ファーガソン 333）。追放や空襲と並んで大量の捕虜の存在が被害者としてのドイツ人というイメージの主要な構成要素になったのはこうした事情のためだったのである。このようなドイツ軍捕虜の命運に比べると，シベリア抑留のほか東南アジアや中国で使役された一部の捕虜を別にすれば，捕虜になった日本軍の将兵では早期に釈放されて元の生活に復帰した者が多かった。また抑留が長引いた場合も含めて捕虜となることは恥辱とされ，彼らに関心が払われるときにも冷ややかな眼差しが向けられた。その影響もあって，ドイツのように長く続いた大規模で深刻な捕虜問題は日本では惹起されずに終わったのである。

　さらに度重なる空襲に広範囲の地上戦が重なり，ドイツでは殆どの主要都市が廃墟に化した。「文化民族が穴倉人間になった」といわれるのはそのためである（Wolfrum（1）32）。廃墟の惨状は各地の博物館や写真集などでその一端を垣間見ることができる。空爆の実態に関しては J. フリードリヒが丹念に調べ，貴重な成果を残しているが，なかでも1943年のゴモラ作戦で火災の嵐に包まれたハンブルクや，1945年の古都ドレスデンへの空爆が悲惨な事例として知られている。これらは東京空襲と並ぶ惨劇であり，一般市民に対する無差別殺戮の代表例の一つともされている。もちろん，そうした共通点に加えて相違点にも注意する必要がある。というのは，ドイツのケースと対比すると，地上戦のなかった日本本土は海上からの僅かな艦砲射撃を除くともっぱら空襲による攻撃を受けたといえるが，被害の程度はドイツに比べてかなり軽かったとみられるからである。そのことはドイツに落とされた爆弾の総量が1944年に65万トン，降伏した5月までの45年に50万トンにも達したことのほか，空襲の犠牲者数や建物の損傷率を見れば推察できる（Schnatz 30ff.）。それらの実数の確定は難しく，現在でも定まらないが，例えば空襲による死者はドイツでは一般に軍民あわせて80万人に達するといわれ，2003

年に編集された『シュピーゲル』の空爆戦に関する特別号では民間人の犠牲者60万人の中に8万人の子どもが含まれていたと伝えている（Spiegel Spezial, Nr.1, 2003, 8）。一方，軍事史家のH.ボーグは民間人に限定して40万人以上とやや控えめに見積もり，フリードリヒは人数は明確ではないと断った上で，民間人で42万人から57万人の範囲だったという他の研究の数字を紹介している（Boog 16; フリードリヒ 44）。日本でも空襲で犠牲になった人数は今日まで確定しているとはいえないが，原爆の犠牲者を除くと，空襲による死者の総数は30万人前後と推定するのが一般的だったといえよう。ただ近年の研究によるとその数はもっと少なく，空襲のほかに若干の艦砲射撃なども含めた民間人の犠牲者は20万人程度と見積もられている（佐々木 96）。なお，2017年8月12日に放映されたNHKの番組「本土空襲・全記録」では新資料を発掘したとした上で，空襲による死者の総数を約46万人と伝えていることも付言しておこう。

　それはさておき，戦後民主主義の旗手というべき丸山真男の友人で中国育ちの日高六郎は，中国の対日戦勝利に関して，中国では「惨勝」という言葉が使われていることを紹介しつつ，それとの比較で日本の敗北を「楽敗」と呼んでいる（日高(2) 64）。この言葉は，公称で300万人を上回る死者が国民の間に生じたことから，反撥を招くかもしれない。とはいえ，以上で略述したドイツと対比する限りでは，その表現に一定の真実性があることを認めざるをえないであろう。日米開戦後も留学先のアメリカにとどまった社会心理学者の南博によると，戦時下のアメリカでは「ハング・ヒトラー」，「ハング・ムッソリーニ」と並んで「ハング・ヒロヒト」と書かれた3枚のポスターが街のほうぼうに貼られていたというが（鶴見(1) 67），そうした状態を考慮に入れると，仮に敗北が「楽敗」ではなくて徹底的な「惨敗」であったなら，そのあとに日米合作の色合いのある「天皇制民主主義」（ダワー(2)第4部）が出現するような事態はありえなかったと考えねばならないであろう。その意味で「楽敗」か「惨敗」かの区別は重要になってくる。「負けすぎた」という内田たちの議論が例になるように（内田・白井 19），しばしば日本は完膚なき敗北を喫したと語られるが，ドイツから眺めるとその見方は誇張といわねばならず，事実に反すると評することさえできよう。

　実際，原爆投下を契機とした予想外に早かった日本の降伏は，ドイツのような徹底的な無条件降伏の場合に予測された一般市民を含む無益な犠牲を避

けるのを可能にしたのを見過ごすことはできない。同時にそれが，アメリカ一国による単独占領といわゆる間接占領に道を開くことになったことも重要であろう。仮にポツダム宣言を受諾せず，本土決戦に突入していたなら，沖縄戦での軍民あわせた犠牲者などから推計して，日本側だけで200万人から300万人に達する犠牲者が生じただろうとする試算があるという（笠井 96）。一方，保阪は誤解を招くかもしれないと断りつつ，「原爆のおかげで終戦は早まった」と述べ，「戦争継続なら8月15日以降，空襲はもっと激しさを増していただろう。皇居や京都にだって爆弾を落とされていたかもしれない。……また，もし昭和20年8月9日にソ連が満州に侵攻し，そのまま攻め続けられていたら，間違いなく『東日本社会主義人民共和国』なる国家が生まれていただろう」と記している（保阪(1) 222）。同様に升味も「アメリカに対する降伏がもう数週間おくれていたら，ソ連が日本本土に進入する可能性は大いにあったであろう」とした上で，「近衛上奏文に述べられた国内からの共産革命は妄想にすぎなかったとしても，外からの革命によって日本の一部に共産政権が成立したかもしれない」と述べている（升味 49）。これらに加え，食糧の観点からの次のような想像も重要であろう。もし「戦争が続けば大都市で飢饉が発生し，幼児，児童，高齢者，病人から始まって多数の餓死者が出ていたことはほぼ間違いない。事実，1946年に，政府が有効な食糧政策を打ち出せないことに対し，国民から強い不満の声が上がった。……もし戦争が続いていたら，絶望感を募らせた都市住民が和平を求めて蜂起した可能性はある」（コリンガム 308）。以上の興味深い指摘はいずれも仮定の問題であり，正解は存在しない。けれども，そこで問われている可能性を全面的に否定することはできないように思われる。因みに，1918年生まれで新聞記者として敗戦を迎えた後藤基夫は，日本の降伏に関し，「天皇を中心とした力によって終戦に至ったのだが，その戦争のやめ方がああいうものでなかったら，全く別の戦後の政治ができたかもしれない。ここに戦後政治の原点がまずある」と述べているが，この指摘もまた傾聴に値しよう（後藤・内田・石川 6）。

　ここで仮定から現実に戻れば，ドイツはヤルタでの合意に基づいて分割占領された上，それぞれの占領地区に軍政が敷かれたが，日本ではドイツと違って分割も軍政も行われなかった。例えば東部ドイツを占領した時，ソ連軍は150万もの兵力を配置して軍政を開始したが，その数は翌年に70

万人にまで減ったものの以後は50万人から60万人程度から下がらなかった（Kowalczuk / Wolle 55f.; Foizik 8）。その数は東ドイツの建国に伴って軍政が廃止された後も減少する傾向がなく，ワルシャワ条約機構の兄弟国という名目で結局ドイツ統一後に撤退するまで東ドイツ全域に基地を設けて大規模な駐留を続けた。ドイツ統一の時点で34万人のソ連軍将兵とその家族を含む21万人のソ連市民が居住していたのは，友好の名で飾られた従属関係の表れだったといえよう（Satjukow 18）。それに対し，アメリカは本土決戦を経た無条件降伏の場合には80万人以上の兵力を要すると見込んでいたのに（五百旗頭 (2) 202），東ドイツより面積も人口も遙かに大きい日本全国を支配するために進駐当初に送り込んだのは実際には40万人の兵力にとどまり，中国・四国地方を担当した英連邦軍を合わせて1945年12月には総数で43万人にとどまった（福永 (2) 37）。その上，翌46年には西日本を担当していたアメリカの第6軍が引揚げて占領軍が再編され，占領に必要とされる人員は20万人に減らされた。さらに48年になるとその数は10万人にまで削減され，ソ連と対照的に少数の人員で日本の政府と行政機構を使って占領を続けたのであった（竹前 39）。その背景として，納税者の立場を顧慮し兵士の社会復帰を進めなければならなかったアメリカの国内事情と並び，帝王の如くに振舞う占領軍の最高指揮官を天皇の代替のように敬愛する広範な感情が醸成されたことが注目に値する。実際，占領下のドイツでアメリカ軍政部を率いたクレイに比べると，マッカーサーが「日本を去る際，彼に対する日本人のたたえ方は，ドイツでは考えられなかっただろう」という指摘は意味深長といえよう（ブルマ (2) 342）。また「旧支配層のかわり身の速さ」がしばしば語られるとおり（松尾 1），敗戦まで鬼畜と呼んで敵視していたのにすぐに親米に転じた指導者たちの豹変があったのも見過ごせない事実であろう。いずれにせよ，最初から計画されていたか否かを別にすれば，結果的に実現した単独占領と分割占領，直接占領と間接占領の相違には軽視できない重みがある。そして，そうした重要な差異が生じた主要な原因は，日独両国の降伏の仕方の違いにあったと考えられるのである。

　ただその反面で，日高のいう「楽敗」のために日本では支配機構や支配層が根底からは除去されず，「戦後」に継承された面があるのを見落とすことはできないであろう。これは「戦前」・「戦中」と「戦後」の連続性の側面ということができ，大抵の場合，その代表例としては官僚機構が挙げられる。

A. ゴードンが「文民からなる官僚機構は従来と同程度に強力か，おそらくは従来以上に強力になった」と述べ，コッカが同趣旨の指摘をしているのが例証になり（ゴードン 316; コッカ(2) 50f.），この点について野坂も「天皇の官吏は一日にしてGHQのしもべと変じ，何の変わりもない」と評している（野坂 121）。しかし，官僚機構ばかりでなく，戦時下で戦意の高揚と戦争協力を煽ったマスコミとりわけ新聞のあり方も忘れることはできない。新聞は「どれもこれも，最大限の形容詞を使って日本の正義を主張し，皇軍の無敵をたたえ，勝利を確信させる記事ばかりで紙面を埋め」，佐藤のいう「草の根の軍国主義」を作り出す主要な装置になっていた（佐藤(2) 170）。ところが，敗戦を境にして聖戦完遂からデモクラシーの鼓吹へと新聞の役割が一変した。山田風太郎が慨嘆したように，「戦争中は敵の邪悪のみをあげ日本の美点のみを説き，敗戦後は敵の美点のみを説き日本の邪悪のみをあげる」という形で主潮が変わったが（山田(2) 609），新聞はその先頭をいくことになった。けれども他面で，無条件降伏後のドイツで新聞が全面的に禁止され，占領軍発行のそれに取って代わられたのと違い（Benz 147），主要な新聞は戦時と同様な検閲の下であっても途切れることなく発行されたし，目的が何であれ国民を指導する姿勢は変わらなかった。作家の高見順が，「いかにも正しいことを，悲しみも反省もなく，無表情に無節操にいってのけていることに無性に腹が立つ」，「自己反省は棚にあげてまたもや厚顔無恥な指導面だ。いい加減にしろ」と日記に怒りを書きつけ，同趣旨の見方を山田が記したのは（キーン 167），マスコミの連続面を的確に捉えていたといえるのである。この点では戦意を煽った映画も同じだった。「戦争中に軍部の命令のままに戦意高揚映画を作った日本の映画人たちは，つづくアメリカ軍の占領下では，直ちに頭を切り替えて，民主主義啓蒙映画を作り始めた」のであった（佐藤(1) 429）。こうした連続性に焦点を絞り，それを大写しにしていくと，「戦後における戦前の復活」という見方が導き出される。この見方に立って例えば五十嵐は，「長い目で見れば，戦後政治の全体が『逆コース』を辿ってきたともいえる」と論じ，「逆コース」が連綿と続いてきたという理解を示している（五十嵐 29）。とはいえ，そこまで連続性を強調するのは行き過ぎであり，「戦前」とは異なる「戦後」の新たな出発や「9条=安保体制」として矛盾を孕んだ55年体制などの意義を正しく把握できなくなる虞すら生じよう。

それはさておき，上述のように五月雨式に国民が敗戦を迎えたドイツとは異なり，大多数の国民が玉音放送でいわば一斉に敗戦を経験し，しかも完膚なき過酷な敗北に直面しなかった日本では，相対的に不徹底な敗北のゆえに戦前との断絶が中途半端にならざるをえなかった。例えば敗戦から間もなく進歩党や社会党などが創設されたが，「政策をどうするかとか，日本の国を何とするというような前向きの姿勢よりも，軍にやられる前の状態に帰るという行動をしていた」のは（後藤・内田・石川 11），中途半端な断絶への反応の一つだったといえよう。共産党を除く旧無産政党各派が集まって新党結成のために開かれた懇談会が「天皇陛下万歳」の三唱で締めくくられたのはそれを象徴している（北岡 31）。他方，その中途半端さは，悪化した食糧事情を前にして日々の暮らしに必死だった国民の政治離れによって間接的な形で支えられていた。玉音放送を聴いた「8月15日はちょっと泣き，16日は一日ポカンとしており，17日ぐらいになると，食糧探しに行かなくちゃいけない，というようなことが一般民衆の実態」であり（高畠 32），一部を除くと敗戦は国民を意気阻喪させたものの，長く尾を引く深刻な挫折感までは生まずに終わった。なるほど数々の証言が示すように，もう戦争はコリゴリという「厭戦気分」が国民の間に広範に湧き起こったのは間違いない。けれども，「本土決戦があればよかった，日本人は負け方が中途半端だったから，反戦，厭戦も徹底的でないという説」があることに『レイテ戦記』などで知られる作家の大岡昇平が言及し（大岡・加藤 159），その「厭戦気分が正義の観念に結びついていない」ことを加藤周一が抉り出しているように（加藤(3) 192），玉音放送を聴いてからの国民の心理には重大な問題が孕まれていたことを看過できない。敗戦後に国内で高まった平和主義の運動が明確な理念にではなく，厭戦感情に依拠することになったからである。それだけに大岡も加藤もこの問題に気付きながらも掘り下げて論じるに至らなかったことが惜しまれよう。

　ところで，玉音放送との関連では，「あの放送を聴いて解放感を味わった」というのが「戦後になってからの後知恵」であって，その日は「みんな眼を真っ赤にして意気消沈していた」といわれることが多い（半藤・竹内・保阪・松本 35）。しかし，一見すると納得しやすいこのような言説が，実は正確ではない点には注意を要する（ダワー (1) 26）。例えば山田風太郎が集めた数々の証言からは，決して全員が涙で目を赤くしたわけではなかった様子

が浮かび上がってくるし，金達寿が伝えるように，その場で泣き伏しても，日本人として本土で就労していた朝鮮人の場合には，独立への期待のゆえだったからである(山田(1) 208ff.; 鶴見(2) 179; 原山 19)。その意味では「日本人にもいろいろいる」ことを重視する観点から D. キーンが，「戦争が終わったとき，大半の日本人は泣いた」と述べているのが正確であろう(キーン 43, 278)。このような限定をつけた際，キーンの念頭にあったのは，『暗黒日記』を綴った評論家の清沢洌や仏文学者で『敗戦日記』を残した渡辺一夫などの知識人だった。実際，老作家の永井荷風は敗戦を知って祝ったといわれるほどであり，プロレタリア作家の平林たい子は嬉しさで「何か百遍も叫んで躍り上がってみたき心地」と書き記したのだった(キーン 129, 147)。無論，知識人以外にも泣かなかった人たちが存在していた。例えば信州の上田に疎開していた病院に勤務していた加藤周一は，降伏を知った後に「数十人の看護婦たちは何事もなかったかのように，いつもの昼食の後と少しも変わらず，賑やかな笑い声を立てながら，忽ち病室の方へ散っていった」ことや，職員たちが沈鬱な表情をしていても，「涙を流した者はひとりもいなかった」ことを伝えている(加藤(1) 218f.)。同様に中学生だった山中恒の両親が暮らしていた「社宅の人たちはみんな平気な顔をして」いて，泣いた彼の両親を「かわるがわる，笑いながらのぞきに」きたという(山中(2) 134)。また清水幾太郎と鶴見俊輔の対談でも語られているように，同じ知識人でも鶴見は涙を流さなかったのに読売新聞論説委員の職のため玉音放送より前に降伏を知っていた清水は号泣したという(鶴見(1) 371; 竹内(2) 178f.)。

　それと同時に，大多数の人々が陥った意気消沈の状態も長くは続かなかったことも忘れることはできない。多くの国民にとってその後に起こった「戦争責任論議も憲法論争も当時は迂遠の話だった」（色川 99）といわれる背景には，食や住の面で生活が極度に窮迫した実情が存在していた。現に憲法学者で８月15日革命説で知られる宮沢俊義すら，戦争末期から「その日その日を食っていくのに追われきりになり，天下国家のことを考える余裕はまったく失ってしまった」と述べ，「思い出すのも浅ましい限りである」と述懐しているほどだが(宮沢 263)，その率直な言葉からは，生存維持にも足りない食糧の配給さえ滞り，「敗戦後の日本は一億総やみ屋だった」という当時の危機的な状況が浮かび上がってくる(鶴見(3) 301)。もっとも，宮沢の場合，降伏前後に「思考停止状態」に陥っていたと告白する反面，敗戦から半月余

りで大学が再開したとき，「神権天皇制の黒雲が消え去り，学問の自由の青空がすっかり晴れ渡ったことに気付いて，心から喜んだ」という（宮沢・小林 164; 宮沢 266）。少年だった野坂も敗戦当時に周囲の大人たちが陥っていた「思考停止状態」を指摘しているが（野坂 214），他面で国民の多くは空襲の恐怖が去って夜に灯りがともされ，軍人の跋扈や隣組による監視から解放されて一息つける思いを味わうことができたのも事実だった。こうして敗戦前後から誰もが日々の生存のために奮闘することになったが，そうした点には多大の犠牲を払った戦争すら通り過ぎる巨大な台風のように受け流す国民のしぶとさや逞しさが表出していたといえよう。あるいは，どのような体制の下であっても自分の暮らしを優先するリアリズムや体制順応主義が表れていたと言い替えてもよい。彼らのなかではいわば人災は天災と重なり，戦争はなるほど負けたが，同時に済んだと感じられた。大阪で焼け出された田辺聖子は，玉音放送を聞いて両親が，「うーむ。……全面降伏いう所やろなあ」，「戦争終わりですか。そんならもう空襲もしまいですな。やれやれ」と言葉を交わしたのを書き留めている（田辺 154）。また同じ頃，少年兵として山村で農作業を手伝っていた佐藤の目に「村の人たちは戦争が終わってホッとしていた」と映ったというが（佐藤(2) 7），玉音放送を聴き終えたときの「ほっとした気持ち」になったのは，古代史家の津田左右吉や童話作家の坪田譲治も同じだった（津田 162; 坪田 175）。因みに，その農村からは「若者がぞくぞくと戦場に出て行って，残るのは老人と女子，子どもだけになった」ために「田も畑も人手不足で生産力が落ち，……加速度的に荒れて」いった結果，戦争末期から早くも深刻な食糧難が生じたのは，故郷に留まった藤沢周平の伝えるとおりである（藤沢 72）。一方，中学生として戦時下の農村に動員された高橋和巳にとっては，それでもなお田畑を耕す農民の姿と共同体的な関係に強い感銘を受けたことが，作家としての原点になったという（鶴見(2) 160）。

　それはともかく，上記のような敗戦の仕方にはさらに二つの問題が含まれていたのも見過ごせない。一つは，アメリカの巨大な軍事力に圧倒されて降伏に至ったために，「日中戦争やアジアとの戦争は視界の陰に隠れて見えなく」なり（大門 255），支配層だけでなく国民の意識からもアジアが抜け落ちたことである。日本の敗北を早くから予想し，降伏を歓迎した加藤周一の場合ですら，「アジア諸国はほとんど私の念頭にうかぶことさえもなかった」

のが実情だったのである（加藤(2) 8）。改めて指摘するまでもなく，日本の中国侵略に戦争の発端があり，同時に太平洋だけでなくアジアが戦争の舞台だったことは，「15年戦争」や「アジア・太平洋戦争」という呼称によって重視されている。けれども，半藤が「物書きになる以前からずっと『太平洋戦争』という名称を何の不思議とも思わず使っていた」と率直に記しているように（半藤(2) 370），アメリカ発の「太平洋戦争」史観が正統の座を占めるとともに，それと相俟って日本の植民地支配や軍事侵略の対象になったアジアは戦争終結以降長く視野の外に閉め出され，アジアにおける加害という不快な事実は記憶の片隅に封じ込められてきたのであった。サハリン少数民族の引揚げなどを例に取りつつ加藤聖文がいうように，「戦後日本は大日本帝国のなかでの多民族性・戦争犠牲者・植民地体験を忘却することから始まった」のである（加藤 17）。対米一辺倒と評される戦後日本の外交路線がそうした姿勢と表裏一体の関係にあったのは説明するまでもないであろう。

降伏以前から続いた飢餓が迫った状況では他者に関心を向ける余裕がなく，アジアを意識化するのが難しかったが，そうした内向きの姿勢では同じ敗戦国のドイツも同様だった。けれどもドイツと違うのは，東方政策を推進していたブラント首相が1970年12月に訪れたワルシャワのゲットー記念碑で突如跪き，周囲を驚かせたのに対し（Krzeminski 431ff.），日本のどの指導者もそうしたシンボリックな行為をしてこなかったことである。それが示唆するのは，日本では生活が安定してからもアジアが視界に入らず，「日米戦争」という認識枠組みの裏でアジアにおける加害の事実は無視され続けた点である。上野が指摘するように，「戦争も，敗戦も，それに続く戦後の欠乏に伴う苦痛も，加害者としての自覚を欠いたまま，ただひたすら被害の物語になって」いったといえよう（上野 60）。これは帝国意識の清算に関わる問題といえるが（成田(1) 182; 浅野 277），そうした歪みは日本を外から観察した場合に意識されやすい。次の言葉はその一例である。「日本の戦後は，アメリカの手助けのもとでアジアに対する過去から目を背け，国内では単一民族の神話を創るという帝国の健忘症に陥っている」（グラック 4）。これはアメリカの日本史家の一文だが，それが書かれたのは日本降伏から60年が経過した2005年のことだった。それゆえ，その診断が正しいとするなら，「被害の物語」は半世紀以上が過ぎてもなお生命力を保ちつづけていることになるが，以後も状況には大きな変化はないといってよい。敗戦70年目の2015年に

日本近代史家の坂野は「内に立憲・外に帝国」という明治以来の標語をとりあげて、こう現状を診断している。「外に帝国」の方は1945年の敗戦によって完全に放棄されるにいたったが、それと同時に「明治維新から敗戦にいたる80年の日中関係史の記憶も日本人の中から消え去ってしまった」。そのために近年の『戦後レジーム』から脱却するかそれを守るかの論争の大前提となるべき『戦前80年』の『外に帝国』時代の歴史認識が日本にほとんどない」というのである（坂野 176f.）。

　もう一つの問題は、不徹底な敗北の後に敗戦に伴う無念さや屈辱という心情が残されたことである。降伏当時に医学生だった山田風太郎が日記に繰り返し復讐の念を書きつらねたのはその一例といえよう（キーン 238f.）。今日でも「右翼＝保守派の反米論は、『敗戦』の屈辱への怨恨という感情的なものである」といわれるが（小谷野 46）、反米論は決して保守派の専売特許ではなく、多様なタイプが存在している。また時期的にも講和条約締結当時のように反米的論調が論壇を席巻したことがあった。その時に中心になったのが左翼的傾向のいわゆる進歩的文化人であり、彼らの反米論には保守色ではなく、革新色が付着していたのである（小熊 273ff.）。その頃日本に居住していた日本文学研究者のサイデンステッカーは、「反米感情の噴出」を目の当たりにして驚き、「アメリカ人を愛国者にしようと思えば、日本にしばらく住まわせるに如くはない」と揶揄したほどだった（サイデンステッカー 11f.）。

　これらの反米論のうち、主要なタイプの根源が降伏に伴う屈辱感にあり、それを養分にして竹内洋のいう「無念共同体」が形成された。そして、そうした心情が持続したことが、敗者の側が経験する敗戦を勝者と敗者に共通する終戦と言いかえ、それによって敗北の惨めな現実から眼をそらす土壌を作り出すことになったのである。その意味で、終戦という呼び方には見たくない現実を遮断する一面があり、隠蔽機能を担っていたといってよい。これを世代に関係づければ、「戦争を知っている第一世代、戦中派は敗戦経験の本質を隠蔽してきた」と捉えることができるのであり（内田・白井 18）、ヴァイツゼッカーが戒めた「過去に眼を塞ぐ」営みが意識的か無意識的かを問わず続けられてきたのが日本の現実だった。敗戦を終戦と呼ぶことによって主観的には屈辱感は和らげられ、敗北の苦痛は緩和されたのである。

　しかしながら、このようにして敗戦から眼を背ける「否認の構造」（白井 22）が固められ、主観的な満足感を得ようとしたことの代償は小さくなかっ

た。とりわけ重大なのは，ヤーラウシュのいう「改心」のチャンスを逸したことである。2005年の一文で鶴見は明治維新後の困難を念頭において，「1945年の日本国の敗戦は，それに比べられるほどの根源的な問題の立てかたを日本人にうながしたとはいえない」と明言しているが（鶴見(4) 3），そこでいう「根源的な問題の立てかた」は「改心」とほぼ同義であり，その機会は活かされなかったのである。

　既述のとおり，ドイツでは1980年代になるころから，戦争終結を降伏や敗北というよりは自力で達成できなかったナチスからの解放と捉える見方が有力になった。敗北の場合，総力戦の結果としての全面的崩壊のイメージが強く，敗戦の惨憺たる現実に打ちひしがれ，絶望や虚脱のなかで人々が彷徨する光景が浮かんでくる。既述の瓦礫女の姿には再建や復興の萌芽も見出せるが，やはり廃墟という陰鬱なイメージが濃厚であろう。けれども，解放になると，むしろ桎梏を解かれたことを幸運として受け止め，新たな出発へのチャンスとしてポジティブに捉えなおすことが可能になる。またその際には，今日から振り返って，ナチ・ドイツの徹底した反省に基づき人間の尊厳や人権などの価値をどこまで習得したかが問われるであろう。他方，敗戦がナチスからの解放を意味したとすれば，ヒトラーに支配されたドイツ国民だけの問題ではなく，侵略された西欧や東欧などの諸国民と共通の経験にもなり，一国的な理解にはとどまらなくなる。その意味で，敗北から解放への転換は経験の読み替えとともに，視野の拡大をも含意していたといえよう。1960年代頃までは追放，空襲，廃墟などの記憶が生々しく，「犠牲者としてのドイツ人」という自己認識が濃厚だったことはすでに触れたが，解放への読み替えに合わせてドイツが侵略した国々にも視界が広がり，加害者としてのドイツ人という認識が次第に浸透していったのである。

　無論，ドイツでも長く５月８日が無視され続け，解放という見方が受け入れられるまでには30年ほどの時間を要したように，降伏をはさむ戦時期から戦後への悲痛な体験は，重苦しい澱として心の底に沈殿していたことを看過してはならない。むしろそうであるだけに，上記の転換が緩やかに進行したことは特筆に値するというべきであろう。一連のナチス裁判やホロコーストの衝撃が社会にじわじわと広がり，「昨日のナチスの糞野郎どもがいつまでもわれわれ世代に悪臭を撒き散らし続けるのをやめさせろ」という68年世代の叫びが聞かれるようになったのは（フライ(2) 84），この転換を象徴する一

齣だった。そのプロセスを行きつ戻りつの長い道程として描いたヤーラウシュが，アメリカに帰化したドイツ人として少年期と現代のドイツの比較を交えつつ，その変貌ぶりを総括する表現として「改心」という言葉を使ったことには重い意味が込められていたのである(Jarausch（1））。

　これに対し，終戦という呼称が一般化した日本では敗北か解放かという議論が起こらなかった。それは敗北という厳然たる事実が終戦と呼ばれて曖昧にされ，直視する姿勢が弱められたからだといえるが，根底に「楽敗」ゆえの連続性があり，それが戦後の底流になったためだったと考えられる。実際，神権的天皇制と軍国主義からの解放はいかなる主体によって達成され，それに伴ってどんなチャンスが生まれたのかという問いは，日本では真正面から提起されることなく今日に至った。ドイツと違って戦後の日本では民主主義が主要な政治勢力の共通基盤にならず，その代わりに戦前に郷愁でつながる「保守反動」対「戦後民主主義」という対抗の構図が形成されたことや，やがてその構図が保革対立を基軸とするいわゆる55年体制として固定化していったことは，本書第3章で論じているとおりである。本章では終戦と敗戦という表現に焦点を絞ったが，それらを手掛かりにして日本とドイツを比較してみると，同じ敗戦国として戦後によく似た航跡を描いてきたと見做されがちな両国は，実は想像以上に異なる道を進んできたことが浮かび上がってくる。焼け跡や廃墟から出発して奇跡的な経済発展と安定したデモクラシーを実現した点で日独両国の戦後史の共通面に眼を向けることは重要だが，他面で，ヨーロッパで統合を牽引する今日のドイツと東アジアで近隣国との軋轢を抱えたままの現在の日本の間には異なる軌跡が存在することを忘れないのも同じく重要なのである。

4．日独の相違の主要点

　ここまでドイツの1945年5月8日と日本の同年8月15日に着目し，「終戦」と「敗戦」という呼称を手掛かりにして両国におけるそれらの意味を考えてきた。最後にこれまでの考察を通じて確認できたことや得られた成果を概括しておくことにしよう。

　まず第一点として，ドイツでは「終戦」と「敗戦」に大差がなく，互換的に使われることがあるのに対し，日本では敗北を希釈するために終戦という表現が用いられるため，両者には看過できない相違が存在することが挙げら

れる。日本ではこの区別には当初からこだわりがあり，その点には今日でも大きな変化はないように見受けられる。一方，ドイツでは両者ともに敗北という意味を明確に帯びているところから同義語のようになっているといってよい。

第二点は日付に関する問題である。ドイツについては日付としての５月８日を敗北の日とすることに国内に共通認識があるだけでなく，周辺国にも基本的に異論が存在しないといえる。他方，日本の８月15日については論議の余地がある。そのことは，降伏の決定を伝達した８月14日を無視すると同時に，国際的に見て広く第二次世界大戦の終わりと認識されている９月２日を軽視している点で，国際的に異例である点に表れている。

第三点として挙げられるのは，そうした差異が生じた原因である。ドイツでは無条件降伏が徹底的であり，そのために敗北の日付を操作する余地が残されなかった。ところが日本では明々白々な完膚なき敗北に至らなかったので，国内向けと国外向けを使い分ける可能性が残された。天皇の玉音放送は，それを聞いた日本人には決定的な意味を持ったものの，国際的には無意義であり，降伏勧告の受諾の伝達で敗戦に十分だったといえるのである。

さらに第四点として指摘できるのは，ドイツでは事実上の終戦が地域により違ったのに対して，日本では国民がほぼ一斉にそれを迎えたことである。無論，これには限定が必要であり，アメリカ占領下の沖縄や空襲の被害にさえあわなかった朝鮮半島や台湾など日本でも終戦を迎えた状態には大きな地域差があった事実を見過ごせない。しかしその点をさしあたり度外視するなら，本土での凄惨な地上戦が回避された日本と違い，ドイツでは国土の大半が戦場になり，その結果，終戦に地域差が生じたのであった。

このような相違を踏まえた上で，第五点として，５月８日と８月15日の重みの違いが注目点になる。一斉の体験の結果，日本では８月15日が「絶対的な存在」（サーラ7）という重い意味を帯び，画期として大多数の国民の心に刻まれた。これに反し，ドイツでは５月８日が決定的な転換点という意義をもたなかった。この事実は重要な帰結につながった。ドイツで戦争終結が地域的に分散したことと重なって，終戦を５月８日に限定しない「広義の終戦」という視点がもたらされたのである。1996年以降ドイツでは，アウシュヴィッツ解放に因んで１月27日が「ナチズムの犠牲者を追悼・記念する日」に定められて式典が行われている。また計画自体は失敗に終わったものの，

ヒトラー暗殺の企てに示された抵抗運動の精神を受け継ぐために7月20日が「抵抗運動の日」に定められている。これらの出来事も終戦の一環として理解され，一連の連結したプロセスのなかに5月8日が位置づけられるようになったのである。

　最後の第六点として挙げねばならないのは，ドイツでは5月8日が長く冷ややかに扱われたのに，1970年代から記念すべき日に押し上げられ，同時に解放として意味づけされるようになったことである。日本では8月15日に日本人戦没者と並んでアジア諸国の戦争犠牲者も追悼の対象に加えられるようになったものの，圧制からの解放という視点が出てこなかったところにドイツとの大きな開きがある。なるほど共産党が敗戦当初にアメリカ軍を解放軍と呼んだことがあったにしても，それは例外的だっただけでなく一時的にとどまったので，占領下の一つのエピソードとして記憶の外へ追いやられたといえよう。

　最後の点に関して一言付け加えておくと，ドイツでも5月8日は崩壊や破局の苦くて辛い記憶に結びついていたので，想起するのを拒否する心理を下地にして冷ややかに扱われた。しかし世代交代が進んで戦争の実体験から戦争の記憶と解釈に重心が移ったのに伴って潮目が変わり，その変化を政権交代が後押しした。一般に68年世代と呼ばれる若者の登場は第二の建国とさえ形容される政治と社会の大きな変化を引き起こしたが，その影響は5月8日の意味づけにまで及んだのである。そうした変化を政治面で象徴したのが社民・自民が連立した1969年のブラント政権の誕生だった。5月8日が意図的ともいえる忘却から救い出されて記念すべき日にまで押し上げられたことや，敗戦・降伏というよりはナチスからの解放という新たな解釈が加えられたのは，社民・自民政権下で吹きはじめた新風のゆえであり，決して偶然ではなかった。

　一方，日本では戦争終結から50周年にあたる1995年に村山談話や国会決議が出された。その背景には50年の経過の中で世代交代が進んだことのほかに，冷戦終結とそれを背景にした政界流動化があった。首相が次々に入れ替わるめまぐるしい政界再編とその基底にあった冷戦後の新たな国際的環境が日本でも一定の変化を呼び起こしたのであり，その変化は1993年に成立した非自民連立政権を率いた細川首相が日本の戦争を「侵略戦争」と明言したことに端的に表出していた。また当時の影の実力者だった小沢一

郎には，「アジア地域で日本が積極的なリーダーシップを発揮する際の政治的障害としての戦争責任という発想」があったが（吉田(2) 8），そうした問題意識自体が冷戦終結と55年体制崩壊という新たな状況の産物にほかならなかったのである。

　それはさておき，以上で整理した多くの論点を総合するなら，敗戦国として一括りにされ，共通面が濃厚だと見做されてきた日独の間には意外に大きな違いが存在することが確認できよう。そうした違いには，「過去の克服」というテーマに焦点を絞った議論の文脈のなかで光が当てられ，これまでにもしばしば言及されてきた。とくに「過去の克服」というテーマは1980年代の教科書問題や90年代の従軍慰安婦問題などに触発されて熱い関心を集め，日独の相違が前向きのドイツと後ろ向きの日本という構図の下で盛んに論じられてきた。ヴァイツゼッカーの演説が日本で高い評価を受けたのをはじめ，大統領退任後の彼が中日新聞社から日本に招待されたり，回想録を含めていくつもの著作が翻訳されたりしたのは，その文脈でのことだった。ヴァイツゼッカー演説の翻訳者でもある永井清彦が1991年に『ヴァイツゼッカー演説の精神』と題する著書を公刊して彼を絶賛したのに対し，西尾幹二が1994年の『異なる悲劇　日本とドイツ』でヴァイツゼッカーに対する全面的批判を展開したのは，日本におけるヴァイツゼッカー演説の影響の大きさを裏書きすると同時に，日本自体の「過去の克服」が主要な争点として浮上していたことを示している。そのことは，西尾自身がいわゆる自虐史観を攻撃する急先鋒になった事実からも読み取れよう。同時に彼の背後には，「アジア諸国からの対日批判に対する感情的反撥が国民意識の深いところによどみ，沈殿する」状況が存在し（吉田(2) 24），近年ではそれがネット右翼やヘイトスピーチなどとして顕在化していることも見逃せない。いずれにせよ，このようにしてドイツへの関心が高まった経緯があるものの，その裏側では，日本とドイツの間にある相違の多面性やその根拠にまでは視線が届かず，十分には検討の鋤が入れられてこなかったのも事実といえよう。その意味では日独の対比は度々行われても，本格的な比較考察にまでは達しないまま今日に至っているといわなくてはならない。

　こうした実情を考慮した上で，本章では日本現代史を専門としない立場から，試論的な意味合いで日独における無条件降伏の仕方の違いなどに着眼して議論を進めてきた。専門外であるために事実の誤認や的外れな論点提示が

いくつもあるかもしれない。また，関連する先行研究があっても見落としている可能性も否定できない。これまでの考察にはこのような問題点が残されている虞が大きい。外国を研究上の主たるフィールドとする者にとってそれは重大なリスクといわねばならないが，一国ごとの縦割りに安住するだけでは知的な活力が枯渇し，議論が先細るのは避けられないであろう。そうした考慮に基づいて本章では実証を重んじる歴史学からはみ出す形で二つの日付に焦点を絞って比較考察を展開してみた。粗雑さを免れなくてもこうした試論は必要であり，それを踏み台にしない限り，広い視野から多くの論点を掘り起こした日独比較に到達できないのも確かであろう。本章で試みたように，「５月８日」と「８月15日」を比較してみただけでも，日独各々のこれまで見過ごされてきた重要な一面が可視的になってくると思われるのである。

結び

　日本とドイツは1945年の「５月８日」と「８月15日」に「終戦」もしくは「敗戦」に至った。そしてこれを境にして戦後と呼ばれる時代がスタートした。そのスタートには実は断絶と連続の両面が複雑に絡まっていたが，ドイツの場合，零時という言葉が伝えるように，多くの市民の当時の感覚としては物質的にも道徳的にもすべてが失われてしまったように感じられた。戦争は営々と築きあげてきたあらゆるものを灰燼と化し，完膚なき敗北は誇らしい文化の高みから人々を奈落に突き落として一切を無に帰したように思われたのである。

　けれども，現実にはナチスの関係者や支持者が意気阻喪して口をつぐんだ反面で，反ナチ勢力やナチスにコミットしなかった人々が復活し，活動しはじめていた。そのことは，四つの占領地区で反ファシズムが瓦礫のなかで始動した人々に共通する目標になり，勝者が占領目的として掲げた民主化や非ナチ化に協力姿勢をとったことに示されている（Schley 202f.）。そうした事実の一端は，各地で自然発生的に形成された反ファッショ委員会などの名で知られる集団のほか，行政や政党に見出すことができる。どの占領地区でも戦火で荒廃した外国で軍政を実施するのは容易ではなかったため，占領当局が事前に作成していたいわゆるホワイト・リストのほか地元の聖職者などの助言に基づいて反ナチないし非ナチの立場の行政に通じた人々が登用されて大きな役割を果たした（Mühlhausen 12f.; Bessel 173f.）。また許可された政党は

予期された以上に広範囲に亙ったが，ヴァイマル共和国の悲痛な教訓から学んで民主主義の確立に努める人々がそれらで指導的地位に就いたのである。このことは，西側占領地区ばかりでなく，ソ連占領地区にも当てはまる。そこではソ連に忠実な共産党のほかに社会民主党も登場したが，労働者政党にとどまらず，ブルジョア政党とみられたキリスト教民主同盟や自由民主党も設立された。これらの政党が強圧を受けて社会主義統一党の衛星政党に変質するのは米ソ対立が顕在化したしばらく後のことなのである（近藤(3)）。

　こうした二つの側面を総合するなら，ドイツにおける敗戦・降伏としての終戦は，零時であるとともに解放でもあったといえよう。あるいは言葉を換えると，崩壊であるだけではなくて，新たな出発でもあったといってもよい。もちろん，新たな出発の面を重視する場合でも，古い勢力の復活という意味で「復古」にすぎないとする批判があったように，その内実をどう捉えるかという問題が残るのは指摘するまでもない。いずれにせよ，ドイツの終戦は重層的な性格を持つのであり，単純な切れ目では決してなかったことを確認できればここでは十分であろう。

　この観点からみたとき，降伏後を扱ったW.トレースをはじめとする6人の研究者の大作が『ドイツの零時』と題され，降伏から60年の2005年に高級週刊紙『ツァイト』がM.デーンホフやTh.ゾンマーなどの寄稿した「零時」と銘打った2冊の特別号を世に送ったように，零時という呼び方が人口に膾炙されていることは軽視できない。たしかに1950年代末以降「零時」の語が1945年から切り離されて普通名詞として使われるようになり，また新たな出発というポジティブなニュアンスを帯びるようになった変化は見過ごせない（Eitz / Stötzel 591f.）。しかし，それでもなお1945年との結びつきが強く，敗北に依然として零時のイメージが色濃く付着していることに鑑みて，ここでは二点だけ付言しておきたい。

　一つは，戦後のドイツで「零時」が一種の伝説になったことである。第一次世界大戦後に「背後の一突き」という伝説が生まれたことは既に言及した。連合国はその轍を踏まない狙いもあってドイツを無条件降伏に追い込んだのであった。ヴァイマル共和国ではM.エルツベルガーやW.ラーテナウなど共和国の主要な担い手が暗殺されたが，「第一次世界大戦の後と違って公然たる報復主義的行動の培養基が存在しなかったのは，軍事的のみならず精神的道徳的敗北がより徹底的だった」からだった（Kirsch 60）。けれども，

「背後の一突き」伝説は再現しなかったものの，代わりに新たな伝説が生まれることになったのを見過ごしてはならない。見渡す限りの廃墟から出発したにもかかわらず，国民の営々たる努力によってドイツが今日の大国にまで上り詰めたという成功物語がそれである。そして，その原点として「零時」が位置づけられたのである（Benz 9; Schildt 40）。成功物語が華々しくなり，失われた自信や誇りを取り戻すには出発点が零である必要があり，そうでなければ，訴求力が減殺されるのは当然であろう（Wehler (2) 30）。これと関連して，瓦礫の山を取り除く女性たちの姿もまた，普通の市民の労苦と勤勉が復興と繁栄の原動力だったという物語に必要であり，そのために「零時」に健気に働く瓦礫女の神話が作り出されたのも看過できない。「零時」が長く固執されてきたのは，敗戦当時の実感に加え，こうした点に主要な理由があったといえよう。「零時」の伝説は自画自賛に不可欠とされたのであり，そこには敗戦が引き起こした道徳的崩壊によって失われた自信の回復にとどまらず，実勢に見合わない過信と肥大化の兆候が看取できるのである（近藤(2) 186f.）。

　この点にも関連するもう一点は，戦災で生活インフラが壊滅した都市部で深刻な食糧難や住宅難が発生し，住民の多くが生き延びるために格闘しなければならなかったのは間違いないとしても，国土の全体が廃墟と化したのではなかったことである。実際，都市部の惨状とは裏腹に戦災が軽微だった農村部では深刻な飢餓などには見舞われなかったし，度重なる空爆にもかかわらず戦時に拡充もしくは一新された生産設備などのかなりの部分が無傷で残ったことが今では明らかになっている（R. - D. Müller 155ff.）。当初は復興は絶望的で100年を要するとさえいわれたのに，通貨改革を契機にして西側では生産活動が活発化し，間もなく経済の奇跡が実現したのはそこに主要な根拠があった。また，ナチスの侵略で人的にも物的にも計り知れない被害を受けたソ連が賠償の名目でドイツ東部から膨大な物資を持ち去り，窮乏したドイツ市民の反感を買ったが（Kowalczuk / Wolle 68f.），それが可能だったのは機械をはじめとする様々な生産財が破壊を免れたからだった。

　一方，日本での戦後のスタートに当たっては，神権的天皇制と侵略戦争に反対した唯一の勢力と見做された共産党の威信が一気に高まったことや，それにあわせて「左への地すべり」（中村 387）が起こったのが注目される。徳田球一や野坂参三のように長い獄中生活や亡命生活に耐え抜いた共産党幹部

を大衆が出迎え，彼らの威光は揺るぎないように見えたのである(色川 (2) 98)。これを典型的な断絶と呼ぶなら，女性の参政権と翼賛議員追放という劇的に変化した条件下で1946年4月に戦後初の総選挙が実施され，当選者の8割を新人が占めたことも決定的な断絶だったように映る(石川 6f.)。けれども，実際にはその多くは戦前からの保守勢力に連なる人々であり，国会で彼らが優位を占めたことから窺えるように，日本では敗戦がドイツのような深刻な道徳的崩壊としては経験されず，保守勢力の基盤が重大な打撃を受けなかった事実を見過ごすことはできない。

　この点は，敗戦後最初の総選挙の折り，公職追放で排除されたものの，追放前には戦時下で大政翼賛会の推薦を受けた翼賛議員が多数を占める「前代議士たちの再立候補を当然のように受容する風潮」が岩手県にあったことや(増田 (2) 101)，茨城県の調査から農村部での「圧倒的な名望家の社会的，政治的ヘゲモニー」が確認されていることから窺えよう(雨宮 94)。それだけではない。この問題は，その後の選挙結果や政治意識の面にもくっきりと表れている。例えば公職追放解除直後に行われた1952年の総選挙で追放解除組が議席の30%を占め，55年の総選挙でもほぼ同率だったし，中央政界だけでなく知事，市長も含めると翼賛議員の43%が政界への復帰を果たしたのであった(福永(1) 192f.)。同様に1950年代の意識調査から，敗戦に続いたドラスティックな戦後改革にもかかわらず，中高年の世代では保守政党が政策的にアメリカ型の自由民主主義の体現者としてではなく，戦前の保守的な価値観の継承者として支持を集めていたことが確認されている(田中愛治92, 94)。戦後60年に関するシンポジウムに寄せた一文で雑誌『世界』編集長の岡本厚は，「私たちは焼け野原の中で，国民主権，人権の尊重，平和主義に基づく憲法を定め，それまでの日本の生き方(天皇主権，国家主義，軍国主義)を根本から転換させると誓って再出発」したと記しているが(岡本 2)，誓いを立てたのは必ずしも多数ではなかったといわねばならないのである。

　そのことは，ドイツと比較した場合，占領下で進められた憲法制定をはじめとする大規模な戦後改革や支配権力としての軍隊の解体にもかかわらず，象徴に衣替えした天皇制や官僚機構をはじめとして多方面で戦前・戦中との濃厚な連続性が見出されることからも推し量れる。とりわけ見過ごせないのは，敗戦までの支配層に関して軍国主義者対穏健派という対抗図式を描き，前者によって後者が圧伏されたというストーリーを作ることによって保守

エリートを免責すると同時に延命させる道が開かれたことであろう（吉田(1) 240; 中野(1) 30f.）。それどころか，穏健派に当たる親英米派といわれた政治家たちは占領政策の主要な協力者として，戦後の「保守本流」を形成することになったのであった。1990年代以降に戦時下の総力戦体制の研究が活発化し，それによって従来は見過ごされてきた体制レベルでの戦後との多面にわたる連続性が明るみに出されるとともに，「戦前と戦後の断絶性，革命性が薄れ，次第に壁が低く」なる傾向が強まったのはよく知られている。そうした動向の適否については議論が続いていて決着がつかないように見受けられる（森 132, 152; 佐々木 99）。いずれにせよ，上記の諸点を考え合わせるなら，連続面と断絶面が複雑に絡まっていることが確認でき，連続か断絶かという二者択一で全体を一刀両断するのではなく，主要な側面に分けて綿密な検討を加える必要があるように思われる。

　それにとどまらない。事実認識の問題に関していえば，白井が力説するように，敗戦を終戦と言い替えたり，そこから進んで「敗戦の否認」をするのは論外といわなくてはならない。けれども，その一方で日本の敗北を「徹底的な敗戦」ないし「純然たる敗北」として捉え（内田・白井 19, 90），「楽敗」の側面を軽視するのも重大な難点がある。なぜなら，「楽敗」ゆえに天皇制をはじめとして支配層と官僚機構が生き延びたという連続性への重要な視点を欠落する結果につながるからである。例えば不徹底ではあれ非ナチ化が進められたドイツではナチスへの関与は経歴上の汚点と見做され，政治指導者のレベルでは実質的な欠格条項として扱われた。最初の大連立政権を率いたキージンガー首相に名目的にせよナチスの党歴があったことが論議の的になり，キリスト教民主同盟の党大会の場で女性から平手打ちをくったことや（石田 204），バーデン＝ヴュルテンベルク州のフィルビンガー首相が海軍の法務官として脱走兵たちを死刑に処した過去を暴かれて辞任に追い込まれたのはそのためである（近藤(2) 147f.）。ところが日本では公職追放が行われ，一種の水増しのために対象者の人数は大きかったといえるものの，その網を潜り抜けたり復活したりすることが容易だった。総力戦体制の中枢や天皇の周辺にいた人物たちが戦後に主要な政治指導者のポストに収まることができたし，あるいは戦時期の立場や役割が不問に付され，事実上蓋をされたのである。その一端は，鳩山内閣の閣僚で公職追放解除組が67%，岸内閣で46%を占めた事実から看取できよう（福永(1) 193; 増田(1) 40f.）。既述のよう

にドイツでは敗戦を解放とする見方が広がったのに対し，日本に類似した展開が見出されないのは，これに関連している。J. コッカは日独両国にとって「1945年は敗戦であると同時に解放でもあった」と明言しているが(コッカ(2) 47, 57)，この言葉はドイツには妥当しても日本にも当てはまるとはいいがたく，そこからドイツ人の歴史家には見えにくい日本の特殊性があることが看取できる。いずれにせよ，こうした問題の基底には敗戦を挟んだ濃厚な連続性が存在しているといえるが，その広がりや根因を究明することは，戦後日本の民主主義の強度や成熟度を見極める上でも，依然として重要な課題として残されているといえよう。

　これらの事実にも見出せる日独の相違の淵源の一つとして，本章では徹底的な無条件降伏と不徹底な無条件降伏との違いが重要であることを強調した。さらにそれが単独占領と分割占領，直接占領と間接占領の相違だけでなく，戦前の支配層の延命につながったことにも論及した。ベルリンと違い，東京は焼け野原になったものの市街戦の演じられる戦場にはならず，皇居や国会議事堂は破壊されずに残ったのである。本章では触れなかったが，日本で無条件降伏だったのか否かに関して議論があるのはこのような背景からである。例えば文芸評論家の江藤淳が有条件だったと唱えたのはよく知られているであろう。無論，こうした問題に関してはこれまでにも検討が加えられてきているが，論点を明確にするにはやはり他国を参照して比較してみるのが望ましい。また原因は無条件降伏だけではないので，日独それぞれの歩みを見る上では，東アジアとヨーロッパにおける冷戦の展開と激烈さの相違なども考慮に入れる必要がある。日本で戦後はいつまで続き，いつ終わったのかという問題が様々に論じられていることは本章の冒頭でも触れたとおりだが，それを解くためにも，比較の観点から日独両国における始点としての「終戦」ないし「敗戦」について考え，それを挟んだ連続と断絶という問題を先に解いておくことが有益だと思われるのである。

引用文献

Backes, Uwe / Baus, Ralf Thomas / Münkler, Herfried, Der Antifaschismus als Staats-
doktorin der DDR, Sankt Augustin 2009.

Bauerkämper, Arnd, Der 8. Mai 1945 als historische Zäsur, in: Arnd Bauerkämper /
Christoph Klessmann / Hans Misselwitz, hrsg., Der 8. Mai 1945 als historische Zäsur,

Potsdam 1995.

Benz, Wolfgang, Auftrag Demokratie, Berlin 2008.

Bessel, Richard, Germany 1945. From War to Peace, London 2009.

Blasius, Rainer, Bonn und der 8. Mai, in: Frankfurter Allgemeine Zeitung vom 18.5.2015.

Bomhoff, Marc, 8. Mai 1945 in der Erinnerungskultur der Bundesrepublik Deutschland, Der aktuelle Begriff, Nr.27, 2005.

Boog, Horst, Das Ende des Bombenkrieges, in: Aus Politik und Zeitgeschichte, B18-19, 1995.

Bracher, Karl Dietrich, Theodor Heuss und die Wiederbegründung der Demokratie in Deutschland, Stuttgart 1965.

Büttner, Annegret, Vertrieben - verfolgt - verleumdet. Der Verlust der Heimat, Erfurt 1999.

Camphausen, Gabriele, Das sowjetische Museum der bedingungslosen Kapitulation, in: Museum Berlin - Karlshorst, hrsg., Erinnerung an einen Krieg, Berlin 1997.

Deppe, Karl, Trümmergesellschaft im Wiederaufbau, in: Aus Politik und Zeitgeschichte, B18-19, 1995.

Echternkamp, Jörg, Im Schlagschatten des Krieges, in: Rolf - Dieter Müller, hrsg., Der Zusammenbruch des Deutschen Reiches, München 2008.

Eitz, Thorsten / Stötzel, Georg, Wörterbuch der „Vergangenheitsbewältigung". Die NS - Vergangenheit im öffentlichen Sprachgebrauch, Hildesheim 2007.

Foizik, Jan, Der sowjetische Terrorapparat in Deutschland, Berlin 2000.

Foschepoth, Josef, German Reaction to Defeat and Occupation, in: Robert G. Moeller, ed., West Germany under Construction, Ann Arbor 1997.

Glaser, Hermann, 1945. Beginn einer Zukunft, Frankfurt a.M. 2004.

Gries, Rainer, Mythen des Anfangs, in: Aus Politik und Zeitgeschichte, B18-19, 2005.

Hoffmann, Dierk, Nachkriegszeit, Darmstadt 2011.

Jacobsen, Hans - Adolf, Zur Lage der Nation. Deutschland im Mai 1945, in: Aus Politik und Zeitgeschichte, B13, 1985.

Jahn, Peter, Kriegsfolgen. Die Erinnerung an den Zweiten Weltkrieg in der deutschen und sowjetischen Offentlichkeit, in: Werner Künzel / Richard Lakowski, hrsg., Niederlage - Sieg - Neubeginn, Potsdam 2005.

Jarausch, Konrad H. (1), Die Umkehr, München 2004.

Jarausch, Konrad H. (2), Kriegsende 1945, in: Deutschland Archiv, H.2, 2005.

Karner, Stefan, Verlorene Jahre, in: Haus der Geschichte der Bundesrepublik Deutschland, hrsg., Kriegsgefangene, Düsseldorf 1995.

Kirsch, Jan - Holger, „Befreiung" und / oder „Niederlage" ?, in: Burkhard Asmus / Kay Kufeke / Philipp Springer, hrsg., Der Krieg und seine Folgen, Berlin 2005.

Klessmann, Christoph, Stationen des öffentlichen und historiographischen Umgangs in Deutschland mit der Zäsur von 1945, in: Dietrich Papenfuss / Wolfgang Schieder, hrsg., Deutsche Umbrüche im 20. Jahrhundert, Köln 2000.

Kowalczuk, Ilko - Sascha / Wolle, Stefan, Roter Stern über Deutschland, Berlin 2001.

Krzeminski, Adam, Der Kniefall, in: Etienne Francois / Hagen Schulze, hrsg., Deutsche Erinnerungsorte, Bonn 2005.

Lehmann, Albrecht, Die Kriegsgefangenen, in: Aus Politik und Zeitgeschichte, B7-8, 1995.

Michels, Claudia, Handarbeit in den Ruinen, in: Frankfurter Rundschau vom 7.5.2005.

Mühlhausen, Walter, Demokratischer Neubeginn in Hessen 1945 — 1949, Wiesbaden 2005.

Müller, Klaus - Dieter, Deutsche Kriegsgefangene, in: Dokumentationsstelle der Stiftung Sächsische Gedenkstätte, hrsg., Sowjetische und deutsche Kriegsgefangene in den Jahren des Zweiten Weltkrieges, Dresden 2004.

Müller, Rolf - Dieter, Der Zusammenbruch des Wirtschaftslebens und die Anfänge des Wiederaufbaus, in: Rolf - Dieter Müller, hrsg., Der Zusammenbruch des Deutschen Reiches, München 2008.

Neitzel, Sönke, Kampf bis zur letzten Patrone?, in: Evelyn Brockhoff / Bernd Heidenreich / Sönke Neitzel, hrsg., 1945. Kriegsende und Neuanfang, Wiesbaden 2006.

Overmans, Rüdiger, Menschenverluste der Wehrmacht an der Ostfront, in: Gefallen - Gefangen - Begraben, Dresden 2011.

Overy, Richard, 8. Mai 1945. Eine internationale Perspektive, in: Aus Politik und Zeitgeschichte, B16-17, 2015.

Pietsch, Herbert, Tote Soldaten auf dem Zentral - Waldfriedhof in Halbe, in: Arnd Bauerkämper / Christoph Klessmann / Hans Misselwitz, hrsg., Der 8. Mai 1945 als historische Zäsur, Potsdam 1995.

Plato, Alexander / Leh, Almut, Ein unglaublicher Frühling. Erfahrene Geschichte im Nachkriegsdeutschland, Bonn 2011.

Posser, Diether, Erinnerungen an Gustav W. Heinemann, Bonn 1999.

Rürup, Reinhard, Der 8. Mai 1945 in der deutschen Geschichte, Bremen 2005.

Satjukow, Silke, „Die Russen" in Deutschland, Erfurt 2009.

Scherpe, Klaus R., Einleitung, in: Klaus R. Scherpe, hrsg., In Deutschland unterwegs, Stuttgart 1982.

Schildt, Axel, Die Kriegsfolgen für die Gesellschaft in West - und in Ostdeutschland, in: Burkhard Asmus / Kay Kufeke / Philipp Springer, hrsg., Der Krieg und seine Folgen, Berlin 2005.

Schley, Jens, Thüringen 1945. Kriegsende und amerikanische Besatzung, Erfurt 2016.

Schmidt, Stefan, „Bundesrepublik Deutschland", Der aktuelle Begriff, Nr.68, 2009.

Schnatz, Helmut, Die Zerstörung der deutschen Städte und die Opfer, in: Bernd Heidenreich / Sönke Neitzel, hrsg., Der Bombenkrieg und seine Opfer, Wiesbaden 2004.

Smith, Arthur L., Die „vermisste" Million. Zum Schicksal deutscher Kriegsgefangener nach dem Zweiten Weltkrieg, München 1992.

Sommer, Theo, Mein Kriegsende, in: Die Zeit, Sonderheft, Nr.1, 2005.

Thadden, Rudolf von, Trieglaff zwischen Deutschland und Polen. Der 8. Mai 1945 in Pommern, in: Arnd Bauerkämper / Christoph Klessmann / Hans Misselwitz, hrsg., Der 8. Mai 1945 als historische Zäsur, Potsdam 1995.

Thomann, Jörg, Die Kinder des 8. Mai, in: Frankfurter Allgemeine Zeitung vom 8.5.2015.

Treber, Leonie, Mythos Trümmerfrauen, Essen 2014.

Ullrich, Sebastian, Wir sind, was wir erinnern, in: Die Zeit, Sonderheft, Nr.1, 2005.

Vorländer, Hans, Die Deutschen und ihre Verfassung, in: Aus Politik und Zeitgeschichte, B18-19, 2009.

Wehler, Hans - Ulrich（1）, Deutsche Gesellschaftsgeschichte, Bd.4, München 2003.

Wehler, Hans - Ulrich（2）, Das längste Jahr, in: Die Zeit, Sonderheft, Nr.2, 2005.

Wetzel, Jakob, Die Mär von den Münchner Trümmerfrauen, in: Süddeutsche Zeitung vom 9.12.2013.

Wiegel, Gerd, Der 8. Mai im Spiegel seiner Jubiläen, in: Blätter für deutsche und internationale Politik, H.5, 2005.

Winkler, Heinrich August, Sich der Geschichte zu stellen, ist ein europäischer Imperativ, in: Das Parlament vom 11.5.2015.

Wolfrum, Edgar (1), Die geglückte Demokratie, Stuttgart 2006.

Wolfrum, Edgar (2), Die wichtigsten Fragen Bundesrepublik Deutschland, München 2009.

浅野豊美「折りたたまれた帝国」細谷千博・入江昭・大芝亮編『記憶としてのパールハーバー』所収，ミネルヴァ書房，2004年。

足立邦夫『ドイツ　傷ついた風景』講談社，1992年。

ゲッツ・アリー，芝健介訳『ヒトラーの国民国家』岩波書店，2012年。

五百旗頭真(1)『占領期』読売新聞社，1997年。

五百旗頭真(2)『戦争・占領・講和』中央公論新社，2001年。

五百旗頭真(3)『日米戦争と戦後日本』講談社学術文庫，2005年。

五十嵐仁『戦後政治の実像』小学館，2003年。

石川真澄『戦後政治構造史』日本評論社，1978年。

石田勇治『過去の克服』白水社，2002年。

伊丹万作『伊丹万作エッセイ集』筑摩書房，1985年。

井出孫六『ルポルタージュ戦後史　上』岩波書店，1991年。

井上茂子「ドイツ降伏の日はいつか　第二次世界大戦終結の日を巡る史実と伝説」上智大学文学部史学科編『歴史家の散歩道』所収，上智大学出版，2008年。

色川大吉(1)『昭和史　世相篇』小学館，1994年。

色川大吉(2)『廃墟に立つ』小学館，2005年。

上野昂志『戦後再考』朝日新聞社，1995年。

内田樹・白井聡『日本戦後史論』徳間書店，2015年。

ヨルク・エヒターンカンプ，猪狩弘美訳「連合軍による空爆戦とドイツの戦時社会」『ヨーロッパ研究』15号，2016年。

大岡昇平・加藤周一「戦争否認の『国民的記憶』を問う」『「国民的記憶」を問う　加藤周一対話集　3』所収，かもがわ出版，2000年。

大門正克『戦争と戦後を生きる』小学館，2009年。

岡本厚「はじめに」『世界』編集部編『戦後60年を問い直す』所収，岩波書店，2005年。

小熊英二『民主と愛国』新曜社，2002年。

大仏次郎『敗戦日記』草思社，1995年。

笠井潔『8・15と3・11』NHK出版新書，2012年。

片山杜秀『見果てぬ日本』新潮社，2015年。

加藤聖文「引揚者をめぐる境界」安田常雄編『社会の境界を生きる人びと』所収，岩波書店，2013年。

加藤周一(1)『羊の歌』岩波新書，1968年。

加藤周一(2)『続羊の歌』岩波新書，1968年。

加藤周一(3)『『羊の歌』余聞』筑摩書房，2011年。

鎌田慧『ルポ戦後日本　50年の現場』講談社文庫，1995年。

パウル・カレル，畔上司訳『捕虜』学研，2001年。

北岡伸一『自民党』読売新聞社，1995年。

木村卓滋「復員　軍人の戦後社会への包摂」吉田裕編『戦後改革と逆コース』所収，吉川弘文館，2004年。

ドナルド・キーン，角地幸男訳『日本人の戦争』文春文庫，2011年。

キャロル・グラック「『戦後』を超えて」『思想』2005年12月号。

クリストフ・クレスマン，石田勇治・木戸衛一訳『戦後ドイツ史』未来社，1995年。

エーリヒ・ケストナー，高橋健二訳『ケストナーの終戦日記』駸々堂出版，1985年。

纐纈厚『日本降伏』日本評論社，2013年。

ユルゲン・コッカ(1)「1945　新たな出発それとも復古?」C.シュテルン・H. A.ヴィンクラー編，末川清ほか訳『ドイツ史の転換点』晃洋書房，1992年。

ユルゲン・コッカ(2)「連続と非連続―日本と比較したドイツにおける1945年の断絶」山口定・R. ルプレヒト編『歴史とアイデンティティ』所収，思文閣出版，1993年。

後藤基夫・内田健三・石川真澄『戦後保守政治の軌跡』岩波書店，1982年。

アンドルー・ゴードン，森谷文昭訳『日本の200年(下)』みすず書房，2006年。

小松左京「昭和20年8月15日」五木寛之ほか『8月15日と私』所収，角川文庫，1995年。

小谷野敦『なんとなく，リベラル』飛鳥新社，2016年。

リジー・コリンガム，宇丹貴代実・黒輪篤嗣訳『戦争と飢餓』河出書房，2012

年。

近藤潤三(1)『統一ドイツの政治的展開』木鐸社，2004年。

近藤潤三(2)『ドイツ・デモクラシーの焦点』木鐸社，2011年。

近藤潤三(3)「ソ連占領期東ドイツにおける社会主義統一党の成立と変容(1)・(2)」『愛知大学法学部法経論集』203・204号，2015年。

エドワード・サイデンステッカー，安西徹雄訳『日本との50年戦争』朝日新聞社，1994年。

佐伯啓思『従属国家論』PHP新書，2015年。

佐々木啓「総力戦の遂行と日本社会の変容」『岩波講座日本歴史　18』所収，岩波書店，2015年。

笹本駿二『第二次世界大戦下のヨーロッパ』岩波新書，1970年。

佐藤卓己『8月15日の神話』ちくま新書，2005年。

佐藤忠男(1)「戦後民主主義と日本映画」テツオ・ナジタ・前田愛・神島二郎編『戦後日本の精神史』所収，岩波書店，1988年。

佐藤忠男(2)『草の根の軍国主義』平凡社，2007年。

鯖田豊之『日本人の戦争観はなぜ「特異」なのか』主婦の友社，2005年。

サーラ・スヴェン「ドイツと日本における『終戦』・『敗戦』・『解放』の記憶」『ヨーロッパ研究』7号，2008年。

色摩力夫『日本はなぜ終戦の日付を間違えたのか』黙出版，2000年。

島田裕巳『戦後日本の宗教史』筑摩書房，2015年。

下重暁子「堕ちた偶像」岩波書店編集部編『子どもたちの8月15日』所収，岩波新書，2005年。

ゲルハルト・シェーンベルナー「過去の駆逐から啓蒙へ」佐藤健生・ノルベルト・フライ編『過ぎ去らぬ過去との取り組み』所収，岩波書店，2011年。

清水幾太郎『戦後を疑う』講談社文庫，1985年。

トニー・ジャット，森本醇訳『ヨーロッパ戦後史(上)』みすず書房，2008年。

白井聡『永続敗戦論』太田出版，2013年。

進藤栄一『敗戦の逆説』ちくま新書，1999年。

テオ・ゾンマー，山木一之訳『1945年のドイツ　瓦礫の中の希望』岩波書店，2009年。

高橋秀寿「ドイツ『零時』の表象」『立命館文学』597号，2007年。

高畠通敏『討論・戦後日本の政治思想』三一書房，1977年。

高見順『敗戦日記』文春文庫，1981年。

高峰秀子「戦争は終わったのに……」五木寛之ほか『8月15日と私』所収，角川文庫，1995年。

竹内洋(1)『革新幻想の戦後史』中央公論新社，2011年。

竹内洋(2)『メディアと知識人』中央公論新社，2012年。

竹内好「屈辱の事件」五木寛之ほか『8月15日と私』所収，角川文庫，1995年。

竹前栄治『占領戦後史』岩波書店，1992年。

田中愛治「国民の政治意識における55年体制の形成」中村隆英・宮崎正康編『過渡期としての1950年代』所収，東京大学出版会，1997年。

田中浩『戦後日本政治史』講談社学術文庫，1996年。

田辺聖子「日本降伏」五木寛之ほか『8月15日と私』所収，角川文庫，1995年。

谷沢永一「解説・戦後論壇史への反省」『現代日本文学大系97　現代評論集』所収，筑摩書房，1973年。

ジョン・ダワー(1)，三浦陽一・高杉忠明訳『敗北を抱きしめて　増補版・上』岩波書店，2004年。

ジョン・ダワー(2)，三浦陽一・高杉忠明訳『敗北を抱きしめて　増補版・下』岩波書店，2004年。

津田左右吉「8月15日のおもいで」五木寛之ほか『8月15日と私』所収，角川文庫，1995年。

坪田譲治「終戦の日」五木寛之ほか『8月15日と私』所収，角川文庫，1995年。

鶴見俊輔(1)『語りつぐ戦後史　上』講談社文庫，1975年。

鶴見俊輔(2)『語りつぐ戦後史　下』講談社文庫，1975年。

鶴見俊輔(3)『日本の100年　第9巻　廃墟の中から』筑摩書房，1978年。

鶴見俊輔(4)「増補新版について」佐々木毅ほか編『戦後史大事典　増補新版』所収，三省堂，2005年。

鶴見俊輔・上野千鶴子・小熊英二『戦争が遺したもの』新曜社，2004年。

永井清彦「翻訳に際して」リヒャルト・フォン・ヴァイツゼッカー，永井清彦訳『荒れ野の40年』所収，岩波書店，1986年。

中野敏男(1)「『戦後日本』に抗する戦後思想」権赫泰・車承棋編，中野宣子訳『「戦後」の誕生』所収，新泉社，2017年。

中野敏男(2)「『戦後の誕生』日本語版に寄せて」権赫泰・車承棋編，中野宣子訳『「戦後」の誕生』所収，新泉社，2017年。

中野智世「『瓦礫の子供たち』・『故郷を失った若者たち』」橋本伸也・沢山美果子編『保護と遺棄の子ども史』所収，昭和堂，2014年。

中村隆英『昭和史 II』東洋経済新報社，1993年。

中村政則(1)『象徴天皇制への道』岩波新書，1989年。

中村政則(2)『戦後史』岩波新書，2005年。

成田龍一(1)「『引揚げ』と『抑留』」倉沢愛子ほか編『帝国の戦争経験』所収，岩波書店，2006年。

成田龍一(2)『「戦争経験」の戦後史』岩波書店，2010年。

成田龍一(3)『戦後史入門』河出文庫，2015年。

新関欽哉『第二次大戦下ベルリン最後の日　ある外交官の記録』日本放送出版協会，1988年。

野坂昭如『「終戦日記」を読む』NHK出版，2005年。

ジェームズ・バクー，申橋昭訳『消えた百万人』光人社，1995年。

原山浩介「出発としての焼け跡・闇市」安田常雄編『社会を消費する人びと』所収，岩波書店，2013年。

半藤一利(1)『昭和史　戦後篇』平凡社，2006年。

半藤一利(2)『あの戦争と日本人』文芸春秋，2011年。

半藤一利・竹内修司・保阪正康・松本健一『占領下日本』筑摩書房，2009年。

坂野潤治「『戦前80年』に目を向けよ」岩波書店編集部編『私の「戦後70年談話」』岩波書店，2015年。

アントニー・ビーヴァー，川上洸訳『ベルリン陥落』白水社，2004年。

日高六郎(1)「戦後におけるイデオロギーの動向」『現代史講座・別巻　戦後日本の動向』所収，創文社，1954年。

日高六郎(2)『戦後思想を考える』岩波新書，1980年。

ニーアル・ファーガソン，仙名紀訳『憎悪の世紀　下巻』早川書房，2007年。

福永文夫(1)「指導者の交代」天川晃・増田弘編『地域から見直す占領改革』所収，山川出版社，2001年。

福永文夫(2)『日本占領史』中公新書，2014年。

藤沢周平『半生の記』文春文庫，1997年。

ノルベルト・フライ(1)，芝健介訳『総統国家』岩波書店，1994年。

ノルベルト・フライ(2)，下村由一訳『1968年』みすず書房，2012年。

イェルク・フリードリヒ，香月恵理訳『ドイツを焼いた戦略爆撃』みすず書房，

2011年。

古市憲寿『誰も戦争を教えられない』講談社文庫，2015年。

古川隆久『ポツダム宣言と軍国日本』吉川弘文館，2012年。

イアン・ブルマ(1)，石井信平訳『戦争の記憶』TBSブリタニカ，1994年。

イアン・ブルマ(2)，三浦元博・軍司泰史訳『廃墟の零年』白水社，2015年。

デートレフ・ポイカート，木村靖二・山本秀行訳『ナチス・ドイツ』三元社，1997年。

保阪正康(1)『あの戦争は何だったのか』新潮新書，2005年。

保阪正康(2)『「敗戦」と日本人』ちくま文庫，2006年。

孫崎享『戦後史の正体』創元社，2012年。

増田弘(1)「公職追放解除の影響」中村隆英・宮崎正康編『過渡期としての1950年代』所収，東京大学出版会，1997年。

増田弘(2)「パージの衝撃」天川晃・増田弘編『地域から見直す占領改革』所収，山川出版社，2001年。

升味準之輔『戦後政治　上』東京大学出版会，1983年。

松尾尊兊『戦後日本への出発』岩波書店，2002年。

御厨貴「『戦後』が終わり，『災後』が始まる」『中央公論』2011年5月号。

三島憲一『戦後ドイツ』岩波新書，1991年。

三谷太一郎『戦後民主主義をどう生きるか』東京大学出版会，2016年。

源川真希『総力戦のなかの日本政治』吉川弘文館，2017年。

宮沢俊義「そのころの生活」五木寛之ほか『8月15日と私』所収，角川文庫，1995年。

宮沢俊義・小林直樹「明治憲法から新憲法へ」毎日新聞社編『昭和思想史への証言』所収，毎日新聞社，1968年。

宮本常一『民俗学の旅』講談社文庫，1993年。

ロジャー・ムーアハウス，高儀進訳『戦時下のベルリン』白水社，2012年。

キャサリン・メリデール，松島芳彦訳『イワンの戦争』白水社，2012年。

森武麿「総力戦・ファシズム・戦後改革」『岩波講座アジア・太平洋戦争 1』所収，岩波書店，2006年。

山田風太郎(1)『同日同刻』立風書房，1979年。

山田風太郎(2)『戦中派不戦日記』講談社文庫，2002年。

山中恒(1)『子どもたちの太平洋戦争』岩波新書，1986年。

山中恒(2)『青春は疑う』朝日新聞社, 1991年。

吉田一彦『無条件降伏は戦争をどう変えたか』PHP新書, 2005年。

吉田裕(1)『昭和天皇の終戦史』岩波新書, 1992年。

吉田裕(2)『日本人の戦争観』岩波現代文庫, 2005年。

吉田裕(3)『兵士たちの戦後史』岩波書店, 2011年。

吉田裕・森茂樹『アジア・太平洋戦争』吉川弘文館, 2007年。

吉見義明(1)「民衆の戦争体験と戦後」倉沢愛子ほか編『日常生活の中の総力戦』所収, 岩波書店, 2006年。

吉見義明(2)『焼跡からのデモクラシー　上』岩波書店, 2014年。

渡辺昭夫『大国日本の揺らぎ』中央公論新社, 2000年。

第3章　戦後史のなかの反ファシズムと反共主義

はじめに

　ヒトラーが千年王国と豪語した第三帝国が敗戦とともに瓦解した後，ドイツは冷戦構造が固まりつつあった1949年に分断国家として再出発した。その際，東ドイツは反ファシズムを国是としたが，西ドイツでこれに対応したのが反共主義だった。今日では東ドイツが標榜したその反ファシズムは社会主義の理念を上回る東ドイツの「もっとも内面的な正統性の核心」（Gieseke (1) 80）だったとされる反面，実際には単なる「建国神話」にすぎず，支配の道具でしかなかったとさえいわれている（Münkler 16ff.; Hoffmann 45f.）。また国家としての東ドイツを誕生させた反ファッショ・民主主義革命についても，実態はその名称に反して，占領権力であるソ連とその梃子である共産党（KPD）ないし社会主義統一党（SED）による上からの変革だったとするのが一般的な理解になっているといってよい（Baus 24）。東ドイツが自負した社会主義についてすら，「外からと上からの社会主義」（クレスマン 337）と呼ばれているのであり，東ドイツが健在だった当時の政府公認の解説は完全に信用を失っている。

　しかしながら，日本では西ドイツの経済発展と繁栄に加え，政権交代のあるボン・デモクラシーの安定と成熟を高く評価する場合にも，共産党の禁止や過激者条例などに見られる「戦う民主主義」の同義語ともいえる反共主義は政治的不寛容の土壌として問題視されてきた。「そこには，自由の防衛の名において世論を画一化し，デモクラシーそのものの空洞化を助長する危険がひそんでいた」という宮田光雄の一文は初期の事例であり，憲法学者の樋

口陽一も憲法忠誠に絡めて同趣旨の指摘をしている（宮田 318; 樋口 296f.）。他方、東ドイツの礼賛者はもとより、事実上の共産党である社会主義統一党の独裁体制に批判的眼差しを向ける人々の間でも、ナチスと命がけで戦った共産主義者が中心になった東ドイツの反ファシズムには敬意を払う傾向が強かった。統一されたドイツを差し当たり西ドイツの延長と見做すなら、今日までのドイツではボン・デモクラシーの構成要素だった反共主義が基本的にプラスの価値を持つ反面、消滅した東ドイツと一体の反ファシズムにはマイナス・イメージが拭えないといえるから、日本とは概ね正反対の関係にあるといって大過ないであろう。

　もっとも、反共主義にせよ反ファシズムにせよ、正確にいえばその内実は一様ではない。共産主義を平等を中核とする理念としてみるのか、それともソ連の共産党独裁のように実在する体制として捉えるのかで反共主義は違ってくるし、ファシズムについても一党制や人権抑圧という政治構造に焦点を合わせるか、独占資本ないし金融資本の暴力的支配という経済構造を重視するかに応じて反ファシズムのあり方も異なってくるからである。その一方で、冷戦が熾烈だった頃にはそれらに切迫感があったにしても、冷戦が終結して緊張が解消してからは政治的なアクチュアリティが大幅に薄らいだのも見逃せない。「反」の対象である共産主義が東ドイツやソ連をはじめとして次々に消滅するとともに、ファシズムについても第三帝国を継承する西ドイツでボン・デモクラシーが安定したことから、ファシズムが再現する危険はほぼ皆無になったといえるためである。例えば2009年のある論考に「反ファシズムとの別れ」というタイトルがつけられ、「反ファシズムはもうほとんど公共的論議の対象ではない」と記されているのは（Classen 429）、決して誇張ではない。ただ現在でもドイツの極左グループの間では反ファシズムが依然として目標として呼号されていることや（近藤(2) 377ff.; Jesse (2) 20f.）、昨今では自己を安全地帯において考えの異なる他者を攻撃するレッテルに堕したという批判的な見方があることなどを付け加えるのがよいかもしれない（Günther）。

　本章では、東西ドイツの国是とされてきたそうした反ファシズムと反共主義に焦点を絞り、それらの意味と役割などについて考えてみることにしたい。さらにそこに光源を据えて日本のケースを照らし出し、その特殊性をつかみ出すように努めたい。というのも、敗戦国という点では共通していて

も，反ファシズムと反共主義を土台にして政権交代のある民主主義を実現したドイツと違い，日本では保革の対立とその下での55年体制と呼ばれる自民党一党支配を柱とする戦後政治に特有の枠組みが形成されたからである。周知のように，日本とドイツの比較はこれまでにもたびたび試みられてきた。にもかかわらず，以下であえて屋上屋を架す理由の一端は，反ファシズムについてはともかく，それと並ぶドイツ政治の要石といえる反共主義には従来ほとんど考慮が払われてこなかったことや，ドイツ統一から時間が経過する中で反ファシズムなどが帯びていたイデオロギー的負荷が軽くなり，冷静に実相に迫ることが可能になったことにある。また考察を進める際の手掛かりとして丸山真男に照準を合わせることにしよう。それは彼が今日でも多方面から注視され，関心をひきつける大きな存在であり続けているからだけではない。ある機会に彼自ら，「ぼくの精神史は，方法的にはマルクス主義との格闘の歴史だし，対象的には天皇制の精神構造との格闘の歴史だった」と語ったが（苅部 184），マルクス主義を共産主義に，天皇制をファシズムに置き直してみれば明らかな通り，上記の主題にとくに前半生に深く関わってきた人物だからである。なお付言すれば，著者は日本現代史の専門家でもなければ，数多ある丸山真男研究に通暁しているわけでもない。本章は基本的に著者が専門とするドイツ現代史をベースにした日独の比較論であり，そのため行論で取り上げる日本現代史研究については思わぬ誤解や曲解をしている虞が残っている。その意味では本章はあくまで試論であり，問題の荒削りなスケッチにとどまることを断っておきたい。

1．戦後日本の反・反共主義と反ファシズム

　戦後日本の代表的知識人である丸山真男は，今から半世紀ほど前の1966年に主体性論で知られるマルクス主義哲学者の梅本克己，構造改革派に属す経済学者の佐藤昇と鼎談を行った。この３人の取り合わせは経歴から見ていささか風変わりに思われたが，それを企画したのは丸山に私淑していた『現代の理論』編集長で旧制高校時代に梅本の下で学んだことのある安東仁兵衛であり，時務的発言から遠ざかっていた丸山が彼に気を許していたところから「破格の対応」をして実現したという（佐高・早野 61）。

　鼎談は1966年に『現代日本の革新思想』と題して出版された。そのなかで丸山は自己の歩みを振り返り，「政治的には私は自分なりの状況判断として

反共主義に反対という意味での反・反共主義でずっとやってきました」(梅本・佐藤・丸山 336)と語っている。この「反・反共主義」というスタンスの取り方は,「状況判断」という限定が付されていることからその時々の政治的状況への対応という面があるが,彼の政治的足跡を意味する「ずっとやってきた」という言葉を重視するなら,丸山の基本的な政治姿勢を表しているといえるであろう。同時にその姿勢は,戦時期に若手の大学人として右翼の跳梁に苦しめられた経験や(丸山(9) 222f.; 竹内(3) 53ff.),アメリカで猛威を振るったマッカーシズムのために友人の H.ノーマンを失ったことへの痛恨の思いなどにも支えられていたと推察される(丸山(1) 630)。例えば彼はマッカーシーを「さしずめアメリカの蓑田胸喜」と呼んでいるが(丸山(1) 547),そうした類比からは,戦中から戦後にかけての彼自身にとっての敵の輪郭が浮かんでくるように思われる。

　そうだとするなら,個人的な事情は別にして,丸山のいう反共主義が何を指すかが問われなくてはならない。けれども,改めて見渡すと,この問題を明示的に取り上げた丸山論は意外に少ないように思われる。管見の限りで例外といえるのは水谷三公の論考であり,そこでは反共という語の用法などにも目配りしつつ議論が進められている。水谷によれば,「戦後長い間,丸山の国際的・国内的な政治状況の認知枠組みに反・反共主義が組み込まれ,丸山を積極的な政治行動に駆り立てる原動力の一つになっていた」(水谷(2) 271)。というのは,丸山の理解では反共主義の先にファシズムがあり,ファシズムの露払いである反共主義を防ぐことが,再度のファッショ化を阻止して戦後日本の民主化を進める上での課題として位置づけられていたからである。この点から見れば,丸山のなかでは反・反共主義と反ファシズムは一つながりになっていたといえよう。1953年に丸山は,マッカーシズムという名の反共主義が吹き荒れていた当時のアメリカについて,「あらゆる徴候から見て,そこには歴然としたファシズムの傾向が現れており,しかもそれはますます増大している」と語っているが(丸山(1) 537),今日から見れば誇張と映るそうした発言はこの理解を裏付けるものであろう。彼は研究の道に踏み出してから天皇制国家と思想的に格闘する傍らで,ドイツ語文献を紐解いてヴァイマル民主主義の崩壊とナチの支配を観察してきたが,その丸山を導いていたのは,自分たちの国の戦後の民主主義は本当に大丈夫なのだろうかという深刻な憂慮だった。その一端は例えば1953年の座談で示した「支配階

級の意識が戦前戦後を通じて連続している」という認識からも窺えよう(丸山真男手帖の会 15)。彼の代表作『現代政治の思想と行動』の後記に記された有名な文句,「私自身の選択についていうならば,大日本帝国の『実在』よりも戦後民主主義の『虚妄』の方に賭ける」(丸山(11) 585)という一文を引き合いに出すまでもないであろう。竹内が指摘するとおり,ファシズムが台頭した「30年代の悪夢は戦後の丸山の認識と戦略を規定した」(竹内(2) 119)といっても決して過言ではない。丸山が1960年の安保闘争にコミットしたのはよく知られているが,それは安保改定を強行した「岸に戦前イデオロギーの政治を見た」からだったのである(佐高・早野 62)。

　丸山の反・反共主義についてはとりあえず以上のように説明することが可能であろう。そうした丸山の反・反共主義に着目しつつ,同時に彼が反対した安保改定の中心人物だった岸信介が「自由な言論を守るために共産主義には断固反対して自由主義を守る」と述べたことを紹介しながら,池田信夫はこう記している。「奇妙なことに,丸山は自由な言論を守るために容共の立場をとったのに対して,同じ理由で岸は反共になった」(池田信夫 181)。確かにこの現象は奇妙といえるが,池田自身はここに現出している反共と容共をめぐる問題を指摘するだけで,掘り下げて考察しているわけではない。しかしこの論点は重要であり,厳密に考究するに値する。なぜなら,以下で論じるように,そこには日本特有の政治的対立の構造が垣間見え,その点に視点を据えると一見したところ奇妙に思えても実は当然の現象であることが明らかになるからである。また原因が日本特有の政治構造にあることを視野に入れるなら,本章で比較するドイツにこれに類似した現象が見出されないのが決して不思議ではないことも理解できるであろう。

　それはさておき,丸山の反・反共主義についての説明が大筋で間違いないとすれば,その先にいくつかの疑問が浮かんでくる。

　第一は,丸山の反・反共主義があくまで「状況判断」であることを重視するならば,状況の変化によっては丸山がその旗をおろし,反共主義を容認する可能性があったかどうかという問題である。反共主義には様々なバリエーションがあり,ヒトラーを代表例とするファシズムの立場からする反共主義がある反面,正反対の個人主義に立脚するリベラルな反共主義もある。したがって丸山が主にどのタイプを念頭に浮かべていたのか,丸山自身のリベラルな立場から見てとくにリベラルな反共主義がどのように彼の目に映ってい

たのか, さらに状況次第では彼自身が反共主義の一翼を担う可能性があったのか否かなどが問われるべきであろう。

　第二に, 反共主義に与しないという意味での非・反共主義の立場もありえたはずだが, あえて丸山が非ではなく反・反共主義と自己規定した理由はどこにあったのかという疑問が生じる。非・反共主義なら反共主義に同調せず, 消極的に反対することを意味するが, 反・反共主義であれば積極的反対の色彩が強まるばかりでなく, 共産主義の擁護にもつながりやすい。したがって, いかなる状況判断が共産主義に距離をおく丸山を反共主義への反対の立場にまで衝き動かしていたのかが問われるべきであろう。

　第三の疑問は平和の問題に関わる。すなわち, 丸山の認識ではファシズムと戦争は不可分だったが, その裏返しで反ファシズムと反戦・平和が通底していると考えていたのかどうか, またそれと関連して, ファシズムの露払いとされる反共主義がどのタイプであろうと戦争に結びつくと捉えていたのかどうかといった問題である。要するに, 丸山の議論では反共主義が多様な潮流から成っているにもかかわらず一括りにされているのであり, しかも,「反」の対象として重要視されているのにそれ自体としては批判的検討の俎上に載せられないまま, マイナス・イメージが先行しているように見えるのである。

　これらの点を問題にするのは, 敗戦後の日本の社会で「左への地滑り」(中村(1) 387)が起こったからである。イギリスで主要産業の国有化を唱える労働党が総選挙で勝利し, フランスで社共両党が優勢になったように, 左への傾斜は戦争終結後の他国でも広範に見られた。しかし敗戦国である日本に特徴的だったのは, 占領権力を主たる推進力にした戦後改革ないし占領改革と総称される一連の変革がドラスティックだったのに加え, その渦中で反共主義が悪玉としてステレオタイプ化されるとともに,「占領による民主化」ないし「専制による民主化」(升味(1) 18, 升味(2) 463)ゆえに「天皇制民主主義」とも形容される折衷性やアメリカから「与えられた民主主義」という逆説性を拭えないにもかかわらず, 民主主義がそれまでの国体に代わる金科玉条にまで祭り上げられた点である。なるほど長期的な視点からみれば,「昭和デモクラシー」と呼びうる「自前のデモクラシー」が開花する可能性があったといえる(坂野(2) 175,187)。しかし, 敗戦後に限れば自力による民主化のプロセスが不十分なまま, 中身がどうであれ民主主義が神聖な価値へと

一気に押し上げられたのは否定できない。例えば学校現場では戦時下で「君らの命は天皇に捧げたものだ」と説いていた教師たちが,「この反省を土台に据えて,こんどは一瀉千里にアメリカ・デモクラシーの信奉者になっていった」のであった(保阪 173)。満州の吉林でソ連軍,共産党軍,国民党軍の入れ替わりを経験した後,1946年に内地に引き揚げてきた澤地久枝が,日本では「デモクラシーを口々にいってみんなが一種の浮かれ状況にある」と強い違和感を覚えたのは当然だったのである(澤地 218)。

「現実の対立」と「言葉の対立」を峻別した上で,敗戦後に民主主義が「保守・革新が共用する言葉となった」として,日高六郎が現実の対立を糊塗する「言葉のあいまいさ」を強調しているのは,このような事態を指している(日高(2) 110f.)。彼によれば,「戦前の絶対主義的天皇制のもとにおける思想統制も,GHQの『民主主義的』な思想統制も,日本人の思想生活における事大主義的権威主義的傾向を強めるばかり」であり,それを克服することには役立たなかった。なぜなら,占領下で「民主主義思想が登場したとき,いや奨励されたとき,超国家主義思想はすでに禁止されて」いたために,「思想が思想を圧倒するということがら」を経験することができなかったからである(日高(1) 87f.)。この過程を見守ったイギリスの社会学者で知日家の R.ドーアが,お上や上司の顔色を窺う「社会で果たして合理的な民主主義的な政治ができるだろうか」という疑問を抱いたのは,当然の反応だったというべきであろう(ドーア 56)。またその没主体性に関連して,安田武が注記した,「敗戦と同時に民主主義は大義名分となり,いわば新しい国是となったが,民主化の過程は,いたけだかで恥知らずなイデオローグの絶叫に蔽われていなかったか」という無節操や時流便乗の問題が残されることになった(福間(2) 107)。「鬼畜米英」から「アメリカ民主主義万歳」への転換を「国民的総転向」と呼び,そこに「転向の痛覚」が見られなかったことを笠井潔が抉り出しているのも(笠井 27, 50),この点を問題にしているからであろう。

たしかに敗戦後のドイツでも「昨日のナチがあっという間に今日の民主主義者になっていた」といわれるように(三島(1) 10),日本について半藤たちが口を揃えて批判する「変わり身の早さ」(半藤 15; 山中 248)がドイツにおいても問題になるのは同じである。だがその反面で,ドイツでは後述するヴァイマル民主主義の生き残りや抵抗運動家などがいて,今日に至るまで

「7月20日の精神」が語られることに見られるように，「国民的総転向」が起こったわけではない点を看過することはできない。その事実に眼を向ければ，日本でも少数ながら獄中に囚われていた人々が敗戦以後に重要な役割を演じたケースがあることを無視できない。その限りで，笠井のように民主主義への変身を国民総体の転向と断じるのはやはり行き過ぎであり，慎重な区別が必要になるといわなくてはならない。

　問題はそれだけではない。高畠通敏が指摘するとおり，「元来，平和主義は民主化や民主主義と本質的な関係をもたない」というべきであろう(高畠(2) 4)。にもかかわらず，敗戦からしばらくすると，神聖化された民主主義が平和主義に結びつくようになった。五百旗頭真は小津安二郎の映画で登場人物が語る「もう戦争だけはごめんだな。戦争はいかんよ」という科白に「戦後日本の生活レベルでの実感」が凝縮されているとし，「平和主義はいわば国民的原体験からの要請になった」と捉えるとともに，そうした背景があったからこそ，「占領者の非軍事化政策が日本国民に受け入れられ，定着した」と述べている(五百旗頭(2) 262f.)。それだけに注目に値するのは，その際に平和主義と民主主義の関係や両立する根拠が正面から問われることが稀だった事実である。実際，「もう戦争はこりごりだという意識」(中曽根 129)が社会を包み込み，「厭戦」が「戦後の日本で一番強い国民感情」になったともいわれるが(大岡・加藤 159)，そうした不定形な情念を底流にして「平和と民主主義」という標語が一種の自明性を帯びて人口に膾炙され，「戦後日本の偉大な祈りの言葉」に化したのであった(ダワー(2) 16; ダワー(1) 66f.)。原体験を重んじる五百旗頭が「平和と民主主義」を「戦争の時代に対する反省を最も純度高く反映する」と解説するにとどまり(五百旗頭(2) 263)，結合の根拠の分析に踏み込んでいないところにも，「祈りの言葉」の呪縛力の一端が看取できる。坂本義和の場合にみられるように，国家による棄民と個々人の生死の決定という戦争の原体験を昇華させて平和主義と民主主義が目標に据えられるケースもあったものの(坂本 12)，そうした自覚的な結合は決して一般的とはいえなかったのである。

　さしあたり「左への地滑り」に注目するなら，とくに大学キャンパスでは戦争に積極的に協力した長老教授たちがパージされ，中堅・若手が台頭すると同時に，キャンパス文化の左傾化が顕著になった。とりわけ敗戦直後の左翼の台頭は著しく，自由主義者として名を馳せた河合栄治郎門下の猪木正道

第3章　戦後史のなかの反ファシズムと反共主義　129

は、「すぐれた学生たちのなかにマルクス・レーニン主義の強い影響を受け、ソ連を謳歌するものが少なくないのを知って愕然とした」と往時を回想している（猪木(2) 607）。同様にマルクス経済学者の大内力も回顧録で、「日本にも革命が起こるかもしれない、といった期待だか恐怖だかがとくに学生や左よりの人々に強かった」として、「学生のコンパなんかで酒を飲むとすぐに、赤旗の歌やインターナショナルを歌ったりした」と当時の雰囲気について語っている（大内 180）。この点は、学徒出陣組で敗戦に伴い1946年に大学に復学した色川大吉のほか（色川 22）、同じ1946年に行った木村健康との対談で、共産主義や社会主義に対して大学生が「かなりの共感をもっている」と述べて丸山自身も確認している（丸山(5) 13）。こうした傾向はしばらく続き、レッドパージ下の1951年に大学に入学した伊藤隆は「優秀な連中はだいたい共産党員だった」と回顧している（伊藤(3) 7）。さらに日高六郎も「朝鮮戦争の始まる頃、私は東大で教員をしていたが、東大生の中でもっとも質のよい若者たちは、ぞくぞくと共産党へ入党し、活動した」と証言している（日高(2) 139）。

　このように左翼的思潮がキャンパスで主流を占める事態になったのは、後述する共産党の天皇制国家に対する不屈の闘争のほかに、マルクス主義ないし共産主義が社会思想の面で占めた独特の位置に起因していた。この点に関しては敗戦から約10年が経過した1956年に久野収たちが示した見方が参考になる。ヨーロッパなどに比べて「日本の場合、普遍的真理、普遍的正義の観念そのものが非常に把握しにくく、ここでは『国』と『家』との二つの力によるねじまげにたいして、実にしつこく戦わねばならなかった。この戦いを、妥協なく一貫してたたかいぬいたのは、大正以後の近代思想の諸流派の中では共産主義だけである」（久野・鶴見 36）。久野は別の機会にも同趣旨の発言をしているが（丸山(8) 110）、それから間もない1959年に藤田省三も、「日本の国民がたどってきた何十年かの歴史の中に真実を復元してみせる」必要が敗戦後に高まったことを指摘し、「この要求に手っ取り早くすぐこたえられる思想が、日本ではマルクス主義しかなかった。全体像をすぐに作って、すぐ需要にこたえ得るという既成体系を持っているのは、マルクス主義以外になかった」と述べている（藤田 38）。これらの見方の当否はさておき、久野たちの目には普遍性を一貫して追求したのが共産主義ないしマルクス主義だけだったと映っていた事実がここでは重要になる。普遍性ないし全体性

を独占し，歴史的事象に意味を与え価値を判定するのは共産主義しかないということになるからである。

　もっとも，松本が指摘するように，「戦前および戦中の思想が国家の力とそれが作り出す現実の前にほとんど無力であったという痛切な反省」を土台にして「理想とか規範とか倫理などの観念形態そのものに対する不信」が存在したのも事実だった（松本 166）。例えば『堕落論』で坂口安吾はそれを純化して表現したといえよう。そうした潮流をひとまず措くなら，敗戦後の社会で共産主義あるいはマルクス主義が思想として高い威信を享受したのは自然な成り行きだったであろう。既述のように，丸山の場合，反共主義に反対するのは状況判断に基づいていた。この状況判断を支えていたのは，彼自身の表現に従えば，「政治的リアリズム」ないし「政治的プラグマティズム」の立場だった（苅部 167,176; 三谷 91f.）。丸山が1950年の「ある自由主義者への手紙」で，「僕は少なくも政治的判断の世界においては高度のプラグマティストでありたい」と記し，それに続けて，「現在の情況において共産党が社会党と並んで，民主化—しかり西欧的意味での民主化にはたす役割を認めるから，これを権力で弾圧し，弱化する方向こそ実質的に全体主義化の危険を包蔵することを強く指摘したいのだ」と明言したのは（丸山(11) 149），その姿勢をよく示している。しかし，旧制高校以来の教養主義を引きずる学歴エリートたちのキャンパス文化にはそのような留保や条件は存在せず，リアリズムやプラグマティズムが欠如していた。そこでは共産主義の威信を反映して，無条件の反・反共主義が一種の常識になったのであった。丸山のような留保つきの反・反共主義を柔軟な反・反共主義，留保のないそれを強硬な反・反共主義と呼ぶならば，大学キャンパスでは後者が支配的になったのである。

　この相違は様々な面に表れた。例えば丸山は近所に住んでいた自民党政治家の三木武夫と親交を結び，とりわけ1960年の安保闘争の頃には重要な助言をしていたと伝えられる（三木 112ff.）。その事実は，自民党所属であっても傍流だった三木を丸山が高く評価していたことを暗示しており，反・反共主義の柔軟さと幅の広さを示している。けれども，強硬な反・反共主義の場合，善悪二分法的な単純化の帰結として，曖昧さを残す余地は存在しなかった。反共主義の党である自民党は打倒すべき敵として一刀両断され，所属する政治家は小異があっても一括して否定の対象にされたのである。

こうした反・反共主義について例えば先述の水谷は次のように記している。「戦後，いわゆる進歩主義者たちによって，『反共』(とその派生語)は，……党派的で，道義的な(つまり反共屋のろくでなしといった意味の)糾弾・差別用語として，頻繁かつ効果的に使用されていた。それが長く大学や知識人の間でとりわけ猛威を振るった」(水谷(2) 211)。この指摘がいつの時期をさすのかは判然としないが，竹内洋が過去の話として注目する「大学キャンパスにおける革新幻想の席捲」(竹内(4) viii)と符合している。彼によれば，マルクス主義や社会主義には学歴エリートが集う「キャンパスの象徴的暴力」という一面があり(竹内(1) 146)，異論を許容しないという意味で「猛威を振るった」のであった。この点は，「敗戦直後から10年あるいは15年の間は，学生でありながら自由党支持なんてことは恥ずかしくて言えなかった」という日高の回想とも符合している(日高(2) 60)。もっとも，竹内が自著の表題にも使っている「革新幻想」という用語については，なぜそれが幻想なのかという根拠が曖昧であり，また仮に幻想だったとしても，少なくともある時期まではリアリティがあり，現実への貫徹力を有していたのではないかという問題が指摘できよう。萩原が日本国憲法制定に関連して，「革新的な思想と現実の政治との間に存在していた美しい協力関係」について語っているのは(萩原 32)，これを裏付ける事例の一つと見做しうる。この観点から見ると，革新思潮がある時期を境にして現実から遊離して幻想に化していったのではないか，その意味で重要となるのは思潮の転換や変質ではないかという問いが提起できるように思われる。

因みに，水谷によると，彼が「大学に入学した1960年代初頭の記憶では，朝鮮戦争は北の始めた侵略かもしれないという『合理的疑い』を口にしただけで，『右翼反動』『アメリカCIAの回し者』などの罵声が飛び交った」という(水谷(1) 14)。この指摘は，「朝鮮戦争はアメリカの尻押しで南が仕掛けたものというのがわれわれの常識だった」という石堂の証言とも合致していて(石堂 57)，大学キャンパスの雰囲気を伝える好例であろう。萩原遼の詳細を究めた『朝鮮戦争』(1993年)などによって今日では北による武力統一の軍事行動が起点だったことが実証され，日本共産党もその事実を認めていることを思うと，隔世の感を禁じえない。同様に竹内も1960年代半ばごろの雰囲気を伝える自己自身の経験談として，保守派の論客だった福田恆存を評価する発言をした際に周囲から呆れられたと前置きしてこう書いている。「こ

のことがあってから，その場に居合わせた吉本隆明命の女子学生は，わたし
を誰かに紹介するときは必ず『この人ウヨクよ』と言い添えた。福田恆存を
よいというだけで『ウヨク』扱いを受けた時代なのである。このときのウヨ
クは『右翼』ではなく『バカ』に近い意味だった」（竹内(7) 114）。ここで
のウヨクは反共の同義語と考えて差し支えないと思われるが，これらのエ
ピソードからも浮かび上がるように，「60年代，日本で大学生だということ
は『革新的』だということをただちに意味した。マルクス主義と急進的な左
翼文化が日本のインテリのトレードマークだった」のであり（カーティス(2)
31），その裏返しとして，反共にせよ右翼にせよ正統な思想や主張としては
認められず，キャンパス文化からはじき出されていたのであった。反・反共
主義はキャンパス文化への入口で購入すべき入場券であり，見えざるモラ
ル・コードだったといえよう。ソ連が解体して間もない『文芸春秋』1992年
11月号に「『御用学者』の弁」と題した一文を草した伊藤は，「私は自民党の
代議士の中にも，大企業の役員の中にも，共産主義に対するコンプレックス
を持ち続けている人がいることに驚かされてきた。多くのインテリにとって
共産主義に対する態度をどう示すかは，『良心』の問題ともされてきたので
ある」（伊藤(3) 205）と証言しているが，そうした事態になったのも反・反
共主義がモラル化したことの帰結と見做しうる。

　その一方で，今日から振り返ると，そのことが見過ごせない結果を伴った
ことにも触れておかねばならない。それは反共主義を真剣に取り組むべき思
想や主張として扱わなかったことのコロラリーとして，反共主義的な傾向を
帯びた議論に耳を傾けず，最初から排斥したことである。後述するように，
共産圏と国境を接していた西ドイツでは国是となった反共主義は重い問題で
あり，ソ連を敵視したナチスとの連続性もあるために「バカ」扱いして簡単
に片付けるようなことは起こりえなかった。それにもかかわらず，日本から
ドイツに関心を向ける場合，ドイツ研究者を含めて自国での反共主義軽視の
常識に縛られ，その重さを適切に受け止めることができなかった。19世紀以
降の後発的近代化やファシズムないし軍国主義の類似した経験に基づいて日
本とドイツの比較への関心は高く，それを踏まえて，本来ならば西ドイツを
参照軸とすることにより自国の保革対立の特殊な構造などを把握する道が開
かれるはずだったが，竹内のいう革新幻想のために目をふさがれ，そのチャ
ンスを逸してしまったのである。

ところで，先述した文脈を念頭に置けば，戦後の日本では反共を唱える者は政治的に愚昧なだけでなく，道徳的にも低劣と見做されていたことが明らかになる。同時に，そのような反共屋が確立されるべき民主主義の擁護者として扱われなかったのも自明であろう。民主主義の担い手は反共主義に与してならないだけではなく，反共主義に反対しなければならない。おそらくこのような理解がかなり広範に存在していたと思われる。それにとどまらない。反共主義に反対する者はすべて民主主義の陣営に属し，そのなかにはプロレタリア独裁の樹立を目標とする共産主義者も含まれるという暗黙の了解があったことが重要になる。民主主義の定義が曖昧だったことを背景にして，プロレタリア独裁はプロレタリアートが社会の多数を占めるという含意でプロレタリア民主主義と言い換えられ，勤労大衆を主体としてその意思を汲み上げる仕組みとして説明されていたので，共産主義者も民主主義の擁護者のなかに包摂されえたのであった。民衆の利益を重んじるという意味での民主主義と民衆自身の自己決定を尊重するという意味での民主主義とが渾然一体となり，前者を目指していれば後者を軽視しても民主主義を自称できたし，勤労大衆を指導する前衛が民衆から離反してノーメンクラトゥーラのような特権層や抑圧者に転化する可能性は問題とされなかったのである。

　同様の政治的構図は反ファシズムについても見出せる。丸山が反共主義の先にファシズムと戦争を見ていたのは前述したが，彼に従い戦時期の日本をさしあたりファシズムと規定するとして，それを徹底的に批判し再来を阻止するために論陣を張ったのが丸山であり，彼こそ戦後日本における反ファシズムの最先端に立つ人物だった。同時に彼は反・反共主義という面ばかりでなく，反ファシズムの面においても戦後民主主義を代表する旗手だったといえる。

　けれども，ここで見過ごせないのは，反・反共主義の場合と同じく，反ファシズムを民主主義と等置することが可能なのかどうかという問題である。日本のファシズムないし天皇制国家ともっとも果敢に戦ったのが共産党であることは周知の事柄に属する。その意味で共産党が反ファシズムの党であることは間違いなく，この点では後述するドイツの場合も同様である。しかしそのことは共産党が民主主義の担い手であることまでをも意味するわけではない。本章の冒頭で東ドイツの建国期に共産党に相当する社会主義統一党が反ファッショ・民主主義革命を推進したことに触れたが，その実態が民

主主義とはかけ離れていたことは今日ではよく知られている。そうした事実に加え，共産党が当面の目標を民主主義革命に絞った場合でも，民主主義はそれ自体として重んじられるのではなく，あくまで過渡的な統治形態として利用価値がある間だけ是認されるという問題が生じる。民主主義には多様な意味と形態があり，20世紀を過ぎた現在では発展の放物線上を下降しているとしてポスト・デモクラシーを語るC.クラウチのような論者さえ登場している。しかし，今日，一般に民主主義というとき，言論や結社の自由などを重視し，選挙をはじめとする多様な政治参加のチャンネルを通して意思形成と決定を行うシステムとその土台をなす価値観が総称されているといってよいであろう。この点に照らした場合，ソ連はもとより少なくとも20世紀前半の先進諸国の共産党史には，そうした民主主義を尊重した形跡を見出すことはできないのである。

　それはともあれ，戦後を彩った冷戦の時代が進み，平和共存の時期にさしかかると状況は大きく変化した。それに伴い，例えば反ファシズムは迫真性を失い，久野収などがしきりに訴えた「忍び寄るファシズム」のようなスローガンが有した政治的動員力は大幅に低下したのである。たしかにその後も反ファシズムが課題とされつづけたのは事実である。例えば日本が経済大国として自他ともに認めるようになった1985年に日高はこう記している。「いまぼくが強調したい反ファシズムとは，現在の管理社会化，管理国家化の反民主主義的な芽を，その個別の場でできるだけ批判し，反対し，可能であればその芽をつみとっていくことです」（日高(3) 63）。この一文ではファシズムが歴史的文脈から切り離されて現代の管理社会に重ねあわされ，その後の総力戦体制の議論につながる面が認められるものの，内実が拡散して輪郭が不分明になっているのは否定できないであろう。

　こうした変化に関して示唆的なのは，丸山も参加した1953年の座談会で，講和論争の一方の拠点だった平和問題談話会の仕掛け人の吉野源三郎が，現在の「情勢は私たちに満州事変以後の日本の国内事情を想い出させ，私たちは再び日本にファシズムの傾向が現れてきたように感じる」と語った言葉が（丸山真男手帖の会 3），出席者から違和感なく受け入れられたことである。戦没学徒の手記『きけわだつみのこえ』を批評した1949年末の文章で，『近代文学』の旗手だった荒正人が「戦後というようなことばもこんにちでは，戦前の誤植ではないかというような錯覚を起こさせる」と記したのも（福間

(1) 81)，同じ感覚を言い表している。これらの事実が教えるのは，保革の対立が激しく，政治の反動化の危険が感じられた1960年頃までは，ファシズムの再来が懸念され，それゆえに反ファシズムを唱えることにはアクチュアリティがあったことであろう。実際，ファシズムにまではいかなくても，当時，イエ制度や徴兵制の復活を目指し，戦後に獲得された様々な権利や価値を蹂躙する復古的な勢力が蘇生する兆しが見られたのであった。しかし，同時に変化の予兆が現れていたのも見過ごせない。一例を挙げると，警察官による所持物検査を認める警察官職務執行法改正が問題になった際，デート中の女性のハンドバッグすら開けるところから，「デートを邪魔する警職法」という絶妙な標語が一助になり改悪阻止に成功したのは，滅私奉公を拒否して私的な幸福追求を肯定する意識にそのキャッチコピーが浸透し，人々を行動に誘い出すことができたところに理由があった（石田(2) 196）。この点については，反対運動の一環として，古い社会運動のデモとは異質な「母と娘の風船デモ」が企画され，そこで初めてデモというものに参加した女性たちの生き生きとした経験談が参考になる（丸山(6) 87ff.）。

　そうした変化が顕在化したのは，戦前派の政治家の多くが退場し，再軍備はしたものの保革対立の焦点だった改憲が事実上凍結されて経済成長を優先する経済の季節を迎えてからである。政治の季節が過ぎるとマイホーム的な幸福重視の風潮と相俟って経済成長とその果実の分配が政治の中心テーマに押し上げられ，「物質主義の政治精神」（早野 289,26）が強固になる反面で，反動やファシズムの脅威は遠のいた。また政官の癒着と利益誘導を基調とする自民党支配の型が固まり，国際政治面でも平和憲法と日米同盟を貼りあわせた「９条＝安保体制」（山口 7, 40）が矛盾を抱えたまま受容されるにつれて，万年与党と万年野党を柱にした政権交代のない民主主義が定着した。こうして1960年を境にして，五十嵐のいう「ハイ・ポリティクスの時代」から「インタレスト・ポリティクスの時代」に転換し（五十嵐暁郎 7, 14），それに応じてそれまでの反ファシズムという熱かった争点には実質的に決着がつくことになったといってよい。『戦後革新勢力』の著者として内側からそれを観察してきた清水慎三は，1965年の論考で，「革新支持大衆は戦後形成期から1960年の安保闘争のころまでどこか一体感を持っていた」としながら，「安保闘争以後，経済成長と大衆社会化状況の拡大の中でこの一体感は崩れをみせてきた」ことを確認し（清水(2) 259），他方で知識人を視野に入れて石

田は，「過去の戦争に対する「悔恨』に代わって現在の経済成長への『満足』感が支配的となる」1960年代には，丸山が代弁した後述の「『悔恨共同体』の消滅は，もはや明らかである」と断定している（石田(3) 72)。「先進諸国民の間では社会主義の神話は到るところで崩れ去りつつある」としつつ，「日本においても社会主義の神話は急速に崩れ去りつつある」と萩原延寿が記したのは，東京オリンピックが開催された1964年のことだった（萩原 184)。これらの変化はそれ自体として極めて重要だが，本章の文脈で注目すべきは，そうした変化が，反ファシズムがスローガンとしてのインパクトを失ったことに連動していた点である。

　反共主義に関しても同じことが指摘できる。経済復興に舵を切ったドッジ・ラインを伏線にし，朝鮮戦争勃発を背景にしていわゆる「逆コース」が進み，レッド・パージや共産党の武力闘争への旋回が起こるなかで反共主義の旋風が吹き荒れるようになった。しかしスターリン批判が共産主義への熱気を冷ます一方で，熱戦の危機をはらんだ冷戦が平和的な体制間競争の時期に移るにつれて反共主義の嵐は鎮静し，過去のエピソードに変わっていったのである。この変化は国際情勢の反映であるだけではなく，経済優先の政治への移行や6全協以後の共産党の平和革命路線への転換などに起因している。なるほど第3世界の反植民地主義の運動や民族独立闘争で共産主義者が主導するケースが多かったにしても，日本を含む先進国では共産党は自主路線をとり，民主主義のルールに従うようになったので，共産主義の脅威を声高に叫ぶことは現実離れしていったのである。また同じ共産主義の旗を掲げながらもソ連と中国との対立が公然化するとともに，一時は美化されて伝えられた中国の文化大革命の実態が知られるようになったことなどで共産主義の夢想が自壊していったことも，その脅威が薄れる原因になった。

　革新思潮が優勢だった時期には反共主義は道義的にいかがわしいと見做されたが，それから30年余りが経過した1985年の著書でかつて構造改革派の理論家として活躍した正村公宏は次のように書いている。「共産主義と反共産主義の対立は，一つの側面では人民主義と反人民主義の対立（民衆運動の無条件的支持に傾斜する立場と民衆運動に警戒や敵意を示す立場）の姿をとり，他の側面では権威主義・全体主義・専制(独裁)を主張する立場と自由主義・個人主義・多元主義的民主制を主張する立場との対立の姿をとる」（正村(1) 47)。

この文章が書かれた1980年代半ばまでには上述した諸変化のほかに時代の主潮の転換が起こっていた。80年代前半にはサッチャー，レーガンと並んで首相の中曽根が西側の指導者として「新自由主義」を基調とする改革を推進したが，それと相即して「市場の失敗」から「市場の再評価」へと政治的潮流の重心が移動したのである。他方，日本の国内では「新左翼」のセクト間の暴力を伴う凄惨な抗争が続いたことなどが影響して左翼的言説の魅力が剥げ落ちた。その当時，「もはや教条マルクス主義の批判ということは過去の課題にすぎず，それよりも一歩進んだはずの批判的・新左翼的な『柔軟なマルクス主義』こそが自己批判的な再検討の主要対象になっている」とソ連史研究者の塩川が感じたのは不思議ではなかった(塩川 246)。

正村の上記の文章にはこのような背景があったが，それに照らすと際立ってくるのは，反共主義に頭から道徳的断罪を下すのではなく，冷静にその主張内容に耳を傾ける姿勢が見られること，さらに自由主義などに引き寄せて反共主義にポジティブな意義を与えている点であろう。1970年代にユーロ・コミュニズムなどの経験を受けて共産主義が多様化するとともに，プラハの春の弾圧から文化大革命の終焉に至る一連の出来事で威信が失墜したが，それに対応して反共主義にも正当な位置づけができるようになったことを正村の一文は示しているといえよう。反共主義がもっぱら排斥の対象である時代は終わりを告げ，正負の両面を見極めることが可能になったのである。ただ，丸山が重視した反ファシズムと関連させれば，もっとも先鋭な反共主義というべきファシズムは母胎となった「民衆運動に警戒や敵意を示す」ことはなかったし，また「自由主義・個人主義・多元主義的民主制」を擁護するのではなく敵視したことが正村の視界から抜け落ちていることを指摘しておかなくてはならない。その限りで反共主義についての正村の整理にはファシズムへの視点がなく，議論が単純化されすぎているといわざるをえない。そしてこのこともまた，政治の季節を過ぎると反ファシズムが迫真性を喪失していったことを物語っていると思われるのである。

2．西ドイツにおける反共主義

ここまではわが国の戦後史に即して，反・反共主義や反ファシズムで曖昧なままにされていた問題点を考えてみた。それは，一口で言えば，反・反共主義であれ反ファシズムであれ，それらの立場をとることが民主主義を擁護

することと同一ではないという点に集約できよう。仮に正村のように反共主義を捉えるならば、「民衆運動に警戒」を示すリベラリストは少なくなかったし、安保闘争での大衆運動の盛り上がりに不安を感じていた点で、反・反共主義を貫いた丸山自身もその一人といえるかもしれない（苅部 179）。また民衆運動に警戒はしても民主主義の柱といえる一人一票の原則に基づく政党間競争までなら是認できたとすれば、エリート主義的な民主主義論を展開したシュンペーターやオルド自由主義に連なるハイエクのように反共主義者であっても民主主義の地平に立つことは決して不可能ではなかった。他方、定義からして共産主義者は反・反共主義の立場に立つが、コミンテルン結成以来長きにわたって民主主義は権力獲得の道具ではありえても、決してそれ自体が尊重に値する政治原理ではなかった。これをもっとも雄弁に表現しているのは、東ドイツの社会主義化の中心になった W. ウルブリヒトの言葉であろう。廃墟と化したベルリンで市政再建の人事について問われた彼はこう述べた。「分かりきったことじゃないか。外見は民主的でなければならぬ。だがすべては、わが手中にあり、なんだよ」（レオンハルト(1) 288）。周知の通り、戦後の東欧諸国では人民民主主義の名の下に共産党の独裁体制が相次いで樹立されたが、それはこのようなウルブリヒトの指針の実践例だったと見做しえよう。そうした共産主義者の存在を考慮するなら、反・反共主義が一概に民主主義と親和的であると考えることはできないのである。

　ここで反共主義を国是とした西ドイツに目を向けよう。

　冷戦の時代に反共主義を標榜したいくつかの国では強権的な支配が目立ち、政治腐敗が深刻だった。李承晩が独裁を敷き、それが軍部のクーデタで倒された後には軍事独裁が続いた韓国、大陸から追われた蒋介石の国民党による独裁が長かった台湾などがその好例である。これらを念頭において水谷は、「反共体制が、部分的には対抗相手である共産主義の影響と拘束を受け、自らも醜く過剰な支配に陥りがちな事実は確かにある」と述べているが（水谷(1) 263）、今日から振り返れば、「過剰な支配」としての韓国や台湾の独裁体制に関しては、反共の文脈よりもむしろ開発独裁という経済発展の成功例という視点から議論するのが一般的になっているといえよう（岩崎 65ff.）。それはともかく、反共を掲げた国々は共産圏に対抗するアメリカから軍事と経済の両面で援助を受け、政治的には民主化に進むどころか、腐敗と抑圧を深めていったケースが多かった。ベトナム戦争の末に崩壊した南ベトナムや

マルコス支配下のフィリピンなどその例には事欠かないのである。

　これらの事例と対比すると，同じ反共主義を謳っていても分断国家西ドイツは独裁や腐敗とは基本的に無縁であるばかりか，比較的早期に民主化にも成功したということができる。H. - G. ゴルツが指摘するように，東側陣営と対峙した「前線国家」西ドイツでも建国当時には政党国家的民主主義は確立しておらず，「西側もまたイデオロギー的な負荷を帯びた友敵思考と内政上の非自由性に傾斜していた」のは間違いない(Golz 2)。それどころか，アデナウアーが率いる政府は国内で「冷たい内戦」(Creuzberger 27)すら推進して，コンフォーミズムの風潮を強めていたのであった。その結果，民主主義の土壌となる政治的寛容の精神が育たず，民主主義が名目にとどまって空洞化する危険が存在したことは軽視できない。反共主義は左右の全体主義を否定する西ドイツ基本法の「戦う民主主義」の表現であり，冷戦のイデオロギー的反映だったのである。日本語にも翻訳された『ドイツの独裁』などの著作で国際的に高名な政治学者 K. D. ブラッハーも反共主義を西ドイツの「国家的教義」と呼んでいるが，事実，反共主義は「重要なアイデンティティ形成作用」を有し，「初期の連邦共和国の政治文化に長く刻み込まれる」ことになったのである(Creuzberger / Hoffmann 5)。

　こうした点については上述した丸山の証言も興味深い。彼は「ベルリンの壁のときにちょうどドイツにいたのですが，ぼくがいたころは，反共はほとんど一般的なムード」だったと語っているのである(丸山(8) 180)。自身の見聞をこのような言葉として残しているだけに，反・反共主義を唱える彼が論壇人としての多産な活動の中でなぜ西ドイツで反共主義が政治的主潮になっているのか，そこにどんな危険が孕まれているのかという問いを提起するか，少なくとも論及したりしなかったのはいささか不可解に感じられる。関連して，そうした問題意識に基づいて反共主義と反・反共主義の硬直した対立に彩られた自国の戦後政治の問題点を洗い出す作業を進めなかったことも惜しまれる。

　それはともあれ，マッカーシズムほどではなくても国是としての反共主義は西ドイツでも苛烈だった。1960年代前半にマールブルク大学に留学したドイツ史家の坂井は，「当時の日本の学界や言論界のマルクス主義過剰には辟易していた」と断りつつ，「そういう私でも当時の西ドイツの，一般学生を含めた社会の反共主義と反マルクス主義には逆にいささか辟易させられた。

マルクスは読まれないし，また読むのもはばかられるといった雰囲気で，これは行き過ぎだと思った」と回顧しているが(坂井 275)，この言葉は決して誇張ではないであろう。実際，例えば丸山が滞在したベルリンの壁建設をはさむ1960年から1962年までの時期でみると，年間1万2千ないし1万4千名の共産党員が検察官の取調べを受け，年間5百名に及ぶ共産党員が有罪の判決を受けた(ルップ 187)。また1951年から1968年までの20年足らずの間に共産主義者に対して6688件の有罪判決が下されたが，それはナチ犯罪者に対する999件に比べて7倍にも達した(Foschepoth 902)。そのために西ドイツの司法は「第一級の反共的政治司法」とも呼ばれ(Wippermann 32)，左翼を厳しく取り締まる官憲の「右目は盲目」と評される結果になった。この点との関連では，ブラント政権下の1972年に定められた過激者条例によって公務就任を拒否されるか公務から排除されたのは1100人，審査を受けたのは1万1千人とされているのも見過ごせない事実であろう。その意味では，偏った政治的不寛容がとくに初期の西ドイツを特徴づけていたのは間違いない。

しかし他方で，例えば68年世代の先駆けの一人としてSPD青年社会主義者協会(JUSO)の委員長を務めたK. D. フォークトが，ベトナム反戦運動を牽引するなかで同じ戦列にいた共産主義者と動機や目標を共有せず，自由権を濫用している彼らの影響を抑えようと努めたと証言していることや，当時は敵視していた公安機関の連邦刑事庁を今では「民主的法治国家を守る党派を超えて認められた道具」と呼んでいるのは，単純な裁断が不適切であることを暗示しているであろう(Voigt 3)。実際，幼弱だったボン・デモクラシーの定着と成熟までには紆余曲折があったとことは，フォークト自身の足跡からも読み取れる。けれども，幾度もの試練を越えて西ドイツは民主化に成功したという評価を国際社会でかちえたばかりでなく，経済的にも豊かな国となり，福祉国家としても成功モデルと見做されるようになった。連邦共和国としてのドイツの現代史を「市民文化化(Zivilisierung)」の歴史として描いたK. ヤーラウシュが，「打ち負かされた国における改心の長期に及ぶ行きつ戻りつの過程」について語り(Jarausch 26f., 359)，同じくE. ヴォルフルムが「時の利」などにも着目しつつ，感慨をこめて二つの著作のタイトルに「巧くいったデモクラシー」とつけたのはそのためであり(Wolfrum (1)(2))，成功を自画自賛して単純なサクセス・ストーリーに陥るのを戒める狙いが込められていたのである。

ところで，西ドイツで戦勝国の占領目的でもあった民主主義化が可能だった背景には，上記の国々とは異なり，いくつもの要因が揃っていたことが指摘できよう。敗戦までのドイツが植民地や従属国ではなかったこと，19世紀後半の工業化以降経済的に先進国であり豊かだったこと，その豊かな富がビスマルク以来の社会政策によって比較的均等に分配されたこと，そして政治的桎梏だったユンカーの存在に終止符が打たれるとともに，開発独裁論が注視する民主化の担い手としての中間層が広範に形成されて社会の安定を支えたことなどである。

　もちろん，これらと並んで，挫折したとはいえヴァイマル共和国で民主主義を経験し，そこから得た苦い教訓を糧にして民主主義の新たな建設に努めた人々が存在したことを忘れることはできない。ボン基本法の制定にあたり，ヘレンキームゼーでの草案作成から議会評議会での審議までの過程に参加し，基本法の父母として知られる顔ぶれを一瞥すれば，このことは明白になるであろう(Lange 41ff.; Notz / Wickert 63ff.)。たしかにヴァイマル共和国崩壊の経験は余りにも重く，そのために「ナチ独裁の確立とヴァイマル政治システムの構造的欠陥の間に直接的な関連があるという誤った観念」に彼らの多くが囚われていたのは否定できず，そこから建設的不信任や強力な憲法裁判所などボン基本法に特徴的な制度が生れ落ちることになった(Mommsen 9)。しかし，その点も含めて大勢としては彼らが政治制度としてばかりでなく価値原理としてもドイツに強固な民主主義を建設しようと努めたのは間違いない。なかでも西ドイツの出発の時点で重要な役割を果たした人物として，初代首相 K. アデナウアー（CDU），社会民主党党首 K. シューマッハー，初代大統領 Th. ホイス(FDP)などの名前を逸することはできないが，折り紙つきの「反共主義者にして愛国者」と評されるシューマッハーを筆頭にして(Benz 122)，彼らはいずれも強烈な反共主義者だった。さらに分断されたベルリンで最初の公選の市長となり，西ベルリン市民をまとめてソ連によるベルリン封鎖の圧迫に耐え抜いた E. ロイター（SPD)も反共主義的信念の持ち主だった。彼らが反共主義者になった理由は一様ではなく，アデナウアーの場合は敬虔なカトリック信徒として無神論の共産主義には最初から強い反感を抱いており，とりわけ革命の名で権力を用いて社会秩序を壊したり作り出すという社会観は疎遠だった(大嶽(1) 334)。一方，ヴァイマル共和国の崩壊を社会民主党の中堅幹部として経験したシューマッハーは，プロレタリア

独裁を唱えて共和国の民主主義を否定するだけでなく，社会民主党を社会ファシズムと決めつけて容赦なく攻撃する共産党の独善と教条主義に強い敵意を持つようになっていた（Schönhoven (1) 54ff.; Potthoff 133ff.）。降伏後のドイツで彼が強い指導力を発揮して多様な潮流を抱える社会民主党を「非共産主義的社会主義者の『統一党』」（ミラー 18)に作り上げたのはそこに一因があり，ある意味で，彼の「社会主義者となる動機の多元性の承認」の立場はその裏返しとも見られよう（安野 (1) 70f.）。マックス・ウェーバーの盟友だった F. ナウマンの第一の門弟としてリベラルで鳴らしたホイスが共産主義にシンパシーを微塵も抱かなかったのは説明するまでもなく，そのことは自由主義のネットワークからソ連に屈した東ドイツ地域の W. キュルツたちを排除したことからも窺えよう（為政 18f.）。このように原因や経緯は違っていても，共産主義を否定して民主主義を守るという彼らの基本的立場は同じであり，西側統合路線を推進するアデナウアーとナショナリストとしてドイツ統一を優先するシューマッハーが衝突したとしても，それはこの土台の上でのことだったといえるのである（Jarausch 172)。

　これに加え，第三帝国の時代の経歴も無視できない。ナチス反対のゆえにアデナウアーはケルン市長の職を解かれたばかりでなく，その後の年金生活もゲシュタポによる監視と逮捕という迫害にさらされ，最後には生命も危ぶまれた。第一次世界大戦で従軍して障害者になったシューマッハーが強制収容所に多年にわたって押し込められ，廃人同然の状態にまで追い詰められた末に戦争末期にようやく釈放されたことはよく知られている。ホイスの場合は，第三帝国の時代はいわゆる国内亡命を通した。政治的伝記の白眉とされる『フリードリヒ・ナウマン　人物・活動・時代』を執筆したのは，逼塞を強いられたこの時期であり（ハム＝ブリュッヒャー 159ff.），戦後に大統領として抵抗運動で命を落とした人々の勇気を称えたのは彼らと接触を持っていたことが背景にあった。ロイターだけは1933年にマグデブルク市長を解任されて強制収容所に囚われたものの，重病で釈放された後にトルコに亡命したから，これらの人々ほどの苦労はしなかったといえよう。このようにこれらの人物にはナチ時代に苦難の道を歩んだ共通面がある。彼らはナチに屈服せず，ヴァイマル民主主義を担った者として節を曲げなかったといえるのである。

　そのほかにも，反共主義というよりは反ソ連ないし反ロシアということに

なるが，ドイツ社会に広く存在していた，文化的に遅れていると見做された
ロシア人もしくはスラブ人に対する蔑視とその裏返しともいえる恐怖感を彼
らが程度の差はあっても共有していたことにも留意すべきであろう。また，
第三帝国崩壊前後に吹き荒れたソ連軍兵士による略奪とレイプのような暴虐
や東部領土からの大量のドイツ人追放と数多くの死者を出したその際の虐待
などが彼らの反ソ連感情を増幅させたことも見落とせない。

　第三帝国の名においてソ連や東欧で繰り広げられた蛮行と相殺されては
ならないが，被害者が長く沈黙を守ってきたレイプだけでも200万人かそれ
以上のドイツ人女性が犠牲になった事実は心に重くのしかかった（本書第
4章）。クチンスキーが回想録で指摘する「粗暴なまでに反ソ的」な姿勢や
「凄まじいばかりの恐怖心」はその帰結と見做せるのであり（クチンスキー
45），そうした背景のある反ソ感情は本来は反共主義とは無関係といえるに
しても，差別意識と怨恨とが混ざり合い，形を変えて反共主義を加熱させて
いたと見られるのである。さらにドイツ分断後になると，デーンホフがいう
ように，ソ連軍の暴虐が「ドイツの西側で共産主義を徹底的に憎悪させるの
に悪用された」のも看過できない（デーンホフ 23）。ソ連の影響下に入った
東欧圏に先祖代々長く定住していたのに駆逐された被追放民たちは1950年に
故郷被追放民・権利被剥奪者同盟（BHE）を結成して負担調整と並んで東部領
土の回復などを唱え，オーダー＝ナイセ線をポーランドとの新たな国境とし
て押し付けるソ連とそれに従う共産党を激しく攻撃し，そのために極右勢力
の一翼と目されたが，そこでも反共と反ソが混淆していた。しかも彼らはい
わゆる難民州を中心に地方議会に進出しただけでなく，数の多さを背景にし
てアデナウアーの政権にも参加して国政に侮りがたい圧力を加えたので，建
設されるべき民主主義の障害になるとさえ懸念されたのも見逃せない。これ
に加え，通貨改革を契機にして1948年6月から1年近くに及んだベルリン封
鎖がソ連の脅威を見せつけ，「西ドイツにおける反共主義的コンセンサスを
促進した」のも軽視できないであろう（Lebegern 15）。

　この点に関連し，1953年にミュンヘンに留学した猪木正道の述懐には興味
深いものがある。彼はその地で二つの衝撃を受けたというが，一つは，「お
なじ敗戦国である西ドイツのひとびとが，ソ連からの軍事的脅威について，
大多数の日本国民とはまったくちがった考え方を持っていたことだ」と述べ
ている。これに続けて彼は率直にこう書き記している。「ドイツ社会民主党

のもっとも信頼できる指導者たち——ヒトラー独裁の12年間，亡命生活の苦難をなめるか，または収容所でかろうじて生き残ったひとびと——が，『もしアメリカの駐留軍がいなくなれば，私たちは一晩も安眠できないだろう』と語るのを聞いて，私は肝をつぶしそうになった」(猪木(1) 10f.)。日本と西ドイツの再軍備の政治過程を比較検討した大嶽秀夫は，「西ドイツのエリートとは対照的に，日本のエリートは，ソ連の軍事的脅威を切実に感じたことがなく，また国際政治の上での軍事力の政治的機能の必要を痛感したこともなかった」と述べているが(大嶽(2) 217)，この認識が薫陶を受けた猪木の驚愕を受け継いでいるのは明らかであろう。なお，独文学者の竹山道雄と西義之が西ドイツの普通の市民の反ソ感情について現地から報告するのは，それから数年先のことになる(竹山(2)；西)。

　それはさておき，敗戦後の日本で占領から講和・独立への立役者となった吉田茂は反共主義者として同じ役割を担ったアデナウアーを深く敬愛したが(五百旗頭(1) 367f.)，そのアデナウアーは長期政権の間，貴族主義的でワンマンな吉田に似て宰相民主主義と呼ばれる統治スタイルをとり，党首として率いるキリスト教民主同盟を自分のためのマシーンとして利用した(近藤 32f.)。その意味で彼にはドイツの伝統とされる権威主義的な政治文化の克服よりは存続に手を貸した面があるのは拭いがたい。同様にシューマッハーについても，「独裁の12年間に社会民主主義者が晒された苦難および抵抗と新たな政治的出発への意志を彼以上に体現する者はいない」と評される反面で(Schneider 40)，集権的な社会主義に固執して理論的に首尾一貫しないだけでなく，非妥協的で融通の利かない指導方法のために「社会民主党が権力に近づく道を開くより，むしろ閉ざした」とさえ指摘されている(レッシェ/ヴァルター 151; Walter 126)。このような理由から，政治家としての彼らの功罪が反共主義とは別のレベルで問われるべきなのは当然であろう。実際，彼らが確立に貢献した民主主義にしても，経済が好調なときにだけ安定する「晴天民主主義」と揶揄されたことが示すように，いわば精神の欠けた制度レベルにとどまったといわねばならない。いわゆる1968年世代の登場に伴って参加の要求が噴出し，「デモクラシーの民主化」や「第二の建国」が問題とされることになったのは，そこに原因があったのである(野田 10f.; 安野(2) 30ff.)。

　他面では，アデナウアーたちの同時代人のなかに同じ反共主義であっても

ナチスに協力したりヒトラーの支配に従順だった人々が多数存在した事実も忘れるわけにはいかない。よく知られているように，反ファシズムを標榜する東ドイツから西ドイツはナチス・ドイツを継承してファシズムを引きずっているという非難が執拗に浴びせられた。その東ドイツでも，実は社会主義統一党の中堅幹部クラスに少なからぬナチ活動家が横滑りしていて，非ナチ化が喧伝されているほどには首尾一貫していなかったことがテューリンゲンやザクセンでの綿密な調査によって今では明らかにされている（Best／Meenzen 10ff.; Pohlmann 109ff.）。

　とはいえ，西ドイツで行政機構や司法機関などの要職にナチスに深く関与した人々がかなりの比率で就いていたのは紛れもない事実だった。そのなかでは高級官僚としてユダヤ人排斥のニュルンベルク法制定に関わったのにアデナウアー直属の首相府次官に収まって大きな権力を振るった H. グロプケが有名であろう。しかし，彼は氷山のほんの一角にすぎず，1950年から1953年の間に任用された連邦官庁の局長のうち60％は少なくとも名目的にはナチ党の党員だった過去があることが明らかになっている（Wolfrum（1）58）。それは戦後初期の西ドイツで復興が優先されて非ナチ化が不徹底だったことの帰結だが（クレスマン 91ff.），他面で，作家の M. ヴァルザーなどのように，「アデナウアーがナチスの過去を持つ人びとを過激化させないで取り込み，迎え入れ，元気にやっていけるようにさせたのは賢明だった」という評価があることも見過ごしてはならないであろう（三島(2) 178）。これらの人びとは官僚機構における第三帝国と西ドイツの人的な連続性を表しているといえるが，いずれにせよ任用に当たって彼らがボン基本法への忠誠を誓約していたとしても，それだけで彼らを民主主義の信頼できる担い手と見做すのは無理であろう（ヴィンクラー 163ff.）。その意味では民主主義を擁護する反共主義的な政治指導者が居並ぶ傍らには，反ファシズムとはいいがたい反共主義者が数多く存在していたことを軽視することはできない。

　無論，ナチ党の党員だけでも最大で800万人を超えた事実に照らせば明瞭なように，積極的か受動的かを問わなければ，ナチ関与者は高級官僚に限らず社会の中に多数存在していた。しかも社会全体で見れば，ナチスの時代はかならずしも負の歴史とは考えられていなかった。例えば1955年の世論調査では「戦争がなければヒトラーは最も偉大なドイツの政治家の一人ですか」という問いに半数がそう思うと答えていたのである。「1949年に誕生した二

つの共和国をどれほどの人的な連続性が崩壊したナチ・レジームと結び付けているかを問う者が，ドイツの東でも西でも何十年にもわたって胡散臭く見られた」のはそうした土壌が存在したためだったのである(Frei 269)。実際，W. ブラントはフォークトにこう洩らしたという。「戦争後に我々が戦争終結以前にすでに民主主義者だった人々とだけで民主主義を建設しようとしたなら，我々は少数派だっただろう」(Voigt 7)。現に政府などの要職にナチの後ろ暗い過去を背負う者が多いことを問題視する人は，東ドイツの宣伝に踊らされているとして周囲から白眼視されたと伝えられている。

　そのような西ドイツには，ナチに関与した過去のある人々にとって，自己の経歴に染み付いた汚点を薄めるのに恰好の方便が存在していた。共産主義の脅威を唱えて反共を鼓吹することがそれである。なるほど冷戦の激化という国際環境があったにせよ，1953年の連邦議会選挙の際にキリスト教民主同盟が「マルクス主義のすべての道はモスクワに通ず」と大書したポスターを津々浦々に貼り出したことに見られるように(Paul 88ff.)，数々のキャッチフレーズが作られて建国初期の西ドイツで反共主義的キャンペーンが大々的に繰り広げられたのにはこのような背景が存在していた。例えば200の共産主義の覆面組織が西ドイツに浸透しているというようなマッカーシー流のプロパガンダによって脅威が煽られたのである(Jarausch 158f.; Wippermann 27)。キャンペーンの仕掛け人の一人がゲッベルスの宣伝省で局長を務めた E. タウバートであり，煽動的なポスターがナチ期に活躍した R. フストの図案だったのは，この関連で意味深長であろう(Paul 95)。そうした事実が示唆しているのは，「ナチ時代の過去の自己批判的な清算よりも反共主義が若い連邦共和国では民主主義的心情の証明として十分である」とされたことである(Voigt 7)。実際，「ナチへの多くの関与がボルシェヴィズムの危険に対する戦いの中で見過ごされた」のは否定できない(Jarausch 180)。福間は哲学者だった出隆の戦後の著作を取り上げ，「反戦やマルキシズムの過剰な強調は，かつての言動を覆い隠し，自らへの責任追及を鈍らせていた」と批評しているが(福間(2) 72)，それと同じ現象が西ドイツでは反共主義について見出せるのである。

　このような文脈を踏まえるなら，E. ヴォルフルムや A. シルトが指摘するとおり，反ファシズムだったか否かにかかわらず，反共主義は多様な経歴を持つすべての人を束ねるのに適した「統合イデオロギー」として機能したと

いってよいであろう(Wolfrum (1) 58; Schildt 630f.)。各種の世論調査によれば、敗戦とホロコーストのためにナチズムに批判的になっていても、秩序正しい民族共同体の再建を謳った理念自体は悪くはなかったと感じる人々が少なくなかったが(Vorländer 9;ジャット 76)、そうした社会では、「不愉快な思い出を忘れさせる心地よい可能性」を提供することにより反共主義は「あらゆる主要な政治・社会集団を包括する基本的コンセンサス」になった(クレスマン 335; Schildt 631f.)。そして反共主義が前面に押し出される傍らでは、反ファシズムが希釈されるにとどまらず、反ファシズムを攻撃し信用を失墜させようとする動きさえしばしば現れた(Deppe / Fülbert / Rilling 11)。そのことが今日に至るまで反共主義には「ネガティブで非民主主義的な混じり物」が含有されていると指摘される一因になっている(Beattie 120)。

このような問題を含みながら、反共主義は「国家的教義」として「ボン共和国の政治的自己理解と政治文化にとって傑出した意義」を有していた(Creuzberger / Hoffmann 9)。けれども、厳しかった冷戦に雪解けの時期が訪れ、東西の緊張が緩和して平和共存が基調になると、反共主義の熱気が冷めたのも見落とせない。たしかに後ろめたい過去を持つ人々を社会に包摂する「統合イデオロギー」として反共主義は機能したものの、理念であれ実在の体制であれ共産主義という絶対的な敵の存在が時代の主潮になるための不可欠な前提だった。ところが、冷戦の変容とともにその前提が薄らぎ、共産主義は不倶戴天の敵から競争相手に変わっていったのである。そのために反共主義は前景から退き、衰退していったが、そのことは反共主義が単なる統合イデオロギーにとどまらず、戦闘のためのイデオロギーだったことを証明している。緊張緩和の時期を迎える頃から反共主義をゲッベルス流の反ボルシェヴィズムや狂信的なマッカーシズムなどと同一視する傾向が見られるようになり、それとともに西ドイツで「緊張緩和期の反・反共主義的時代精神」が語られるような状況が現出した(Beattie 119)。政治的必要が薄らいだ反共主義は名目的な国家的教義に変わったのである。

さらに注意を要するのは、建国期の政治家たちに関して指摘したのはあくまでも基本的立場であって、現実政治の展開はそれとは異なっていた点である。ソ連の占領下に置かれた東部ドイツでは敗戦から1ヵ月あまりで政党の設立が許可され、共産党や社会民主党、キリスト教民主同盟などが登場した。そこで主導権を握ったのが占領権力の後押しを受けた共産党だったのは

当然だが，アメリカなどの占領統治を受けた西部ドイツでもやや遅れて政党の結成が許された。その際，多数の政党が誕生し，まもなく実施された州議会選挙などに参加した。その結果，反共国家としての西ドイツがスタートする以前の西部ドイツには州のレベルで共産党を含む多様な連立が形成されたのであった。これについては，ルップが「共産主義者は1946年から48年までの間，すべての州政府から閉め出されていた」と誤記しているのをはじめ，ポットホフの記述も混乱している（ルップ 121; Potthoff 134）。それゆえ共産党が州政権に加わった若干の事例を挙げておくなら，1948年2月までのニーダーザクセン（カール・アーベル無任所相），同年4月までのノルトライン＝ヴェストファーレン（フーゴー・パウル再建相とハインツ・レンナー交通相）とラインラント＝ファルツ（ヴィリー・フェラー労働相），同年7月までのハンブルク（フリードリヒ・ディットマン保健相）とヴュルテンベルク＝バーデン（ロルフ・コール食糧・農業相）などがある。また共産党員を含む州政府が成立した土台には，例えばヘッセンについて「1933年以前の敵対から民主主義のための協調が生じた」といわれるように，「政党政治の戦線を越えた共同の建設への意志」が存在していた（Mühlhausen 18）。そのヘッセンでは基本法に先立ち，1946年12月に反独占を基調とする社会化条項を盛り込んだ州憲法が主要政党の歩み寄りを経て制定されたが（Berding 70f.），各地で同様な憲法が定められた背景にはこうした状況があったのである。

　これらの事実は，現実政治の問題として，アデナウアーが代表するキリスト教民主同盟やシューマッハーの率いる社会民主党も，衣食住に事欠く瓦礫社会の窮乏を克服するという切迫した課題の前では共産党との協力を厭わなかったことを示しているといえよう。当時の実情では，「最優先の課題は食糧と住居の供給であり，大抵の都市が破局的な生活状況にあったので，他のすべての問題は第二次的なものと考えられた」のであった（フレーフェルト 238）。これを現実主義と呼ぶなら，そうした姿勢は次のエピソードからも看取できる。統一ドイツの初代大統領を務めた R. v. ヴァイツゼッカーが，「アデナウアーは非常に賢明な政治家で，現実を見過ごすようなことはなかった」と評し，その上で，「ソ連と我慢できる程度の関係を築くことが，残る人生のもっとも重要な使命と見做している」とアデナウアーがある機会に告白したと回想していることである（ヴァイツゼッカー 124）。反共主義には様々なタイプがあることを先に指摘したが，頑迷な反共主義者を除けば，大

きな課題に直面したとき，その解決を優先する立場から反共主義者が共産党と手を結んだことは歴史的事実として銘記されるべきであろう。信条のレベルでは反共主義であっても，効用や結果が問われる現実政治における行動のレベルでは共産主義者との協力を是認する立場を容共と呼ぶなら容共的な反共主義が存在するが，連邦憲法裁判所が1956年に共産党を禁止した西ドイツの建国以前にはその実例が見出されるのである。無論，土台に信条の相違がある以上，相互不信を払拭するのは困難であり，ドイツ占領政策を含めヨーロッパをめぐる米ソの対立が決定的になった1948年に共産党との連立が相次いで崩れたように，共産党との提携が脆くて持続しにくく，状況の変化によって簡単に崩壊することを各州政権の実例が示している点にも注意する必要がある。

　これに関連して，日本にも社会民主主義者が共産党と協力した事例がいくつもあることにここで言及しておくのがよいであろう。代表的なのは，高度成長後半期から首都圏，大阪，京都などで出現した革新自治体の例である。それらはいずれも地方レベルの事例だが，シューマッハーなどの同時代でいえば，結局は構想倒れに終わったものの国政レベルでの民主人民戦線の動きがあった。その世話人会はGHQ草案に基づく政府の憲法改正案が公表された4日後に暫定綱領の一つとして「人民の発意に基づく民主的方法による新民主憲法の制定」を掲げたが（松尾(1) 273），そうした戦線結成の協議の席には片山哲，山川均，徳田球一，志賀義雄などと並んで石橋湛山や長谷川如是閑までが加わっていたのである（升味(1) 161ff.; 後藤・内田・石川 20f.）。そればかりではない。のちに社会主義協会を率いることになる向坂逸郎の言によれば，当時，民主人民戦線の中心だった山川均の意を体して向坂は戦時期に言論界の重鎮として戦争協力を煽った徳富蘇峰のところにまでいって参加を求めたほどだった（松尾(3) 115）。徳富は「聖戦への熱意」から「主戦論者のなかでも群を抜いていた」と評されるばかりでなく，「敗戦後も戦争支持の記事を書き続けた」人物だったから（キーン 43），それが事実とすれば民主人民戦線の構想自体が大きな問題を孕んでいたといわねばならない。

　長谷川はもとより，小日本主義を唱えてリベラルで鳴らした石橋が共産主義批判者だったのは当然としても，現実政治の面では彼が共産党との協力も辞さず，容共的な一面があったことは，野坂参三帰国歓迎大会の世話人として石橋が尾崎行雄などとともに名を連ねていたことからも窺える（増田

158f.; 福永(1) 55)。一方，民主人民戦線の動きに対抗して反共連盟の結成を唱えたのが，日本自由党のリーダーで後に首相となる鳩山一郎だった(伊藤(1) 356)。これらの点に照らせば，丸山を例に反・反共主義を二つのタイプに分けたのに倣い，石橋の留保つきの反共主義を柔軟な反共主義，一方，反共一点張りだった鳩山やその盟友として政権を引き受けた吉田茂のようなケースを強硬な反共主義と呼ぶことができよう。例えば吉田が1946年に初めて組閣した際，「事実上の反共連合」といわれる「共産党を除く挙国一致内閣構想」を追求し，のちに「保守合同の立役者」となる三木武吉が彼を支えて共産党排除を画策したことや(楠 232)，翌年に社会党の片山哲が組閣への協力を要請した折に吉田が「われわれは最初からはっきり反共なんだ。反共と容共とが連立内閣を作ってみたところで，気の合わない二人三脚みたいなものだ」と一蹴したのは(伊藤(2) 107)，その表れと見做しうる。1949年に第3次吉田内閣が発足したときの記者会見で，社会党左派と共産党を排除したうえで，外交政策・経済政策で一致するイギリスの保守党と労働党をモデルにした二大政党の育成を説く一方，防共政策としてアメリカの非米運動を参考にして「非日活動委員会」の創設に言及したのは(福永(3) 234)，これに符合している。

　議論の文脈がやや異なるものの，このような論点に関わる形で吉田茂とアデナウアーの反共主義を比べた大嶽は，「アデナウアーの主張は，自由主義的な反共主義として，戦前の反共主義・軍国主義と明確な一線を画していたのに対し，吉田のそれは明らかに復古的なものであり，明治国家体制の復活を目指す要素を濃厚に帯びていた」と記しているが(大嶽(3) 197)，日独の戦後の基本路線を敷いた政治的役割やワンマンな性格と政治手法の類似性が強調されることが多かっただけに，両者の主要な相違を捉えた卓抜な指摘といえよう。というのも，例えば講和を目前にして吉田は占領下の改革を見直す意向を固め，具体的な提案をまとめたが，そこには地方自治体に対する内閣の監督権の強化，家長の地位の法制化，長子相続の復活をはじめとする家族制度の復活，警察制度の中央集権化，教育委員会の独立性の廃止，独占禁止法の緩和，行政委員会の廃止など多岐に亙る項目が列挙されており，復古的な性格が濃厚だったからである(福永(1) 52; 福永(3) 315)。この点を踏まえるなら，吉田との比較だけでなく，石橋などをアデナウアーと比較する課題が生じるであろう。同時に，上述した柔軟な反・反共主義にせよ柔軟な反

共主義にせよ，強硬なタイプと違い留保を付して前のめりせず，丸山のいう「状況判断」を自主的に行う主体性が前提になっており，それは広くは共有されなかったことも付け加えておかねばならない。キャンパス文化では強硬な反・反共主義が，現実政治では吉田を典型とする強硬な反共主義が優勢だったのは，丸山が重んじた主体性が未成熟だったことを物語っているといえるのである。

3．日独の反共主義・反ファシズム・民主主義

　それはさておき，反共主義の問題に戻るなら，上述したアデナウアーやシューマッハーなどの事例が教えているのは，反共主義が民主主義に対立するという単純な図式が成り立たないということであろう。たしかにヒトラーを想起すれば明白になるように，反共主義者のなかには民主主義を敵視する人々が存在する。その意味では反共主義そのものを区別することが肝要であり，とりあえず民主主義的反共主義と反民主主義的反共主義とに分けて考えることが重要になるであろう。その点から見れば，丸山のように状況判断としてであれ反共主義を一括りにした上で反・反共主義を唱えるのは，彼が多くを学んだはずのドイツの事例を無視した短絡的思考であり，重大な難点を抱えているといわなくてはならない。『西ドイツの精神構造』を著した宮田は反共主義に関して，「心理的・イデオロギー的にミニマム了解しうる正当性の側面をもちえないようにみえる」と記し，政治的不寛容の危険に警鐘を鳴らしたが(宮田 318)，その際，彼の視界に入っていたのも主として反民主主義的反共主義だった。この点では日独伊の三国の制憲過程を比較した石田が反共主義を一括りにして戦後の「新たな立憲民主主義に対する障害」と位置づけていることにも(石田 30)，同じ問題が指摘できる。竹内はマイルズ・フレッチャー『知識人とファシズム』に解題として収めた論考で丸山の日本ファシズム論を批判し，皇道や日本精神にもとづく復古ファシズムだけに注意を向けることによって「『進歩』と『革新』のモダニズム・ファシズム」という別種のそれを視界から閉めだして「盲点にしてしまった」と論じているが(竹内(5) 286)，それに類似した認識上の問題点が単色に塗りつぶされた反共主義についても見出せるのである。

　もちろん，西ドイツがヒトラーの第三帝国を含めてドイツの歴史を継承していた以上，反民主主義的反共主義の系譜を軽視することができないのはい

うまでもない。だがそうだとしても，その色濃い影で民主主義的反共主義の潮流が蔽われてしまい，あたかも反共主義が反民主主義と等置できるかのような通念が定着したことは重大な視野狭窄を招いたといわねばならない。ボン・デモクラシーに即した場合，民主主義的反共主義の意義と役割に注視する必要があり，そこに光源を据えるなら，戦後の日本において民主主義的反共主義の可能性があったのか否かという論点が浮上してきたはずであろう。

　問題はこれで終わらない。ドイツに視点を据えた場合，共産主義が民主主義の対立物だというだけではなく，さらにオポチュニズムという論点が浮かび上がってくるからである。

　よく知られているように，1939年に宿敵同士のはずのヒトラーとスターリンが独ソ不可侵条約を締結したとき，それによる衝撃で日本では「複雑怪奇」という迷言を残して平沼内閣が総辞職した。しかしその衝撃を受けたのは，日本政府だけではなく，ドイツを含むヨーロッパの諸国民も同じだった。ドイツではヴァイマル期から社会ファシズム論を唱えていた共産党はヒトラーが政権を握っても社会民主党攻撃をすぐにはやめなかった。しかし，コミンテルンが1935年の有名な第7回大会で人民戦線戦術に方針を切り替えるとドイツ共産党もそれに従い，同じ反ファシズムの立場を前面に押し出して社会民主党との提携を呼びかけた。1936年2月のドイツ人民戦線準備委員会のアピールに作家のハインリヒ・マンと並んで後の西ドイツ首相ヴィリー・ブラントや東ドイツの最高指導者ヴァルター・ウルブリヒトなどの署名があるのはそのためである（ショレゲン 51）。ところが独ソ不可侵条約を境にしてドイツ共産党は先頭に立つと表明していたその反ファシズムの旗をおろしただけでなく，スターリンのポーランドやフィンランドへの侵攻にも追随したのである（ドゥーンケ 336ff., 470ff.）。

　その時点で日本では共産党は壊滅状態に追い込まれていたのでドイツ共産党のような没主体性やオポチュニズムが際立つことはなかった。けれども，共産主義に幻滅した人や政治の圏外に去った人が続出したように，ヨーロッパではその衝撃は大きかった。著名な例では，アーサー・ケストラーやルート・フィッシャーなどの転向が知られている（レオンハルト(2) 217ff.）。無論，条約締結は共産主義者の間に衝撃を引き起こしただけではなく，アデナウアーのような反共主義者に共産党に対する根深い不信感を植え付けることになったのである。日本で見られた共産党のオポチュニズムといえるの

は，朝鮮戦争の際に後方攪乱の目的でソ連の指示に従って極左路線に走り，火炎ビン闘争や山村工作隊を農村に送り込んだことなどであろうが（伊藤(1) 427ff.)，それが丸山の反・反共主義やキャンパス文化を蔽っていた革新思潮にいかなる影響を及ぼしたのかは明確ではない。しかし過激な方針で脱落者を出したとしても，少なくともオポチュニズムが共産党に対する不信感を強め，公然たる批判を巻き起こした形跡はほとんど見当たらない。

　さらにソ連観に関わる問題点も存在する。1934年にフランスに留学した心理学者の宮城音弥は人民戦線が誕生するのを目の当たりにしたが，フランス左翼は「大部分日本の共産主義者みたいにソビエトに心酔していない」と当時の状況について語っている（鶴見(1) 32)。ところが，例えば日本におけるマルクス経済学の祖として知られる河上肇にとっては敗戦翌年の死に至るまでソ連は労働者にとってのパラダイスのような世界であり，しかもそれは河上に限られたことではなかった。1987年に有沢広巳と対談した高橋正雄が，「50年前まではソ連を理想的社会だと思っていた」として，「若い時から僕は，共産主義になれば天国が生まれるといってきたけれども，あれは嘘だ」と率直に告白していることや，清水幾太郎が問題作『戦後を疑う』のなかで，若い頃に接したソ連の宣伝文書で「ソヴィエトが宛も地上の天国のように描かれていた」ことを指摘しつつ，「真赤な嘘の宣伝も美しい真実として受け取るほかはなかった」と記しているのがその例証になろう（高橋 206f.;清水 39)。これを裏付けるかのように猪木正道は1930年代半ばの学生時代を振り返って，当時，「具体的なソ連像は日本ではほとんど紹介されておらず，ソ連を地上の天国のようにあがめるマルクス主義者が多かった」と記しているが（猪木(3) 36)，そうした状態は敗戦を過ぎてもすぐには変わらなかった。例えば1950年代に200人ほどの日本の知識人がソ連政府に招待されてソ連社会を見学したが，そのほとんどは帰国後にソ連の経済発展を褒めたたえた。そればかりか，「ソ連について少しでも否定的言辞を吐く者は徹底的に罵倒されなければならない」と考える者さえいたのである（五十嵐恵邦 111,115)。1951年の論考で竹山が指摘した「ソ連の行動に対するほとんど自動的な弁護」，すなわち「この国はカテゴーリッシュにいかなる悪をもなしえず，いかなる欠陥もないものである」という観念はその結晶にほかならない（竹山(1) 301)。

　もちろん，その対極にはシベリア抑留経験者である小熊英二の父親のよう

に，「自分はソ連にいて，共産主義社会の現実を見ていた」から，「社会主義だの共産主義だのにはまったく夢は抱いていなかった」という人もいた。また同じ抑留経験者のなかに「希望を餌に締め上げるゲーペーウー」などに接して「権力を持った共産党に大きな失望を感じ」た人が存在したことも忘れてはならない（小熊(3) 205; 和田 286）。いずれにせよ，美化の風潮が強かったスターリン治下の現実のソ連では，農業の集団化に伴う迫害と大飢饉で数知れない餓死者が出たのをはじめ，1930年代後半の大規模な粛清で夥しい人々が命を落としたことは，今日では遍く知られている。そこでは恐怖政治が支配し，ラーゲリの巨大なネットワークが構築されていたのであり，近年の研究で親密圏を超えた「プロト公共圏」が掘り起こされ，人々が政治的に完全に窒息させられたわけではなかったことが確かめられているにせよ（松井 29ff.），ソルジェニツィンが命名した収容所群島はいかなる意味でも理想郷とは呼べなかった。ドイツとの戦争に持ちこたえられるだけの急速な重化学工業化にしても，いわれのない罪状でラーゲリに押し込められた囚人たちの事実上の奴隷労働に依拠するところが大きかったのである。

　無論，バーナード・ショウやロマン・ロランをはじめとしてソ連に招かれた西ヨーロッパの著名な作家や知識人たちが世界恐慌で苦しむ自国と対比してそのソ連を賛美したように，そうした悲惨な実態は彼らの目から遮断されていたので，ありのままの素顔を知るのは困難だった。けれどもドイツの場合，戦争終結後にシベリア抑留でソ連に連行された日本人を遥かに上回る300万人を超す将兵が捕虜となり，戦禍で荒廃したソ連の各地で過酷な労役を強いられたために大量の死者を出したばかりか，抑留の期間も長引いた（カレル 482ff.）。またドイツ国外に住んでいた民族ドイツ人と呼ばれるドイツ系住民を含む数多くのドイツ民間人が賠償の名目でソ連に強制連行されて働かされた（Hendel 20ff.）。10万人から100万人という説があるようにその実数は不明だが，30万人程度とするのが有力であり，死亡率は25%前後と推定され，高率だったことが確実視されている（Hendel 26）。そうした事情から，東部ドイツがソ連の占領下におかれたことを別にしても，戦後のドイツを覆うソ連の影は日本に比べて圧倒的に大きかったのである。

　このようにソ連に抑留されたドイツ人の数が膨大だっただけでなく，著しく悲惨な境遇におかれたことなどから，スターリン支配の実情についてもドイツに多くの情報が流れ込んだのは当然だったであろう。さらにヨーロッパ

では,「1940年にソ連がエストニア, ラトヴィア, リトアニアの３国を上から共産化したときにとった手荒い方法は, 亡命者などの経路を通じてよく知られていた」し, スターリンが強行した「血みどろの粛清は, ヨーロッパ諸国の共産党員をも多数血祭りにあげていたので, ヨーロッパ人はソ連の恐怖政治に対して強い嫌悪感をいだいていた」という(猪木(1) 27)。西ドイツではスターリン批判が始まる前の1955年９月にアデナウアー首相がモスクワを訪問し, ソ連との国交樹立と最後まで残った捕虜の帰国について協定を結んだが, フルシチョフの手でスターリンの恐怖政治が暴露される以前からある程度まで事実関係が把握されていたのは, その結果だったといえる。アデナウアーたちがいつごろからどの程度まで正確な情報をつかんでいたのかは定かではないものの, スターリン時代のソ連の暗黒が彼らの反共主義の正しさを裏付けるものとして受け取られたのは間違いないであろう。因みに作家のシュテファン・ハイムは1933年のヒトラーの権力掌握直後にプラハに逃れ, その後に渡米してアメリカの兵士として故国に戻ったが, 粛清に関してはプラハ時代に知り, アメリカでは処刑された古参党員でロシア革命功労者たちの自白を文書で読んだと証言している(ハイム 265)。

　これに対し, 1956年のソ連共産党大会におけるフルシチョフの秘密報告が伝えられたとき, ドイツに比べてソ連の影が格段に薄く, 事実関係を知らないままその社会を理想郷のように想像していた日本では驚きが大きかった。たしかにスターリン批判以前にもシベリア抑留から帰国した高杉一郎の体験記『極光のかげに』(1950年)などが広く読まれ, ソ連民衆の生活の貧しさやスターリン崇拝の押し付けはある程度まで知られていた。例えばその手記で高杉は数々の事例を引きながら, スターリンの徒のような「神経質で不寛容な精神の指導する大衆運動が, ばかげた虚構とはてしのない恐怖の世界を作り出すのは当然ではあるまいか」と語り, スターリン崇拝についても「神格化という言葉を用いてもそんなに言い過ぎではない」と明言していたのである(高杉(1) 268, 336)。それだけに彼に対する反撥も強かった。スターリンの栄光を汚したとして当の高杉を共産党幹部の宮本顕治が面罵したエピソードや, 「マルクス主義とは縁もゆかりもないスターリニズム」をめぐる彼の報告が「1951年の日本でインテリゲンチャにまっすぐにうけとられる」のは稀だった事実がそれを示している(高杉(2) 198; 高杉(3) 196)。スターリンが死去したのは1953年だが, その前年に大学に入学した作家の五木寛之に

よると，「そのころの日本は明日にでも社会主義国になるのではという雰囲気」であり，スターリンの死を知って涙を流していた学生もいたという（五木 168）。このような反応が表しているのは，スターリンの背後に広がる果てしない暗闇が日本では感知されていなかったことであろう。

　そうした感度の鈍さは，いわゆる進歩的文化人たちのソ連礼賛論にも示されており，それ自体として看過しがたい問題になる。稲垣と若槻が共通して挙げているのは大内兵衛や柳田謙十郎などだが（稲垣 175ff.; 若槻 414ff.），それ以外にも羽仁五郎や桑原武夫などのソ連美化も軽視できない。共産党シンパから保守派に転じた後の林健太郎が強調したのもこの問題であり，60年安保闘争のリーダー格だった清水幾太郎について「ソ連認識の浅さ」を指弾しているのはその一例である（林(2) 216）。しかしそれ以上に重大なのは，スターリン時代のソ連の実情が明らかにされ，続いて起こったハンガリー事件でショックを受けてからも共産主義を公然と批判したり離脱したりする左翼知識人が続出するという現象は起きなかったし，革新思潮に浸されたキャンパス文化にも大きな変化が生じなかったことである。なるほどスターリン批判の「衝撃は大きかったが，社会主義への支持はいささかも衰えなかった」のである（中村(2) 10）。例えばハンガリー事件に対する反響を調べた小島は，インタビュー調査の際，「ハンガリー事件の日本への影響など皆無だと断定しきった人が特に大学関係者に多かった」と記しているが（小島 56），この点は『日常生活批判』の著者として知られた哲学者で共産党員のアンリ・ルフェーブルや共産党シンパだった実存主義者サルトルなど著名な知識人がフランス共産党から離れたのと好対照をなしている。

　たしかにハンガリー事件の際に「ハンガリー論争」と呼ばれる動きがあったことを無視すべきではない。この名称は，「当時の論壇では広汎に用いられながらも，今日完全に忘却されている『幻の大論争』に付けられた名前」だった（小島 52）。けれども，それが完全に忘れられたこと自体，議論が表層で終始したことを示している。そのことの例証となるのは，共産党の活動家だった安東仁兵衛の述懐である。彼は半生記のなかで「スターリン批判の感度」に着目し，共産党周辺では「スターリン批判となるとその問題意識はきわめて希薄であったといわなければならない」とした上で，党内でも「スターリン統治下の誤謬や犯罪，そしてそれらを支えた政治，組織の究明という問題意識は全くなかった」と回想している（安東(2) 232f.）。この点は「日

本の党の指導部が徹底したスターリン批判に消極的だった」という石堂や，「スターリン批判の討論に対する党中央の理論的無指導・無責任」を指摘する小山によっても確認されているが（石堂107; 小山 339），他方で，「ヨーロッパの各党の活発な論議に比べて日本の党の反応はきわめて鈍かった」ことにも安東は触れている。けれども，そうした違いがなぜ生じたかという論点も重要だったにもかかわらず，言及するだけで問題として受け止めておらず，そうしたところに彼自身を包んでいた当時の常識の一端が垣間見える。因みに，労農派の経済学者である大内力はソ連に幻滅し，「こんな社会をつくることが社会主義の理想なら，社会主義なんてごめんだという感想をもった」と洩らしているが（大内 174），それは1960年代にソ連を訪れて官僚主義やサービスの劣悪さにじかに接したのが契機になっており，スターリン時代の暗黒とは無縁だったところにも安東が指摘した雰囲気の名残を看取できよう。ともあれ，万国の労働者の祖国を自認し，プロレタリアの解放を目指すと公言しているソ連で想像を絶する悲劇が起こったにもかかわらず，しかもそれを契機にして雑誌『世界』に「スターリン批判における政治の論理」を書いて「基底体制還元主義」というマルクス主義的思考の欠陥を指摘するとともに，当時の座談で「私の考えでは，共産党の独裁は，やはり20世紀の大衆デモクラシーを背景とした哲人政治だと思います」と喝破するところまでいったにもかかわらず（都築 131），その丸山も大学キャンパスもそれまで通りの反・反共主義のスタンスを守り続けた。そしてその後も民主主義を標榜する革新勢力の中に曖昧な形で共産主義を包摂し続けたのである。

　それではなぜ丸山はマルクス主義の問題点を暴きだしながらもその作業を継続せず，非・反共主義を打ち出して明確に共産主義に距離を置く姿勢に転じなかったのだろうか。安保闘争の余韻のさめない1961年のある対談で丸山は，「ぼく自身はマルクス主義者ではない」と明言し（丸山(7) 174），黒田寛一や対馬忠行などのマルキストが同席した1960年秋の会合でも，「私自身はイデオロギーとしてのマルクス主義の立場にも立たぬし，マルクス主義政党諸派のいずれの立場にも立たない」というスタンスを明示したとされるが（中島 58），それにもかかわらず雑誌への寄稿や座談などに頻繁に応じるなかでなぜ彼はその理由をどこでも詳しく説明しないままで通したのだろうか。また左傾したキャンパス文化の中でスターリン批判を契機にしてどうしてヨーロッパのように共産主義の正統性をめぐる争いが起こらず，共産主義

批判の波が高まらなかったのだろうか。これらは知的な怠慢や道義性の緩さの結果だったのだろうか。たしかに革新思潮に包まれたキャンパス文化で反・反共主義がそのまま民主主義と等式で結ばれつづけたことを想起すると，後知恵ながら思考の怠慢は無視できないといわねばならないであろう。坂本は日本における憲法に依拠した平和主義には二重基準があったことを指摘し，「その矛盾についての詰めをしないで曖昧のままですます，という思考停止が見られた」ことを抉り出しているが(坂本 23)，同じことが民主主義についても起こっていたといわざるをえないように思われる。

　もっとも，丸山の場合に問題になるのは単なる思考停止ではなく，効用計算であろう。すなわち，共産主義批判は反共主義を利するだけでなく，民主主義を目指す勢力を分断しかねないという政治的考慮によって批判が抑制された面がある。例えば丸山は1949年の座談で，敗戦後の支配層が「日本のデモクラシーの進展に対してどれだけ真剣であったかは，終戦以前はいうまでもなく，終戦後だけを見ても，治安維持法の廃止，財閥解体，追放，農地改正，そういった政治的・経済的解放の基本的なステップを一つでも支配階級が自ら進んで行ったかというと，ほとんどない」とした上で，「もしも世界における民主主義勢力の圧力がなかったならば，日本の現在程度の民主化でも果たしてどの程度まで行われたかは疑問です」と述べている(丸山(7) 242)。このような発言からは，日本の支配層に対する強い不信感と外圧で進められた戦後の民主化が覆される危険が大きいという憂慮が透視できよう。実際，人的な側面だけでみても，戦中と戦後の政治家の不連続性を指摘する説がある一方，これを批判する五十嵐によれば，そこで看過された政治家に転身した天皇制官僚まで視野に入れると，5割に及ぶ人的な連続性が見出される(五十嵐(1) 19)。政府に憲法調査会が設置された当時，法学界の重鎮として参加を打診された我妻栄が固辞する理由として，「今日の政界においてリーダーシップをとっている相当多数の人が，戦犯であり，追放者でありました。なぜでしょうか。……それらの人を選ぶようなわが国民の認識についてわれわれは深く考えねばなりません」と述べたのは(邱 188)，支配層だけでなく国民レベルの連続性の問題を抉り出していたといえよう。

　このような連続性を前面に押す立場から，五十嵐は終わりの見えない「息の長い逆コース」を問題にしているが(五十嵐(1) 30)，そうだとするなら，優先課題である民主化を前進させるためには小異を捨て大同団結して

支配層に対抗する必要があるとされるのは当然であろう。そうした論理では，民主化がなし崩しにされる危険が存在する限り，天皇制国家と戦ってきた共産主義勢力は援軍として位置づけられる。したがって，共産党を公然と批判するのは政治的にみて賢明ではないとされても決して不思議ではないであろう。高畠は1960年の安保闘争の中心になった「革新国民運動」にみられる「根本的な制約」として「幅広い統一を阻むような独自の主張や言論を自粛する空気が強く分け持たれていた」ことを挙げているが(高畠(1) 89)，その問題は決して安保闘争の折に初めて現出したのではなかった。因みに，先述のフォークトは「60年代と70年代の教訓」として，共産主義を含む「非民主主義的な潮流や組織と闘争する際には，無差別な言動と行為によって誤った連帯を示さない場合にだけ成果を収められる」と述べている(Voigt 6)。そうしたフォークトの立場からみれば，批判を控える上記の丸山の姿勢は「誤った連帯」のように映ったに違いない。

　また他面では，共産党自体の変化も軽視できない。周知のように，1955年の第6回全国協議会(通称6全協)を境に共産党は議会制民主主義を肯定する方向に転じた。それに伴い，民主主義をめぐって潜在していた亀裂が一層見えにくくなったのである。因みに，スターリン批判に先立つ6全協ではそれまでの武力闘争路線が撤回されたが，政治評論家でかつては共産党東大細胞に属していた森田実の回想によれば，「6全協ショック」ともいえる動揺を学生党員の間に引き起こした。そのために「終戦直後の虚脱状態に似た状態が続いた」と安東は回顧している。同時に，反・反共主義者の丸山にとっては共産党の議会主義への旋回が彼自身の立場への共産党の接近を意味し，一線を画す必要が薄らいだので，好ましく映ったのは当然だった。丸山は「心から6全協をよろこび」，偶々路上で出会った安東に「ほんとうに良かったね」と声をかけたという(安東(2) 212f., 215)。この言葉からは丸山が共産党の極左路線を内心では是認していなかったことが窺えよう。

　これらに加え，丸山が共産党ないし共産主義批判を手控え，政治面で明確に一線を画すのを故意に避けた一因は，『共産主義批判の常識』の著者として知られる小泉信三を含むいわゆるオールド・リベラリストたちと同列のように受け取られるのを潔しとしなかったからだと忖度される。林の回想によれば，オールド・リベラリストの「代表的な存在」と目されていたのは安倍能成だったが，彼もまた小泉と同じく「共産党嫌いでも知られていた」人物

だった（林(2) 218）。彼らに共通していたのは、「『下克上』で伸し上がった下層階級出身の軍人が支配する」戦時ファシズムに対してと同様に、教養ある都市中産階級が支える社会秩序を革命という名の下克上によって破壊しようとする共産主義に対する嫌悪であり、皇室に対する親近感もそこに由来していたといえる（福間(1) 30f.）。そうした「共産党嫌い」に反撥した丸山は、戦争をめぐる「知識人の自己批判」や「悔恨共同体」に言及しつつ、川島武宜が唱えた「戦争とファシズムを阻止しえざりしオールド・リベラリストと訣別」という言葉を共感をこめて引用し、「ぼく自身もふくめた戦前リベラリズムに対する反省」を踏まえて旧態依然にみえた年長世代とは明確に距離を置いたのである（丸山(10) 25f.）。それどころか、三谷によれば、丸山の唱える戦後民主主義の反意語の位置を占めたのは、超国家主義やファシズムよりも、むしろオールドリベラルを柱とする重臣リベラリズムだったのであり（三谷 56）、リベラルは画然と区分されることになった。ここにはマルクス主義に接近することによって「旧制高校的エリート文化が軍国主義に抗しえなかったという弱点を埋めることができた」という「革新派リベラリスト」集団の成立の経緯がよく示されている（竹内(1) 302）。こうして丸山は日高六郎や清水幾太郎などと同様に自身が「共産党員になることなく左翼陣営の居場所を設定した」（竹内(2) 145）のである。

　このような丸山の位置からは、先進諸国に見られた「マルクシスト対左翼リベラルという『前線』」（ドーア 115）が日本では形成されなかった事情が透視できよう。同時に、「オールドリベラルの多くが反共的保守主義に合流する一方で、戦後のリベラルは社共と合流して、両者が対峙する」という、思想面での「55年体制の構図」が看取できるのも重要になる（米原(2) 239）。リベラリズムに焦点を絞れば、オールド・リベラリストは反共的リベラル、若い丸山たちは容共的リベラルと呼べるのであり、55年体制下で共産党への姿勢を巡ってリベラルは保革の陣営に二分されたのである。丸山門下の藤田省三について松尾は「反共主義者ではないが、かくれもない共産党批判者であった」と呼んでいるが（松尾(3) 159）、「かくれもない」を「かくれた」に直せばこの表現は丸山にも当てはまる。既述の「スターリン主義における政治の論理」や「戦争責任論の盲点」のような論考にはなるほど共産党批判が見出されるものの（丸山(3) 159ff, 211ff.）、抑制が強くて十全な展開からは程遠いといわねばならないからである。そして松尾の表現を使うなら、このよ

うにして分岐した二つのリベラルの一方は共産党批判者であり反共主義，他方は共産党批判者であるけれども反・反共主義だったといってよい。

それはさておき，6全協に続くスターリン批判を受けて，大学キャンパスでは新左翼の運動が芽生え，ソ連の共産主義をスターリン主義と規定してそれに反対する潮流が形成されたことにも注意を払う必要がある。もっとも，その際に構想されたのは，トロツキーなどに学びつつ反スターリン主義的な共産主義を確立することだった（正村(2) 34f.）。そこでは一部を除き共産主義の民主化の可能性は問われなかったし，課題として提起されることもなかった。石堂が回顧するように，例えば「ドイツ社会民主党がバードゴーデスベルク大会でマルクス主義を綱領からはずし，民主社会主義を高唱したのに私たちはほとんど注目しなかった」（石堂125,377）のである。

新左翼の諸潮流は1960年代後半になるとキャンパスを舞台にした大学闘争の主役になるが，その運動は大勢としては共産主義を志向するものとはならず，むしろ大学闘争では進歩的文化人が担ってきた左翼的言説とともにいわゆる戦後民主主義が批判の対象に据えられた。全共闘を中心とする運動は，戦後民主主義のもとで高度化する資本主義と社会の官僚制化や規律化すなわち管理社会に対する反乱として展開されたのである。そして1970年代に入ってキャンパスに静けさが戻ったとき，大学の大衆化とそれに伴う教養主義の没落を反映してキャンパス自体が脱政治化し，革新思潮も雲散霧消していた。鶴見は，「全共闘運動と大学側の機動隊導入による全共闘排除とは，両方があいまって，戦後思想史の進歩的知識人，進歩的文化人の系列にピリオドをうった」と述べ（鶴見(2) 308），同様に高畠も，1960年代の末までに「知識人の時代は完全に終焉した」ことを確認している（高畠(1) 71）。一方，見田宗介は進歩的文化人が支配した論壇の変容に焦点を合わせ，「1960年代の前半ころには，『論壇』という実体が輪郭をもって，たしかに存在するもののように多くの人びとにはみえていた」とした上で，1970年代になるとその『論壇』が生活の思想の頭上に『壇』として存在するという虚構が消滅した」と明言している（見田 47f.）。これらの指摘にはキャンパス文化の大衆化という視点がないものの，的を逸していないのは間違いない。ただ厳密にいえば，大学進学率が低かった「60年安保までの時代は大学第一世代つまり出発地位が経済資本と文化資本で劣った地位であっても，その未来が知的中間層になりうるかもしれないという予期があった」が，大衆化に伴ってその期

待が消失したために「官学大学教授に代表される正系知識人」の威信が失墜したことが底流になっていたというべきであろう(竹内(6) 340)。いずれにせよ,少なくとも従来は大きな力を有した革新思潮が失速したのは確実であり,それにあわせて思想面での「55年体制の構図」も消滅したのである。

ところで,大学キャンパスはもとより,既述の梅本,佐藤との鼎談でスターリン批判を経た1966年になっても丸山が共産主義を正面から批判することなく反・反共主義の立場を堅持した問題を考えていくと,丸山がもっとも重視した反ファシズムや彼が命名した悔恨共同体にまつわる様々な問題が現れてくる。悔恨共同体とは戦争をめぐり「これまでのあり方はあれでよかったのだろうか,何か過去の根本的な反省に立った新しい出直しが必要なのではないか,という共通の感情」で緩やかにまとまった人々の総称であり(丸山(2) 114),その一例は,丸山自身が参加した平和問題談話会の声明に見出せる。1949年に発した「戦争と平和に関する日本の科学者の声明」にはこう記されている。「われわれ日本の科学者が自ら顧みて最も遺憾に堪えないのは,……わが国が侵略戦争を開始した際にあたって,僅かに微弱な抵抗を試みたに留まり,積極的にこれを防止する勇気と努力とを欠いていた点である」(邱 23)。このような反省を立脚点にしていた面から見れば,邱も指摘するように,平和問題談話会は悔恨共同体の組織化された姿だったといってよい(邱 24)。この問題については竹内が詳述しており,また悔恨共同体に向けられた4つの立場からの批判に関しては成田が論じているので,ここで立ち入る必要はないであろう(竹内(4) 41ff.; 成田(2) 66ff.)。ただファシズムを阻止できず,侵略戦争を許してしまったことに対する痛切な反省が悔恨という深い情念を生み,ダワーのいう「敗北を抱きしめる」のに否定的な無念共同体に対峙する形でキャンパス文化の担い手たちに広く共有されたことや,岩波書店が創刊した月刊誌『世界』がその伝声管の役割を担ったことは確認しておきたい(佐藤 81ff.)。日本の敗戦に伴い,徳田球一や志賀義雄など牢獄に囚われていた非転向の共産党幹部が釈放されたが,それを多数の市民が出迎えたことや,野坂参三が長い亡命を終えて帰国した際に5万人もが参加した大規模な歓迎集会が開かれたことに見られるように,反戦を唱えて弾圧に堪えてきた共産主義者に対して高い敬意が払われた。けれどもその敬意は単純ではなく,そこには否応なく戦争に巻き込まれ,なにがしかの協力をしたことについての後悔の裏返しという一面が見出される。この点は,悔

第3章 戦後史のなかの反ファシズムと反共主義 163

恨共同体の人々に共通していた，「認識を持ちながら行動しなかったものは，知らずに国家方針に同調したものよりもだめな人間だという気持」（日高(2) 62)から推し量れよう。

　実際，シベリア抑留があったとはいえ敗戦前後の満州におけるソ連軍の暴虐は戦場にならなかった本土では経験されなかったので，マルクス・レーニン主義ないし共産主義は戦時までの神権的天皇制や軍国主義を批判する最も正統で有力な武器となりえた。さらに政治的な効果はなかったにせよ，日本ファシズムに正面から挑戦したという実績が獄中組の存在と重なって，共産党を輝かしい存在へと飛翔させた。「敗戦後の10年近く，日本共産党が，唯一の反戦勢力であったという自己宣伝に成功したおかげもあり，進歩勢力として絶大な権威を誇示して」きたという西部邁の指摘や，「つねにラディカルに，また頑固に戦争反対・天皇制反対・資本主義打倒を唱え続けた」がゆえに，「敗戦という事実を経験した後の国民にとって共産党の存在は鮮烈だった」という正村公宏のそれは，二人とも間近から共産党に接した過去を有しているだけに説得力がある（西部(2) 61; 正村(1) 146)。のちに共産党トップになる不破哲三の言によれば，彼が共産党に入党した最大の動機になったのも，「侵略戦争の本質を見抜いてこれに反対し，十数年も獄中にあってなお節を守り抜いた人たちとその政党が存在した事実を知った」ことだった（不破 41)。不破の対極に位置して保守政界の後ろ盾になり，マスコミ界に君臨することになる読売新聞の渡辺恒雄が，天皇制打倒を唱えて敗戦直後に共産党員になったのも，戦前から反戦を訴えて天皇制と戦いつづけた共産党に引き寄せられたからだった（魚住 48)。

　もちろん，反戦以外にも共産党が人々を引き付けた側面が存在していた。共産主義の精髄でもある経済的平等や社会的公正がそれである（小熊(1) 176ff.)。この点に関して参考になるのは，哲学者の森本哲郎の述懐である。彼は後に読売新聞の盟主になった上述の渡辺恒雄の友人であり，共に1946年に共産党に入党した経歴がある。日本の降伏後，「街は一面の焼け野が原で，その日の飯にも困る。ヤミは横行する。ヤミ屋は焼け太りになって非常に不平等というか，ちょっと地獄のような状態だった。これは日本を建て直すのは共産主義以外にはないんだと思いましたね」（魚住 45)。ここでは戦争反対が触れられていないが，それは軽視されたからではなく，自明の事柄だったためであろう。実際，敗戦後の混沌の中で国民の多くが飢餓に怯え，

戦争を憎悪していた状況を背景にして共産党は光輝に包まれて「集団入党の時代」（鶴見(3) 100）が到来したが，同時にその裏側で重要な問題点が霞んでいったのであった。いわゆる転向組の一人でシベリア抑留を生き延びた和田耕作は，自己の数奇な体験に基づいて「権力を取った共産党と権力を獲得前の闘争中の共産党との違い」を力説し，後者に流れるヒューマニズムが権力奪取とともに失われると捉えているが(和田 261)，日本では前者が視界に入らなかったのである。ロシア革命直後のボルシェビキによる制憲議会の強権的解散や革命に貢献した社会革命党の排除はもとより，ロシア共産党内部の激烈な権力闘争やスターリンの大粛清すらほとんど知られていなかったことを考えれば，和田が重視する区別が看過されたのは避けがたかったともいえよう。そのためにいわば英雄視され，一部では「すべてに優越する超法規的存在」（石堂 55）ともされた共産党を前にしたとき，心情的には戦争に疑問を感じ，あるいは戦争反対の立場に共鳴してもそれを行動に移せなかった人々には悔恨とともに共産党に対する一種の道義的な負い目が生じたのは当然だったろう。ヨーロッパではスターリンに追随した共産党のオポチュニズムは明白だったが，そうした共産党に対する警戒心や不信感の欠如に加え，丸山が洩らした「社会民主主義者や自由主義者の共産党に対するコンプレックス」（丸山(1) 602）を考えれば，反ファシズムが焦点になるとき，一国的には犠牲を払いながらも首尾一貫していた共産党に対して悔恨共同体に属す人々が批判を加えるのに心理的なハードルがあっても決して不思議とはいえないのである。

　これに類似した状況がドイツに存在しなかったわけではない。政治的暴力に彩られたヴァイマル期のドイツではナチスと共産党の実力組織が度々街頭で乱闘を繰り広げたのはよく知られている。その代表例が，1927年にベルリンのリヒターフェルデ東駅で起こった衝突であり，一連の乱闘のために双方に死者を含む犠牲者を出していた。ナチスの権力掌握後，共産党に対する弾圧がとくに苛烈だったのは，そこに一因がある。またヒトラー政権に対する組織的な抵抗運動を反ファシズムの名で共産党が続けたことも，多大の犠牲者を生むことにつながった。犠牲者数については池田の著作に具体的な数字が挙げられているが(池田浩士 64)，典拠が示されていないことなどを考えると，慎重な言い回しをしている H. ドゥーンケに依拠するほうがよいであろう。彼によれば，「1933年当時の30万党員のうち，ほぼ半数の者が長年に

わたって監獄，懲役場，強制収容所にぶちこまれるか，または国外逃避を強いられた。ナチ時代に虐殺されたか，または裁判後に処刑された共産主義者の数は，党の資料によれば，ざっと9千人から3万人と見積もられている。ナチスの手で殺された共産主義者の実数は約2万人と見てよいであろう。これは政治的信念を理由として死刑に処せられたドイツ人総数の過半数に相当する」（ドゥーンケ 757）。

　共産党のオポチュニズムには先に言及したが，それでも反ファシズムに関連してこのように多大の犠牲を払ったことは重い事実として残る。また「ヒトラーの権力掌握後の社会民主党の孤立した抵抗は当初から見込みのないものだった」にせよ（マティアス 5），社会民主主義者が犠牲者を出しながらも反ファシズムの活動を続けたことも看過されてはならない。H. K. ルップは「ナチによって殺害されたドイツ人共産主義者だけで2万人を数え，明らかに同じく多数に上る殺害された社会民主党員数については，ただ文献で推定が行われているにすぎない」と指摘し，共産党と社会民主党を同列におけることを示唆しているものの（ルップ 67），一般的には犠牲者の数では共産党が社会民主党を上回ったことは一種の常識になっているといってよい。その面から東部ドイツの社会民主党指導者 O. グローテヴォールのように共産党に対する負い目を抱く人々も存在し，反ファシズムを大義にした統一行動を共産党から呼びかけられると逆らいにくくなる一因にもなった。とはいえ，そうした姿勢が広がりを見せず，西側の社会民主党はもとより，ソ連占領下の東部ドイツでも J. カイザーが率いた時期のキリスト教民主同盟が一定の抵抗を試み，自立性を守ろうとしたのは（近藤(3) 15ff.），根底において反共主義が強固だったところに主因があった。つまり，ナチスに対して共産党が反ファシズムの立場で果敢に戦ったことを認めながらも，ヴァイマル共和国の崩壊に手を貸し，民主主義を踏みにじった共産主義者に対する不信と反感が，共産党に対して道徳的負債を抱え込むのを阻み，共産党を排除して民主主義を確立する道に進むことを可能にしたといえよう。日本と違い，ドイツでは共産党は光輝ある存在にはならなかったし，ソ連も理想郷としては描かれなかった。その結果，丸山が代弁したような悔恨共同体はドイツには成立しなかったのである。

4．日独の相違と全体主義論

　以上で日独の反ファシズムと反共主義の特徴や問題点を民主主義と関わらせて考察してきた。西ドイツの反共主義に関しては，反ファシズムと関連づけた興味深い発言がある。それは西ベルリン市の内務局長として東西分断の最前線で同市の警察を率いたJ．リプシッツ（SPD）が1961年12月に死去した折の追悼演説の一節である。「強制支配のシステムは互いにきわめて近似する。ボルシェヴィズムの過酷な現実に自己を対置する意思を持たないならば，その人はナチズムの敵としては信用されない。逆に我々の国の褐色の強制支配の残滓を根絶する用意がないならば，その人は赤く彩られた独裁の敵と呼ぶことはできない」（Heimann 50f.）。西ドイツでは反共主義はしばしば反ボルシェヴィズム，反ファシズムは反ナチズムと表現されたから，ここで強調されているのは，反共主義と反ファシズムが表裏一体ということであろう。

　このような議論ならばわが国でも馴染みがあり，今でもよく記憶されているということができよう。二つの「反」の対象である共産主義とファシズムは体制としては同質であるとする全体主義論が冷戦の厳しかった半世紀以上前に受け入れられたからである。しかし，いわばスターリンとヒトラーを同一視するような論理は粗雑であるばかりでなく，人間解放を目指す共産主義と民族差別や侵略を目的とするファシズムとは本質的に相容れないという批判が強く，全体主義論は広くは定着しなかった。さらに1960年代に平和共存の幕が切られ，体制間競争に重心が移されると，全体主義論の本場といえるアメリカでも近代化論に首座が移り，東西の体制の収斂論さえ出現したのである。

　このように本来なら現実把握の効用で優劣を競う社会科学的な理論の平面では，実際には主導的な関心の方向によって主流や傍流という位置が決定づけられる傾向がある。例えばアメリカ発の上述の近代化論が日本でも受容された背景には，石田の説明によれば，「政治的対決の時代から経済成長の時代に移行するとともに知的関心の焦点も，新しい人間類型を生み出す精神革命ではなく，達成されつつある高度成長の肯定的評価に移ってきた」という潮流の変化があった（石田（3）105）。けれども，社会科学におけるそうした主流・非主流の変遷とは違い，生死の瀬戸際にまで立たされた重い経験に基づく見解は，時流の変化に応じて簡単に変わるようなことはない。上記の発

言は後に西ドイツ首相となった西ベルリン市長在任当時の W. ブラントのものだが，よく知られているように，彼は死刑判決を受けていたにもかかわらず亡命先の北欧からナチ支配下のドイツに決死の覚悟で潜入して反ナチ活動を続けた人物である(ショレゲン 41ff.)。そうした経歴を考慮すれば，重い経験に裏打ちされているだけに，彼の発言を全体主義論の焼き直しとして片付けるのは難しいであろう。ヒトラーとスターリンが握手した独ソ不可侵条約締結の頃がブラントにおける民主社会主義の誕生の時であり，それ以降に彼の政治的立場にブレはないといわれるが(ショレゲン 62)，そのことは亡命時代の波乱に満ちた経験がいかに重かったかを暗示している。因みに，同様のことは M. ブーバー＝ノイマンの場合にも当てはまる。ドイツ共産党員としてヒトラーのドイツから逃れてモスクワ滞在中に粛清でラーゲリ送りになっただけでなく，独ソ不可侵条約の締結に伴いドイツ側に引き渡されて強制収容所に押し込められた彼女が，運命に翻弄されながらも二つの独裁を生き延びて到達したのが，「ヒトラーの犯罪とスターリンの犯罪との間には，私の考えでは，段階的な差があるにすぎない」という基本的認識だったからである(ブーバー＝ノイマン 418f., 435f.)。

　たしかにアデナウアーと違ってブラントは共産圏の指導者との間に意思疎通のパイプを作り上げ，東方外交による緊張緩和への貢献でノーベル平和賞を受賞した。しかし，それはあくまでステーツマンとしての思慮に基づく行動であり，現実政治のレベルでの選択であって，政治信条として共産主義を容認したわけではない。若き日の抵抗運動ではナチズム，西ベルリン市長や西ドイツ首相としてはソ連や東ドイツの共産主義と格闘しなければならなかったブラントの思考の中軸では，ボン・デモクラシーの建設者たちと同様に反共主義と反ファシズムがセットになり，ドイツに民主主義を根付かせる使命感が燃えさかっていたと思われる。なるほどヴァイマル共和国崩壊期に社会民主党を見限って左派色の濃いドイツ社会主義労働者党(SAP)で活動したことがあるものの，そのときでも「ヴィリー・ブラントにとって共産主義者たちは自分の選択肢に入っていなかった」ことは見逃せない(ショレゲン 35)。またドイツ降伏に伴い国外から帰国して社会民主党に復党してからは，西ベルリン市長ロイターの庇護を受けて東ドイツを支配する社会主義統一党と格闘し続けたのであった。K. シェーンホーフェンが指摘するように，そうした民主社会主義者としてのブラントの本領は「改良主義的リアリズム」

にあった (Schönhoven (2) 17)。彼が「より多くの民主主義を」のスローガン
を掲げて68年世代の多くの若者たちの共感をかちえ，社会民主党を若返らせ
るとともに，労働者階級のミリュー政党の殻を脱して脱プロレタリア化しえ
たのは (Walter 178f.)，そこに主因があったといえるのである。

　ここでは便宜的にボン・デモクラシーをブラントに代表させてみたが，そ
うしたドイツのケースと対比してみると日本の特色が鮮明になってくる。そ
の特色とは，ドイツと違って反・反共主義と反ファシズムがワンセットにな
り，両者が民主主義の表現と見做されていたことである。もう少し厳密に言
うならば，戦後の民主化に当たりドイツでは反共主義と反ファシズムに同じ
重量があったのに対し，日本では反ファシズムが最優先する課題であり，そ
れに反・反共主義が付随していたといってよいであろう。

　等しく民主主義を目標としながらもこのような相違が生じたのは，両国に
おける共産主義ないし共産党の歴史と存在感の違いに主要な原因がある。周
知のとおり，ドイツではラサール以来の伝統のある社会民主党が第一次世界
大戦を境にして分裂した。そしてドイツ革命が挫折する過程で新たに登場し
た共産党が社会民主党を裏切り者と見做して敵視しただけでなく，後者が守
ろうとしたヴァイマル共和国を攻撃したのであった。そのため，既述のよう
にアデナウアーやシューマッハーなどの目には共産党は反民主主義の政党と
映り，第二次世界大戦終結後はソ連に追随したために，スターリンの恐怖政
治と重ねあわされて排撃の対象にされた。こうして反共主義はナチズムの罪
過を見据えた反ファシズムと同等の主要課題になり，ボルシェヴィズムとナ
チズムを同列に置く思考が強固になったのである。

　これに比べると日本の場合，コミンテルンの支部としてスタートした共産
党の勢力は小さく，歴史も浅かった。また普通選挙法と抱き合わせの形で治
安維持法が制定され，早い時期から官憲による激しい弾圧を浴びたために一
般の市民との接点も乏しかった。なるほどマルクス主義の形で共産主義は学
識層にまでは到達した。例えば他国に先駆けて「昭和初年に『マルクス・エ
ンゲルス全集』がはじめて改造社から出た」ことや，その「初版発行部数が
１万５千だった」のは (高畠 (3) 13)，それを裏付ける事例といえる。けれど
も，労農同盟の主体であるべき労働者や農民の間にまでは浸透せず，学識層
の範囲を大きく踏み越えることはできなかった。共産党が「国民大衆の日常
的思惟」から遊離し，したがって「国民大衆を支配した国家主義の根深さを

理論的に正しく測定することに不十分」だったと指摘されるのはそのためである（久野・鶴見 36）。このことは，同時期のドイツ共産党の党勢や支持層と対比すれば際立ってくる特徴といえよう。

　ところが，大日本帝国が敗戦とともに崩れ，虚脱感が広がったとき，1945年12月の共産党再建大会時点で党員数1083人の小政党だったにもかかわらず，弾圧に屈さず戦争に断固として反対した勢力として獄中や地下から姿を現した共産主義者が栄光に包まれ，神格化されることになった。マルクス主義に距離をおいていた日高六郎ですら，「獄中18年の人たちが出てきたことに本当に感動」し，その時に人々が受けた「圧倒的な印象というか感動は尋常一様ではちょっと説明しにくい」と述懐している（日高 (2) 43）。実際，この言葉からも推察できるように，「非転向の道徳的権威は絶大」だったのである（石堂 278）。それは大人に限られた現象ではなかった。例えば当時12歳だったある軍国少年にとってもまた，「塗りつぶされていた歴史が突然姿を現し」，「思想というものの気高さを思春期の入り口にいた私に語りかけている」かのような出来事になったのである（石川 (2) 180）。府中刑務所から出てきた山辺健太郎が証言するように，「獄中18年」の後光は党外に対してばかりでなく，党内においても威力を発揮した（山辺 224）。そのことは徳田が共産党の内部で天皇に擬せられる地位を占めたことなどに端的に示されている。

　これに対し，ドイツではナチスに立ち向かったのは共産主義者だけではなかった。人数を別にすれば，社会民主主義者やリベラリスト，さらには7月20日事件を企てた保守主義者までもが大きな犠牲を払い，西ドイツ建国後は共産主義者よりもシュタウフェンベルクのような保守派エリートの抵抗が記憶に刻まれて「7月20日の精神」が語られるようになった。ドイツ再建に共産主義者の貢献があってはならず，彼らの反ヒトラー活動は事実上もみ消されたのである。それには7月20日事件がこれまでに何度か映画化されたことも寄与していた。とりわけ2008年に製作された『ワルキューレ』では人気俳優のトム・クルーズが事件の首謀者だったシュタウフェンベルクに扮し，実際の処刑場所で最後の銃殺シーンが撮影されたのは記憶に新しい。このような歪みがあるとしても実際に多様な抵抗が企てられたドイツとは対照的に，日本では一部の宗教者を除くと総じて抵抗運動が微弱だった。そのために敗戦後の日本では，もっぱら共産主義者に光が当たることになったのであ

る。この点ではナチに虐殺された共産党委員長の E. テールマンが英雄視され，反ファシズムの偶像とされた東ドイツに事情は似ているといえるかもしれない。

　これに加え，侵略戦争に心情的には反対でも沈黙した人々からなる悔恨共同体が形成され，共産主義者に道義的コンプレックスを抱いたことも見過ごせない。それによって共産党の威光が一段と強まったからである。こうして戦後日本で焼跡からの復興と並んで政治から経済，社会に及ぶ民主化が最大テーマになる一方，アメリカの占領政策がいわゆる逆コースに振れ，戦前の政治家が復活して反動化の兆候が現れようになると，民主主義を守るために反ファシズムの貫徹が主要課題に押し上げられた。そこでは反動とファッショ化に対抗する民主主義勢力の結集が求められ，栄光ある共産主義者もその列に加わった。これが戦後革新陣営の基本型として固定化したのであり，共産主義者と他の政治勢力との間に画然たる一線が引かれることはなかった。そうした枠組みではいわば外に向けての反・反共主義は重視されても，陣営の内側では亀裂を生みかねない反共主義の問題は封印され，それに真剣に取り組む余地が乏しかったのは当然だったであろう。

　このような構図の下で大学キャンパスを席巻したのが革新思潮すなわち竹内のいう革新幻想であり，その中には平和追求，人権尊重，分配の公平から共産主義までが包含された。またそうした思潮ないし幻想を下地にして，社会科学の世界では例えば全体主義論には胡散臭さが付きまとっているとされた。なぜなら，反ファシズムに輝く共産主義をファシズムと同列に扱うことは道徳的にナンセンスであり，科学以前の錯誤と見做されたからである。優れたファシズム研究者の山口も，「ファシズム研究のなかで全体主義理論が大きな影響力を持つという事態は，日本の場合にはそれほど顕著にあらわれたことはなかった」と述べて，この点を確認している。またそうなった原因に関しても，「日本ではこの理論が正面から検討されることなしに，要するにファシズムと共産主義とを同じ『全体主義』という概念のもとにつつみこもうとするのは反共理論であるとして，イデオロギー的に一蹴してことたれりとされる傾きがあった」と記して，問題の核心を衝いている（山口(2) 309f.）。とはいえ，その山口にしても革新幻想に呪縛されたままだったために，「イデオロギー的に一蹴してことたれりとする傾き」がどこから生じているのかを突き止めることができなかった。またその結果として，啓発的な

ファシズム論を著しながらも，「傾き」を正して反ファシズムに関する議論などを深めていくことはできなかった(山口(2) 325ff.)。

　これに対し，政治学界の重鎮であるブラッハーが一貫して一翼を担ってきたことや，歴史学界の泰斗ヴェーラーが「非ドグマ的で歴史的に柔軟な全体主義論」の利用価値を明言していることに見られるように(Bracher 137ff.; ブラッハー 899f.; Wehler 348) ドイツでは全体主義論は有力な理論であり，賛否の応酬を経て修正を加えながら，学界でも長く重要な位置を占めてきた。例えば2008年に出版された標準的な政治学事典で全体主義の項目を担当した G. リーガーが全体主義論の３つの問題点を指摘すると同時に，４つの効用についてバランスよく解説しているのは(Rieger 581)，理論としての全体主義論が意義を失っていないことを示している。実際，全体主義論の生命力は，2004年以来ドレスデン工科大学ハンナ・アレント研究所から『全体主義と民主主義』と題した学術誌が発行されていることや，同誌の第１巻２号の論考で W. メルケルがドイツにおける全体主義論の形成と発展を跡付けているほか，2006年には C. フォルンハルスが「全体主義概念の変容」を論じていることなどから看取できる(Merkel 185ff.; Vollnhals 21ff.)。さらに近年では，2010年の『過激主義・テロリズム研究年報』に著名な専門家が執筆した全体主義論批判とそれへの反批判の論考が同時に掲載されていることにもその一端が窺える(Butterwegge 33ff.; Pfahl - Traughber 61ff.)。それだけではない。ドイツ統一後に消滅した東ドイツについての研究が抑圧装置としての国家保安省(通称シュタージ)に焦点を合わせる形で活況を呈したが，その過程で「全体主義論のルネッサンス」とも呼ばれる状況が現出した(Siegel 19; Gieseke (2) 2)。第12立法期(1990−1994年)の連邦議会に設置された社会主義統一党の独裁解明のための調査委員会が度重なる公聴会に多くの研究者や関係者を招致して見解を聴取した後，最終報告書で東ドイツを全体主義だったと規定したのも(Deutscher Bundestag; Jesse (1))，そうした状況を反映していたといってよいであろう。

　このような事情が加わり，ドイツでは全体主義論を否定する場合にも，政治的ないしイデオロギー的な性格を真っ先に指弾するのではなく，冷静な考慮に基づいた「全体主義論の分析上の限界」が問題とされてきた(Bauerkämper 55; 近藤(1) 15ff.)。例えば東ドイツの共産主義体制とナチ体制を比べた「比較独裁研究」で U. バッケスなどは全体主義論を拠りどころに

したが(Backes 17ff.)，他方で G. ハイデマンたちが比較分析を進めた際に全体主義論に依拠しなかったのは，その理論がもつ限界の認識に基づいていたのであって，最初から拒否してかかったためではなかった(Heydemann / Schmiechen - Ackermann 15ff.; コッカ 61ff.)。たしかに全体主義論の立場からの東ドイツとナチ体制との比較には「第三帝国の恐怖を相対化し，東ドイツを悪魔化する」一面があるのを見落としてはならないであろう(Wippermann 38)。また他面では，統一以前の西ドイツで全体主義論が「見かけの上では改められ民主化されたと称する反共主義のカモフラージュ」として機能した面を否定できない(Wippermann 29)。とはいえ，そのことを主要な理由にして全体主義論が排斥されたというわけではなかったのである。

　ところが日本では，そうした検討やアプローチをする以前に全体主義論を反共主義の亜種と見做して敬遠もしくは拒絶する傾向が強く，真剣な論争が起こるレベルにまで到達しないまま現在に至った。これにはファシズムやスターリニズムが遠ざかり，過去の薄明に沈みつつある事情が加わったため，元来低調だった全体主義論への関心はますます希薄になった。近年の比較政治学のテキストで非民主的政治体制として権威主義体制が取り上げられ，それに関連して全体主義が触れられるにとどまるのが通例になっているのは，このような変化の結果といえよう。さらに民主主義が自民党一党優位体制として安定し，非民主的体制に暗転する可能性が極小化したことがそうした扱い方の背景に存在するのも見逃せない。いずれにせよ，戦時期の日本の支配体制がファシズムと呼べるのか，呼べないとするとどのように規定するのかは決着がつかないまま論戦が下火になったように見受けられるが(源川 215f.)，今日から振り返ると，引照基準として全体主義論を用いることによって一歩進んだ議論への道が開かれたかもしれないと感じられる。そうした研究状況は，一例として，『戦時戦後体制論』を著した雨宮が，「戦後体制」を構成する政治システムを「55年体制」と規定する一方で，1940年代前半を「総力戦体制」ないし「戦時体制・翼賛体制」と捉えたうえで，政治面では括弧づきで「政治新体制」と呼んでいることから看取できよう(雨宮 v)。また戦後史を鳥瞰した中村が戦後システムについて語りながらも，それ以前の戦前に関しては「戦争，侵略，専制，貧困で象徴される」と述べるにとどまり(中村 9)，貫戦史というアプローチを提唱しているにもかかわらず明確な規定を与えていないことにも同じ事情が窺える。

こうした面にも表出している全体主義論をめぐる日本とドイツの違いの端的な事例になるのは，丸山真男と H. アレントであろう。丸山はアレントの『過去と未来の間』に倣って自著に『戦中と戦後の間』という書名をつけたが，それは彼自ら告白しているように，彼女に深い敬意を払っていたからだった（丸山 (1) 635）。ところが，周知のとおり，『全体主義の起源』の著者であるアレントはファシズムと共産主義の同質性に着目する全体主義論の代表者の一人だった。これに反して丸山は，「ファシズムとコミュニズムはしばしば全体主義として等値されるが，普遍主義へのコミットメントという規準からいえば両者はむしろ対極に位置する」と述べて全体主義論を排していたのであり（都築 127, 157），真意はともあれ，結果的には共産主義を評価する役割を担ったのである。

ここまで革新思潮の広がりを把握するうえでの手掛かりとして，とりあえず日独における全体主義論の受け取り方の相違に論及してみた。また併せて相違の背景についても簡単な考察を加えてみた。今日の時点からこのように振り返ると，ドイツには存在しない革新思潮ないし幻想は，日本では意識すると否とにかかわらず多くの人々の思考や発想を拘束していたことが明瞭になるであろう。そればかりではない。社会科学の諸理論は不偏不党や客観性を看板としているが，現実にはその動向のようなレベルにまでそれが深い影響を及ぼしていたことにも改めて気づかされるのである。

5．日独比較から見た保革対立

冷戦終結までの先進国の戦後政治を論じる際，民主主義の安定と経済繁栄という共通現象に着眼し，それを説明するために戦後和解，ケインズ主義的福祉国家，社会民主主義的合意などの用語が使われてきた。また思想面での対立が鈍化したことに注目する時にはイデオロギーの終焉についても語られてきた。しかし，それらの概念や説明モデルを使って日本の戦後政治を考察するとき，むしろ際立ってくるのは日本の特殊性であり，西欧先進国に根差したモデルでは説明が容易ではないことであろう。戦後の先進国に共通とされる福祉国家は転換期にあるのでわが国でも研究が盛んだが，比較福祉国家論の蓄積を踏まえて日本のケースを位置づけるために宮本が福祉レジームと雇用レジームという二つの分析枠組みを考案しているのは，そのことの証左といってよい（宮本）。この例に見られるように，なるほど先進国間の共通面

は大きいものの，限定を曖昧にしたまま日本を他の先進国と同列に並べるのは重大な問題がある。かつての日本異質論や後進性論のように特殊性を力説するのは方法論的に正しくないとしても，それに十分に注意を払い，慎重にアプローチすることがやはり必要とされる。これまで戦後和解などの用語を使ったり，その視点からの検討を避けてきたのは，そうしたことを考慮した結果である。

その代わりに本章では比較可能性を重視しつつ，別の視角からのアプローチを試みた。すなわち，丸山真男が自称した反・反共主義や竹内洋の革新幻想などの語をキー・タームとして用いることとし，その上で日本とドイツで政治的座標に占める反共主義と反ファシズムの位相の相違に照準を合わせてみた。また考察を進める際には，日独両国でファシズムないしそれに類似した体制が1930年代に成立し，後世に深い禍根を残したこと，そのためにファシズムの克服と共産主義との取り組みが民主主義を確立する上で避けて通れない課題になったという共通の経験があることを了解事項にしてきた。

この了解事項に関して蛇足を付け加えるなら，戦後が終わってポスト戦後の新たな時代を迎えた現在，その共通の経験が有する重さはかつてのように自明ではなくなったことを指摘しておく必要がある。戦後の終わりを画す冷戦終結から間もない1993年に山口はあるシンポジウムの報告集の序文で，「幸いにしてドイツと日本は，過去の不幸な歴史と戦後の『経済大国』化の中での共通の体験を前提にして，お互いに相手を『自己の姿を映す鏡』として利用しうる条件にある」（山口(1) 19）と記した。しかし，東西分断に終止符を打って戦後に終わりを告げたドイツはもちろん，「ポスト戦後期」（ゴードン654）ないし『戦後』の終焉」期（中村189）を迎えた日本でも冷戦終結以降に新たな歴史を積み重ねる中で，山口のいう幸運な条件が失われてきていることを銘記しなければならない。そのことは，日本と違って統一後のドイツではヨーロッパ統合の深化に伴い国民国家の変容が著しいことや，国際政治面での自己主張を控える「自制の文化」が薄らいで普通の国に変貌してきていることなど多面にわたる変化から読み取れよう（近藤(4)）。日独の間には先進国として共通面や類似点が多々存在する一方，重要な部面で両国が異なる軌道を進んでいることが明白になり，互いの姿を映し出すことは少なくなってきているのである。

これらの点を念頭に置くなら，日独比較の有意性や可能性に関して改めて

一考することが求められよう。さらに本章の主題である反ファシズムなどに限定した場合にも，これまでの論述で視線が届いているのは両国に限られているので，フランスやイタリアなど他の国々も視野に入れて比較の視界を広げることが望まれよう。I. ブルマがいうように，「共産党と左翼諸派が多くの国で，反ナチ・反ファシズム抵抗運動の屋台骨だった」のは周知の通りであり，とくに両国では共産主義者が戦時下のレジスタンス運動の中核になった結果，「道徳的に心地よい『反ファシズム』の衣をまとった共産主義」の栄光に支えられて，冷戦終結までの戦後政治で共産党が主要なアクターであり続けたからである（ブルマ 15, 130）。1979年の著書で仲井がドイツとフランスを対比し，「フランス社会党はその勢力を拡大し，政権を獲得するために，共産党との連合を必要とした」が，ドイツの社会民主党にとっては逆に「共産党との完全な訣別」が必要とされたと述べているのも（仲井 106），この点に関わっている。たしかに種々の政治潮流から成っていた「レジスタンス運動は，戦後の政治プロジェクトの面では，意図と一般論の格調高い宣言以上のものはほとんど遺さなかった」し（ジャット 86），また近年のフランス共産党が党員数でも選挙での得票率でも昔日の威勢を完全に失い，同じく巨大な組織を誇ったイタリア共産党が1991年に解党に至ったことなどを見落とすことはできない。けれども，1970年代にユーロコミュニズムが耳目を集めたことを想起しただけでも，冷戦が終わる以前の両国の政治的光景が今日とは大きく相違していたことが鮮明になる。こうした点に照らせば，反ファシズムや戦後の民主主義の発展に共産党がどのような役割を果たしたかは重要な検討課題になり，日独に的を絞った本章の考察に大きな限界があることが分かる。しかしそうした問題に取り組むのは別の機会に譲り，ここでは日本の戦後政治に関して頻繁に使われ，本章でも幾度も用いてきた革新という語について考えることにしよう。

　広く使われた「戦後革新勢力」という語について2012年の論考で道場は，それが「今日決して自明なものではない」と記しているが（道場 56），そのことは革新の語自体にも当てはまる。そればかりか，革新勢力の中枢にいた清水が指摘するように，「革新という言葉は元来，便宜的な政治用語で定義も困難な俗語に違いない」といえよう（清水(2) 243）。けれども，現実には革新は玉虫色ではなくて特定の色彩を帯び，しかもその色調自体が大きく変化してきたのであった。日本社会党の歴史を通観した原は，敗戦から間もな

い1947年に社会党首班の政権が成立したとき，首相に就任した片山哲が「社会主義を『革新』と位置づけ，その『革新』こそ『時代の力』であると揚言」したことに注目している。岸信介のような革新官僚の存在を想起すれば明白なように，ここでは革新の語義が一変している。「国家改造＝軍国主義＝右翼につながっていた戦前の『革新』が，いまや社会主義の運動・理念を表象するものとなった」からである。原は続けて，その後に長く続いた「『保革対立』という戦後政治特有の用語法は，実はこのころから定着していく」ことになったと指摘している(原30)。

　原のこの説明は貴重である。けれども，原とは異なる見方が存在するのも見逃せない。例えば高畠は，「戦後日本の出発点，つまり占領体制の時代にあったのは，革新運動ではなくて革命運動だった」とし，「その革命運動を『革新』という曖昧な言葉に転換したのが，占領時代の末期，いわゆる逆コースが始まったとき」だと述べている。また，そうした転換は，「保守の復権に対する防衛路線として，大衆運動として拡大するという意識で始まった」と明言している。運動の「トップは社会主義革命派」なのに，「大衆運動は革新という二重構造」が生じたのは，その結果だった。言葉を換えると，「革新」というのは，「国民運動というかたちをとりながら，じつは社会主義革命を目指す政党を核とした」運動だったというのである(高畠・山口・和田230, 234)。

　これらの説明の当否を吟味するのは目下の課題ではない。ここでは戦後の「革新」に関する見方に相違があることを確認した上で，4点補足しておくのがよいであろう。

　一つは，革新という語の使用例を調べた五十嵐が，原や高畠と違って「戦後初期において『革新』という用語は基本的に姿を消す」とし，それが復活するのは「1955年の自民党結成以降のことだと思われる」と指摘していることである。消滅の理由として五十嵐は,「戦前における負のイメージ」があったからだとし，他方，復活したのは「『保守合同』に対抗する用語」としてであったと述べている。ここではいずれをとるべきかを俄かに決めることはできないし，その必要もない。むしろ原と同じく五十嵐も革新の意味合いが戦前と戦後では「180度近く変化した」ことを確認していることが重要であろう(五十嵐(2) 219ff.)。

　第二点は，用語としての「革新」に相当する表現が欧米には見出せない

ことである。この語を英語に直せばreformやinnovationになる。また形容詞の「革新的」を英語にすればprogressiveという語が存在する。後者からすぐに連想されるのは、アメリカのprogressivismであろう。というのは、この言葉は日本では革新主義と訳されてきたからである。ところが、自由と平等な機会を国是とするアメリカではヨーロッパのような階級闘争は受け入れられず、多くの社会主義者がヨーロッパから渡米したにもかかわらず社会主義は成長しなかった。そのことは20世紀初頭に W. ゾンバルトが「なぜアメリカに社会主義が存在しないのか」と題した有名な論考を書いたことでも知られている。そのため、アメリカの革新主義はイギリスのニュー・リベラリズムを先頭とする同時期のヨーロッパ各国の社会改革の運動と並行しながら、社会主義に傾斜しない独特の発展を示したのであった。この事実に照らせば、社会主義を包摂する日本の「革新」がアメリカの「革新主義」とは似て非なるものであることは明白であろう。このように「革新」を外国語に移すのが困難な背景には次のような事情がある。「欧米では『左翼』『社会主義』『進歩』『改革』などの名で表現されている思想が、革新という曖昧なシンボルの下に一緒にくくられた」形になっていたことである（高畠(3) 201）。換言すれば、日本には革新という名称で多様な潮流を未分化なままにしておくことを可能にし許容する政治的条件が存在していたといえるのである。

　第三は、「戦前から戦後に連なる『革新派』」が存在することである（伊藤(2) 110）。戦前の革新というとき、岸信介のようないわゆる革新官僚や軍人が浮かぶが、それ以外にも戦後の社会党で重きをなした和田博雄や勝間田清一を中心とする官僚出身グループを逸することはできない。和田の例が示すのは、満鉄調査部や昭和研究会あるいは戦時期の企画院などに多様なタイプの革新的な人物がいたことであり、戦中に摘発の対象になるとともに、戦争が終わると彼らは様々な場所で活動した。その面では戦前から戦後への幅広い革新の連続性を見出せる。広く見ればこの連続性は、敗戦を境にして総力戦遂行から生産増強に目的が変わったものの、戦後も「官僚を中心とする戦時体制がそのまま機能した」（野口 73,100）という野口悠紀雄が説く1940年体制論の要石にもなっている。また経済史家の中村隆英が戦時と戦後を貫く官僚主体の「計画化」を重視し、歴史上の画期と見做される敗戦の意義を強調しない理由もそこにある（中村(1) 3f.）。

　最後の留意点は、保守・革新とほぼ等価の表現として進歩と反動という語

も用いられたことである。この場合，反動を自称する人がいるとは考えにくいから，進歩の側から相手を貶める政治的なレッテルだったことと，二分法的な色分けの点では保革という区分と共通していても，友と敵との対立が絶対化されていたところに特色があったといえる。進歩と反動との間の距離は無限に大きいが，保守と革新では相対的に縮まっていたと言い換えてもよい。その意味では現実政治における対立が和らぎ，峻厳な善悪二分法が柔和化したのに伴って進歩と反動という表現は消滅し，保守・革新という語が一般化したと考えることができる。丸山の友人で同僚でもあった行政学者の辻清明が，1953年の座談で，「日本における現在ならびに将来の政治を考える場合，既に進歩と反動という二つのはっきりした勢力が固定していて，それを攻めるか守るかといった形でいきなり問題を提出するのには，いささか躊躇を感ずる」と述べているのは（丸山真男手帖の会 7），この間の事情をよく物語っているといえよう。丸山が反動という「用語の濫用による空疎化を避け，その学問的有効性を吟味」するために1952年に「反動の概念」という論文を書いたのも，反動という著しく論争的な語が氾濫していた状況を踏まえてのことだった（丸山(4) 79）。この論文と同じ1952年に行われた立太子礼の際，首相の吉田茂が寿詞で「臣茂」と称して「保守反動」という非難を浴びたが（井上 143），そこでの用法には濫用の実情だけでなく，反動から保守に重心が移動しつつあったことが暗示されている。

　一方，その保革の対立に関し，原とは異なる視角から雨宮は，協同主義という政治的水脈を掘り起こしながら次のように述べている。「戦前・戦時期以来の自由主義対協同主義の対立は，講和から55年までに資本主義と社会主義，改憲と護憲，日米安保体制に賛成か反対かを軸とする戦後体制内の保守と革新の対立に移行する」（雨宮 132, 188）。保革対立の系譜というこの視点は重要だが，それとは異なるアプローチも有力といえる。それは，日本における保革対立が国際的な冷戦構造に条件づけられていたことを重視するものである。この観点から，保革対立は国際冷戦の国内への反射という意味で国内冷戦と言い換えられ，冷戦の論理で説明されてきた。「日本の中の38度線」（林(2) 222）はその端的な表現であり，劇作家の山崎が日本を「分断国家」と呼んだ根拠もここにあったといってよい（山崎 20）。また代表的な事例として，保革対立は「国際的な米ソ冷戦体制を反映し，それと相似形をなす国内システムであった」（五百旗頭 (1) 411）という把握や，「冷戦期の日本

では，外交・安全保障政策が最大の政治争点となり，そうした意味合いを帯びて，保守－革新という言葉が用いられるようになった」(中北 17)という説明がある。「社会党と戦後革新勢力は平和の問題に関心を集中させ，ユートピア平和主義を唯一の理念としてきた」とする和田の捉え方は，これと同一線上にあると見做しうる(高畠・山口・和田 229)。因みに，主要な政治家の間にもこうした認識が見られた。その一例としては首相や外相を歴任した大平正芳が挙げられよう(福永(2) 73f.)。

　しかしながら，保革対立の頂点というべき安保闘争で先頭に立ち，その折の「熱烈なというか悲壮な感じのアジ演説」で後に全共闘のシンボルになる山本義隆に強い印象を与えた西部が，当時を回顧して「安保問題を抜きにした安保闘争」だったと断定していることは重要であり(西部(1) 16)，この点を考慮するなら，保革対立を国際冷戦のコピーとして捉えるのは不十分といわねばならないであろう。日本現代史に関する著作の多い保阪は西部と同年の生まれだが，彼もまた「安保反対」に関し，「あの安保条約がどのようなものであったか，その意味するところなど大局では知ろうとはしていなかった」と証言している(保阪 219)。この文脈では，西部と同じ世代に属す文芸評論家の上野が，安保闘争に限らず「日米安保条約が問題になるときには，たいていは是非善悪の問題として左右がイデオロギー的な葛藤を演じることで，本当の思考の対象にすることを回避してきた」と述べているのも傾聴に値しよう(上野 139)。上野のこの指摘は，おそらく西部の意中を正確に言い表している。こうした見方を斟酌すれば，安保闘争は国際冷戦の国内版ではなく，主として国内問題が争われたということになるであろう。それを象徴するのは，抗議のために大学教授を辞職した竹内好が「民主か独裁か」と唱えたことである。学生として竹内の周辺にいた上野が，安保を問題とする立場からそれに違和感を覚えたのは当然だったであろう。

　このような事実を踏まえるなら，「安全保障政策が独自の政策領域として議論される傾向が定着した」西ドイツと違い，それが「常に教育，治安といった国内的争点と分かちがたく結ばれてきた」点に日本の特徴があると捉える大嶽の見解が重要になる。彼によれば，そうなった原因は，ソ連などの軍事的脅威を敏感に受け止めていない保守的エリートたちが防衛問題に取り組む際，「国内の左翼勢力とのイデオロギー的対決といった国内政治的機能に最大の関心を払ってきた」ところにあった(大嶽(2) 14, 217)。しかし他

方で，防衛問題を重視する観点から大嶽が，「防衛問題という争点は，歴史的にいえば，1950年代初めに登場し，厳しい保革の対立構造を1960年までに制度化させ」たとしているのは正確とはいえない（大嶽(4) 5）。というのは，工業化水準を指標にして欧米と対比しつつ升味が指摘するように，「1950年代の日本の最も重要な政治動向は，『社会主義運動』の高揚といってよい」面があり（升味(3) 4），大嶽の見方ではその次元に考慮が払われていないからである。

　一方，安保条約に関する議論自体を眺めても，ソ連や中国寄りの姿勢は顕著ではなく，むしろ安保反対勢力の中では中立主義的傾向が強かった。1960年の安保闘争にしても，「左翼の側の反米運動」という色彩を拭えないにせよ（小谷野 42），全体としてみれば，「反戦・厭戦感情が基本にあって，それがナショナルな規模で噴出したのであり，革命運動でも反米運動でもなかった」といえるのである（中村 75）。その事実を踏まえれば，日本における革新には東西陣営のうちの東に近い面はあっても，決して重ならない点に留意することが必要とされよう。そのことは，「戦後の革新運動は，社会党や共産党が社会主義革命という本来の目的を棚上げし，戦後の『平和と民主主義』を守る国民運動に転化することによって生まれた」（高畠(2) 9）という経緯の面からも確かめられよう。保革対立と東西対立は交錯しているものの，決して同一ではなかったのである。

　それはともあれ，東西分断とベルリンの壁に象徴されるように日本以上に冷戦の強い影響に晒された西ドイツでは，既述のブラントが1969年に首相の座に就き，建国以来初めての政権交代が起こった。これによりアデナウアーが長く率いたキリスト教民主同盟・社会同盟（CDU / CSU）は下野し，社会民主党が政治的主導権を握ったのである。この出来事は日本では自国の保革対立を下地にして，保革の政権交代と捉えられて注目された。それには重要な理由があった。1955年の保守と革新それぞれの自民党，社会党への合同後，労働者を増加させる工業化の進行につれて革新勢力の拡大が期待され，その先に来る革新政権が待望されたことである。実際，長く親しまれた55年体制という言葉にしても，由来をたどると，「戦後10年間に及ぶ無秩序な多党制が二大政党制に移行する」と考えられ，「新たな二大政党制による政権交代の仕組みを説明するために使われた」のであった（カーティス(1) 91）。けれども，元来はその言葉に包含されていた予想に反して55年体制下の現実は，

第3章　戦後史のなかの反ファシズムと反共主義　181

社会党の伸び悩みに野党の多党化が加わって政権は社会党から遠のくばかりのように見え，政権交代の展望も希薄になりつつあるように感じられた。二大政党制が政治学者によって「神話」とされ，むしろ「一ヵ二分の一政党制」と呼称されたのはその表れだったといえよう（石田(1) 10f.）。

　もちろん，都市の過密や公害など高度成長がもたらした負の側面が顕在化するのに応じて首都圏などに革新自治体が相次いで登場した事実を見落とせない。けれども，それに革新勢力の衰退が続いたのも重要であろう。このような展開になったのは，高度成長に伴う都市化や高学歴化のなかで拡大した新中間層の動向と深く関連している。ホワイト・カラーとも呼ばれたこの社会階層は革新の主要な支持層になったが，「彼らが革新を支持するのは，そこに社会主義という新しい体制への期待があるからではなく，マイホームや私生活の幸福の増進の支えになると考えているかぎりであって，それが政府によってもみたされるというときには，自然に革新支持の情熱が薄れる」ようになっていったのである（高畠(3) 208）。日本が経済大国を自認するようになると，「一億総中流社会」を経て生活満足度を高めた新中間層の間では，イデオロギーのレベルとは区別される生活保守主義と呼ばれる政治的態度が広がった（橋本 158）。革新の拠点だった都市部で保守化傾向が現れ，他方で自民党支配の制度化が進んだのは，こうした変化の帰結だったのである。

　それはともかく，革新勢力の伸び悩みを背景にして西ドイツには羨望の入り混じった眼差しが日本から注がれた。なかでも東方政策による緊張緩和への貢献が評価されてブラントにノーベル平和賞が授与されたことは，大いに注目を浴びた。けれども，このような視線には重大な錯覚が内包されていたのを見逃すことはできない。西ドイツ政治の文脈に限定すれば，キリスト教民主同盟・社会同盟を保守と規定し，それに対峙した社会民主党を革新と呼ぶことは便宜的には許されるであろう。けれども，問題となるのは，そこでの保革対立が上述した日本のそれとは異質であり，そのことは日本で革新をいうときに包含される共産党が西ドイツでは除外されているにもかかわらず，往々にして両者が類似しているという暗黙の思い込みが作用していたことである。アデナウアーなど戦後初期の指導者について触れたように，西ドイツでは彼らが作り上げた二大政党はともに反ファシズムと反共主義で一致していた。そして政権をめぐる政党間競争も共産党の排除を前提にして，それらの共通基盤の上で繰り広げられたのであった。その中核にあったのが，

ヴァイマル共和国の失敗とナチスの経験から学んだ民主主義であり，保革対立はあくまでも両党が擁護する民主主義を土台にしていたのである。

　これとは対照的に，戦後の出発にあたり日本では民主主義が主要政党に共通する基盤にはならなかった。いわゆる逆コースと戦前派政治家の復活に典型的に示されるように，アメリカから「与えられた民主主義」は脆弱であり，そのために反動化の危険を防ぎ，それを守り育てる立場から反ファシズムと反・反共主義が唱導されたのである。そうした背景があるため，日本における保革対立は，雨宮のいうとおり，「資本主義と社会主義，改憲と護憲，日米安保体制に賛成か反対かを軸とする」ことになった。社会改革を含む社会主義，反戦・平和に通じる安保反対，人権尊重の護憲はそれぞれ固有の政治的価値を有している。けれども，それらは相互に通底するという理解のもとに革新として一括され，それが民主主義を支える立場とされたのである。社共両党を双軸とする統一戦線という語は冷戦終結以降死語になったといわれるが（石川 20），それまでにその構想が度々提起されたのも，革新についてのこのような理解に基づいていたのであった。もちろん，革新の核をなす三つの政治的価値が現実政治では必ずしも重なりあわないことは日本の近代史から引き出される教訓の一つであり，むしろ反撥しあった事例が見出されることを想起する必要がある。例えば2.26事件直前に行われた1936年の総選挙で無産政党の中心だった社会大衆党が大きく躍進したが，リーダーの麻生久の国会演説に見られるように，社会改良主義の立場から同党は社会政策の推進を謳う一方で，軍備拡張を唱えて陸軍統制派に接近し，その後の日中戦争に積極的に協力した。これに対し，公然と戦争反対や軍拡反対を訴えたのは，粛軍演説で知られる斉藤隆夫を擁した民政党だったが，ブルジョア政党といわれる同党は国民大衆の生活困窮に対する関心が薄かった。軍事と社会改革の面で両党は対極的な位置を占め，改革と平和は結びつかなかったのである（坂野(1) 52ff., 97f.）。

　それはさておき，戦後の革新に関する上記のような諸事実と対比すれば，西ドイツではゴーデスベルク綱領のころまでに社会民主党が再軍備を容認し，資本主義を受け入れてマルクス主義的な社会主義を否定したことが重要になるであろう。そこでは社会的市場経済という名の資本主義，人間の尊厳を謳うボン基本法を守護する護憲，日米安保に相当するNATOと再軍備支持で主要政党の足並みが揃っていたといってよい。例えばドイツでは2011年に

停止されるまで1956年の導入以降，徴兵制が半世紀以上にわたって存続し，連邦軍兵士を「軍服を着た市民」として処遇するコンセンサスが形成されるとともに，核武装せずNATO域外への連邦軍派遣を禁じるなどの「自制の文化」が定着した。そしてそれを社会民主党も担っていたのである。この点は，安全保障や自衛隊をめぐる世論の分裂を特徴とする日本の戦後政治との決定的な相違といえるであろう。

　因みに，このような相違を踏まえるなら，戦後日本の外交路線として吉田茂に代表される「経済中心主義路線」，岸信介のような「伝統的国家主義路線」と並んで社会党の非武装中立を中心とする「社会民主主義路線」があったとする五百旗頭の図式は誤解を招きやすいといわねばならない（五百旗頭(3) 283f.)。なぜなら，ここで社会民主主義という表現を用いると，第一に社会党はヨーロッパで発展した社会民主主義政党の枠には収まらない特異な存在だったこと，第二にそのヨーロッパの社会民主主義政党は，フランス社会党であれイギリス労働党であれ，非武装中立のような立場をとってはいなかったことが看過されてしまうからである。往々にして社会党は戦後ヨーロッパの社会民主主義政党と同一視されるが，それだけに社会民主主義にせよ革新にせよ日本では特有の含意があり，西ドイツはもとより他の先進国との落差に十分に留意することが必要とされよう。

　ともあれ，以上の議論を要約するなら次のように定式化できるであろう。すなわち，カーティスが指摘するように，日本の保革対立を表す「55年体制は，思想上あるいは政治上の最も基本的な問題について，深くて広い溝を埋められない社会の産物だった」といえるが（カーティス(1) 92, 15f.)，他方，西ドイツにはそうした架橋不可能な溝は存在しなかった。それゆえにまた西ドイツでは日本のような保革対立は出現しなかったのである。1950年代初頭から日本で顕著になる逆コースの重心が軍隊の復活と憲法の改正にあったとすれば（五十嵐(1) 29)，再軍備を行うとともに基本価値を維持しつつ憲法改正を繰り返したドイツは逆コースの道を歩んできたことになる。しかし，ドイツでのその逆コースは主要政党の合意に支えられ，民主主義の挫折にではなく，むしろ成熟につながったといえよう。今日でも日本では，冷戦期における「『保守』対『革新』というかたちは，日本のなかだけの動きだったのではなく，世界規模で同じ構図ができあがっていた」と説明されることがある（成田(1) 70)。けれども，そうした確言に反して，実際には西ドイツはも

とより，政権交代が繰り返されたイギリスやフランスなどにも日本と同じ保革対立の構造は形成されなかったのである。

結び

　日本とドイツの比較論は様々なジャンルに亘っていくつも存在している。そのことはこの主題に向けられる関心度が高いことの表れであろう。しかし，戦後政治に限定してみると，日独の比較論はきわめて少ないことが分かる。そのなかで重要といえる著作の一つで大嶽は自身のアプローチに関わらせて次のように記している。「戦後，西ドイツの場合も日本の場合も，反体制政党たる共産党を別とすれば，基本的には，三つの政党が，それぞれ（古典的）自由主義，修正資本主義（あるいは左派自由主義と呼ぶこともできる），社会（民主）主義を掲げて鼎立していた。そして，いずれの政党も単独で安定した過半数をとることが難しく，連立のあり方が政治の基本的方向を決定づけていたのである」（大嶽(2) 218）。ここでは日独における三党鼎立に関わる問題は措き，その前提として「共産党を別」とする立場がとられている点に留意する必要がある。というのは，共産党を除外した場合，日独における保革対立の構造の相違が不可視になるというのが本章での基本的な見方だからである。すなわち，反共主義であれ反・反共主義であれ，日本では共産党の存在が重い意味を有したのであり，その点を括弧に入れた比較論は説得力を著しく欠くと考えられるのである。

　このような認識に基づき，ここまで反ファシズムと反共主義を導きの糸にして日本とドイツの戦後史を対比して考えてきた。さらにそれを踏み台にして，多くの先進国に共通すると見られてきた保革対立についても，両国での相違を中心に手短に検討を加えてみた。最後に本章で考察したことから生じてくる課題などに関して簡単にまとめておくことにしたい。

　これまでも繰り返し指摘した通り，類似していると考えられがちな日独の戦後史には重要な相違がある。けれども，それは長く軽んじられてきた。そうした相違を鮮明に示している事例の一つは，両国における社会民主主義政党の基本路線の違いであろう。上記のゴーデスベルク綱領と左右社会党が統一した1955年の日本社会党綱領を見比べ，後者にある「日本社会党は民主的，平和的に社会主義革命を遂行する立場から必然的に階級的大衆政党である」という文言などを引用しつつ，猪木はこう記している。「この点は，同

じく1950年代にドイツ連邦共和国の社会民主党がマルクス゠レーニン主義から訣別する綱領を公にしたのと対照的である。保守党政権とマルクス゠レーニン主義政党の野党という形で日本の戦後政治が推移したのに対し，西ドイツは保守政党と社民政党という二本の軸によって政治が運営された。この日本と西ドイツの社会主義政党の性格の差が，その後の両国の政治に与えた影響は大きかった」（猪木 36）。これと同趣旨の指摘はドイツ史家である林健太郎のエッセーにも見出せる。彼によれば，「日本の社会党はヨーロッパの社会党とは異なって，共産党とは別の政党であるにもかかわらず，そのイデオロギーをそっくり借用していた。……『非武装中立』などという世界中どの国家にもない主張をしてきたのは，客観的にいえば，ソ連の国益擁護ということ以外の何ものでもなかった。55年体制ができてから，自民党の一党支配が続いたのは当然のこと」だったのである（林(1) 216）。近著『終戦後史1945－1955』で井上は敗戦からの10年間の多面的な動きを俯瞰して，自民党支配や対米一辺倒ではなく，「政権交代を伴う二大政党制の下で日本が国連・アメリカ・アジアの三者間の均衡において自立的な外交を展開する可能性」があったとしながら，その後に現実化しなかったと論じているが（井上7, 203f.），猪木たちの指摘と重ねあわせるなら，そのような可能性を逸することになった一因は共産主義に傾斜する社会党の姿勢に求めることができよう。事実，社会党の内情に詳しい高橋正雄の回想では，社会主義協会の指導者として同党に隠然たる影響力を有していた「向坂氏の戦術からいうと，日本社会党をまともな共産党にして，日本共産党をはねのけてモスクワの正統なメンバーにすることが労農派の歴史的使命である」とされていたのである（高橋 63）。

　もっとも，社会党に活気があった当時にはこのような問題は意識されなかった。例えば1961年の著作で清水はこうした社会党の特異なあり方を「社会民主主義のワクをはみ出した社会民主主義的政治勢力」と規定し，「社会主義に背を向けた」西欧社会民主主義の主流に対置してその特殊性をポジティブに評価している。さらに民衆の中に左翼バネと呼ばれた「左翼化せざるをえないようなスプリング・ボード」があることや活動家の「社会主義者のたましい」に着目して（清水(1) 6, 36），社会党の勢力の拡大を予想したのであった。ただ他方にはそうした期待を幻想とする冷めた見方があり，例えば55年体制の成立当時から「ほとんどだれも近い将来に社会党が政権をとる

などとは考えてもみなかった」し，社会党への支持も労組の組織票か憲法改正に防壁を作るという消極的支持が中心だったと指摘されていることにも留意すべきであろう（石田(1) 9）。

それはともかく，上記の猪木や林の文章には，社会党の綱領やイデオロギーをマルクス゠レーニン主義と性格づけたり，キリスト教民主同盟・社会同盟と自民党を保守政党として同一視するなど粗さが目につくといわざるをえない。けれども，その点を度外視すれば，彼らの指摘が問題の要所を衝いているのは間違いない。この重要な論点への着眼は猪木や林を嚆矢とするのではなく，安東の論考をはじめとして過去にもたびたび取り上げられてきた（安東(1) 21ff.）。綱領的文書「日本における社会主義への道」が1986年に棚上げされた時に他の先進国と比較して社会党を「出遅れた社会民主党」と呼んだ篠原一もその一人に数えられよう（篠原 15）。さらに同年の衆参ダブル選挙で大勝して86年体制の成立を揚言した中曽根康弘が，「あの選挙で社会党が惨敗したのはその守旧性にあった」と回顧しているのも，直観的ながら同じ問題を念頭に浮かべていると考えられる（中曽根 549）。しかし，そうした貴重な問題提起があったものの，上の文章がそうであるように，大抵は綱領に重心をかけた理解をするか，あるいは江田三郎のグループを排除した社会主義協会派の優位という党内力学を問題視するにとどまった感を拭うことはできない（米原(1) 17ff.; 新川 50ff.）。万年野党の社会党では「同じ党に同席しているのが不思議なくらい」と評された派閥間の「決定的なイデオロギー対立」で政治的エネルギーが消耗されたが（石川(2) 111），そうした権力闘争に関心が引き寄せられた裏返しで，背後にある現実の文脈に向けられる視線が弱かったように思われる。その文脈というのが，既述の保革対立の特有の構造である。

日本ではその保革対立は自民党と社会党を軸にした対立として現出した。しかし，それが55年体制として固定化してついに政権交代が起こらなかったのは，対立の根底にカーティスのいう「深くて広い溝を埋められない社会」が存在していたためだった。その意味では，社会を分断する「深くて広い溝」がいかなるもので，どのように変容していったのかを究明するという重要な課題が残る。これを検討する際には，比較政治学でいう階級や宗教のようなクリーヴィジや社会道徳的ミリューなどに着眼するアプローチが考えられるが，ヨーロッパ先進国でも20世紀後半の社会変動の中で融解が指摘さ

れているのに加え，日本ではそれらは近代化の過程で強固な形では形成され
なかった。保革対立を論じる際に客観的な存在としての社会道徳的ミリュー
などではなく，小熊をはじめとして戦争の記憶や平和主義のような対立軸が
前面に押し出されることになるのはそのためだといってよい(小熊(2) 60f.)。
このように考えるなら，むしろ伝統主義と近代主義との「文化的対立こそが
政治的対立の中核だった」という竹内の見解が示唆に富んでいるように思わ
れる(竹内(3) 487, 489)。この視点からは，高度成長を通じて形成されたい
わゆる一億総中流社会と広範な中流意識や都市と農村の多面的な差異の消失
などがそれまで深かった溝を埋め，先鋭だった保革対立を緩和したという認
識が導かれるからである。鶴見によれば，「同じ一つの文化を分かち持って
いるという感覚」は明治期以降に存在したが，それが高度成長に伴い階層を
横断する「共通文化」としてクリアになったという指摘もこれに関連してい
る(鶴見(4) 107f, 133ff.)。

　この問題はきわめて重要な意義を有している。高度成長が終わって間もな
い1978年に石川は「政策の接近，左翼イデオロギーの効用の減退」などの変
化に触れ，それらが「『保守対革新』の枠組みで政治をとらえることの意味
を急速に薄めつつある」と喝破した(石川(1) 20)。当時としてはこの指摘は
卓見だったといえるが，それを斟酌すれば，穏和になった保革対立とは，対
立構造の形骸化ないし空洞化を意味していたといえよう。そして対立が実質
を失っていけば，従来の保革という構図とは異なる政治的勢力配置を構想
する余地が生まれたはずであろう。そこには多様な選択肢が開かれていく
が，無論，他方にはそれに対する障害が存在した。その障害とは，保革双方
を縛っていた既得権益や惰性であり，現状に埋没してチャレンジを排し，変
化を厭う無気力にほかならない。この観点から日本における実際の政治の展
開を辿ると，1980年ごろから顕在化した生活保守主義と呼ばれる現状への満
足感が顕著になり，同年の著書で日高が注目した「生活水準と生活様式の維
持拡大への執着」(日高(2) 83)を土壌にして政治の世界で惰性や無気力が色
濃くなっていたことが分かる。現に1970年代以降も上辺だけの不毛な保革対
立が続けられたが，その裏側では，やがて国対政治として明るみに出る保革
の癒着と馴れ合いの構造が形成された。高畠が指摘するとおり，「自民党が
安定的に政権を維持し続ける55年体制の下で，革新勢力自体が，それに対抗
するというより，いつしかその補完的な役割を演じるようになった」のであ

り（高畠(2) 11)，1980年に早くも日高が診断を下したように，「保守も革新も主体として緩やかに自己崩壊しつつある危機」に陥ったのである（日高(2) 24)。またそのように変質していく過程では，革新自治体の登場などで芽生えた新たな可能性が大きく開かないままに終わった反面，1980年代になると自民党一党優位システムが制度化されるまでになった。自民党の党内では派閥の存在を前提にして役職人事や党運営，政策決定などの慣行がルール化され，表面上は近代的政党として整備されたのである（佐藤・松崎 32ff.)。無論，透明度を増した自民党支配の諸々のルールは磐石の地盤のうえに築かれていたのではなかった。自民党支配を含め，社会的現実から遊離した従来どおりの保革対立の構造は形骸だけになっていたので，それが崩れるには，冷戦終結のような激震を待つまでもなかったのである。

　ともあれ，そうした日本と比べた場合，西ドイツにも溝が存在したものの，反ファシズムと反共主義を柱とする「政治上の基本価値の共通基盤」（クレスマン 340)があったので，「深くて広い」ものとはならなかったことが注目に値しよう。そして，この点を踏まえるなら，ブラント政権の成立時に見られたように，両国の保革対立を重ね合わせて政権への展望を語ることは誤りとはいわないまでも，やはりかなりの無理があったといわねばならないであろう。日本では自民党一党優位を特徴とする55年体制が長く続き，大学キャンパスでは1970年代を迎えるころまで革新思潮が強力だったことは既に触れたが，それに類した現象は西ドイツで見られなかった。その原因は，反ファシズムと反共主義が政治文化に埋め込まれたために，それを育む土壌が西ドイツに存在しなかった点に求めることができる。また1970年代以降に西ドイツでは脱物質主義的潮流が台頭し，多様なグループが合流して緑の党の創設に至るが，それが可能になった前提として，日本のような保革対立が欠如していたことが留意すべき要点になるのである。

引用文献

Backes, Uwe, Nationalsozialistische und realsozialistische Diktatur in Deutschland, in: Landesbeauftragter für die Unterlagen des Staatssicherheitsdienstes der ehemaligen DDR in Sachsen - Anhalt, hrsg., 10 Jahre Gedenkstätte Roter Ochse Halle, Magdeburg 2006.

Bauerkämper, Arnd, Die Sozialgeschichte der DDR, München 2005.

Baus, Ralf Thomas, Die „antifaschistisch - demokratische Umwälzung" in der sowjetisch besetzten Zone 1945－1949, in: Uwe Backes / Ralf Thomas Baus / Herfried Münkler, Der Antifaschismus als Staatsdoktrin der DDR, Sankt Augustin 2008.

Beattie, Andrew H., Sowjetische KZs auf deutschem Boden, in: Jahrbuch für Historische Kommunismusforschung, 8.Jg., 2011.

Benz, Wolfgang, Auftrag Demokratie, Berlin 2009.

Berding, Helmut, Hessen auf dem Weg von der Diktatur zur Demokratie, in: Norbert Kartmann, hrsg., 50 Jahre Hessische Verfassung, Wiesbaden 2003.

Best, Heinrich / Meenzen, Sandra, „Da ist nichts gewesen" SED - Funktionäre mit NSDAP - Vergangenheit in Thüringen, in: Deutschland Archiv, H.2, 2010.

Bracher, Karl Dietrich, Das 20.Jahrhundert als Zeitalter der ideologischen Auseinendersetzungen zwischen demokratischen und totalitären Systemen, in: Eckhard Jesse, hrsg., Totalitalismus im 20. Jahrhundert, Baden - Baden 1996.

Butterwegge, Christoph, Extremismus - , Totalitarismus - , und Populismustheorien, in: Jahrbuch für Extremismus - und Terrorismusforschung 2009 / 2010.

Classen, Christoph, Abschied vom Antifaschismus, in: Ursula Bitzegeio / Anja Kruke / Meik Woyke, hrsg., Solidargemeinschaft und Erinnerungskultur im 20. Jahrhundert, Bonn 2009.

Creuzberger, Stefan, Das BMG in der frühen Bonner Republik, in: Aus Politik und Zeitgeschichte, B1-2, 2009.

Creuzberger, Stefan / Hoffmann, Dierk, Antikommunismus und politische Kultur in der Bundesrepublik Deutschland, in: Stefan Creuzberger / Dierk Hoffmann, hrsg. „Geistige Gefahr" und „Immunisierung der Gesellschaft", München 2014.

Deppe, Frank / Fülbert, Georg / Rilling, Rainer, Vorwort, in: Frank Deppe / Georg Fülbert / Rainer Rilling, hrsg., Antifaschismus, Heilbronn 1996.

Deutscher Bundestag, hrsg., Materialien der Enquete - Kommission „Aufarbeitung von Geschichte und Folgen der SED - Diktatur in Deutschland," Bd.1, Baden - Baden 1995.

Foschepoth, Josef, Rolle und Bedeutung der KPD im deutsch - deutschen Systemkonflikt, in: Zeitschrift für Geschichtswissenschaft, H.11, 2008.

Frei, Norbert, Hitlers Eliten nach 1945—eine Bilanz, in: Norbert Frei, hrsg., Hitlers Eliten nach 1945, München 2007.

Golz, Hans - Georg, Editorial zur „politischen Kultur im kalten Krieg," in: Aus Politik und Zeitgeschichte, B1-2, 2009.

Gieseke, Jens (1), Antifaschistischer Staat und postfaschistische Gesellschaft, in: Historical Social Research, No.35, 2010.

Gieseke, Jens (2), Auf dem Wege zu einer Gesellschaftsgeschichte der Repression in der DDR, in: Erinnern, H.1, 2012.

Günther, Markus, Ein Volk von Antifaschisten, in: Frankfurter Allgemeine Zeitung vom 18.2.2015.

Heimann, Siegfried, Karl Heinrich und die Berliner SPD, die Sowjetische Militäradmi - nistration und die SED, Bonn 2007.

Hendel, Daniela, Die Deportationen deutscher Frauen und Mädchen in die Sowjetunion, Berlin 2008.

Heydemann, Günther / Schmiechen - Ackermann, Detlef, Zur Theorie und Methodologie vergleichender Diktaturforschung, in: Günther Heydemann / Heinrich Oberreuter, hrsg., Diktaturen in Deutschland, Bonn 2003.

Hoffmann, Dierk, Nachkriegszeit, Darmstadt 2011.

Jarausch, Konrad, Die Umkehr, München 2004.

Jesse, Eckhard (1), War die DDR totalitär?, in: Aus Politik und Zeitgeschichte, B40, 1994.

Jesse, Eckhard (2), Ist die Linke eine extremistische Partei?, in: Gerhard Hirscher, hrsg., Linksextremismus in Deutschland, München 2014.

Lange, Erhard H.M., Wegbereiter der Bundesrepublik. Neunzehn historische Biografien, Brühl 1999.

Lebegern, Robert, Zur Geschichte der Sperranlagen an der innerdeutschen Grenze, Erfurt 2002.

Merkel, Wolfgang, Totalitäre Regimes, in: Totalitarismus und Demokratie, Jg.1, H.2, 2004.

Mommsen, Hans, Lernen aus der Vergangenheit!? Der Parlamentarische Rat und das Grundgesetz, Bonn 1998.

Mühlhausen, Walter, Demokratischer Neubeginn in Hessen 1945 – 1949, Wiesbaden 2005.

Münkler, Herfried, Antifaschismus und antifaschistischer Widerstand als politischer

第 3 章 戦後史のなかの反ファシズムと反共主義 191

Gründungsmythos der DDR, in: Aus Politik und Zeitgeschichte, B45, 1998.

Notz, Gisela / Wickert, Christl, Die geglückte Verfassung, Berlin 2009.

Paul, Gerhard, „Alle Wege des Marxismus führen nach Moskau." Schlagbilder antikommunistischer Bildrhetorik, in: Gerhard Paul, hrsg., Das Jahrhundert der Bilder, Bd.2, Göttingen 2008.

Pfahl - Traughber, Armin, Kritik der Kritik der Extremismus - und Totalitarismustheorie, in: Jahrbuch für Extremismus - und Terrorismusforschung 2009 / 2010.

Pohlmann, Tilman, Von „Antifaschisten" und „neuen Kadern". Sozialbiographische Betrachtungen zu den Ersten Kreissekretären der SED in der Region Sachsen (1945 — 1971), in: Totalitarismus und Demokratie, Jg.10., 2013.

Potthoff, Heinrich, Kurt Schumacher. Sozialdemokraten und Kommunisten, in: Dieter Dowe, hrsg., Kurt Schumacher und der „Neubau" der deutschen Sozialdemokratie nach 1945, Bonn 1996.

Rieger, Günter, Totalitarismus, in: Dieter Nohlen / Florian Grotz, hrsg., Kleines Lexikon der Politik, Bonn 2008.

Schildt, Axel, Ende der Ideologien? in: Axel Schild / Arnold Sywottek, hrsg., Modernisierung im Wiederaufbau, Bonn 1998.

Schneider, Michael, hrsg., Nein zu Hitler! Sozialdemokratie und Freie Gewerkschaften in Verfolgung, Widerstand und Exil 1933 — 1945, Bonn 2012.

Schönhoven, Klaus (1), Tolerierung oder Frontalangriff, in: Historische Kommission beim Parteivorstand der SPD, hrsg., Das Demokratieverständnis bei Sozialdemokraten und Kommunisten, Bonn 1993.

Schönhoven, Klaus (2), Freiheit durch Demokratischen Sozialismus, Bonn 2015.

Siegel, Achim, Die Konjunkturen des Totalitalismuskonzepts in der Kommunismusforschung, in: Aus Politik und Zeitgeschichte, B20, 1998.

Voigt, Karsten D., Entwicklung des Verhältnisses von Freiheit und Sicherheit von den siebziger Jahren bis heute, Wiesbaden 2011.

Vollnhals, Clemens, Totalitarismusbegriff im Wandel, in: Aus Politik und Zeitgeschichte, B39 / 2006.

Vorländer, Hans, Die Deutschen und ihre Verfassung, in: Aus Politik und Zeitgeschichte, B18-19 / 2009.

Walter, Franz, Die SPD. Biographie einer Partei, Reinbek 2009.

Wehler, Hans - Ulrich, Diktaturenvergleich, Totalitarismustheorie und DDR - Geschichte, in: Arnd Bauerkämper / Martin Sabrow / Bernd Stöver, hrsg., Doppelte Zeitgeschichte, Bonn 1998.

Wippermann, Wolfgang, Heilige Hetzjagd. Eine Ideologiegeschichte des Antikommunismus, Berlin 2012.

Wolfrum, Edgar (1), Die geglückte Demokratie, Stuttgart 2006.

Wolfrum, Edgar (2), Von der improvisierten zur geglückten Demokratie, Bonn 2009.

雨宮昭一『占領と改革』岩波新書，2008年。

安東仁兵衛(1)『日本社会党と社会民主主義』現代の理論社，1994年。

安東仁兵衛(2)『日本共産党私記』文春文庫，1995年。

五百旗頭真(1)『戦争・占領・講和』中央公論新社，2001年。

五百旗頭真(2)『日米戦争と戦後日本』講談社，2005年。

五百旗頭真(3)「戦後日本外交とは何か」同編『戦後日本外交史　第3版補訂版』所収，有斐閣，2014年。

五十嵐暁郎『日本政治論』岩波書店，2010年。

五十嵐仁(1)『戦後政治の実像』小学館，2003年。

五十嵐仁(2)「『革新』用語の変遷と『戦後革新』研究」同編『「戦後革新勢力」の源流』所収，大月書店，2007年。

五十嵐恵邦『敗戦と戦後のあいだで』筑摩書房，2012年。

池田信夫『戦後リベラルの終焉』PHP新書，2015年。

池田浩士『抵抗者たち　反ナチス運動の記録』TBSブリタニカ，1980年。

石川捷治「戦間期ヨーロッパ統一戦線運動再考」『鹿児島大学法学論集』45巻2号，2011年。

石川真澄(1)『戦後政治構造史』日本評論社，1978年。

石川真澄(2)『人物戦後政治』岩波書店，1997年。

石田憲『敗戦から憲法へ』岩波書店，2009年。

石田雄(1)『現代政治の組織と象徴』みすず書房，1978年。

石田雄(2)『日本の社会科学』東京大学出版会，1984年。

石田雄(3)『社会科学再考』東京大学出版会，1995年。

石堂清倫『わが異端の昭和史　下』平凡社，2001年。

五木寛之「戦後日本を生きて」岩波書店編集部編『私の「戦後70年談話」』岩波書店，2015年。

伊藤隆(1)『日本の内と外』中央公論新社，2001年。

伊藤隆(2)「『革新派』という視点から見た戦前・戦後の政治」『環』22号，2005年。

伊藤隆(3)『歴史と私』中公新書，2015年。

稲垣武『「悪魔祓い」の戦後史』文春文庫，1997年。

井上寿一『終戦後史』講談社，2015年。

猪木武徳『経済成長の果実　1955－1972』中央公論新社，2000年。

猪木正道(1)『冷戦と共存』文芸春秋，1969年。

猪木正道(2)「第1巻・著者の言葉」『猪木正道著作集 第1巻』所収，力富書房，1985年。

猪木正道(3)『私の20世紀』世界思想社，2000年。

色川大吉『戦後70年史』講談社，2015年。

岩崎育夫『アジア政治とは何か』中央公論新社，2009年。

リヒャルト・フォン・ヴァイツゼッカー，永井清彦訳『ヴァイツゼッカー回想録』岩波書店，1998年。

ハインリヒ・アウグスト・ヴィンクラー，後藤俊明ほか訳『自由と統一への長い道 II』昭和堂，2008年。

上野昂志『戦後再考』朝日新聞社，1995年。

魚住昭『渡辺恒雄　メディアと権力』講談社，2000年。

梅本克己・佐藤昇・丸山真男『現代日本の革新思想』河出書房，1966年。

大内力『埋火』御茶の水書房，2004年。

大岡昇平・加藤周一「戦争否認の『国民的記憶』を問う」『「国民的記憶」を問う　加藤周一対話集 3』所収，かもがわ出版，2000年。

大嶽秀夫(1)『アデナウアーと吉田茂』中央公論社，1986年。

大嶽秀夫(2)『再軍備とナショナリズム』中公新書，1988年。

大嶽秀夫(3)『二つの戦後・ドイツと日本』日本放送出版協会，1992年。

大嶽秀夫(4)『日本政治の対立軸』中公新書，1999年。

小熊英二(1)『民主と愛国』新曜社，2002年。

小熊英二(2)「総説―『先延ばし』と『漏れ落ちた人びと』」同編『平成史』所収，河出書房，2014年。

小熊英二(3)『生きて帰ってきた男』岩波新書，2015年。

笠井潔『8・15と3・11』NHK出版新書，2012年。

ジェラルド・カーティス(1)，木村千旗訳『日本の政治をどう見るか』日本放送

出版協会，1995年。

ジェラルド・カーティス(2)，野口やよい訳『永田町政治の興亡』新潮社，2001年。

苅部直『丸山真男　リベラリストの肖像』岩波新書，2006年。

パウル・カレル，畔上司訳『捕虜』学研，2001年。

邱静『憲法と知識人』岩波書店，2014年。

ドナルド・キーン，角地幸男訳『日本人の戦争』文春文庫，2011年。

楠精一郎『大政翼賛会に抗した40人』朝日新聞社，2006年。

ユルゲン・クチンスキー，照井日出喜訳『クチンスキー回想録』大月書店，1998年。

久野収・鶴見俊輔『現代日本の思想』岩波新書，1956年。

クリストフ・クレスマン，石田勇治・木戸衛一訳『戦後ドイツ史』未来社，1995年。

ユルゲン・コッカ，松葉正文・山井敏章訳『市民社会と独裁制』岩波書店，2011年。

小島亮『ハンガリー事件と日本』中公新書，1987年。

後藤基夫・内田健三・石川真澄『戦後保守政治の軌跡』岩波書店，1982年。

アンドルー・ゴードン，森谷文昭訳『日本の200年(下)』みすず書房，2006年。

小谷野敦『なんとなく，リベラル』飛鳥新社，2016年。

小山弘健『日本マルクス主義史』芳賀書店，1970年。

近藤潤三(1)『東ドイツ(DDR)の実像』木鐸社，2010年。

近藤潤三(2)『ドイツ・デモクラシーの焦点』木鐸社，2011年。

近藤潤三(3)「ソ連占領期東ドイツのキリスト教民主同盟　自立した政党から衛星政党へ」『社会科学論集』51号，2013年。

近藤潤三(4)「ベルリン共和国の政治的変容(1)(2)」『愛知大学法学部法経論集』210・211号，2017年。

近藤正基『ドイツ・キリスト教民主同盟の軌跡』ミネルヴァ書房，2013年。

坂井栄八郎『ドイツの歴史百話』刀水書房，2012年。

坂本義和「憲法をめぐる二重基準を超えて」『世界』編集部編『戦後60年を問い直す』所収，岩波書店，2005年。

佐高信・早野透『丸山真男と田中角栄』集英社新書，2015年。

佐藤誠三郎・松崎哲久『自民党政権』中央公論社，1986年。

佐藤卓巳「『世界』―戦後平和主義のメートル原器」竹内洋・佐藤卓巳・稲垣恭子編『日本の論壇雑誌』所収，創元社，2014年。

澤地久枝「現代史の語り部として」新井直之『敗戦体験と戦後思想』所収，論創社，1997年。

塩川伸明『社会主義とは何だったか』勁草書房，1994年。

篠原一「なぜ政権交代がなかったのか」日高六郎編『戦後日本を考える』所収，筑摩書房，1986年。

清水幾太郎『戦後を疑う』講談社文庫，1985年。

清水慎三(1)『日本の社会民主主義』岩波新書，1961年。

清水慎三(2)『清水慎三著作集　戦後革新を超えて』日本経済評論社，1999年。

トニー・ジャット，森本醇訳『ヨーロッパ戦後史(上)』みすず書房，2008年。

グレゴーア・ショレゲン，岡田浩平訳『ヴィリー・ブラントの生涯』三元社，2015年。

新川敏光『幻視のなかの社会民主主義』法律文化社，2007年。

高杉一郎(1)『極光のかげに』岩波文庫，1991年。

高杉一郎(2)『征きて還りし兵の記憶』岩波文庫，2002年。

高杉一郎(3)『わたしのスターリン体験』岩波文庫，2008年。

高橋正雄先生米寿記念刊行会編『20世紀の群像　高橋正雄の証言』第一書林，1989年。

高畠通敏(1)「『60年安保』の精神史」テツオ・ナジタほか編『戦後日本の精神史』所収，岩波書店，1988年。

高畠通敏(2)「戦後民主主義とは何だったか」中村政則ほか編『戦後民主主義』所収，岩波書店，1995年。

高畠通敏(3)『討論・戦後日本の政治思想』三一書房，1977年。

高畠通敏・山口二郎・和田春樹「戦後革新　総括と展望」『世界・臨時増刊　キーワード戦後日本政治50年』所収，岩波書店，1994年。

竹内洋(1)『学歴貴族の栄光と挫折』中央公論新社，1999年。

竹内洋(2)『大学という病』中央公論新社，2001年。

竹内洋(3)『丸山真男の時代』中公新書，2005年。

竹内洋(4)『革新幻想の戦後史』中央公論新社，2011年。

竹内洋(5)「知識人の野望―解題にかえて」マイルズ・フレッチャー，竹内洋・井上義和訳『知識人とファシズム』所収，柏書房，2011年。

竹内洋(6)『メディアと知識人』中央公論新社，2012年。

竹内洋(7)『大衆の幻像』中央公論新社，2014年。

竹山道雄(1)「門を入らない人々」『竹山道雄著作集　3』所収，福武書店，1983年。

竹山道雄(2)「ベルリンにて」『竹山道雄著作集　5』所収，福武書店，1983年。

為政雅代「自由主義インターナショナルと政党政治家テオドーア・ホイス」『歴史研究』54号，2017年。

ジョン・ダワー(1)「二つの『体制』のなかの平和と民主主義」アンドルー・ゴードン編，中村政則監訳『歴史としての戦後日本　上』所収，みすず書房，2001年。

ジョン・ダワー(2)，三浦陽一・高杉忠明訳『敗北を抱きしめて　増補版・上』岩波書店，2004年。

都築勉『丸山真男への道案内』吉田書店，2013年。

鶴見俊輔(1)『語りつぐ戦後史　上』講談社文庫，1975年。

鶴見俊輔(2)『語りつぐ戦後史　下』講談社文庫，1975年。

鶴見俊輔(3)『日本の100年　第9巻　廃墟の中から』筑摩書房，1978年。

鶴見俊輔(4)『戦後日本の大衆文化史』岩波書店，1991年。

マリオン・デーンホフ「マリオン・デーンホフ伯爵夫人インタビュー」三島憲一編・訳『戦後ドイツを生きて』所収，岩波書店，1994年。

ロナルド・ドーア『幻滅』藤原書店，2014年。

ホルスト・ドゥーンケ，救仁郷繁訳『ドイツ共産党 1933－1945年 下巻』ぺりかん社，1974年。

仲井斌『西ドイツの社会民主主義』岩波新書，1979年。

中北浩爾『自民党政治の変容』NHK出版，2014年。

中島誠『戦後思想史入門』潮新書，1968年。

中曽根康弘『天地有情』文芸春秋，1996年。

中村隆英(1)『昭和史II』東洋経済新報社，1993年。

中村隆英(2)「過渡期としての1950年代」中村隆英・宮崎正康編『過渡期としての1950年代』所収，東京大学出版会，1997年。

中村政則『戦後史』岩波新書，2005年。

成田龍一(1)『戦後史入門』河出文庫，2015年。

成田龍一(2)『「戦後」はいかに語られるか』河出書房，2016年。

西義之『現代ドイツの東と西』新潮社，1962年。

西部邁(1)『60年安保　センチメンタル・ジャーニー』文芸春秋，1986年。

西部邁(2)『無念の戦後史』講談社，2005年。

野口悠紀雄『戦後経済史』東洋経済新報，2015年。

野田昌吾「『1968年』研究序説」『法学雑誌』57巻1号，2010年。

シュテファン・ハイム「シュテファン・ハイム・インタビュー」三島憲一編・訳『戦後ドイツを生きて』所収，岩波書店，1994年。

萩原延寿『自由の精神』みすず書房，2003年。

橋本健二『格差の戦後史』河出書房，2009年。

ヒルデガルト・ハム＝ブリュッヒャー，関口宏道訳『テーオドア・ホイスにみるドイツ民主主義の源流』太陽出版，1990年。

林健太郎(1)『歴史からの警告』中央公論社，1995年。

林健太郎(2)『昭和史と私』文春文庫，2002年。

早野透『田中角栄と「戦後」の精神』朝日文庫，1995年。

原彬久『戦後史のなかの日本社会党』中公新書，2000年。

半藤一利『昭和史　戦後篇』平凡社，2006年。

坂野潤治(1)『昭和史の決定的瞬間』ちくま新書，2004年。

坂野潤治(2)『「階級」の日本近代史』講談社，2014年。

樋口陽一『比較憲法』青林書院，1992年。

日高六郎(1)「戦後におけるイデオロギーの動向」『現代史講座・別巻　戦後日本の動向』所収，創文社，1954年。

日高六郎(2)『戦後思想を考える』岩波新書，1980年。

日高六郎(3)「『戦後思想を考える』を書いて」鶴見俊輔・日高六郎・針生一郎・菅孝行『戦後とは何か』所収，青弓社，1985年。

福永文夫(1)『戦後政治の再生』丸善，2004年。

福永文夫(2)『大平正芳』中公新書，2008年。

福永文夫(3)『日本占領史』中公新書，2014年。

福間良明(1)『「反戦」のメディア史』世界思想社，2006年。

福間良明(2)『「戦争体験」の戦後史』中公新書，2009年。

藤田省三「反体制の思想運動」久野収・鶴見俊輔・藤田省三『戦後日本の思想』所収，勁草書房，1966年。

不破哲三『私の戦後60年』新潮社，2005年。

マルガレーテ・ブーバー＝ノイマン，林晶訳『スターリンとヒトラーの軛のもとで』ミネルヴァ書房，2008年。

カール・ディートリヒ・ブラッハー，山口定・高橋進訳『ドイツの独裁 II』岩波書店，1970年。

イアン・ブルマ，三浦元博・軍司泰史訳『廃墟の零年』白水社，2015年。

ウーテ・フレーフェルト，若尾祐司ほか訳『ドイツ女性の社会史』晃洋書房，1990年。

保阪正康『昭和史　忘れ得ぬ証言者たち』講談社文庫，2004年。

正村公宏(1)『戦後史(上)』筑摩書房，1985年。

正村公宏(2)『戦後史(下)』筑摩書房，1985年。

増田弘『石橋湛山　リベラリストの真髄』中公新書，1995年。

升味準之輔(1)『戦後政治(上)』東京大学出版会，1983年。

升味準之輔(2)『戦後政治(下)』東京大学出版会，1983年。

升味準之輔(3)『現代政治(上)』東京大学出版会，1985年。

松井康浩『スターリニズムの経験』岩波書店，2014年。

松尾尊兊(1)『大正デモクラシーの群像』岩波書店，1990年。

松尾尊兊(2)『戦後日本の出発』岩波書店，2002年。

松尾尊兊(3)『昨日の風景』岩波書店，2004年。

松本三之介「戦後思想と竹内好」テツオ・ナジタほか編『戦後日本の精神史』所収，岩波書店，1988年。

エーリヒ・マティアス，安世舟・山田徹訳『なぜヒトラーを阻止できなかったか』岩波書店，1984年。

丸山真男(1)『戦中と戦後の間』みすず書房，1976年。

丸山真男(2)『後衛の位置から』未来社，1982年。

丸山真男(3)『丸山真男集 6』岩波書店，1995年。

丸山真男(4)『丸山真男集 7』岩波書店，1996年。

丸山真男(5)『丸山真男座談 1』岩波書店，1998年。

丸山真男(6)『丸山真男座談 3』岩波書店，1998年。

丸山真男(7)『丸山真男座談 8』岩波書店，1998年。

丸山真男(8)『丸山真男座談 9』岩波書店，1998年。

丸山真男(9)『丸山真男回顧談(上)』岩波書店，2006年。

丸山真男(10)『丸山真男回顧談(下)』岩波書店，2006年。

丸山真男(11)『現代政治の思想と行動』未来社，2006年。

丸山真男手帖の会編『丸山真男話文集　続3』みすず書房，2014年。

三木睦子『心に残る人びと』岩波書店，1997年。

三島憲一(1)『戦後ドイツ』岩波新書，1991年。

三島憲一編・訳(2)『戦後ドイツを生きて　知識人は語る』岩波書店，1994年。

水谷三公(1)『ラスキとその仲間』中央公論社，1994年。

水谷三公(2)『丸山真男　ある時代の肖像』ちくま新書，2004年。

見田宗介『現代日本の感覚と思想』講談社，1995年。

三谷太一郎『学問は現実にいかに関わるか』東京大学出版会，2013年。

道場親信「『戦後革新勢力』をいかに歴史化するか」『大原社会問題研究所雑誌』
　　639号，2012年。

源川真希『総力戦のなかの日本政治』吉川弘文館，2017年。

宮田光雄『西ドイツの精神構造』岩波書店，1968年。

宮本太郎『福祉政治』有斐閣，2008年。

ズザンヌ・ミラー，河野裕康訳『戦後ドイツ社会民主党史』ありえす書房，
　　1987年。

安野正明(1)『戦後ドイツ社会民主党史研究序説』ミネルヴァ書房，2004年。

安野正明(2)「ドイツ連邦共和国『第二の建国期』と『1968年運動』に関する若
　　干の考察」『欧米文化研究』15号，2008年。

山口二郎『戦後政治の崩壊』岩波新書，2004年。

山口定(1)「序」山口定・R. ルプレヒト編『歴史とアイデンティティ』所収，
　　思文閣出版，1993年。

山口定(2)『ファシズム』岩波書店，2006年。

山崎正和「分断国家・日本の50年」山崎正和ほか『戦後50年は日本を幸せにし
　　たか』TBSブリタニカ，1995年。

山辺健太郎『社会主義運動半生記』岩波新書，1976年。

山中恒『青春は疑う』朝日新聞社，1991年。

米原謙(1)「日本型社会民主主義の思想」山口二郎・石川真澄編『日本社会党』
　　所収，日本経済評論社，2003年。

米原謙(2)『日本政治思想』ミネルヴァ書房，2007年。

ハンス・カール・ルップ，深谷満雄・山本淳訳『現代ドイツ政治史』彩流社，
　　2002年。

ヴォルフガング・レオンハルト(1)，高橋正雄・渡辺文太郎訳『戦慄の共産主義』月刊ペン，1975年。

ヴォルフガング・レオンハルト(2)，菅谷泰雄訳『裏切り』創元社，1992年。

ペーター・レッシェ／フランツ・ヴァルター，岡田浩平訳『ドイツ社会民主党の戦後史』三元社，1996年。

若槻泰雄『シベリア捕虜収容所』明石書店，1999年。

和田耕作『大戦争の表と裏』富士社会教育センター，2000年。

第4章　ドイツ第三帝国の崩壊と
避難民・被追放民問題

はじめに

　ここまでは日独両国の戦後史の比較について考えてきた。本章では比較から離れ，敗戦当時から戦後初期にかけてのドイツ現代史の主要問題について考察することにしよう。というのは，比較を適切に行うためには日独双方に関する幅広い知見が必要とされるが，その観点からみると，日本から関心が向けられず，ほとんど知られないままになっている重要な空白部分がいくつも存在するといわねばならないからである。ここではそのうちの一つである避難民・被追放民問題に視線を向け，その原因や経緯，背景などを検討し，比較のための土台を固めることにしよう。これまで比較が主軸になっていたことからすれば，比較を主眼としないこの章は，本論に対する補論という位置を占めることになる。

　最初に避難民・被追放民問題の歴史的文脈に触れておこう。

　第二次世界大戦が終結してから西ドイツないし統一ドイツへ流入した集団の代表例として，ガストアルバイターと呼ばれる外国人労働者が存在することはよく知られている。また2015年にはシリアを中心とする中東地域やアフリカ北岸からヨーロッパを目指す難民が爆発的に増大し，その多くがドイツに殺到したことは耳目をそばだたせた。しかし，それらの大きな影に隠されて看過されてきたものの，戦後ドイツへの人口流入はガストアルバイターや難民に尽きるような単純な出来事では決してなかった。その意味で，まずもって2点を確認しておくことが必要になる。第1は，拙著で詳述したとおり，人口流入面で見たドイツの戦後史は，大きく3つの段階に分けられるこ

とである。また第2に，流入の中心になった集団についても，避難民・被追放民，ユーバージードラー，外国人労働者，庇護申請者・難民，アオスジードラーなどいくつもの集団が区別され，各々が特定の段階に中心的な役割を演じる形になっていることである(近藤(4) 78ff.)。

　ここでは詳細に立ち入るのは避けるが，3つのどの段階にも庇護申請者もいればアオスジードラーも見出されるように，そのことは，段階が替わると主役たちが完全に舞台から退場したことを意味するわけではない。膨大な犠牲者を生んだヒトラーの大ゲルマン帝国の野望が敗戦とともに潰え，第三帝国が崩壊したのと前後して，大半が今日のポーランドに含まれる東部領土をはじめ，今では消滅したチェコスロヴァキアやユーゴスラヴィアなどからドイツ系の住民を追放する動きが高まった。先祖代々長く住み着いていた故郷を追われた彼らが行き着いたのは，敗戦の結果，国土が縮小した現在のドイツの地であり，そこは遠い先祖の出身地であったり，そうでない場合でも同じドイツ語を話すエスニックな同胞たちの住む土地だった。しかし，膨大な数に上る被追放民たちのドイツへの強いられた流入は，戦後ドイツの移民史の第一頁であって，彼らに続き様々な集団があるいは並行し，あるいは前後してドイツに到来したのであった。同じ敗戦国の日本の場合には満州などからの引揚者が知られていて，その苦難は藤原ていの『流れる星は生きている』などの手記に綴られており，若槻泰雄『戦後引揚げの記録』のような先駆的な研究もある。しかし，ドイツの場合，被追放民の規模は日本の引揚者を大きく上回ったにもかかわらず，日本ではこれまでその存在はほとんど知られていなかった。そのために若槻は引揚者と被追放民を並置しているが(若槻 359ff.)，中国大陸であれ朝鮮半島あるいは樺太であれ引揚者たちが大日本帝国の版図拡大に伴う植民地支配と結びついていたのに対し，被追放民が父祖代々定住していた土着の人々だったという相違は見過ごせない。引揚者が日本の公的記憶から排除されてきたのと違い，変化はあっても被追放民がドイツの国民的記憶の一部になっているのはここに主たる理由がある。

　そうした被追放民の大波が戦争で疲弊したドイツの社会への重圧になり，それでなくても深刻だった食糧難や住宅難を先鋭化したのは当然だった。彼らの多くは戦火で荒廃した都市部ではなく，主に農村部に住み着いたが，そのために各地で土着の住民との間に紛争が頻発したのである。被追放民の流入が1950年頃に沈静化すると，それに代わって新たな高波が出現した。その

中心になったのは，ドイツを東西に分断した内部国境を不法越境して東から西に移るユーバージードラーたちだった。そしてベルリンの壁によって1960年代初めにその流れが実力で阻止されると，主役を引き継いだのがガストアルバイターの呼称で知られる外国人労働者だったのである。

　ところで，被追放民の波が鎮まった1950年から1998年までに限っても，上記のいずれかの集団に所属してドイツに流入した数は3000万人にも達した。もっとも，その全てがドイツに定住したわけではないことは，誤解を避けるためにも断っておかねばならない。実際，外国人労働者の帰国や庇護権を認定されずに出国した庇護申請者，あるいは外国に移住するドイツ人などドイツから流出した人々もやはり膨大であり，総数で2000万人に達している事実は十分に注意が払われるべきであろう(Münz / Seifert / Ulrich 18)。それにとどまらない。とくに最後に挙げたドイツ人の国外移住は，ドイツの移民問題について語る時，外国人に注意が奪われがちであるだけに慎重な姿勢が求められることを教えている(近藤(6))。これについても波動が見出せるが，国際的な人材獲得競争が強まっている近年では，高学歴層を多く含んだ国外移住は，人口減少の問題としてだけでなく，頭脳流出に対する懸念とも相俟って，重大性を増してきている。18世紀から19世紀にかけてドイツが移民流出国だったことは拙著で説明したが(近藤(1) 22ff.)，近年のドイツは流入と流出の両面で文字通り本格的な移民国になっているといえよう。

　いずれにせよ，第二次世界大戦が終結して以来，ドイツの地では多彩で大規模な人の移動が展開されたが，その重みを考えるなら，戦後ドイツが他の先進国に類を見ない国際的な人口移動の大波に洗われてきた事実は銘記されるべきであろう。戦争で植民地を失った戦後の日本は先進国の中でも著しく人口移動の乏しい国だが，ドイツはその対極に位置するのである。この点を踏まえた上で，本章では避難民と被追放民に照準を合わせることにしたい。戦後ドイツの移民問題を振り返るとき，時間軸の上で最初に登場するのがこの集団だが，ドイツの敗北と戦後の出発を考える場合にも，規模の大きさや問題の重さに照らして十分な考慮が払われねばならないからである。

1．第二次世界大戦末期の避難民

　避難民と被追放民の二つの集団は一括りにして論じられることが多い。法的な面からみれば，そのように扱うのがたしかに簡便であろう。また両者が

連続して現れたことも，その理由として挙げられよう。けれども，そうした方法では避難民までもが追放の対象になったかのような誤解が生じやすい。その上，実は一括して処遇する政策には故意に両者を一体として扱うことによって受難の側面を大写しにする意図が働いていたのも否定できない（Frantzioch / Ratza / Reichert）。そうした事情を勘案し，両者を区別した上で，以下ではまず避難民に照準を合わせよう。

　第二次世界大戦は外国人の強制労働という面だけでも大規模な人の移動を引き起こした。総力戦を貫くために戦場で膨大な兵士が必要とされ，働き盛りの男性が徴集される一方，戦時経済は軍需のために急速に膨張した。その結果，製造業のみならず農業も含めた労働現場で生じた人手不足が深刻な問題になったのである。その空隙を埋めるために利用されたのが外国人であり，必要な人数を集める主要な手段が強制力だった。1944年8月時点のドイツでは外国民間人と戦争捕虜を合わせて765万もの人々が就労していたのである（Herbert (2) 146f.）。冷戦が終わった1990年代に強制労働に対する補償問題が重大化し，ドイツ企業の責任が問われた背景には，そのスケールが極めて大きかったことがある。日本でも戦時下の強制労働に関する研究が進められているが，ウクライナをはじめ広大な占領地域から連行したいわゆる「東方労働者」を中心にしたドイツの強制労働は日本に比べて格段に規模が大きく，それだけに問題は深刻だった。しかし粘り強い交渉の末，補償の枠組みが合意され，2000年に企業と政府が拠出した「記憶・責任・未来」基金が設立されて基本的に決着した（近藤(2) 178f.）。

　しかしながら，強制労働者問題に注意を奪われて見落とされやすいものの，ドイツの征服地域の拡大に伴い，強制労働とは別の面でも強制力を使った人の移動が生じていた。それは戦争勃発直後から着手されたかなりの規模の強制移住である。1939年8月23日に結ばれて世界を驚かせた独ソ不可侵条約に続き，ポーランド制圧後の9月28日にドイツとソ連の間で国境友好条約が締結されたが，それに基づいて住民の入れ替えが始められた。ソ連国内やソ連の勢力圏に編入されたバルト諸国あるいはソ連占領下のポーランドなどの諸地域から1941年までに38万9千人のドイツ系住民が民族ドイツ人として「帝国への帰還」の名で占領したポーランドのゲルマン化のために移住させられたのである（Rautenberg (1) 21f.）。これと並行してドイツはイタリアをはじめとして1943年までに14の国々と協定を結び，それに基づいて合計で62

万5千人，協定以外の方法も含めると総計で約100万人に及ぶ国外在住の民族ドイツ人を住民交換の形で回収したのであった(Beer 40ff.)。

その一方で，ドイツとソ連に分割されて国家を失い，再び異国の支配下に置かれたポーランド人が，ダンツィヒ周辺やヴァルテラントから追い出されて新設された総督府に強制移住させられた。近年の用語でいえば民族浄化に該当し，ナチ用語で「民族的耕地整理」と呼ばれたこの悲運に見舞われたポーランド人の数は120万人にも上ったが(Esch 195f.; Bade 285f.)，これにはやがて最終解決として絶滅政策の対象にされるユダヤ系市民は含まれていない。またポーランド人が排除されたのと並行して，ドイツの占領地域になったポーランド西部に居住していたウクライナ人やリトアニア人がソ連への移住を強いられ，ソ連によって回収された。この強制移住にはさらに第二次世界大戦終結後に再建されたポーランドとソ連の間で実施されたウクライナ人とポーランド人の住民交換が続いた。その結果，後述するドイツ人の追放とウクライナ人の退去に基づいて戦後の共産主義ポーランドが東欧諸国の中でただ一つ単一民族国家を名乗るようになったことにも注意が払われるべきであろう。

もちろん，ナチス支配下のポーランドばかりでなく，戦争初期にソ連が占領したポーランド東部をはじめとしてバルト諸国やその他の地域でも強制移住が広く行われたことを看過してはならない。とくに戦時期にソ連に併合されたバルト諸国では大量の住民がスターリンによってシベリアなどへ強制的に移送されて苦役を強いられ，多くの犠牲を生んだが，クリミア・タタール人などいくつもの少数民族の悲劇と併せてネイマークはこれをジェノサイドと規定しているほどである(ネイマーク96f., 104f.)。また，ドイツの場合に限れば，上記のような強制力による大規模な住民の入れ替えが，民族に価値序列を持ち込み，優れた人種と劣った人種を区別する人種主義的妄想に基づいていたのは指摘するまでもないであろう。

しかしながら，ドイツ人の間でより大規模な移住が見られるようになったのは，第三帝国の敗色が濃くなった第二次世界大戦の末期から敗戦直後にかけての時期である。というのは，この時期に避難民と被追放民が出現したからである。上述のように，時間的に連続する形で両者の集団が現れたことや，法的な面でのひとまとめにした処遇から，これら二つの集団は一括して扱われるケースが多い。また日常的な用法でも区別はなされず，「難民

（Flüchtlinge）」という語で「戦争の結果，故郷を去らなければならなかったすべての人々」が包括されているのが一般的といってよい。この語が今日では戦争ばかりでなく，国内の紛争や環境異変などのために出身国から逃れる人々を指すのに使われているのは周知のところであろう（近藤(7) 46f.）。さらに1982年の連邦内務省の文書では，これらに加えて戦争障害者，政治難民，戦争捕虜などを包括するカテゴリーとして「被災者（Geschädigte）」という用語も使われている（Der Bundesminister des Innern）。しかし呼称自体が示唆しているように，避難民と被追放民では発生の時期をはじめ経緯が異なっているし，主たる出身地域にも重なり合わない部分が見出される（Benz (1) 10f.）。

　避難民が出現したのは，スターリングラード攻防戦でのドイツ軍降伏を境にして優勢に転じたソ連軍が初めてドイツ本土に到達し，東プロイセンに侵攻した1944年8月以降と考えてよい。国防軍の部隊が死守を命じられた都市を要塞化した場合には住民の退去が禁止されることもあったが，その一方で，ソ連軍が近づいた地域の住民たちは恐怖に包まれ，逃げ出す準備に大わらわになった。彼らは戦闘に巻き込まれるのを避けるために自発的もしくは軍の退去命令により，家財の大半を故郷に残したまま，より安全な場所に向けて追い立てられるように避難を開始したのである。しかし各地でのドイツ軍の頑強な抵抗にもかかわらず戦況は好転せず，軍隊の退却や敗走に合わせてソ連軍の本土への侵入範囲が広がるにつれ，避難する民間人の数が膨れ上がっていった。また当初は避難は一時的だと思われ，ドイツ軍が失地回復すれば戻ることが可能になると期待をつないでいた避難も間もなく長期に及ぶ故郷の放棄の色彩を強めていくことになった。住民が慌ただしく住み慣れた地を引き払う様子については，その後の苦難の道のりと合わせて，数々の手記などに描かれてきた。例えば東プロイセン出身で戦後西ドイツの論壇で活躍したM. G. デーンホフの回想記『もう誰も呼ばない名前（邦訳『喪われた栄光』）』は今世紀に入るまで長く読みつがれてきた代表的な作品であり，しいていえば満州からの引揚げの過酷な経験を綴った藤原てい『流れる星は生きている』がそれに匹敵するといえるかもしれない。

　なるほど進撃してくるソ連軍はラジオを通じて住民たちにこう呼びかけていた。「赤軍はドイツ市民をナチスから解放するために前進しているのだ。文化高き赤軍の兵士はあなた方に自由をとりもどし，あなた方を保護するこ

とをスターリン元帥は約束する。安心して冷静に赤軍を迎えて下さい」（邦182）。この言葉にはナチスと一般のドイツ人を区別するソ連の基本的立場が明示されていた。そしてこの基本的立場は、「ヒトラーは去るがドイツ国民は残る」というスターリンの言明に要約され、プラカードなどに標語として記されて喧伝された。とはいえ、その言葉を真に受けるドイツ市民はどこにもいなかった。加えてソ連が表明したその立場も実際には守られなかった。A.ビーヴァーが指摘するように、「東方からのスラブ族来寇にたいする父祖伝来の恐怖心」が多くのドイツ市民の心の奥深くに根をおろしていたのに加え、「ドイツ人はすべての男性が奴隷としてソ連に連行されるのではないかとおそれていた」のである（ビーヴァー（1）38,541）。

　こうした混乱の渦中で、1944年10月に東プロイセンの小村ネマースドルフをドイツ軍が奪回した際に明るみに出た事件は民間人の間にパニックを引き起こすことになった。そこでは子供、老人、女性など多数の住民がソ連軍によって虐殺され、死体となって発見されたのである（Grube / Richter 148f.; Mühlfenzl 130f.）。この種の事件はネマースドルフに限られず、赤軍が通過した村のいくつかでは生者より死者のほうが多かったと指摘されるように、同種の惨劇は各地で起こった。T.ジャットによると、アメリカ外交官として当時モスクワに駐在していたジョージ・ケナンはその光景について回想記にこう記している。「ソヴィエト軍の進入によってこの地方を見舞った災厄は、近代ヨーロッパのいかなる経験をも絶している。現存するすべての証拠で判断する限り、ソヴィエト軍が通過した後、地元住民が男も女も子供も一人として生き残っていない地域がかなりあったのだ。……ロシア軍がこの地の住民を掃討したやり方は、かつてのアジア遊牧民以来その類例を見ないものだった」（ジャット 27）。この一文からはケナンの驚愕ぶりが伝わってくるが、ネマースドルフが惨事のシンボルになったのは、ソ連軍のドイツ本土侵攻初期に発生したからであり、恐怖心を煽り、抗戦意思を高揚させるために宣伝大臣ゲッベルスによって徹底的に利用された。宣伝省はカメラマンを前線に派遣して残虐の跡を記録させ、ニュース映画に仕立てて映画館で上映したのである（ビーヴァー（1）72; ムーアハウス 475）。

　もっとも、ドイツの一般市民は政権からの報道を鵜呑みにしたわけではない。とりわけ、大戦後半になって、軍の報道がますます都合のいいことだけを伝えるようになると、ドイツのメディアに対する信頼が掘り崩され、政

府の発表は信用を失うようになったからである（ポイカート 71; デーンホフ 24）。政権が戦果を華々しく伝えるほど疑念が深まり，戦時下の暮らしの窮屈さと相俟って厭戦気分が広がっていったのであった。とはいえ，当初は相変わらずの誇大宣伝とみて半信半疑だったにしても，避難民がもたらす情報や各地の様子についての噂が広がるにつれて，ドイツの一般市民も自分たちに向けられたソ連軍の憎しみを悟らざるをえなかった。「怒りこそ兵士たちの力の源泉だった。ドイツ人がすべての悪の根源だった。親友の死から，焼け落ちた街，故郷の子供を苦しめる飢餓，砲弾の雨がまた降るのかという恐れまで，全てがドイツのせいだった」（メリデール 343）。C. メリデールのこの文章は，スターリンによる反ドイツ宣伝の効果を考慮に入れても，ソ連で暴虐の限りを尽くしたドイツ軍の行為とそれに対するソ連民衆の憎悪と怨恨を考えれば，決して誇張とは思われない。

たしかに「ドイツ人に対する憎悪をかきたてるよう，そして復讐の感情を燃え上がらせるよう」にプロパガンダが行われ，ドイツ軍の残虐行為が大々的に宣伝されたのは事実である。また，「ドイツ人を殺せ ―― これが君の母親の祈りだ。ドイツ人を殺せ ―― これが君のロシアの大地の叫びだ。ためらうな。やめるな。殺せ」，「殺せ，消してしまえ。ドイツ人について穢れのないものなどまったくない。いま生きているドイツ人についても，これから生まれてくるドイツ人についても」と叫んだ，わが国でも親しまれた作家エレンブルクやシーモノフたちによる過激なまでの煽動も繰り広げられた（ビーヴァー (1) 269; ゾンマー 52; メリデール 211, 344）。こうした言葉をとらえて A. プライスジンガーはエレンブルクを「ソ連によりドイツ人に対して行われたホロコーストのイデオロギー的先導者」とまで呼んでいる（Preissinger 21）。もちろん，そうした煽動がなにがしかの影響を及ぼしたことは否定できない。けれども，留学生として戦時下のドイツにとどまった邦正美がソ連軍将校の狼藉に苦言を呈した際の返答には宣伝の域を超えた迫真性がある。「それで何が悪い？　ドイツ兵はソ連に侵入して何をしたというのだ？　民家を焼き，略奪をし，女を強姦したではないか？」（邦 305）。こうした言葉に照らせば，K. コルドンの小説『ベルリン1945』の次の場面は単なる創作の域を出ているといえよう。戦争末期のベルリン攻防戦で負傷したあるドイツ軍兵士が，避難した地下室で居合わせた勝気な女性に向かってこう語る。「あんたにはわかっていないんだよ。奴らが勝って，俺たちがやったことの仕返

しを始めたら，あんたはすぐに墓場いきさ。……俺はそこにいて，何をした
かを見てきたんだ。復讐されるくらいなら，死んだほうがましさ」。そして，
「そんな悪夢のような話があるものか。俺の息子たちはみんな出征したんだ。
英雄として戦死したんだぞ。息子たちは犯罪者じゃない」という老人の反論
に，「悪夢のような話かい。それじゃ，俺は夢でも見ていたんだろう。銃殺，
集団埋葬……」と応じるのである(コルドン 213)。

　以上で見たようなソ連軍兵士の屈辱感と復讐心に加え，自分たちより豊か
で快適なドイツ人の暮らしぶりを目の当たりにしたときに彼らが受けた驚愕
の反作用という面も無視できない。ブルマが指摘するように，「まともな電
気も見たことがない者も混じったソ連兵に衝撃を与えたのは，爆撃された都
市の悲惨な状況と戦時の物資不足のなかにあってさえ，ドイツ市民生活に
ある相対的贅沢さであった」(ブルマ 95)。例えば戦争直後に併合のために
東プロイセンに送り込まれたソ連の民衆も同じ衝撃を受けた。彼らはそこ
で「赤瓦葺の切妻屋根や鋳物製で精巧な格子状の橋の欄干，丸石やレンガで
舗装した道路」をはじめ，記念碑や銅像，壮大な教会，公園のような墓地
などに驚きを隠せなかったという(コスチャショーフ 41f.)。そしてその驚愕
は，「ドイツの奥深くに進攻するほどに，至るところにある豊かさにむかつ
く」というソ連軍将校の言葉が示すとおり，すぐに怒りに変わったのであっ
た。「どうしてこんなに多くを有する国民が僅かしか持たない国民の乏し
い財を破壊できるのか」と彼らが自問したのは当然だったであろう(Bessel
155)。高杉一郎のシベリア抑留体験記にもこれに類した話が出てくるが(高
杉 236)，実際，ドイツ本土に到達したソ連の兵士たちが重厚な家具調度を
備えた堅牢で快適な住宅や清潔なトイレや台所など自国より遙かに高いドイ
ツ人の生活水準に接した驚嘆は計り知れず，それだけに怒りも増幅されて強
烈にならざるをえなかった。「ロシアの兵士たちの復讐への願望は，自分た
ちの名誉と男らしさを取り戻し，ドイツの豊かさと自己満足によって先鋭
化した劣等感を打ち消す願望に駆られていた」というネイマークの言葉は
(Naimark 115)，怨念を強め，蛮行に兵士たちを駆り立てた動機を正確に言
い当てているであろう。ドイツに向けて「国境を越えたとき，ロシア人はド
イツの樹木まで忌まわしいものと見たが，ベルリンでも建物まで忌まわしい
と感じた」(ビーヴァー (1) 510,78)のは，いわば心理的必然だったのである。
　いずれにせよ，ドイツ側では，ネマースドルフの事件は，ヒトラーが宣伝

した「下等人間」であるロシア人の野蛮さの証明とされただけでなく，独ソ戦開始以降ドイツ国防軍とSS特殊部隊がソ連国内で繰り広げた人種主義的偏見に基づく数知れない蛮行に対する報復と見做された。他方，ソ連側では，ナチと一般のドイツ人とを区別するという公式に掲げていた立場に反して，実際にはソ連指導部は住み慣れた土地からドイツ人を追い払う政治的計算もあって報復行為を黙認し，ドイツ軍将兵に対してばかりでなく，民間人を含むドイツ人そのものに対する憎悪を煽っていたのである(Zayas (1) 61ff.)。その結果が，占領したドイツ各地でソ連軍兵士が大規模に繰り広げた野放図な略奪や暴行にほかならない。とりわけ激しい攻防戦の末に陥落した首都ベルリンで吹き荒れた蛮行は凄まじかった。なかでも深刻だったのは，高齢者から少女までを含む女性に対するレイプが無数に起こったことである。繰り返されたレイプ被害のショックによる自殺や無理な堕胎で命を落とした人が少なくなかった上，深い恥辱感，結婚の破綻，肉体関係に対する恐怖などその影響は生涯にわたって長く尾を引いた。凄絶を極めた狼藉の様子は，著者不詳ながら反響が大きく，2008年に M. フェルバーボェック監督によって映画化された『匿名－ベルリンのある女(邦訳『ベルリン終戦日記』)』をはじめとする数々の記録に克明に描かれているほか (ザンダー/ヨール; アンドレーアス＝フリードリヒ; レオンハルト 279f.; 新関 164f.)，様々な回想録を踏まえた研究でも言及されており(Mühlhauser; メリデール 364ff.; 永井 16f.)，ソ連兵の「フラウ，コム」という呼びかけの声とともに今日では周知の事実になっているといってよい。

　実際，『ベルリン陥落1945』(白水社 2004年)などの優れた戦記で知られ，『ベルリン終戦日記』にも序文を寄せている A. ビーヴァーによると，一般的には200万人のドイツ人女性がレイプ被害者になったと推定され，ベルリンでの被害者数は９万５千人から13万人に達したとみられるという。また，R. ムーアハウスはこの数字を引きつつも，「本当の数字はそれより遙かに高いのは疑いない」と述べ，ソ連のある従軍記者がソ連軍を「強姦者の軍隊」だったと回想していることを伝えている(ビーヴァー (2) 15; ムーアハウス 494)。メリデールはこの点について次のように書いている。「破壊で報復を果たし，ドイツの贅沢品を粉砕し，ファシストの富をむさぼる欲求が兵士たちを突き動かしていた。レイプはこれらすべてを同時に満たした。女を罰し，傷ついた男の自信を回復させた。共犯者の心の絆も強めた。……男たち

が仲間同士で大勝利を確かめ合うとき，レイプは祝祭の儀式と化した」のである(メリデール 363)。そうした実情を踏まえるなら，コルドンが作中の登場人物であるユダヤ系女性にベルリン陥落に際して，「こんなひどい目にあって，ドイツ人がヒトラーから解放されたと感じられるかしら」という疑問を語らせているのは(コルドン 326)，決して的外れとはいえないであろう。ソ連軍による占領が解放ではなく，征服として受け止められた一因は，このように敗戦前後に荒れ狂った暴虐の体験に胚胎していたのである。

　無論，レイプなどの蛮行はソ連軍に限られていたのではなく，アメリカ軍やイギリス軍でも発生したことを看過してはならない。アメリカ軍兵士に関しては，実態をどこまで反映しているかを別にして，終戦を挟む1945年1月から12月までの1年間に1500件の訴えが出されたことが知られている(高橋 338)。なかでもドイツ側の衝撃になったのは，シュヴァルツヴァルトの中央部に位置する小都市フロイデンシュタットが1945年4月半ばにフランス軍に占領された際，公称で500人とされる女性が兵士によって暴行され，同じくシュツットガルトでは約3000人の女性がレイプされたとされる事件だった(ブルマ 51; Benz (2) 70f.)。というのは，フランス軍には北アフリカ出身の植民地兵士が含まれており，悪夢として語り継がれてきた第一次大戦敗北後のラインラント進駐の際に生じた出来事を想起させたからである。暴行はドイツ降伏後になっても続き，その一端は7月9日の日記に児童文学で著名な E. ケストナーが「フランス軍司令部がドイツ婦人および少女に対して，ひとりで道を歩いたり，ひとりで家にいたりしないよう，厳しく警告した掲示」を見たと記していることから推し量れる(ケストナー 237)。

　もっとも，ソ連軍の場合とは発生件数でみても格段に違うので，これらを同列に並べるのは適切とはいえない。ベッセルが確認しているように，「アングロ・サクソンの軍隊によって占領された地域で民間人に対する無数の暴力があったとしても，イギリス軍とアメリカ軍の振舞いはソ連軍のドイツ侵入に伴って起こった大量レイプと抑制なき破壊には類似していない」点を看過できないのである(Bessel 161)。そうした相違の理由についてブルマは，「連合国軍はソ連軍ほど復讐心がなかった」ことのほかに，「ドイツ人女性は連合国兵士ととても『交際』したがったので，強姦はほとんど必要ではなかった」と指摘している(ブルマ 51)。因みに，これらの問題に関する M. ゲプハルトの最新の研究では，ソ連軍によるレイプ被害者となったドイツ

の女性は従来の人数よりも少なくて総数で86万人，アメリカ兵によるのは従来より多くて19万人と推定されていることも付け加えておこう (Süddeutsche Zeitung vom 21.3.2015)。また，現在では広く知られているものの，こうした忌むべき出来事は大部分の被害者の記憶の中に封印され，長く明るみに出されなかったことにも触れておかねばならない。被害者の推定人数を伝える記事に付けられた「恥辱か不安から多くの女性は沈黙した」という見出しも，そうした事情を表している。その意味ではそれは，東西を問わず戦後ドイツのタブー・テーマになってきたといってよい。1950年代後半にベルリンを訪れた独文学者の竹山の慧眼はそれを見逃さなかった。当時の「西ベルリンで，共産主義ないしロシア人に対する憎悪敵意が燃え上がっている」ことを伝える一方で，彼は二つのタブーの存在を指摘している。一つはホロコーストを話題にすること，もう一つは，「婦人に向かって終戦の時の消息をきくこと」である(竹山 78)。

　ともあれ，以上で述べた事情から，ソ連軍の侵攻がドイツ東部地域の住民たちを恐怖に陥れたのは当然だった。それでも拠点の死守を命じられていた軍は住民に対して立ち退き禁止令を出して直ぐには避難することを許さず，それどころか高齢や年少の男性までもが急遽防衛に駆り出された(デーンホフ 16f., 50; ドイッチュクローン 268)。そのために避難の時機を失して混乱が拡大し，多大の犠牲を招く結果にもなった。しかし一旦軍や官憲から避難の許可や命令が出ると，ソ連軍が接近した地域からは続々と故郷を退去する民間人があらわれた。持ち出せるだけの家財を積んだ荷車や僅かな貴重品を詰めたリュックサックを背負った人々の西に向かう長蛇の列が出現し(クロコウ 60ff.; 川口 115ff.; 永岑 418ff.)，混乱を極めたこの行列に時には敗走する軍隊までもが合流したのである。

　もちろん，これらの人々がすべて安全な場所に到達できたわけではない。安全と思われた場所にも間もなくソ連軍が迫り，再び逃避しなければならなかったし，途中で食糧の欠乏や酷寒のために斃れた人も少なくなかった。その上，進撃スピードの速いソ連軍に追いつかれて拉致されたり，殺害されたりした人々も存在したのである。その一方で，ヒトラーによってベルリン陥落直前に後継者に指名されることになるデーニッツ元帥の指揮下にドイツ海軍は，ソ連軍に追い詰められた将兵や避難民をダンツィヒやゴーテンハーフェンからキール周辺の安全地帯へ海上輸送する作戦を残っていた艦船は

もとより，はしけやタグボートなど多数の小型船舶までをも動員して展開した(Schön 11f.)。それによって救出された市民は200万人から300万人にも上ったと推定され，この「ハンニバル作戦」で海軍が発揮した「並はずれた粘り強さと勇気」には今日まで高い評価が与えられている(ビーヴァー (1) 202)。このようにドイツ海軍が救出に総力をあげた背景には，ソ連軍に捕らえられた場合，軍人はもとより，一般市民であっても悲惨な運命が待ち受けているという恐怖心が強く作用していたのである。

けれども，「ハンニバル作戦」の過程で惨劇が起こったのも見落とせない。救出に当たっていた歓喜力行団所属の客船ヴィルヘルム・グストロフ号がバルト海でソ連潜水艦によって撃沈され，乗船していた9000人近くの避難民や傷病兵たちが外気温マイナス18度という厳寒のなかで凍りつきそうな海に投げ出されて死亡する悲劇が起こった。そしてこれには，同じく6666人といわれる犠牲者を出したゴヤ号の沈没やシュトイベン号のそれのように海難史上最大級の惨事が続いたのである(Aust / Burgdorff 37ff.; Thorwald 159ff.; ドブスン / ミラー 124ff.)。1912年に処女航海で氷山に衝突して沈没した豪華客船タイタニック号の遭難は遍く知られているが，死亡したのは1500人余りであり，1944年に沖縄の疎開学童を乗せて沈んだ対馬丸でもやはり死者は1500人弱だったから，バルト海での相次ぐ悲劇の規模の大きさが推し量れよう。なかでもグストロフ号の惨劇は，ノーベル賞作家でダンツィヒ生まれのギュンター・グラスが2002年の作品『蟹の横歩き』(集英社 2003年)で主題に取り上げ，2007年には J. フィルスマイヤー監督により『グストロフ号』という船名そのままのタイトルで映画化されたことによって広く知られるようになっている。「ハンニバル作戦」での犠牲者は無事に救出された人々の総数に比べれば取るに足らないといわれるが，こうした出来事が示すように，海路といえども安全にはほど遠かった。けれども，それ以上に迫りくるソ連軍の脅威に晒されつつ，わずかな家財を積んだ荷車を引き，子供や老人を伴って行列を作り，一団となって西に向かう逃避行は大きな危険に満ちていた。しかもその危険は，真冬を迎えて凍りつき爆撃で氷が裂けた干潟や広大な雪原を大抵は徒歩で越えなければならなかったために倍加されていた(Grube / Richter 155ff.)。避難の過程で数知れない犠牲者が出たのは不可避だったのである。

さらに東から進撃を続けるソ連軍を牽制する狙いから，1945年2月13日か

ら翌日にかけて米英空軍は古都ドレスデンに徹底した空爆を実施し，エルベの真珠と称えられた壮麗な同市は一夜にして死臭の漂う焦土と化したが，3万5千人とも6万人ともいわれる犠牲者の中に多くの避難民が含まれていた（Böddeker 199; Gretzschel 97）。同様に，ヒトラーの自殺を挟んで攻防が繰り広げられた第三帝国の首都ベルリンでは，安全を求めて流れ込んでいた避難民たちが建物の一つ一つを争う激しい市街戦に巻き込まれた上，攻める側の先陣争いと守る側の徹底した抗戦のために膨大な犠牲者の山が築かれた。東ドイツ建国の中核となるウルブリヒト・グループの一員としてモスクワから陥落直後のベルリンに入ったドイツ共産党員 W. レオンハルトが，惨状を想起して，「まさに地獄絵巻だった。燃え残り，廃墟，ちぎれたボロを着て飢えにさまよう人の群れ。どうしてよいかわからぬように，途方に暮れたドイツの兵隊。……一杯の水をもらうため，ポンプの前に辛抱強く立ち尽くす人間の列。誰もが見るも恐ろしいまでに疲れ，飢え，消沈し，ぼろぼろだった」（レオンハルト 281）と記したのは，決して誇張ではなかったであろう。鋭い観察眼で第三帝国を終末まで見届けたシャイラーも，敗戦直後の変わり果てた様子についてこう伝えている。「支配人種としての自らの使命をあれほどやみくもに信じていた侵略的な国民」が「いまでは廃墟をほじくりまわし，打ちひしがれ，放心し，寒さと飢えに震え，意志も目的も方向も持たない人間となり，ただ明日一日命をつなぐために食べ物をあさり，雨露をしのぐ場所を探す，動物のような姿になり果てている」（シャイラー 134）。第三帝国が瓦解する頃にはその国土と国民はこのように惨憺たる光景を呈するまでになったが，こうした実情に加え，戦争末期に「生き残ってくださいよ」という言葉が挨拶代わりに交わされた事実が示すように，たとえ安全と思われる地域に逃れても，民間人をも無差別に標的にする戦争そのものの恐怖から何人も免れることはできなかった（ドイッチュクローン 287f.; 邦 183ff.）。その意味で，ナチス・ドイツが無条件降伏するまでの間，避難民たちはどこに逃れたとしても塗炭の苦しみを嘗めねばならなかったのである。

けれども，注意を要するのは，敗戦によってようやく戦火が止んでも，それ以前から始まった彼らの苦難と悲嘆には終止符が打たれなかった事実である。「戦争の最後の数週間と占領支配の最初の日々は，じきに以前の生活の『正常性』に戻れるという考えを馬鹿げたものに思わせた。……戦後の諸条件の下での生き残りのための闘争が始まった」（Rürup 131）からである。交

通機関の壊滅や食糧事情の悪化などに加え，故郷が昨日までの敵国によって軍事占領されていたため，帰郷という選択肢は避難民たちに現実にはほとんど残されていなかった。しかも他面では，危険を冒してようやく辿り着いた土地も，戦火のために道路，電力，衛生などの生活インフラが破壊され，その日の生存を維持することさえ容易ではなかった。その上，見知らぬ地には生活基盤がないのに加え，辛うじて持ち出した家財も多くは逃避行の途中で失っていたので，避難民の大半は文字通り無一物で困窮の日々を過ごさなければならなかった。そうした窮状は，北西ドイツを占領統治したイギリス軍政部の元高官が敗戦直後のケルンを回想した次の一文から窺うことができる。「市内の交通機関は存在しなかった。電気やガスの供給もなく，ライン川は破壊された鉄橋やその他のゴミで完全に航行不能となっていた。下水は地表を流れ，何千というドイツ人が飢餓の状態にあった。数十万人の避難民が道を行き交い，ある一団は西へ，他の一団は東へと進んでいった時代である」(ゾンマー 341)。ケルンではライン川に架かる5つの橋が全て破壊され，旧市街では1939年当時の住宅の僅か2%が辛うじて残っているという惨状を呈したが(Gries 250)，瓦礫の荒野に化して「第2のカルタゴ」と形容されたベルリンをはじめ，ハンブルク，ミュンヘンなどの大都市でも状況は大同小異だった(Rürup 59; Gries 146)。

これらの都市が例となるように，都市部には流入してくる人びとを受け入れる余地は存在しなかった。占領した軍政部が各地で最初に着手したのが自治体の食糧担当部局の再建だったことに示されるように，生き残って防空壕や地下室などの穴倉で暮らす住民に最低限度の食糧を与えることすら至難だったのである。日本では戦時下ですでに深刻な食糧不足に陥って国民は耐乏生活を強いられたが，敗戦後になると蔵相が1945年10月に緊急の食糧輸入がなければ1000万人が餓死すると公言するほど事態が緊迫した。それと同様にドイツにおいても人為的な原因による凶作に加え戦時期の占領地からの略奪で確保した食糧の備蓄が尽きるようになると，「ドイツ国民が餓死するのは時間の問題だ」という憂慮が主要な政治家の口から発せられたのであった(ブルマ 78)。

そうした現実を前にして避難民たちが茫然自失の状態に陥っていた様子は，敗戦前後の光景を活写した数々の記録に克明に書き残されている。けれども，彼らにはいつまでも悲嘆にくれていることは許されなかった。土着の

人々にも増して深刻な食糧難や住宅難を切り抜けなけなくてはなかったからである。この難題に向き合ったのは主に女性だった。フレーフェルトがいうように，敗戦によって「男たちの戦争は終わったが，主婦と母親のパンと石炭を求める小さな戦争に終わりはなく，食料の余裕がなくなればなくなるほど，この闘いはより苛酷で絶望的なものになった」のである（フレーフェルト 240）。こうして土着の人々の傍らで避難民たちも新たな土地で苦闘を始めることになったが，それと同じ頃，もう一つの悲劇が生起しつつあったことにも視線を向けなければならない。追放がそれである。

2. 第三帝国崩壊後の被追放民

追放について考える時，その対象となった被追放民が嘗めた筆舌に尽くしがたい苦難に目を奪われて忘れられがちなことが二つある。その一つは,「先鞭をつけたのはナチスの政治だった」（Wehler (2) 11）という基本的事実である。すなわち，「移住を望まない住民の暴力的な追放はナチスが始めたものだったが，いまやそれがドイツ人に戻ってきた」といえるのである（ヴィンクラー 115）。既述のように，例えばナチスは戦争初期に占領したポーランドで大量の住民の強制移住を実行したが，それがあたかもブーメランのように我が身に降りかかることになったのである。

もう一つは，追放が主として東から西に向けての移動だったのに対し，戦争末期から戦後初期にかけて西から東に向かう移動が存在したことである。ソ連軍の占領地域が拡大するにつれ，労働による賠償という名目でドイツ軍捕虜のほかに民間人がソ連に連行され，強制労働に従事したが，多大の犠牲を伴ったこの出来事には従来ほとんど注意が払われてこなかった（Hendel 76; 近藤 (5) 105f.）。その結果，このテーマに取り組んだ連邦議会学術部の近年の報告によれば，今日でも「この問題に関わる疑問の多くに対する満足のいく答えは研究の著しい欠落のために存在しない」状態が続いている。例えば1944年から1954年にかけてソ連に連行された民間人の総数についてはルーマニアなどに居住していたいわゆる民族ドイツ人を含めて35万人程度だったと考えられてきた（Wissenschaftlicher Dienst 5）。けれども，ヘンデルが詳しく紹介しているように，最大で100万人と見積もるファウレンバッハの説などそれとは大きく異なる推計があり（Hendel 19ff.），説得力のある反証が提出されていないことから，人数をはじめとして不分明な部分がいまだに大きい。

それはさておき，戦後処理の一環としてドイツ人追放の構想を最初に提起したのは，ナチス・ドイツによって解体されたチェコスロヴァキアを脱出してロンドンに亡命政権を樹立した大統領のベネシュであった。彼は早くも1941年9月にイギリスの雑誌で追放を主張している。そして彼の粘り強い説得工作の結果，その基本線は連合国指導者によって受け入れられるところとなった。これに基づき，ドイツ降伏直前から既に一般市民の自然発生的な報復の対象になっていたズデーテン・ドイツ人の上には大量追放の嵐が吹き荒れた。後述するポーランドと違い，ミュンヘン協定を認めなかったソ連に対して一定の信頼感のあったチェコスロヴァキアでは，ソ連軍が接近したのを受けてドイツが降伏する3日前の5月5日にプラハで市民が蜂起したが，その際にナチス・ドイツに対する復讐心が爆発したのである。例えばプラハにおける陰惨な報復行為は，「やつらを叩きのめせ，やつらを殺せ，一人も生かすな」という当時の言葉とともに語り継がれている（Schwarz）。ズデーテン・ドイツ人のなかにナチ反対者などがいたにもかかわらず無差別だった点には傷ついた国民感情の暴走が看取でき，追放が特定集団を排除する民族浄化だったことが読み取れる。民族浄化を言うとき，指標の一つとされるのは「暴力もしくは威嚇」だが，それは過剰なまでに存在した（ナイマーク161f.）。そしてそれを手段にして故郷から放逐されたドイツ系住民の数は，モラヴィア地方からも含めて総計で約300万人に達し，追放の過程での死者は30万人にも上ったという説もある（Habel 93ff.）。チェコスロヴァキアからのドイツ人追放が「粗暴な追放」と呼ばれるのはそのためである（Brandes 728）。けれどもチェコスロヴァキアをも上回る規模で追放が遂行されたのは，再建されたポーランドにおいてであった。

　1945年2月にクリミア半島の保養地ヤルタで開催された米英ソの首脳会談における合意に基づき，従来のドイツ東部地域は軍事的に制圧したソ連の占領下におかれたが，ドイツが降伏する直前の1945年4月にソ連は活動を始めていたポーランド臨時政府に施政権を委譲した。無論，その臨時政府はポーランド消滅に伴ってロンドンに逃れた亡命政府ではなかった。亡命政府は，ナチス・ドイツとの密約に基づき第二次世界大戦勃発に合わせてポーランドを分割支配しただけでなく，カチンの森事件を引き起こし，1944年8月のポーランド国内軍によるワルシャワ蜂起を見殺しにしたソ連と対立を深めていた。他方，ソ連軍の侵攻に伴い，モスクワの後押しを受けた共産主義者の

組織がルブリンで活動を開始していたが，そうした背景のもとに施政権を行使するようになったのは，このいわゆるルブリン委員会を母体とする，ソ連に忠実な政府だった（伊東 183f.）。その一方で，独ソ両国に侵略されて消滅したポーランドの再建に絡み，ヤルタ会談での合意を踏まえてソ連はかつてのいわゆるカーゾン・ラインを事実上復活させ，独ソ戦開始後にソ連も同意した大西洋憲章が謳う領土不変更の原則に反して，ソ連の領土を西に拡張した。この国境線の変更によりポーランド領土は縮小せざるをえなかったが，その代償としてソ連がポーランドに提供したのが，オーダー川とラウジッツ＝ナイセ川より東に広がるドイツの領土であった。

　かつてのカーゾン・ラインまでのソ連の領土拡張がヤルタ会談の場で合意されていたのとは異なり，ポーランドの西側国境問題が絡むこの地域はヤルタでは帰属が決定されず，ラウジッツ＝ナイセ川を境界線とすることを曖昧にしたまま，平和条約で最終確定するまでという条件で暫定的にポーランド臨時政府に管理が委ねられた。そのため，この問題は1945年7月のポツダム会談でも再度協議されたが，ラウジッツ＝ナイセ川を暫定的な境界線としたうえで，最終決着は先送りされ，明確な結論には至らなかった。しかし，協議が難航していても，当然ながらその土地にはなお故郷の立ち退きを拒否した多数のドイツ人住民が残留していた。戦火が止むと，彼らの一部は強制収容所に入れられたほか，ソ連に送られて強制労働させられたり，中央労働収容所を通してポーランド各地で労働を強いられた者もあり，死亡率は高かったといわれる。またそれ以外にもドイツ人には白い腕輪などの目印をつけることが義務づけられ，ポーランド市民による野放図な暴行の対象にされた（Grube / Richter 176ff.）。その背景には戦時期に第三帝国の名において繰り返された残虐行為に対する復讐心があったのは指摘するまでもない。

　こうした措置と並行して，再生ポーランドの領土としての既成事実を作ることによって上記の地域を組み込む狙いから，ドイツ人を一掃し，代わりにポーランド市民を定住させる動きが現れた。同様にドイツ人が長らく暮らし，歴史的にドイツの都市であるダンツィヒや，結果的にソ連とポーランドに分割・併合された東プロイセンなどでも残っているドイツ人住民の強制的排除が推進された。ヤルタでの協議の際，強制排除に対するチャーチルの疑義に対してスターリンは，すでに逃亡したのでこの地域にはドイツ人はもういなくなったと嘯いたが，無論，それは強権行使を糊塗する詭弁でしかな

かった。もっとも、チャーチルの懸念も強制排除によって自国の占領地区の負担が大きくなることに重点があり、基本的にはアメリカ大統領ローズベルトとともにこれに同意を与えたのであった。

民族浄化の概念は確定しておらず、大量殺戮やジェノサイドなどとの境界が流動的なために議論がある(塩川 17ff.)。しかし、ポーランドの事例は広く民族浄化の典型として位置づけられている。事実、その指標とされる「暴力もしくは威嚇」はチェコスロヴァキアと同様に大量現象になり、ドイツ人排除のプロセスでは、とりわけ初期には統制が欠けていたためにポーランド人民兵によるドイツ民間人に対する虐待が頻発した。その結果、暴行はもとより、病気や疲労、飢餓などのためにオーダー川以西への強制移送の途上で命を落としたドイツ市民が少なくなかった。こうした事態を座視できなくなったためにポツダム会談ではこの問題が話し合われ、領土の帰属が明確化されないまま、ドイツ民間人の移送を「秩序正しく人道的に」実施すべきことが決定されたほどである。これを受けて虐待には一部に改善が見られたものの、同時にドイツ人追放が認知されたことからその規模が拡大し、再生ポーランドにはほとんどドイツ人が見当たらないといわれるところまで追放が続けられた。こうして残留していたドイツ人の多くが1949年までに財産の大部分を残したまま故郷から放逐され、ソ連に編入されたポーランド東部のポーランド人218万人が住民交換の形でドイツ人が立ち退いたあとに入植したのである(伊東 179)。

この過程でドイツの一般市民が体験した苦難については多くの証言があるが(Mühlfenzl 140ff.)、同じような追放の悲劇は、上述したチェコスロヴァキアばかりでなく、ハンガリー、ルーマニア、ユーゴスラヴィアなどでも見られた。そのなかでも追放の規模が大きく、陰惨な事件が付随したのはチェコスロヴァキアの場合だった。1938年9月のミュンヘン会談で取り決められたズデーテン地方の割譲が国家の消滅に直結する形になったこの国では、ナチスの尖兵となり、暴虐な支配に協力したズデーテン・ドイツ人は文字通り国家の裏切り者であり、反逆者と見做された。彼らに激しい憎悪が向けられ、追放の過程が凄惨にならざるをえなかったのはそのためである。なかでもウスティ・ナド・ラヴェム(ドイツ名アウシッヒ)で移送途上のズデーテン・ドイツ人が惨殺された事件は、多くの犠牲者を出した「ブルノ(ドイツ名ブリュン)の死の行進」と並んでドイツ側では長く語り継がれ、ドイツ・チェコスロ

ヴァキア関係の修復を阻む刺の一つになってきた(Böddeker 298f.)。事件の原因や被害の規模など真相はいまだに確定したとはいえないが，例えばウスティ・ナド・ラヴェムにおけるドイツ人の犠牲者は数千人に達し，町を流れるエルベ川は死体で埋まったといわれてきたのに反し，近年の調査では死者は遥かに少なく，80人から100人程度だったとされている(Lozoviukova 57)。いずれにせよ，この種の事件が多発したことは，一般市民が抱く怨念にも似た心情と切り離すことができないのは確かであり，同時にズデーテン・ドイツ人を無差別に追放の対象とした点でナチスの人種主義的民族差別の裏返しという面がある点に注意が払われるべきであろう。無論，農地を含めてズデーテン・ドイツ人が残した財産が政府によって無償で接収されたことも看過できない。というのも，その価値は国富の4分の1に達するほど巨額だったといわれるからである。ズデーテン・ドイツ人追放の詳細は省略せざるをえないが，共産党独裁を瓦解させたビロード革命により大統領に就任した作家の V. ハベルが追放に関しチェコスロヴァキア側にも非があったのを認めたのは，市場経済化に対する統一ドイツの援助への期待からばかりでなく，歴史的和解のためには追放に財産没収のような明らかに不当な面があった事実を率直に認めなければならないという判断によると思われる(Frankfurter Allgemeine Zeitung vom 2.6.1995.)。因みに，ハベルは「プラハの春」が弾圧された後の反体制派知識人グループ「憲章77」のメンバーであり，1989年に西ドイツの書籍出版業組合から平和賞を授与された際にヴァイツゼッカー宛に認めた手紙にこう書いた。「私自身は — 友人の多くも同様ですが — 戦後のドイツ人の追放は間違っていたと判断します。この追放は極めて不道徳な行為だったと私は考え続けてきました。これはドイツ人だけではなく，恐らくはそれ以上にチェコ人自身を大きく損なってきました」。この手紙をヴァイツゼッカーは，「われわれドイツ人に対する和解のシグナル」と評している(ヴァイツゼッカー 274)。

　それでは避難と追放によってどれだけのドイツ人が移住を余儀なくされ，またその過程でどれほどの犠牲が生じたのであろうか。

　これを見る場合，2つの点に注意する必要がある。一つは用語である。西ドイツでは1950年代にこれらの人々を援助する法令が整備されたが，既に冷戦の時代を迎えていたため，ソ連・東欧圏の体制の邪悪さを強調する反共主義的な意図を込めて，避難民と被追放民を一括して被追放民と呼ぶように

なったことである。上述のように，この用法を踏襲して両者を区別しない文献が少なくないが，前者が戦争末期に前線が接近してくるなかで避難のために自己の判断に基づいて，もしくは軍や官憲の命令によってやむなく故郷を去ったのに対し，後者が戦争終結後に避難の必要が消滅した段階で故郷からの退去を強制されたという相違は軽視すべきではない。なぜなら，例えば約950万人を数えた東部領土のドイツ人住民のうち半数は敗戦までに避難したと見られるが，これらの人々をも被追放民と呼ぶと追放の規模が大写しされる結果になるからである。無論，避難民たちも故郷に帰ることは事実上不可能になり，残してきた財産なども失った点では被追放民と同じ境遇に置かれたことが軽視されてはならないのはいうまでもない。

　もう一つの点は，避難民にせよ被追放民にせよ，敗戦前後の混乱の中の出来事であるため，正確な数の把握が困難なことである。戦争開始の時点については，それまでの国勢調査から住民の数を知ることができる。けれども，戦争が始まってからは，戦時下で軍務に就いたり，他の地域に移動した人々の数をはじめ，西部地域の空襲を避けて疎開してきていた人々などが多数存在するため，戦時期の人口の変動はもはや明らかにならない。その意味で，各種の文献に挙げられているのはいずれも推定値であることを銘記しておく必要がある。とはいえ，それらがおおよその変化を掴むうえでは十分に役立つのは間違いないであろう。

　これら2点に留意しつつ，A.-M. ド・ゼーアスが整理している表1から表4までの数字を眺めよう(Zayas (2) 216)。

　それによれば，1939年にドイツ東部領土にはシュレージエン地方458万人，東プロイセン地方247万人など合わせて957万5千人のドイツ人住民が生活していた。そしてドイツ以外の国々ではズデーテン・ドイツ人を抱えるチェコスロヴァキアに348万人，ポーランド137万人，ルーマニア79万人，ハンガリー62万人など総計742万4千人のドイツ系住民が暮らしていた。これらを合計したうえで，1939年から45年までの出生数の超過分を加えると，敗戦の頃には1765万8千人になる。そのうちドイツ東部領土の110万人をはじめとして故郷に残留したのは264万5千人であった。また軍人や軍属として戦闘で死亡したり行方不明になったりした者は110万人程度と推定される。そして残りの大部分を占める1173万人が避難民もしくは被追放民として1950年までに故郷を追われ，東西ドイツに分断される地域に流入したのである。その

表1　避難と追放以前の人口

（単位：1,000 人）

1939 年のドイツ東部領土	9,575
東プロイセン	2,473
東ポンマーン	1,884
東ブランデンブルク	642
シュレージエン	4,577
チェコスロヴァキア	3,477
バルト諸国・メーメル	250
ダンツィヒ	380
ポーランド	1,371
ハンガリー	623
ユーゴスラヴィア	537
ルーマニア	786
小計	16,999
＋ 1939 年～ 1945 年の出生超過	659
総計	17,658
－戦争による喪失	1,100
敗戦時のドイツ系人口	16,558

表2　避難民と被追放民（1945 ～ 1950年）

（単位：1,000 人）

ドイツ東部領土から	6,944
チェコスロヴァキアから	2,921
その他の国から	1,865
総　計	11,730

表3　故郷に留まった者

（単位：1,000 人）

ドイツ東部領土	1,101
チェコスロヴァキア	250
その他の国	1,294
小計	2,645
＋生きて捕えられた者の推定数	72
総　計	2,717

表4　避難と追放での死者・行方不明者

（単位：1,000 人）

ドイツ東部領土から	1,225
チェコスロヴァキアから	267
その他の国から	619
総　計	2,111

出所：Zayas, Alfred・Maurice de, Anmerkungen zur Vertreibung der Deutschen aus dem Osten,
　　　3 Aufl., Stuttgart 1993, S.216 より作成。

結果，1950年 9 月に実施された国勢調査によれば，西ドイツに居住する彼らの数は797万 7 千人に達し，総人口の16.1％を占めることになった。また出身地域の内訳では，東部領土56.9％，チェコスロヴァキア24.0％，ポーランド8.2％，南東欧8.0％などとなっている（Reichling 30f.）。戦争でのドイツの犠牲者数については諸説があり，国際的に定評のある R. ガロルスキの『第二次世界大戦総覧』では戦死した兵士330万人と死亡した民間人289万人の合計619万人とされているのに対し（油井 261），ゲァテマカーは兵士400万人，民間人380万人の合計780万人とし，木村は軍人約500万人，民間人は50万人と推定されるとしていて（Görtemaker 12; 木村 334），大きな開きがある。一方，軍事史家として定評のある R. - D. ミュラーたちの精緻な研究によれば，戦闘のほか空爆などによって戦争全体を通じドイツでは518万の兵士と117万の民間人を合わせて635万人もの人命が喪われた（Müller）。戦争末期に戦闘員

に仕立てられた高齢者や少年たちを兵士と見做すか，それとも民間人に数え
るかなど曖昧な点があり，どの数字を信頼すべきかについては，犠牲者の定
義と範囲の問題に絡むので即断は難しいが，いずれにせよ，このように膨
大な犠牲を払ったにもかかわらず，ヴァイマル共和国期の4分の3に縮小し
た領域で人口密度は急上昇し，1平方キロメートル当たりの人口は1939年の
167.5人から1946年の184.6人に増大した。また西ドイツ地域に限ると，その
人口は戦争直前の1939年5月の3934万人から1950年9月に4670万人へと21%
も膨張したのである。こうした大きな変動の主因が避難民と被追放民の流入
にあるのは，もはや多言を要しないであろう。

　因みに，以上の被追放民たちを出身国ないし地域で区別すると次のよう
になる。最大グループはオーダー＝ナイセ線以東のドイツの旧東部領土の出
身者であり，700万人弱くに達する。これに次ぐのは300万人弱のチェコスロ
ヴァキア出身者である。これには140万人を数えた戦前のポーランドの領域
の出身者が続き，さらに戦間期に国際連盟の管理下にあった自由都市ダン
ツィヒの住民だった30万人，ユーゴスラヴィアからの30万人弱のグループ，
ハンガリーからの20万人，ルーマニア出身の13万人などがその下に並ぶので
ある（Bade / Oltmer 53）。

　これらの数字を一瞥すれば，東部領土を喪失して狭小になったドイツの地
に流れ込んだ人口がいかに膨大であり，かつまた多様だったかは改めて説
明を要しないであろう。そして戦火で国土が荒廃していたことを考えるな
ら，この人々が最低限度の衣食住の確保という面だけでも重大な負担になる
など戦後復興の中心問題の一つとなったのはすぐに了解できよう。その一端
は，1949年に連邦政府が正式に発足した際，負担調整を主軸にして被追放民
を中心とする戦争被災者を支援する目的で，他国に例のない連邦被追放民省
が設置されたことや，同年に切迫した困窮に応急措置をする緊急援助法が制
定された事実から看取することができる。同様に，ソ連の占領統治下にあっ
た東ドイツ地域では20%を上回って西ドイツ以上に人口比率が大きかった被
追放民たちの受け入れは深刻な問題を惹起した。追放の意味合いを抹消する
ために移住民を意味するウムジードラーと総称された彼らは，主に農村部に
定着して「新農民」になったが，割り当てられた未知の地で大土地所有を解
体する土地改革の渦中に直ちに投げ込まれた。統合手段としての側面に着眼
した場合にも，土地改革は西ドイツには見られない「社会革命的政策」とし

て捉えることができるが(Ther 90)，実際にはそれを通じて彼らに提供され
たのが条件の悪い土地だったのに加え，旧住民たちの農民組織から閉め出さ
れ，家畜，農機具の分配でも不利に扱われたために，軋轢を引き起こすこ
とになったのである(足立 123ff.)。もっとも，ベルリンの壁が作られる以前
の1950年から1960年の間に東ドイツから西ドイツに逃亡した360万人のユー
バージードラーのうち，4分の1をウムジードラーが占めたとされるので
(Krauss 104)，逃亡によって統合問題の重圧が軽減されたことも見逃せない。

　東西ドイツでは国土が戦場になったことに加え，日本と違って直接占領が
行われたため，行政機構は機能不全に陥ったが，そうした状態で戦前を大き
く上回る人口を抱えねばならなかったことに着目するなら，敗戦後にドイ
ツが直面した困難の深刻さが容易に推し量れよう。なぜなら，戦争末期に
なると征服地からの資源や食糧の略奪が不可能になり，国内の食糧生産も
急減したのに加え，都市部では空爆のために多数の住宅が失われたからで
ある(Plato / Leh 35ff.)。生き残った人々の生活が敗戦のころから急速に悪化
したのはそのためだった。そればかりではない。戦争が終わると，「ほとん
どあらゆるものが移動途上にあった」(Scherpe 12)と評されたように，ドイ
ツの地は巨大な人口移動の波に包まれた。爆撃を避けて農村部に疎開してい
た人々や学童疎開の枠組みで家族と離別していた子供たちの帰還，捕虜と
して収容所に囚われていた兵士の復員，多国籍の膨大な外国人労働者と戦
争捕虜の帰国，強制収容所から解放された囚人の彷徨などがそれである(Uhl
63ff.)。これらの錯綜した動きによって敗戦後の困難が加重されていたこと
を考慮すれば，「ドイツの戦後史にとってこの人口動態上の変化はいくら重
視してもしすぎることはない」(クレスマン 49)という Ch. クレスマンの言
葉が決して誇張ではないことは自明であろう。プラートーたちが敗戦に伴う多
面的な人の移動を描きつつ，総括的に当時のドイツ人を「途上の民族」と呼
び，同じく J. ヴェーバーが「民族移動」と表現しているのは，そうした状
態を指してのことである(Plato / Leh 11ff.; Weber 197)。

　これらのなかでも，避難と追放に関しては，その過程で211万人もの人命
が失われたと推定されることに加え，無一物に近い状態で故郷を退去せざる
をえなかった辛さ，虐待，疲労，飢餓による恐怖と絶望などが想像を絶して
いたことは，退去のプロセスそのものがいかに凄惨だったかを物語ってい
る。別言すれば，避難と追放の苛酷さが第三帝国の犯した罪悪に対する反動

だったとしても，その苦難を直接に体験した人々の心のうちに深く刻み込まれ，怨恨に近い心情を作り出したのは無理からぬところであったといえよう。たしかにクロコウが記しているとおり，「不幸な目にあったのはドイツ人ばかりではなかったし，またドイツ人が最初でもなかった。むしろドイツ人がみずからの手で不幸を招いたのだ。彼らが『下等人間』と呼んだ人々を不幸に陥れたことが，あらゆる不幸の始まりだった」（クロコウ 312）というのが歴史の真実だった。このことは，ゾンマーによって次の自戒として表現されている。「1945年，ドイツ人は恐ろしい光景を見た。しかしドイツ人によって犠牲を強いられた人たちは，1945年以前に計り知れない悲惨さを経験していた。私たちが起こした残虐は，私たち自身が苦悩を経験する前に行われていたことをドイツ人は忘れてはならない」（ゾンマー 10）。この点は他の識者も力説するところであり，例えばアオツェは「東ヨーロッパにおけるドイツ人の犯罪と避難民・被追放民の運命との罪悪の連関」，「ドイツ人占領者の悪行と避難・追放との否認不可能な因果関係」と定式化している（Autze 15）。

けれども，悲惨な体験が身体化して被害者感覚が凝固した人々の間では，加害者と目される人々自身の不幸にまで視野を広げた冷静な反省が根付くのは困難だった。しかも，この困難はドイツ人全般に当てはまる次の事情によって加重されていた。それは，「自分たちが抱えた戦後の困難——食糧不足や住宅不足など——のほうに心を奪われていて，ヨーロッパ中の占領地域で自分たちの犠牲となった人々の苦しみには思い至らなかった」（ジャット 75）ことである。例えば追放を目撃した『ニューヨーク・タイムズ』紙の記者はこう書いた。追放という「この再移民の規模とそれが実施される状況は，歴史に前例がない。その恐怖を目の当たりにする者なら，これこそ人道に対する罪であり，恐ろしい歴史の報いが必ず来ると確信するだろう」（ジャット 36）。西側の観察者がこのように不気味な予言を書きつけるほど追放が凄絶を極め，深い禍根を残した事実は直視しなければならないが，同時に，来るべき報いの原動力とみられたのが，自分たちこそが犠牲者だという意識だった点を見落とすことはできない。実際，「つい最近，自分たちの兄弟，息子，父親たちがポーランド，ロシア，ウクライナの農民を同じような目にあわせたことに思い至る者は，ほとんどいなかった」し（ビーヴァー (1) 97），反ソ感情をたぎらせる心理で『忘れられた』のは，かつて，ドイ

ツの兵士たちが，ソ連国内でいかに凄まじい破壊を行ったか，ということであり，『忘れられた』のは，いかに徹底的に，『燃え尽くされる大地』というスローガンが実行に移されたか，ということであった」（クチンスキー 46）。ともあれ，1950年に定められたドイツ故郷被追放民憲章では第1条で「復讐と報復を断念する」ことが謳われたが(Czaja 15)，そのことはかえって怨恨感情がいかに広範に存在していたかを裏書きしていると解されるのである。

3．戦後復興と避難民・被追放民

　ところで，なるほど戦後初期には重荷になったものの，その同じ被追放民たちがやがて戦後復興に大きく貢献する存在になったことも指摘しておかなくてはならない。今日から振り返れば，彼らがよく訓練され労働意欲をもつマン・パワーとして戦後ドイツの経済的繁栄の基礎を築くのに不可欠であったことに関しては広範な一致がある(Frantzioch - Immenkeppel 8; Böddeker 462ff; Djekovic / Gross 128ff.; ペッツィーナ 88; 佐藤 59)。

　世界恐慌から抜け出た1930年代中期から第二次世界大戦の敗北までの間，軍需景気と戦時経済のためにドイツ産業の生産能力は著しく拡大した。工業生産の増大は，しかし召集により軍務に就くドイツ人労働者の大量離脱が生じたことや，潜在的労働力としての女性の場合，ナチ・イデオロギーによる制約などで戦時下に就労した人数は比較的一定していたため，外国民間人の強制労働と戦争捕虜の労働力の大規模な投入によってのみ可能だった。その際，ナチスの唱える人種的価値に基づき，彼らのうちの「ある者はほぼ『正常な』ガストアルバイターとして雇用され，他の者は『労働を通じての絶滅』にさらされるという対極的な状況におかれた」事実は見逃せない(ポイカート 192)。いずれにせよ戦争の長期化につれてその総数は増大しつづけ，1944年夏には約770万人にまで達したのである (Herbert (2) 146f.)。

　戦争が終結し，占領とともに奴隷労働から解放されて自由になった外国人強制労働者と戦争捕虜の大半は，当然ながら，故国に帰った。もっとも，そのなかには捕虜として生き延びたソ連軍将校のように，対独協力の嫌疑をかけられて死刑に処される懸念や，一般のソ連軍兵士のように収容所送りになる不安から帰国を拒否した者も少なくなかった。なぜなら，「捕虜になった軍人であれ，強制連行された奴隷労務者であれ，自決もせず，『パルチザンに合流』もしないで，おめおめとドイツに連れていかれたのは，本人が暗

黙のうちに同意したからだ」と見做されたからである。そうした見方の根底には、「なにびとであれ、いったんソ連国外で時を過ごした者はどんな環境の下であろうと、反ソ思想の影響に晒されたに違いないというスターリン主義者の恐怖心」が存在した(ビーヴァー (1) 187, 267, 620f.)。事実、ソ連国民として1953年までに帰国させられた550万人のうちの5人に1人が銃殺かグラーグの略称で恐れられた強制収容所送りに処されたほか、さらに多くの人々がシベリア追放となるか、あるいは強制労働部隊に組み入れられたといわれる(ジャット 42; メリデール 402f.)。その一方で、戦禍で故郷が荒廃したり、家族をすべて失ったためにもはや故郷と呼べる土地を喪失したことや、あるいはバルト3国出身者やウクライナ人、ルーマニア人のように祖国を支配下においたソ連もしくは共産主義勢力に対する反感から帰国を断念した者も存在した。彼らは流民(Displaced Persons)すなわちDPと略称されたが、西側占領地区に残った人数は終戦前後に強制収容所から解放されたユダヤ人や自発的な出稼ぎ外国人労働者などを含めて数百万人に達し、1946年になっても76万人に上ったとされている。またそのうちの半数近くは祖国の復活を待望していたはずのポーランド人であった(Wetzel 34ff.; Jacobmeyer 370f.)。連合国は既に1943年にイタリアで戦線の背後から流れてくる難民に対処する必要に迫られ、UNRRAという略称で知られる救援機関を同年に設立していたが、ドイツで生まれたDPについてもこの機関が中心になって取り組んだ。これらのDPが辿った命運の大略に関しては今では B. シェファードのドキュメンタリー・タッチの浩瀚な著作によって知ることができる(シェファード)。

　いずれにせよ、膨大な数の戦争捕虜や強制労働者たちの帰国で生じた労働力の空隙は、さしあたり復員してくるドイツ兵によって埋め合わす以外になかったが、しかし十分とはいえなかった。これにはさらに道路・鉄道網の寸断による物資輸送の杜絶や電気・石油などのエネルギー供給の欠乏が加わった。そのため、精神面だけでなく物質面でも全てが失われて戦後はゼロから出発したといういわゆる「零時」の通念に反し、実際には戦時中に投資が拡大したばかりでなく、比較的多くの生産設備が爆撃や戦闘による破壊を免れたにもかかわらず、戦後初期にはそのかなりの部分は稼働させることができなかった(アーベルスハウザー 21f.; ペッツィーナ 87)。労働力不足に加えて肥料や燃料などの欠乏のために食糧生産高は激減したが、工業面でも著しい

落ち込みが生じたのはその結果だった。

　1948年に通貨改革が断行され，三つの西側占領地区で経済の上昇が始まったが，それは二つの要因によって支えられていた。第1はアメリカの対外援助としてマーシャル・プランの形で資本が流入したことである。第2は十分な数の労働力が存在していたことである。この関連で重要になるのが次の事実である。すなわち，1950年までに膨大な数の被追放民と避難民がかつての東部領土をはじめ，ソ連の勢力圏に組み込まれた東欧諸国から西ドイツに流れ込んでいたことである。しかも1950年から1960年の間で見ても，西ドイツでの人口増加の大きな部分が避難民と被追放民に負うていたことも指摘しておくべきであろう。この結果，被追放民と避難民のグループは1960年には当時の西ドイツ人口の約4分の1を占めたのである。また東ドイツからも少なくとも270万人の「共和国逃亡者」が西ドイツに流入していたことも忘れてはならない（近藤(1) 427ff.）。ともあれ，これらの数字から差し当たり次のことが明瞭になる。経済復興過程で生じた労働力の不足を埋めたのが避難民と被追放民にほかならなかったことがそれである。彼らが存在しなければ，既に1950年代にかなりの労働力不足が生じ，そのために再建は進捗しなかったであろうということは，単に被追放民団体の一方的な主張であるだけではなく，今日では広く認められた定説になっている。例えば U. ヘァベルトはこう記している。「経済の奇跡がなければ避難民と被追放民の統合は不可能だっただろうし，また彼らの追加的な労働力ポテンシャルがなかったなら，経済の奇跡は可能ではなかったであろう」(Herbert (1) 182)。

　ところで，一般に人の移動に関しては，移住者の統合の過程は摩擦なしに直線的に進展することはないといえるが，このことはドイツについても当てはまる。その際，当時のドイツが戦争が残した廃墟の状態にあったことが重要になる。激しい空爆に地上戦が加わったためにとりわけ大都市の大半は灰燼に帰し，住宅の多くが失われた。また戦争末期から食糧事情が急速に悪化し，敗戦後には飢餓の恐怖が社会を蔽ったのであった。そのために人々は一日一日を生き延びるのに必死になり，他者の困窮を顧みる余裕を失っていたのである。以前のドイツ東部領土からの被追放民や避難民にソ連占領地区あるいはその後の東ドイツからの逃亡者を加えた人口は膨大な数に達するが，敗戦後のこのように荒廃した社会にこれらの人々を受け入れ，統合することが大きな軋轢を生み，様々な懸念を広げることになったのは当然だった

ろう。占領国はこれらの人々の移送に関する技術的行政的な指示を与えることと彼らの間の騒擾の防止に自己の役割を限定し，それ以外は再建途上にあるドイツ側の行政機関に委ねたので，被追放民たちを多く抱えた農村部の自治体の負担は大きかった(Klemt 66f.)。特に1950年に総数の23.2％を引き受けていたニーダーザクセン州をはじめとして，「難民州」と呼ばれたシュレスヴィヒ=ホルシュタイン，バイエルンの3州に被追放民たちは集中する形になり，分布に顕著な偏りが生じたことが表5に示されている。それによる著しい人口変動に照らしただけでも，これらの州で深刻な紛争が憂慮されたのは不思議ではないであろう(Wiesemann 218f.)。例えば敗戦直後にアメリカから故郷であるバイエルン州の州都ミュンヘンを訪れたトーマス・マンの息子クラウスはあまりの荒廃ぶりに驚愕し，「ミュンヘンは巨大な墓地に変身していた。中心街に残っている建物は一つとしてなかった。誇張ではない。瓦礫の山以外には何もない」と記したほどであり，第2代のバイエルン州首相になった W. ホェーガーは500万立方メートルの瓦礫の荒野になった「ミュンヘンと比べれば溶岩の下から掘り出されたポンペイのほうがまだしもましだと思えた」と語ったほどだった(ゾンマー 200; Gries 146)。しかし，戦火で荒れ果てたそのミュンヘンでは，創立800年に当たる1958年に100万を超えた住民のうちでズデーテン・ドイツ人を中心とする被追放民は19万2千人を数え，ミュンヘン市民の18％を占めたのである(小松 248)。

　これらの数字が示すように，戦災で住宅が激減した社会に戦前を大幅に上

表5　避難民・被追放民の地域分布

州	人口		増減(%)	難民	難民の比率(%)
	1939年5月17日	1950年9月13日			
シュレスヴィヒ=ホルシュタイン	1,589,000	2,594,600	63.3	856,943	33.0
ハンブルク	1,711,900	1,605,600	-6.2	115,981	7.2
ニーダーザクセン	4,539,700	6,797,400	49.7	1,851,472	27.2
ノルトライン=ヴェストファーレン	11,934,400	13,196,200	10.6	1,331,959	10.1
ブレーメン	562,900	558,600	-0.8	48,183	8.6
ヘッセン	3,479,100	4,323,800	24.3	720,583	16.7
バーデン=ヴュルテンベルク	5,476,400	6,430,100	17.4	861,526	13.4
バイエルン	7,084,100	9,184,500	29.6	1,937,297	21.1
ラインラント=ファルツ	2,960,000	3,004,800	1.5	152,267	5.1
西ドイツ全体	39,337,500	47,695.700	21.2	7,876,211	16.5

出所：Bade, Klaus J./ Jochen Oltmer, Normallfall Migration, Bonn 2004, S.60.

回る人口が居住する事態になった結果，被追放民たちは窮屈で粗末な緊急収容施設に長期間詰め込まれることが多く，そのことは住宅の確保を巡る土着の住民との軋轢を生じさせた。また1951年の統計では西ドイツの失業者数は166万人だったが，そのうち55万7千人が被追放民・避難民であり，彼らの失業率は従来からの西ドイツ住民の2倍にも達していたので，生活再建の足場となる職場の獲得を巡って摩擦が現出した。しかもこれには他所者に等しい新参者と土着の住民との間の感情的な対立が重なった。初期には間もなく立ち去る「強制的休暇の東部ドイツ人」として容認されていたのに，定住が避けられなくなるにつれ，被追放民たちは排斥の対象とされたのである（Theisen 31）。そのことは，「戦争の漂着物」という蔑称をはじめ，ナチの人種主義を連想させる「異種（artfremd）」，「異民族（fremdvölkisch）」，「劣等者（Minderwertige）」のような差別語が使われ，「異邦化」の脅威が言い立てられた事実が証明している（Uhl 63; Krauss 33; Autze 14; 川喜田(3) 109）。犯罪の増加はもとより，婚外子が増え，性病が広がったのは被追放民のせいだとされたのは，そうした劣等視の結果にほかならない（Kossert 71ff.）。わが国の例を引けば，この点には，敗戦後の日本で外地からの「引揚者が日本の内なる他者として普通の日本人の引き立て役」にされ，「劣った日本人として日本社会の周縁的な位置を与えられた」のと共通する心理的機制が働いていたと考えられる（五十嵐 22）。また，このことは，歴史的背景やスケールの面での相違に十分に留意しなければならないにせよ，わが国でようやく本格化の兆しが見えはじめた増田や島村をはじめとする戦後の引揚げの研究に関して（増田; 島村），被追放民の歴史から貴重な示唆が得られることを含意している。

　ともあれ，被追放民たちは故郷と財産ばかりか，ときには家族すらも失ったが，それによる悲嘆と苦痛に加え，見知らぬ土地で差別に晒され，劣等なドイツ人として扱われたために彼らが激しい不満を募らせたのは当然だった。多数が行事に参集する「ズデーテン・ドイツの日」に代表されるように，彼らは相次いで出身地ごとに同郷人会を結成して結束を強めるとともに，故郷への帰還や財産の奪還などを唱えて失地回復を叫ぶ国粋主義と東のブロックに対する強烈な反共主義に傾斜していったのである。このような被追放民の集団は，冷戦下の当時の西ドイツの政権の立場からすれば，東のブロックの非人道性や冷酷さを際立たせ，共産主義に対する反感や敵意を国民

の間に押し広げる恰好の道具として位置づけられたのは指摘するまでもない（Scholz 43）。けれども，他方では急進化していく彼らの存在が廃墟のあとに建設されるべき民主主義の阻害要因になる可能性を孕んでいたのも事実だった。占領統治を行ったアメリカなどの軍政部がキリスト教民主同盟などの政党は認可したのに，被追放民の政党の設立を禁止したのはそこに理由があった。とはいえ，今日までに確認されているところでは，被追放民に起因する社会的緊張や政治的危険は実際には当時懸念されたほどには深刻ではなかったといわれる（Beer 115ff.; Grebing 158）。

　人の移動に伴う摩擦という面から見れば，戦後の被追放民・避難民とその後の外国人労働者とその家族が置かれた状況には多くの点で構造的な類似点が存在している。しかし他面で，基本的な相違があるのも見落とせない。被追放民・避難民の場合にはドイツ国籍をもち，ドイツの生活習慣とドイツ語を話す人々が多く含まれているし，ズデーテン・ドイツ人のように国籍の面では外国人の場合であっても，大抵はドイツ語を母語とし，ドイツ文化を身につけているからである。したがって外国人労働者とは違い，被追放民については外国人法を巡る種々の問題や言語面の困難などは現れず，外国人についてみられるような排外主義的な言動はもとより，ドイツの異邦化の不安やそれによる反感などが現出してもその激しさにはおのずから限度があったといってよい。また被追放民・避難民の側から見れば，父祖の出身地だから暖かく迎え入れてくれるだろうという当初抱いた期待が裏切られたことによる失望や怒りがあったとしても，住み着いた土地は完全に未知の異国ではない上に，冷戦の長期化に伴い故郷に帰還する可能性が乏しくなっていく現実を受け入れざるをえなくなり，新たな土地に定住する以外に選択肢がなくなった。帰還できる故郷のある外国人労働者とは違い，夢想や郷愁のレベルを別にすれば，彼らには実際には帰ることのできる国や故郷は存在しなくなったのである。

　このような事情が定住した社会への統合を受け入れる彼らの姿勢の背後に存在していたが，それと並び，そうした姿勢を強めた要因があったことにも注意を払う必要がある。西ドイツ地域では占領した連合国とドイツ側の官庁が彼らを定着させる方針を立て，1952年に制定された負担調整法を頂点にして政治的・経済的な同権と社会的統合を促進する施策を推進したのである（Kleinert 55f.; Plato / Leh 27f.）。1948年の通貨改革で生じた個人的損失を補償

する狙いが込められているように，元来，負担調整法は戦争で財産を喪失した被追放民たちの救済だけを意図したものではなかった。また被追放民を含む戦争被災者の困窮に対する援護策としては，不十分ながらも1949年に緊急援助法が定められており，したがって負担調整法が被追放民支援の最初の法令でもなかった。しかし，「ドイツ史上最大の資産課税」と評されるとおり，それは資産の大規模かつ広範囲の再分配を目指すものであり，それによって「零落住民の大部分の社会的充足に貢献し，最終的に，かなりの住民統合を達成した」（クレスマン 278）のであった。そして，同法の主たる対象として被追放民たちが位置づけられていたのである。こうした面で，負担調整法の実施は，「厳しい運命に晒された難民との連帯の象徴として，西ドイツの人々が行ったもっとも価値ある行為となった」（ヴァイツゼッカー 283）といわれ，さらには「被追放民統合の成功の象徴」（川喜田(1) 4）ともされてきたのである。

　これらのほかにも，外国人が大半は労働者であるのとは異なり，避難民・被追放民は社会成層の面では均質な集団ではなく，定住した西ドイツでも社会の上層や中間層に属した人々が少なからずいたことや，また外国人が政治的・社会的に弱体な集団であるのとは対照的に，故郷被追放民・権利被剥奪者同盟（BHE）や同郷人団体を束ねた被追放民同盟（BdV）のように，彼らが共通の利益を主張し，政治的に貫徹できる圧力団体を形成できたことなども見落としてはならない。特に後者の点については，単に彼らの数が極めて多かっただけでなく，ドイツ国籍を有する市民として当然ながら選挙権を含む政治的権利を行使しえたことが重要になる。なぜなら，選挙で勝利を収めようとする主要な政党はいずれも少なくとも彼らの票を逃さないためだけでも，彼らの要求を顧慮せざるをえなかったからである。そればかりか，1950年に占領国による政党設立の制限が撤廃されたとき，共通の利害をバネにして彼らはBHEを結成した。そして，1953年の連邦議会選挙では初めて適用された5％条項のために群小政党が淘汰されるのを尻目に23の議席を獲得しただけでなく，アデナウアー政権に二人の閣僚を送り込みさえした。特に難民州ではニーダーザクセン州のように1951年の州議会選挙で158議席中21議席を占めたが，これらの例が示すように，連邦レベルだけでなく州のレベルでも彼らは独自の政治勢力として無視しがたい地位を占めたのである。このことは被追放民・避難民の社会的統合が十分には進まず，それだけ彼らが共通の主張

で結束しやすい状況にあったことを反映している。もっとも，1953年の連邦議会選挙の結果によって「たとえ不完全であっても統合は最初の形跡を示した」とされ，そのことから吸引力に限界があったのでBHEには「張子の虎」という面があると評されていることも見逃せない(Grebing 157)。ともあれ，様々な社会問題の調査で実績のある社会政策学会は1954年の G. アルブレヒト『ヘッセンにおける故郷被追放民の経済的編入』や1955年の F. エディング『シュレスヴィヒ゠ホルシュタインにおける被追放民と避難民の経済的編入』をはじめ1950年代に各州の被追放民の実態に関する調査報告書を『ドイツ被追放民・避難民問題研究』と題したシリーズとして公表したが，その背景には被追放民問題が重い政治課題になっている実情が存在したのである。

　そうだとするなら，BHEが1957年の連邦議会選挙で5％の壁に阻まれて議席を失ったのを皮切りに，1960年代に入って凋落していったことや，その過程で事実上キリスト教民主同盟に吸収されていき，それに応じて被追放民団体の政治的影響力が低下していったのは，彼らの社会への統合が進展したことを物語っていると解することができよう。BHEは「多様な潮流からなる単一争点の結集運動」(Grebing 157)だったといわれるが，単一争点の磁力が衰えるのは早かったのである。実際，H. - W. ラウテンベルクが確認しているように，「遅くとも1960年代末までには連邦共和国の戦後社会への数百万人の避難民と被追放民の統合は完了したと見做される」のであり(Rautenberg (2) 36)，この点については広く共通認識が存在する。事実，被追放民団体とのパーソナルなつながりを除けば，社会生活の面では彼らの特殊性は殆ど消失するに至ったのである。「追われたり，逃げたりしてきた1200万人の人たちを西ドイツは受け入れ，新しい故郷とした――1950年代の経済の奇跡以上に大きい奇跡だった」（ヴァイツゼッカー　7）。膨大な数の被追放民たちの統合に関してヴァイツゼッカーはこう記してその成功を高く評価しているが，戦争で「あれほど徹底的に叩きのめされたのでは恐らく再起不能」（新関 186)と思われたドイツを経済大国に飛翔させた「経済の奇跡」と並び，当初に予想された困難の巨大さを考えるなら，こうした表現も心情的には十分に理解できよう。この点を確かめるには，例えば差別され社会的に排除された被追放民たちが起居した収容施設が「ニヒリズムの孵化場」とすら呼ばれていたことを想起すれば足りる(Krauss 36)。

ただ経済の奇跡とその後の繁栄に被追放民統合の奇跡を付け加える時，戦後西ドイツのサクセス・ストーリーの自賛が透けて見え，さらには東ドイツに対する西ドイツの優位を誇示する冷戦的思考様式が垣間見えるのも否定しがたい。その意味で，サクセス・ストーリーの一環をなす早期の統合の成功というテーゼに対しては種々の批判が提起されていることを付言しておく必要がある(Beer; Franzen)。例えばA. コザートは様々なレベルの摩擦を取り上げ，成功テーゼで語られるほど統合が順調には進展しなかったことを強調する意図から，著書に『冷たい故郷』というタイトルを付けているが，「戦後ドイツにおける被追放民の成功した統合という神話」を破壊したとも評されるこの書が一例となるように，「速やかな統合」については「神話」にすぎないとする傾聴すべき見解も存在している(Kossert; Ulrich; Beer 28; Hoffmann 75f.)。また他面では，膨大な数の被追放民たちが新たな土地に定着したことにより，戦時期の一連の変動とも相俟って，伝統的な社会関係が掘り崩されたことも看過できない重要な事実といえる。敗戦後のドイツの「社会は他国のように社会的諸階級の間で生じた断層ばかりでなく，異なる出自の人間たちの間で生じた深い断層を刻み込まれた」が(Ther 89)，長期的に見た場合，それによって，「農村部でのかなりの抵抗にもかかわらず，戦後のドイツで人口の混合は伝統的な社会的関係と宗派的な結合の緩慢な意義喪失を招来することになった」のである(Bauerkämper 14)。これをL. ノインデルファーが「村落の革命」と呼んだように，その変化は見方によっては革命的だったと評価されるほどの重要性を帯びている(Erker 367, 423f.)。様々のレベルでナチ支配が及ぼしたドイツ社会の近代化効果に関してはこれまでに刺激的な議論が行われたのは周知の通りだが，ナチス壊滅に続いた新参者としての被追放民たちの大量流入は，敗戦後のドイツで在来のミリューの融解と社会的近代化の促進要因として作用したといえるのである。

4．避難民・被追放民問題の現在と歴史的位置

それでは避難民・被追放民問題の現状はどうなっているのだろうか。また歴史的観点とくに移民史の面から見てそれはどのような位置を占めるのだろうか。

まず第一の論点から検討しよう。

ドイツ降伏60周年の日を目前にして『シュテルン』誌2005年9号でダニ

エルスとシュミッツはこう書いている。「追放，空爆戦争，国防軍兵士の悲惨——これらすべての問題はようやくここ数年に次のようなテーマになった。それは，ナチス・ドイツの犯罪を相対化しようとしているという嫌疑に即座に晒されることなく議論することのできるテーマである」(Daniels / Schmitz)。ここで指摘されているのは，過去の克服と呼ばれてきた議論に生じている変調といってもよい。反ファシズムを建国神話とし，加害責任を否認した東ドイツ(DDR)と違い，西ドイツと統一後のドイツでは長くホロコーストを中心に加害者としての過去を正面に据えて論議が続けられてきた。しかし，世紀が替わったころからドイツ人の受難ないし被害ともいうべき側面にも光を当てることが可能になり，少なくともタブー視するこれまでの空気が和らいだというのがダニエルスたちの見方である。これを理解するにはナチズムに関する多数の著作のある G. クノップが避難と追放を扱った『巨大な逃亡』の序言に記した次の文章が手掛かりになる。「ヒトラーが戦争を始め，ドイツ人がホロコーストの実行者になったのだから，自分たちの犠牲者を悼むのをドイツ人に禁じようとする声が今なおあちこちに存在する。しかし私はこのような態度を横柄だと思う。1945年の冬に東プロイセンの凍った路上で命を失わねばならなかった死者たち，バルト海を越える逃亡の途上で船とともに沈んだ死者たちを追憶することは相対化とは関係がなく，ましてや相殺とは無関係なのである」(Knopp 8)。この言葉はドイツ人の受難を主題としたときに予想される非難に対する予防線であり，自己弁護のようにも聞こえるが，クノップがこの書を世に問うた2001年にはまだそうした警戒が必要とされる雰囲気が存在していた。けれども，『シュピーゲル』が翌2002年に『ドイツ人の逃亡』と題した特別号を世に送り，その冒頭に「犠牲者としてのドイツ人」というタイトルをもつ H. - J. ノアクの文章を掲載したことは(Noack 6ff.)，雰囲気が大きく変わりつつあることを象徴していた。その点を考慮に入れると，ダニエルスたちが注視する変化が重要な意味を帯びてくるのは論を俟たないので，本章の主題である追放に関わらせてしばらくこの問題を考えてみよう。

　『総統国家』などの優れた著作で知られる N. フライは，第三帝国の崩壊から60年以上隔てて『1945年と私たち』と題した一書を公刊した。その中で，「実際に一つの時期が終わろうとしている」として，彼は次のように記している。「第三帝国の時代が同時代人から消え失せつつある。私たちの社会に

現存した，自分自身の歴史的経験の蓄えから国民社会主義が消えようとしている」。これに伴い，「60年代初期に形成され，連邦共和国の社会を何十年も刻印してきた，過去との自己批判的取り組みの文化」も自明ではなくなってきているというのである(Frei 22)。もちろん，ナチ犯罪の記念碑などの数が1990年代に増加したことに見られるように，「ナチズムに向けられた記憶の文化にとって，ドイツ統一はむしろ新しい，強力な推進力を意味していた」(リュールプ 149)のは無視できない重要な事実であり(岡 77ff.)，長い論議を経て2005年にベルリン中心部に開設されたホロコースト記念碑はそのシンボルといえよう。そうした意味では記憶文化の拡大と空洞化の同時進行に注意を払うべきかもしれない。サッカーのワールド・カップが2006年にドイツで開催された際にドイツ国旗のシンボル・カラーが街頭に氾濫して「陽気な愛国心」の突出が注目を浴び，2011年にはアレンスバッハ研究所の Th. ペーターゼンが世論調査を通じて国民的自負と大国意識の高まりを確認しているが(Petersen)，こうした現象はフライの指摘する変化とパラレルな関係にあると考えてよい。なぜなら，そこには自国と距離を置く「自己批判的な」姿勢は見出せず，逆に素直さや屈託のなさが特徴になったように無反省な同一化や自己肯定的な傾向が濃厚だからである。さらに言論界の重鎮 Th. ゾンマーをはじめとする知識人たちが「陽気な愛国心」の蔓延を問題視せず，むしろ共感を寄せていたことも注目に値しよう(近藤(3) 181ff.)。

　また同時に，このような傾向が浸透した土壌として，次のような事情があるのも見逃せない。それは，ドイツ分断を侵略と大量殺戮の戦争に対する懲罰と受け止め，経済大国としての実力にもかかわらず過去の重みで政治力にかけられていた自制が，ドイツ統一の実現を境にして弛んできたことである。戦後のドイツは外交・安全保障政策の面で多国間主義やシビリアン・パワーを重視する路線を堅持してきたが，それはドイツが戦争の教訓に学び，「自制の文化」(シュタンツェル)ないし「抑制の文化」(Winkler 235)を育んできたからだといわれてきた。しかし，統一後のドイツが「普通の国」の色彩を濃くし，EUなど国際面でのイニシアティブが目立つようになるなかで，そうした文化は変質しつつあるといわなくてはならないのである(近藤(8))。

　それはともあれ，ナチズムの色濃い影を長く引きずり，過去の克服に努力してきた現代ドイツでこのような変化が生じているとすれば，戦争の帰結ともいえる避難民や被追放民に関しても同種の変化が見出されるのは当然であ

ろう。ドイツ分断を一つの頂点にして東西冷戦が激化した1950年代には反共主義の立場から共産主義の暴虐を宣伝する道具として追放問題には脚光が当てられた。多数の研究者を動員して西ドイツ政府の主導で追放に関する膨大なドキュメントが編纂されたのはその一環でもあった。中心になった一人は著名なドイツ史家の Th. シーダーだったが，総括的な一巻が編まれずに終わっただけでなく，官庁で印刷され，一般の書店には並べられないままになった点には(Wehler (1) 20)，追放問題をめぐって錯綜していた政治的思惑が滲み出ていたといえる。

　ところで，1960年代に入って緊張緩和の時期が訪れると，露骨な反共主義の衰退に伴って追放問題への関心が希薄化していった。また「壁と平和共存の現状固定化とともにヨーロッパで難民の世紀が片付いたようにみえた」こともその傾向を強くした(Schlögel 469)。それに加え，とりわけアイヒマンをはじめとする一連のナチス裁判などでホロコーストの実態が広く知られるに及んで，ドイツ人の「受難」を前面に押し出すことは自国の過去に対する反省の欠如と同一視されるようになった。こうして，友好の美名でソ連の暗黒面を意味する追放がタブー化された東ドイツと同様に，事情は異なるにせよ，西ドイツでも追放問題には重い蓋がされ，「被追放民たちの苦難の私化」(Wehler (2) 10)が推し進められることになったのである。世紀転換期までの被追放民に関する文献で，追放という歴史的事実と被追放民の存在が忘却の中に沈みつつあり，無関心が広がっていることがしばしば憂慮を込めて指摘されてきたのには(Theisen 20)，そうした背景が存在したのである。

　もっとも，このような状況が現出したのは，彼らの社会的統合に伴って被追放民としての輪郭が目につかなくなると同時に，被追放民の内部でも追放の記憶をもたない第二・第三世代が増大し，悲痛な経験が薄れてきていることが主要な原因になっている点には十分に留意する必要がある。ドイツ社会で戦争の記憶が風化していると指摘されるようになって久しいが，それと同じく追放の記憶も風化してきたのである。いずれにせよ，被追放民同盟の会長 E. シュタインバッハが中心になって2000年に「追放に反対するセンター」が創設されたのには，そうした無関心への危機感がある。そこに集まった人々は東欧圏からの追放とドイツ社会への被追放民の統合について常設展示を行う記念館の設置を要求し，さらに一部のグループはプロイセン信託会社を設立してかつての故郷に残置した財産の返還請求運動に乗り出した。無

論，これらにはナチスに蹂躙された過去をもつポーランド側から官民あげて
の激しい反発が生じたのは指摘するまでもなく，対抗手段として，請求を
放棄していた戦争被害の補償をドイツ政府に求める動きすら高まった(佐藤
317; 川喜田(2) 82f.; 2004年11月6日付『朝日新聞』)。同様にチェコでも追放
を定めたベネシュの大統領令の廃止やズデーテン・ドイツ人に対する補償を
認めないとする宣言を議会が全会一致で決議し，ドイツ側の要求を怒りを込
めて撥ねつけたのであった。

　こうして拡大した感情的な摩擦に油を注ぐ形になったのは，2002年2月に
出版されたギュンター・グラスの『蟹の横歩き』であり，フィクションの形
でドイツ人避難民の苦難を描いたこの作品は発売から一月ほどで30万部以上
の売れ行きを記録したのである。同じ年の4月に「犠牲者としてのドイツ
人」という問題含みのタイトルで『シュピーゲル』が特集を組み，前述の通
り同年に『ドイツ人の逃亡』と題した特別号を世に送り出したのは，そうし
た背景からである。また，特集号の導入で，「第二次世界大戦終結から半世
紀以上たって，とっくに忘れられたように見えた一つのテーマが正常性に
満たされたベルリン共和国で突発した」と記されていることや(Der Spiegel,
Nr. 13, 2002, 36)，しばらくして一書を編んだ S. ブルクドルフが編者の序言
で，「東部からのドイツ人の逃亡と追放に関する『シュピーゲル』のシリー
ズへの驚嘆すべき大きな反響は，これまで世論とメディアで無視されがち
だったテーマを取り上げるのを勇気づけた」と洩らしているのは(Burgdorff
7)，問題の急浮上に対する驚きや当惑を証明している。無論，そうした急
浮上が可能になった土壌として，先述した国民的自負と大国意識の高まりと
いう変化があることは，改めて指摘するまでもないであろう。ともあれ，戦
争の記憶の風化が問題になる一方で，敗戦60周年の2005年に実施された世論
調査で第二次世界大戦終結で何を連想するが問われた際，「追放」を挙げる
のは43%で，最高の「再建の開始」74%，「ナチズムからの解放」60%よりか
なり下回ったものの，「ドイツ占領」39%，「敗北」34%よりは上位を占めた
(Allensbacher Berichte, Nr. 9, 2005)。ドイツ戦後史上，戦争終結を「敗北」や
「破局」とみて「零時」とする長く支配的だった見方が徐々に後退し，1970
年代を境にして「ナチズムからの解放」の面を重視する見方が次第に有力
になったことを考えれば(Hoffmann 16)，この結果にはナチズムと戦争の記
憶に関わる微妙な変容が映し出されていて興味深いが，それと同時に，少な

くとも追放が近年ではタブー状態や無関心から脱して，記憶の一角を占める
に至ったことが反映されているのも確かであろう。降伏から70周年にあたる
2015年5月8日に『フランクフルター・アルゲマイネ』紙に K. - P. シュヴァ
ルツの論考が掲載されたのはその証左といえる。それはチェコからの追放の
発端となったプラハでの蜂起を主題にしたものであり，当時叫ばれたといわ
れる「やつらを打ちのめせ，やつらを殺せ，一人として生かすな」という扇
情的な言葉が見出しとして掲げられ，追放の過程には「ジェノサイドのいく
つかの特徴が見られた」と記されている(Schwarz)。ジェノサイドの定義に
は一般に「集団の全部または一部を破壊する意図」が含まれることに照らす
と，この指摘が妥当かどうかは疑問が残る。いずれにせよ，現在では敗戦を
振り返る機会にドイツの代表的な新聞紙上にこのような論考が掲載されるよ
うになり，テレビでも2007年のカイ・ヴェッセル監督のドラマ『逃亡』をは
じめとして追放を扱ったドキュメンタリーなどがホロコースト関連の番組と
並んでしばしば放映されるようになったのである。
　それと同時に，他面では論議と応酬が続けられる過程で，追放がその一種
である強制移住の被害を受けたのはドイツ人だけでなく，周辺諸国でも同様
の悲痛な経験があることに視界が広がるようになったのも，見落とせない変
化といえよう。記念館設置を巡る議論は連邦議会でも展開されたが，政治的
配慮も加わってとくに強調されたのは，ドイツ以外にもヨーロッパ各地で強
制移住が行われたことだった。また例えば社会史の泰斗 H. - U. ヴェーラー
が前記の『シュピーゲル』特別号などに登場したが，追放の悲劇でホロコー
ストを相対化しないこと，悲劇の原因はドイツの侵略にあることと並んで
彼が力説したのもこの点だった(Wehler (1) 19ff.; Wehler (2) 9ff.)。2010年に
連邦政治教育センターは『強制移住，逃亡，追放 1939－1959年』という歴
史地図を中心にした著作を刊行したが(Bundeszentrale für politische Bildung)，
ポーランド語の原著からの翻訳だったことに加え，ドイツだけではなく，
ポーランド，ウクライナ，ユダヤ人にもほぼ同等のスペースが割かれ，チェ
コスロヴァキアからハンガリーへの追放やブルガリアからトルコへの追放
などにも触れられているのは，このような変化を裏書きしている。同年に
はもう一つの重要な著作が世に送られた。D. ブランデスたちが編者となっ
た『追放事典』である(Brandes / Sundhausen / Troebst)。そこでは連邦政治教
育センター以上に広くヨーロッパ各地で起きた強制移住や民族浄化に光が当

てられており，追放がドイツに固有な出来事ではなく，いくつもの民族が経験した悲劇だったことが実証されている。このような変化が可能になった背景には，戦争に関して「空襲の夜や逃避行の際の，捕虜としての，あるいは戦争直後の『飢餓の時代』に受けた自分たちの苦難にのみ関心を向けて」いた1970年代までの記憶の文化が薄らぎ，「他の犠牲者のグループや，ドイツ人によって他国で行われた破壊についてはほぼ完全といっていいほど無視」する姿勢が克服されたという，緩慢ながら着実に進行したより根底的な変化がある（リュールプ 143f.）。ともあれ，以上のような議論を踏まえ，焦点となった記念館に関しては，メルケル大連立政権下の2008年12月に連邦議会で設置が決定され，運営主体として「逃亡・追放・和解連邦財団」が設立されて建設に向けて動き出した。しかし，ドイツに限定せずヨーロッパを広く見渡した展示と並び，研究者を擁する資料・情報センターを併設することや，議論を呼んだ設置場所をベルリン都心とすることなどは決まったものの（Stiftung Flucht, Vertreibung, Versöhnung），基本方針をめぐる関係者の対立が解けず，学術面での協力者の入れ替えが相次いでいて，2017年の時点でもいまだに開館には至っていない。

つぎに第二の論点，すなわち移民史の文脈から見た避難民・被追放民問題の歴史的位置に焦点を移そう。

ドイツでは長く避難民・被追放民の問題は戦争との関連だけで考えられていた。けれども，2005年の移民法をピークにして移民国への転換が進みつつあるのに対応して，流出と流入の両面で歴史的に見てドイツが大規模な移動の国だった事実が認識されるようになってきた。他方，平和な時代の到来が期待された冷戦の終結後に凄惨なユーゴ紛争が起こって民族浄化が注目を浴びたが，その衝撃を受けて民族浄化の代表的事例という意味で，避難民・被追放民が国境を跨ぐ強制移住の一つの類型として把握されるようになったのである。

周知の通り，西ドイツでは1950年代半ば以降に外国人労働者の導入が開始され，ベルリンの壁の建設後に外国人労働者の募集が本格化した。しかし，復興から経済の奇跡の初期までは，以上で見てきたように，不足する労働力は主として被追放民たちによって補われたのである。換言すれば，この時期には外国人は労働力としてはそれほど大量には必要とされず，故郷を失い多くがプロレタリア化した被追放民たちによって復興と急速な経済成長は支え

られたといえるのである。実際，豊富で良質なマン・パワーとして彼らは多様な職種の労働現場で復興に直接的に貢献したが，同時に大量さゆえに失業率を押し上げる要因にもなった。そのために一方では彼らは平均以下の労働条件の部門に甘んじて就業するとともに，他方では追加的労働力として賃金上昇を抑制する働きをし，間接的に企業利潤の増大と投資の拡大に寄与したのであった。こうして経済復興を担いつつ，その過程で避難民・被追放民たちは労働市場に編入され，生活基盤を徐々に固めることができたが，その結果として当初は困難さが憂慮されていた彼らの社会的統合が次第に進展し，重みと先鋭さを減じていくことにもなった。つまり，戦後の復興と経済成長は，被追放民たちの存在ゆえに初期の局面では外国人の労働力に依拠せずに実現されたが，同時に，戦争被害を軽減する負担調整などの支援措置と並んで，潤沢で安価な労働力を支えにした経済成長を背景にして彼らの社会的統合が進展していったのである。

　もっとも，被追放民が一環をなす移民問題の文脈で眺めた場合，このプロセスの裏側で一つの重要な事態が生じていたのも看過できない。すなわち，避難民・被追放民が出現する直前の戦時下のドイツでは外国人の強制労働が大規模に推し進められたが，ドイツ移民史の一頁をなすこの出来事が戦争に起因する例外的な現象であって，過去の一つのエピソードとして片付けられる傾向が強まり，意識の片隅に押しやられるようになったのである。トルコ人を中心にして外国人労働者の本格的な導入が始まり，ガストアルバイターの時代が開幕したのはこの段階だった。「戦争終結から15年が経過する頃には，戦時期の『異邦人労働者』に対する姿勢が1950年代に批判的な検証に晒されないまま，無前提性というフィクションの下に外国人の大量雇用が再び社会的に受け入れられえた」のである (Herbert (1) 190f.)。換言すれば，瓦解した第三帝国と高度成長に突き進む戦後ドイツとの間の混迷と復興の時期に被追放民たちが労働力の貯水池となることによって外国人労働者問題の連続面が切断され，強制労働の歴史的汚点に目を塞いだまま，ガストアルバイターが初めて導入される外国人であるかのような見方が広がる結果になったのである。

　他方，この関連で見過ごせない論点がもう一つ存在する。それは，西ドイツへの人口流入の面で見ると，ほぼ1950年を境にして主役の座が避難民・被追放民からユーバージードラーに移っていったことである。1950年代に東ド

イツから西ドイツに逃亡の形で移住するユーバージードラーと呼ばれる人々の流れが大きく膨らみ，300万人近くに達したことは，分断国家としての東ドイツの存亡に関わる重大な問題だった。改めて指摘するまでもなく，東ドイツで刑法に「共和国逃亡罪」が重罪として定められたことや，内部国境の監視強化に続いて遂には1961年にベルリンの壁が構築されたのは，この流れを阻止するためだった。ともあれ，経済成長につれて拡大していった西ドイツの労働力需要は，避難民・被追放民だけではなく，それに続く形でユーバージードラーの流入によって充足されるようになったのである（近藤(1) 429ff.）。避難民・被追放民とユーバージードラーを移民の類型というパースペクティブで捉える認識枠組みは長く存在しなかったが，今日から振り返れば，西ドイツの経済の奇跡を底辺で支えた労働力として両者が等価の集団だったことが明白になる。その意味で，西ドイツと統一ドイツの経済発展と繁栄の軌跡を振り返る時，外国人であるガストアルバイターの貢献だけではなく，それ以前に存在したこれら二つのドイツ系移民の集団が果たした役割に関しても考えることが必要とされよう。

　これらの点と合わせてあらためて注目を引くのは，被追放民たちが首座から退くのと並行する形で，避難民・被追放民問題の重みが次第に軽くなっていったことである。そこに反映されているのは，彼らの社会的統合が緩慢ながら進んだ事実にほかならない。たしかにそのテンポやレベルに関して議論が分かれるものの，一般的には遅くとも1960年代末までにはそのプロセスは完了したと見做されている。既述のように，未曾有の惨禍をもたらしたナチズムや戦争全般については，時間が経過し戦後生まれの比重が増大するにつれて関心が薄れ，記憶の風化が進行するのは避けられなかった。それと同様に避難民・被追放民問題についても関心が希薄化し，次第に忘却されてきたといえるが，この場合には特有の事情が作用していた点を見過ごせない。すなわち，拡大した無関心の底流には単なる風化やタブーとしての黙殺ばかりではなく，社会的統合の完結という基調の変化があり，存在自体の輪郭が薄れて目につかなくなったのである。その意味では近年の再浮上が驚きを呼んだとしても，もはや遺恨や怨念までが再燃することは考えにくくなっているといってよいであろう。昨今のドイツでは愛国心や大国意識の高まりが見受けられるとはいえ，ドイツ以外の地で行われた強制移住の悲劇にまで視界が拡大しつつあることが示すように，自国民の悲痛な経験にだけ拘泥するかつ

ての姿勢は薄らいでいる。むしろ今日では避難民・被追放民問題をタブー扱いせず，他国を視野に入れながら冷静に史実に向き合う姿勢が定着してきているように映るのである。

結び

　最後に昨今のヨーロッパで耳目を集めている難民問題に関連させて避難民・被追放民問題の意味を考察し，この章を締めくくることにしよう。

　テレビや新聞で盛んに報道されたように，2015年の夏以降，内戦が激化したシリアなどから多数の難民が国外に流出し，地中海を小さなボートに乗り命がけで渡ってくる人々と併せて膨大な数の難民がヨーロッパに辿り着いた。メディアでは慣例的に「移民と難民」と並列されているが，線引きせずにさしあたり全員を難民と呼ぶなら，ドイツだけで2015年に受け入れた難民数は110万人に達した。このように大量の難民がドイツに集中する形になったのは，受け入れの上限を設けない方針をドイツが表明したからである。

　その数の多さと並んで注目を引いたのは国内の反応である。難民の引き受けには賛否両論があり，世論は一本化からは程遠かった。しかし，かつて庇護申請者の名目で難民が殺到したときには見られなかった光景が現出したのである。それは列車で到着する難民たちを市民が駅頭で歓迎する姿である。

　1990年に統一を果たしたドイツは，それ以降，多面的な変貌を遂げてきた。経済面ではグローバルな競争が激化したのを背景に「産業立地の再構築」が課題とされ，ハルツ改革に代表される福祉国家の改造を推し進めてきた。また従来は国際協調と「自制の文化」を堅持して外交・安全保障面で消極的な姿勢を貫いてきたのに反し，今では連邦軍を国外に送り出し，大国としての責任を担い，積極的に行動するようになっている。これらの変化と同じく，統一後のドイツはかつて掲げた非移民国の立場を清算して移民国に変容しつつある。2004年には紆余曲折の末に移民法が成立し，2006年からは毎年統合サミットが開催されるようになった。そして2010年には大統領がドイツを「多色の共和国」と呼び，イスラムをドイツの一部と明言するに至ったのである。政府の人口会議が2013年に「歓迎文化の醸成」を提言したのを受けて，この耳慣れない言葉が使われるようになったが，食べ物や衣類を用意して駅頭に立つ市民の姿はこうした変化の表れだったといえよう。

　もちろん，メディアで華々しく報じられたのに反して，歓迎ムードがドイ

ツ全体を包み込んでいたわけではない。それどころか，難民が殺到した2015年の大晦日にケルンで難民が主体になった騒乱が起こって大きな衝撃を与えたばかりでなく (Der Spiegel, Nr. 2, 2016, 10ff.)，パリにおける同年のテロ事件に続き翌年にブリュッセル，ニースなどで多数の市民が犠牲になったテロが生じると国内の雰囲気は大きく転換し，難民を巡る社会的気流は寛容から不信に基調が変化した。それを踏まえると，難民問題がこれからどのように推移していくかは予測が難しい。しかし，2015年6月の初めての追放記念日の演説でガウク大統領が過去の避難民・被追放民と今日の難民を等置し，同年8月にメルケル首相が「われわれはやり遂げられる」と高唱したとき，避難民・被追放民をはじめとする難民を受け入れた過去の経験が想起されていたであろう。政治家である大統領や首相が単なる理想論だけで重要な発言をするとは考えにくいからである。

　戦後ドイツが受け入れた難民には大別すると三つの集団がある。避難民・被追放民，ユーバージードラー，庇護申請者である。そのうちで最大なのが避難民・被追放民である。難民の定義としては一般に難民条約のそれが使われるが，これを法的意味での難民と呼ぶと，ドイツの避難民・被追放民にはそれからはみ出す面がある。例えばズデーテン・ドイツ人はドイツ系ではあるがチェコスロヴァキアの国籍を有し，民族浄化といってよい強引な措置で故郷を立ち退いたから難民に該当する。けれども，ドイツ東部領土に暮らしていた人々の場合，強制的に退去させられたものの，ドイツ国籍を持つドイツ人だから難民とは呼べなくなるであろう。他方，ドイツ国籍の有無によって避難民・被追放民に区別を持ち込むのは現実離れしていて机上の空論に終始するのも間違いない。ドイツでは長く避難民・被追放民たちは難民と呼ばれ，その呼称が社会的に定着していることを考えれば，法的意味での難民のほかにドイツには社会的意味での難民が存在するといってよいであろう (近藤(7) 54)。ガウク大統領がかれらを今日の難民と同列に置いたのは社会的意味でのそれを念頭に浮かべていたからにほかならない。

　しかし，この点にもまして重要なのは，大統領にせよ首相にせよ難民について語るとき，戦後史のなかで避難民・被追放民を社会的に統合したという実績があることが想起されていたと考えられることである。たしかにその過程は長い時間を要し，曲折に満ちていた。実際，最後の収容施設が解体されたのはようやく1971年になってのことだったのである (Karlsch 99)。それに

もかかわらず「難民の奇跡」が頻繁に語られ，経済の奇跡に匹敵する戦後ドイツのサクセス・ストーリーの主要な構成部分とされてきた。彼らの社会的統合の成功は多くの人々の記憶に刻まれてきたのである。それだけではない。大統領と首相がともに東ドイツの出身であることもこの文脈で見逃せない。既述のようにユーバージードラーは東西分断下で東ドイツから西ドイツへ移住した者を指すが，大半を占めたのは正式な許可なしに西に逃亡する人々だった。逃亡には時期によって大きな危険が伴ったが，逃亡を決断した動機が何であれ，彼らは西ドイツでは共産主義の圧迫のためにほとんど無一物で故郷を立ち退いた難民として処遇された。ユーバージードラーは総数で400万人にも達したが，その点を考慮しただけでも彼らが東ドイツではありふれた存在だったことが推し量れよう。近所の住民や学校の同級生あるいは職場の同僚の中からユーバージードラーは出現したのである。その意味で東ドイツで成長したガウクやメルケルにとってはユーバージードラーは馴染みのある集団だったといってよい。彼らもまた西ドイツで支援を受けながら経済発展を支える労働力として貢献したことは，ベルリンの壁建設直後に外国人労働者の導入が本格化したことが物語っている。ドイツ現代史のなかの難民としてユーバージードラーは避難民・被追放民に続いて登場したが，今日の難民問題に直面したとき，ドイツではこれらの難民の記憶が甦っていたと思われるのである。

引用文献

Aust, Stefan / Stephan Burgdorff, hrsg., Die Flucht, Stuttgart 2003.

Autze, Rajan, Treibgut des Krieges, München 2001.

Bade, Klaus J., Europa in Bewegung, München 2002.

Bade, Klaus J. / Jochen Oltmer, Normallfall Migration, Bonn 2004.

Bauerkämper, Arnd, Der 8. Mai 1945 als historische Zäsur, in: Arnd Bauerkämper / Christoph Klessmann / Hans Misselwitz, hrsg., Der 8. Mai 1945 als historische Zäsur, Potsdam 1995.

Beer, Mathias, Flucht und Vertreibung der Deutschen, München 2011.

Benz, Wolfgang (1), Fünfzig Jahre nach der Vertreibung, in: Wolfgang Benz, hrsg., Die Vertreibung der Deutschen aus dem Osten, Frankfurt a. M. 1995.

Benz, Wolfgang (2), Auftrag Demokratie, Berlin 2009.

Bessel, Richard, Germany 1945. From War to Peace, New York 2009.

Böddeker, Günter, Die Flüchtlinge, Frankfurt a. M. 1985.

Brandes, Detlef, Wilde Vertreibung aus der Tschechoslowakei, in: Detlef Brandes / Holm Sundhaussen / Stefan Troebst, hrsg., Lexikon der Vertreibung, Wien 2010.

Der Bundesminister des Innern, Eingliederung der Vertriebenen, Flüchtlinge und Kriegsgeschädigten in der Bundesrepublik Deutschland, Bonn 1982.

Bundeszentrale für politische Bildung, Zwangsumsiedlung, Flucht und Vertreibung 1939 — 1959, Bonn 2010.

Burgdorff, Stephan, Vorwort, in: Stefan Aust / Stephan Burgdorff, hrsg., Die Flucht, Stuttgart 2003.

Czaja, Herbert, Die Charta der deutschen Heimatvertriebenen vom 5. August 1950, 2. Aufl., Bonn 1995.

Daniels, Arne / Stefan Schmitz, Das schwierige Erbe des „Tausendjährigen Reiches", in: Stern, Nr. 9, 2005.

Djekovic, Liliana / Hermann Gross, Der Beitrag der Vertriebenen und Flüchtlinge zum Wiederaufbau der deutschen Wirtschaft, in: Marion Frantzioch / Odo Ratza / Günter Reichert, hrsg., 40 Jahre Arbeit für Deutschland— die Vertriebenen und Flüchtlinge, Frankfurt a. M. 1989.

Erker, Paul, Revolution des Dorfs, in: Martin Broszat / Klaus - Dietmar Henke, hrsg., Von Stalingrad zur Währungsreform, München 1989.

Esch, Michael G., Bevölkerungsverschiebungen und Bevölkerungspolitik 1939—1950, in: Wlodzimierz Borodziej / Klaus Ziemer, hrsg., Deutsch - polnische Beziehungen, Osnabrück 2000.

Frantzioch, Marion / Odo Ratza / Günter Reichert, hrsg., 40 Jahre Arbeit für Deutschland – die Vertriebenen und Flüchtlinge, Frankfurt a. M. 1989.

Frantzioch - Immenkeppel, Marion, Die Vertriebenen in der Bundesrepublik Deutschland, in: Aus Politik und Zeutgeschichte, B28 / 1996.

Franzen, K. Erik, Die Vertriebenen, München 2002.

Frei, Norbert, 1945 und Wir, München 2009.

Görtemaker, Manfred, Kleine Geschichte der Bundesrepublik Deutschland, München 2002.

Grebing, Helga, Politischer Radikalismus und Parteiensystem. Die Flüchtlinge in der niedersächsischen Nachkriegspolitik, in: Doris von der Brelie - Lewien u. a., Niedersachsen nach 1945, Hannover 1995.

Gretzschel, Matthias, Hamburg und Dresden im Dritten Reich, Hamburg 2000.

Gries, Rainer, Die Rationen - Gesellschaft. Versorgungskampf und Vergleichsmentalität, Münster 1991.

Grube, Frank / Gerhard Richter, Flucht und Vertreibung, Hamburg 1980.

Habel, Franz Peter, Die Sudetendeutschen, München 1992.

Habenicht, Gottfried, hrsg., Flucht und Vertreibung: 50 Jahre danach, Freiburg 1995.

Hendel, Daniela, Die Deportationen deutscher Frauen und Mädchen in die Sowjetunion, Berlin 2008.

Herbert, Ulrich (1), Geschichte der Ausländerbeschäftigung in Deutschland 1880 bis 1980, Berlin 1986.

Herbert, Ulrich (2), Geschichte der Ausländerpolitik in Deutschland, Bonn 2003.

Hoffmann, Dierk, Nachkriegszeit, Darmstadt 2011.

Jacobmeyer, Wolfgang, Ortlos am Ende des Grauens, in: Klaus J. Bade, hrsg., Deutsche im Ausland – Fremde in Deutschland, München 1992.

Karlsch, Rainer, Kohle, Chaos und Kartoffeln, in: Jürgen Engert, hrsg., Die wirren Jahre, Berlin 1996.

Kleinert, Uwe, Die Flüchtlinge als Arbeitskäfte, in: Klaus J. Bade, hrsg., Neue Heimat im Westen, Münster 1990.

Klemt, Georg, Organisatorische Aspekte der Aufnahme und Unterbringung der Vertriebenen, in: Marion Frantzioch / Odo Ratza / Günter Reichert, hrsg., 40 Jahre Arbeit für Deutschland – die Vertriebenen und Flüchtlinge, Frankfurt a. M. 1989.

Knopp, Guido, Die grosse Flucht, München 2001.

Kossert, Andreas, Kalte Heimat, München 2008.

Krauss, Marita, Fremde Heimat: Ankunft und erste Jahre, in: Henning Burk u. a., Fremde Heimat, Berlin 2011.

Lozoviukova, Katerina, Aussiger Brücke, in: Detlef Brandes / Holm Sundhaussen / Stefan Troebst, hrsg., Lexikon der Vertreibung, Wien 2010.

Mühlfenzl, Rudolf, Geflohen und vertrieben, Königstein 1981.

Mühlhauser, Regina, Vergewaltigungen in Deutschland 1945, in: Klaus Naumann, hrsg., Nachkrieg in Deutschland, Hamburg 2001.

Müller, Rolf - Dieter, hrsg., Der Zusammenbruch des Deutschen Reichs 1945, München 2008.

Münz, Rainer / Wolfgang Seifert / Ralf Ulrich, Zuwanderung nach Deutschland, Frankfurt a. M. 1999.

Naimark, Norman M., The Russians in Germany, Cambridge 1997.

Nawratil, Heinz, Schwarzbuch der Vertreibung 1945 – 1948, 11. Aufl., München 2003.

Noack, Hans - Joachim, Die Deutschen als Opfer, in: Spiegel Spezial, Nr. 2, 2002.

Petersen, Thomas, Eine Re - Nationalisierung des Denkens, in: Frankfurter Allgemeine Zeitung vom 20.7.2011

Plato, Alexander von / Almut Leh, „Ein unglaublicher Frühling": Erfahrene Geschichte im Nachkriegsdeutschland 1945 – 1948, Bonn 2011.

Preissinger, Andreas, Todesfabriken der Kommunisten, Berg 1991.

Rautenberg, Hans - Werner (1), Ursachen und Hintergründe der Vertreibung, in: Marion Frantzioch / Odo Ratza / Günter Reichert, hrsg., 40 Jahre Arbeit für Deutschland – die Vertriebenen und Flüchtlinge, Frankfurt a. M. 1989.

Rautenberg, Hans - Werner (2), Die Wahrnehmung von Flucht und Vertreibung in der deutschen Nachkriegsgeschichte bis heute, in: Aus Politik und Zeitgeschichte, B53 / 1997.

Reichling, Gerhard, Die deutschen Vertriebenen in Zahlen, Teil 2, Bonn 1989.

Rürup, Reinhard, hrsg., Berlin 1945, Berlin 1995.

Scherpe, Klaus R., hrsg., In Deutschland unterwegs, Stuttgart 1982.

Schlögel, Karl, Verschiebebahnhof Europa, in: Zeithistorische Forschungen,Jg. 2, H. 3, 2005.

Schön, Heinz, Flucht über die Ostsee, 5. Aufl., Stuttgart 1995.

Scholz, Stephan, Die deutsche Vertreibungserinnerung in der Flüchtlingsdebatte, in: Aus Politik und Zeitgeschichte, B26 · 27 / 2016.

Schwarz, Karl - Peter, „Schlagt sie, tötet sie, lasst keinen am Leben!", in: Frankfurter Allgemeine Zeitung vom 8.5.2015.

Stiftung Flucht,Vertreibung, Versöhnung, Jahresbericht 2009 – 2012, Berlin 2012.

Theisen, Alfred, Die Vertreibung der Deutschen – ein unbewältigtes Kapitel europäischer Zeitgeschichte, in: Aus Politik und Zeitgeschichte, B7 · 8 / 1995.

Ther, Philipp, Vertriebenenpolitik in der Sowjetischen Besatzungszone und der DDR

1945 bis 1953, in: Christoph Klessmann / Burghard Ciesla / Hans - Hermann Hertle, hrsg., Vertreibung, Neuanfang, Integration, Potsdam 2001.

Thorwald, Jürgen, Die grosse Flucht, München 1998.

Uhl, Matthias, Die Teilung Deutschlands, Berlin 2009.

Ulrich, Volker, Keine Landsleute, sondern Fremde, in: Die Zeit vom 29.5.2008.

Urban, Thomas, Deutsche in Polen, 3. Aufl., München 1993.

Weber, Jürgen, Auf dem Wege zur Republik 1945－47, 4. Aufl., München 1994.

Wehler, Hans - Ulrich (1), Die Debatte wirkt befreiend, in: Spiegel Spezial, Nr. 2, 2002.

Wehler, Hans - Ulrich (2), Einleitung, in: Stefan Aust / Stephan Burgdorff, hrsg., Die Flucht, Stuttgart 2003.

Wetzel, Juliane, „Displaced Persons ", in: Aus Politik und Zeitgeschichte, B7・8 / 1995.

Wiesemann, Falk, Flüchtlingspolitik in Nordrhein - Westfalen, in: Wolfgang Benz, hrsg., Die Vertreibung der Deutschen aus dem Osten, Frankfurt a. M. 1995.

Winkler, Heinrich August, Die Berliner Republik in der Kontinuität der deutschen Geschichte, in: Werner Süss / Ralf Rytlewski, hrsg., Berlin. Die Hauptstadt, Bonn 1999.

Wissenschaftlicher Dienst des Deutschen Bundestags, Deutsche Zivilopfer 1945－1989. Deportation und Tötung deutscher Zivilisten, Berlin 2014.

Zayas, Alfred - Maurice de (1), Nemesis at Potsdam, Lincoln 1989.

Zayas, Alfred - Maurice de (2), Anmerkungen zur Vertreibung der Deutschen aus dem Osten, 3. Aufl., Stuttgart 1993.

足立芳宏『東ドイツ農村の社会史』京都大学学術出版会，2011年。

ヴェルナー・アーベルスハウザー，酒井昌美訳『現代ドイツ経済論』朝日出版社，1994年。

ルート・アンドレーアス＝フリードリヒ，飯吉光夫訳『舞台・ベルリン』朝日新聞社，1988年。

五十嵐惠邦『敗戦と戦後のあいだで』筑摩書房，2012年。

池内紀『消えた国・追われた人々』みすず書房，2013年。

伊東孝之『ポーランド現代史』山川出版社，1988年。

リヒャルト・フォン・ヴァイツゼッカー，永井清彦訳『ヴァイツゼッカー回想録』岩波書店，1998年。

ハインリヒ・アウグスト・ヴィンクラー，後藤俊明・奥田隆男・中谷毅・野田

昌吾訳『自由と統一への長い道　Ⅱ』昭和堂，2008年。

岡裕人『忘却に抵抗するドイツ』大月書店，2012年。

川喜田敦子(1)「東西ドイツにおける被追放民の統合」『現代史研究』47号，2001年。

川喜田敦子(2)「ドイツ人『追放』問題の現在」『ドイツ研究』39号，2005年。

川喜田敦子(3)「難民入植地の遮断された記憶」『ヨーロッパ研究』12号，2013年。

川口マーン恵美『あるドイツ女性の二十世紀』草思社，1995年。

ユルゲン・クチンスキー，照井日出喜訳『クチンスキー回想録』大月書店，1998年。

木村靖二編『ドイツ史』山川出版社，2001年。

邦正美『ベルリン戦争』朝日新聞社，1993年。

クリストフ・クレスマン，石田勇治・木戸衛一訳『戦後ドイツ史』未来社，1995年。

クリスティアン・フォン・クロコウ，大貫敦子訳『女たちの時』平凡社，1991年。

エーリヒ・ケストナー，高橋健二訳『ケストナーの終戦日記』福武書店，1990年。

ユーリー・コスチャショーフ，橋本伸也訳「戦後の東プロイセンのソヴィエト化」『関西学院史学』43号，2016年。

小松伸六『ミュンヘン物語』文芸春秋，1984年。

クラウス・コルドン，酒寄進一訳『ベルリン1945』理論社，2007年。

近藤潤三(1)『統一ドイツの外国人問題－外来民問題の文脈で』木鐸社，2002年。

近藤潤三(2)『統一ドイツの政治的展開』木鐸社，2004年。

近藤潤三(3)『ドイツ・デモクラシーの焦点』木鐸社，2011年。

近藤潤三(4)『ドイツ移民問題の現代史』木鐸社，2013年。

近藤潤三(5)「ソ連占領期東ドイツの特別収容所に関する一考察」『愛知大学経済論集』186号，2011年。

近藤潤三(6)「ドイツの国外移住に関する最新データ」『社会科学論集』51号，2013年。

近藤潤三(7)「ドイツ現代史のなかの難民問題」『ゲシヒテ』10号，2017年。

近藤潤三(8)「ベルリン共和国の政治的変容(2)」『愛知大学法学部法経論集』211号，2017年。

佐藤成基『ナショナル・アイデンティティと領土』新曜社，2008年。

ヘルケ・ザンダー／バーバラ・ヨール，寺崎あき子・伊藤明子訳『1945年・ベルリン解放の真実－戦争・強姦・子供』パンドラ，1996年。

ベン・シェファード，忠平美幸訳『遠すぎた家路』河出書房，2015年。

塩川伸明『民族浄化・人道的介入・新しい冷戦』有志舎，2011年。

島村恭則編『引揚者の戦後』新曜社，2013年。

ウィリアム・シャイラー，大島かおり訳『第三帝国の終わり』筑摩書房，1987年。

トニー・ジャット，森本醇訳『ヨーロッパ戦後史(上)』みすず書房，2008年。

フォルカー・シュタンツェル「これからのドイツは」2013年10月3日付『朝日新聞』。

テオ・ゾンマー，山木一之訳『1945年のドイツ　瓦礫の中の希望』中央公論新社，2009年。

高杉一郎『極光のかげに』岩波文庫，1991年。

高橋秀寿「占領・植民地化・セクシャリティ」西川長夫・高橋秀寿編『グローバリゼーションと植民地主義』所収，人文書院，2009年。

竹山道雄「ベルリンにて」『竹山道雄著作集5』所収，福武書店，1983年。

マリオン・デーンホフ，片岡啓治訳『喪われた栄光』学習研究社，1963年。

インゲ・ドイッチュクローン，馬場謙一訳『黄色い星を背負って』岩波書店，1991年。

クリストファー・ドブスン/ジョン・ミラー，間庭恭人訳『死のバルト海』早川書房，1981年。

ノーマン・M.ナイマーク，山本明代訳『民族浄化のヨーロッパ史』刀水書房，2014年。

永井清彦『現代史ベルリン』朝日新聞社，1990年。

永岑三千輝『独ソ戦とホロコースト』日本経済評論社，2001年。

新関欽哉『第二次世界大戦下ベルリン最後の日』日本放送出版協会，1988年。

ノーマン・M.ネイマーク，根岸隆夫訳『スターリンのジェノサイド』みすず書房，2012年。

アントニー・ビーヴァー(1)，川上洸訳『ベルリン陥落1945』白水社，2004年。

アントニー・ビーヴァー(2)「序文」著者不詳，山本浩司訳『ベルリン終戦日記』所収，白水社，2008年。

イアン・ブルマ，三浦元博・軍司泰史訳『廃墟の零年』白水社，2015年。

ウーテ・フレーフェルト，若尾祐司ほか訳『ドイツ女性の社会史』晃洋書房，1990年。

ディトマー・ペッツィーナ，後藤俊明訳「1945年以後の経済再建」山口定・R.
　ルプレヒト編『歴史とアイデンティティ』所収，思文閣出版，1993年。
デートレフ・ポイカート，木村靖二・山本秀行訳『ナチス・ドイツ　ある近代
　の社会史』三元社，1997年。
増田弘編『大日本帝国の崩壊と引揚・復員』慶応義塾大学出版会，2012年。
ロジャー・ムーアハウス，高儀進訳『戦時下のベルリン』白水社，2012年。
キャサリン・メリデール，松島芳彦訳『イワンの戦争』白水社，2012年。
油井大三郎「世界戦争の中のアジア・太平洋戦争」『岩波講座アジア・太平洋戦
　争 1』岩波書店，2005年。
ラインハルト・リュールプ，西山暁義訳「ナチズムの長い影」『ヨーロッパ研究』
　8 号，2009年。
ヴォルフガング・レオンハルト，高橋正雄・渡辺文太郎訳『戦慄の共産主義』
　月刊ペン，1975年。
若槻泰雄『戦後引揚げの記録　新版』時事通信社，1995年。

終章　日本の「戦後」を考える視点

はじめに

　本書ではここまで日本とドイツの「戦後」に照準を合わせ，主要なトピックに焦点を絞る形で比較検討する作業に取り組んできた。日独の「戦後」の起点となった敗戦もしくは終戦の日に当たる「５月８日」と「８月15日」，「戦後」の両国で重大な争点になった「反ファシズム」と「反共主義」が当面の切り口として選んだトピックである。これらを手掛かりにして日独の「戦後」を見比べ，各々の特徴を洗い出すと同時に，他方で日本と同様に廃墟から出発しながらも分断を背負い込んだドイツの「戦後」をめぐる理解を深めることが，その際の主眼だった。本書の最後となるこの章では，そうした考察を締めくくる意味で，「戦後」に接近する視点に関して改めて一考したいと思う。

　1993年に原著が公刊された『歴史としての戦後日本』にはアメリカの主だった日本近現代史研究者が論考を寄せている。その冒頭におかれた序論で編者の A. ゴードンは表題にある「戦後」に関して考察し，「少なくとも1990年代に至るまで，多くの日本人は，まだ『戦後』が続いていると感じてきた」と述べている（ゴードン(1) 7）。同様に1995年の論考で C. グラックもこの点を踏まえつつ，日本ほど「戦後」が長く続いてきた国は他には見られないと論じている（グラック 324）。これらの指摘は大多数の日本人にとってはとりたてて論じるまでもない明白な事実を確認しているように映るかもしれない。けれども，欧米人の眼から眺めれば，それは決して自明な事柄ではなく，大いに注目に値する現象だった。というのは，この指摘がなされたと

き，欧米ではすでに「戦後」は過ぎ去っていて，いまだに「戦後」を生きているという感覚は見出せなかったからである。その背景には，欧米と日本では「戦後」の意味が同一ではないというという事情が存在していた。この相違を基底にして，同じ現代に生きていても欧米の人々がポスト戦後の時代にいたのに対し，大抵の日本人は長引く「戦後」のなかに身をおいていたのである。

ゴードンの編著の出版から今日までに20年以上の歳月が流れたが，その間に日本でも「戦後」という言葉がかつて帯びていた自明性は薄らいできたといってよい。その一端は，現在にまで及ぶ「戦後」という用法に接する頻度が少なくなってきている点に表れている。そうなった理由としては，なによりも「戦後」の前提である戦争が時間的に遠のいたことが挙げられよう。例えば2015年に成人になった若者は1995年に出生したが，彼らの誕生以前に既に半世紀に及ぶ「戦後」が経過していた。「戦後」を語る際に立ち返るべき原点となるはずの戦争は彼らにとっては遠い過去の出来事であり，祖父母の世代が「あの戦争」といって了解しあえるような自明性は消失していたのである。

けれども，この点以上に重要と思われるのは，「戦後50年」頃まではその表現がそれほど無理なく社会的に通用しえても，「戦後70年」になると空疎な感じを帯びてきたことである。「戦後70年」という言い方が「『戦後』のなかの遠近と凹凸，裂け目と切れ目をなだらかにしてしまう」と成田が指摘しているのは(成田(4) 10)，この空疎感を言い替えたものといえよう。なるほど「戦後」の前提となる戦争を生身で経験した人々が次第に少なくなってきた現実に照らせば，このような変化が生じたのは避けがたかったであろう。なぜなら，実体験という土台を持たなくなったために戦争観が平板化するとともに拡散するようになったからである。

しかし問題はそこで終わらない。誰しも自分自身の実体験すら大抵はいつしか忘れ去っていく。とくに「自らにとって都合の悪い過去はなるべく早く忘れ去ろう」とし，あるいは「記憶を造りかえたり捏造することさえある」(小俣 425)。そのことを考えれば，記憶するという営みはある種の努力を必要とするといえよう。まして他者の経験となれば，「体験や記憶を自らのものとするために必要とされる努力や苦しさ」を考慮にいれなくてはならないであろう(五十嵐 317)。この点から見ると，日本では長く「戦争の経験

を忘れてしまうことは一種のタブーと見做されてきた」ことに思い至る。同時にその半面で，戦後50年を経過する頃から，「このような戦争経験の忘却を戒める禁制やモラルが急速にゆるんで自由化してしまった」ことが注目に値しよう(坪井 11f.)。戦争の体験や記憶を風化させるなという訴えが頻繁に聞かれるようになったのはその表れと見做しうる。戦後70年に当たる2015年になって，「『体験』－『証言』－『記憶』として語られてきた『戦後』がいよいよ『歴史』として語られていく気配」が感じとられるようになるとともに，戦争に関わる「記憶が消去され，あらたな記憶が持ち出され，加えて，歴史が道具化されるような状況」が現れ，「『戦争経験』が歴史化の前夜に至った」と指摘されるのは(成田(2) 219, 287)，長く守られてきたタブーが弛緩した結果といえよう。

　既に2001年に加藤周一は，「戦争の記憶は，単に体験者と非体験者の比率の問題」ではないとして，戦争を知らないというのは「過去を葬り去ろうとする何らかの力が働いてそうなっている」と指摘した(加藤 190)。この言葉に見られるように，かねてより戦争の記憶の風化や空洞化は自動的に進んでいく現象ではないと捉えられてきた。しかし他方で，社会的現実として昨今では風化を越えて戦争自体が忘却に沈みこむだけではなく，別の記憶に置き換えられ，それによって戦争観が拡散する傾向が見出されるようになっているのは否定しがたい。戦争が終わってから2018年の現在まで「戦後」が続いてきたと考えるなら，「戦後」生まれが国民の圧倒的多数を占めるようになり，世代交代が大幅に進んだ結果，今では祖父母の世代と孫の世代が共に「戦後」生まれという現実が出現している。現に高齢社会といわれながらも敗戦から70年目の2015年の時点で1945年以前に出生した人の比率は２割を切り，８割以上を「戦後」生まれが占めるに至った。また「戦後」50年に当たる1995年でもその比率は３割弱にとどまり，「戦後」30年の1975年にすでに５割程度にまで縮小していたのであった。戦争観の拡散と戦争の忘却という二重のプロセスが同時進行する根底には，このような「体験者と非体験者の比率」の見過ごせない変化があり，加えてタブーの弛緩がある。こうして記憶のなかで占める戦争の重みが失われてきたために，敗戦を自己の生きている時代の起点にとり，その後を「戦後」と呼び続けること自体の意味が薄れるようになってきた。例えば2004年の文章で小熊英二が，「1990年代生まれの青少年に向かって，『あなたは戦後世代ですね』といっても，けげんな顔

をされるだけだろう」としながら，1962年生まれの自分自身にとっても「『戦後世代』に含められてもリアリティが湧か」ないと率直に吐露しているのは（小熊 9），そのことを表している。かつて濃密で重量のあった「戦後」は，今日では内実が希薄化して軽くなったといえるのである。

　このように考えてくれば，「戦後」を問題にするとき，欧米における「戦後」に目を向け，日本のそれとの異同について考察してみることが有益であろう。またそれを踏まえ，日本における「戦後」の意味変化を追跡することも重要になる。ここではさしあたり日本と同じ敗戦国であるドイツを例にとってこの問題に検討を加えることにしよう。さらにそこから進んで，日本で「戦後」のイメージがどのように変わったのかという問題にも照明を当ててみることにしたい。

1．日本とドイツの「戦後」の始点

　世界の主な戦争博物館を巡った1985年生まれの青年・古市憲寿は，沖縄の摩文仁の丘に立ち並ぶ慰霊碑を訪れた際の印象を「気分はさながら各地のパビリオンを回る万博である」と記している。また彼は広島における被爆70年目の平和式典で首相が「この悲劇を二度と繰り返してはなりません」と神妙な面持ちで話すのを聞いて空虚に感じたと率直に語っている。さらに彼は「戦争は人類が発明した最大のエンターテイメントの一つだといっていい」とも述べ，戦争を記憶するための博物館の今後の方向として「ディズニー化」を提唱している。これが平均的な若者の感覚や見方をどこまで伝えているのかはともかく，世代交代やタブーの弛緩がもたらした帰結の一つであることは確かであろう。古市によれば，今日の若者たちは「あの戦争から遠く離れて」いるだけではなく，「誰も戦争を教えてくれなかった」ために「僕たちは戦争を知らない」状態におかれているのである（古市(2) 38, 106, 229）。

　このような文章を公にすれば，以前なら顰蹙を買うにとどまらず，厳しく叱責され，罵声すら浴びせられたかもしれないと思われる。しかしそうした事態に至らないのは，古市とほぼ同年の山本昭宏が指摘するように，「誰も『平和』を否定しないが，口にするとなんとなく空虚な感じが残る」のが現実になっているからであろう（山本 3）。この点に照らしただけでも戦争と平和を巡る状況の大きな変化が看取できる。そうした変化を手掛かりにし，

終章　日本の「戦後」を考える視点　257

問題の核心を明確にする意味で，最初に上述した日本での「戦後」の変容を考えてみることにしよう。

「戦後日本史をつらぬく太い線は，敗戦による窮乏とその窮乏からのたちなおりの過程である」——かつてある著名な評論家はこのように記した。ここでは「戦後」の中心に据えられているのが窮乏である点が印象深く，その点では生産や消費の面で日本経済が戦前水準に回復したことを念頭に「もはや『戦後』ではない」という名文句を残した1956年の『経済白書』に通じるところがある。しかし，それだけに前提とされている「窮乏」が実体験として共有されていない今日では，こうした「戦後」の見方はもはやほとんど理解されず，誰からも支持されることはないであろう。「消費は美徳」が当たり前の現実になって久しく，窮乏ないし貧しさと表裏一体の節約と貯蓄重視の生活は遠い過去のエピソードになってしまったからである。実はこの一文は今から半世紀以上前の1961年に鶴見俊輔が記したものだが，その時点では決して的外れな表現ではなく，広く同意を得られたと思われる。しかし同時に彼が，「この前の戦争は日本とアメリカとが結んでソ連と中国とたたかったのだと思っている子供の話を聞いた。私たち執筆者にとってはつい昨日のことのように感じられる戦争も，もう随分前のことになってしまった」と述べている点にも留意すべきであろう（鶴見(1) 371）。これと同様の言葉は丸山真男にも見られる。ある対談で「戦後の思想史」に関して問われた際，議論に入るに当たって彼は「戦後でも20余年たちますからね。戦後って一括してはいいにくいんです」と前置きし，戦後をひとまとめにして論じることから距離を置いたのであった（丸山・鶴見 83）。この対談が行われたのが全共闘運動が始動した1967年だったことを考えれば，その根底には，民主化の推進が課題とされ自身がその旗手に擬された戦後と，自己を含む戦後民主主義が批判の対象になった戦後とでは，決して同質ではないという直観があったと思われる。ともあれ，これらの言葉からは，どの世代に属し，どの地点に立って過去を振り返るかによって「戦後」の実像が大きく異なってくることや，当時から記憶の風化が懸念されるようになっていたことなどが看取できよう。

こうした指摘を念頭に置いて半世紀後の近年の日本を眺めると，鶴見が既に問題視した戦争の記憶の風化が大きく進み，連動して戦争観が拡散してきている。また，それと相即して「戦後」について語ること自体が少なくなっ

てきているように見受けられる。その背景としてすぐに思い当たるのは，世代の交代であろう。けれども，主要な問題は，時間とともに必然的に進行する世代交代だけにあるのではない。なるほど世代間の断絶と表現されるような深刻な亀裂が表面化しているわけではない。けれども，「戦後」生まれという枠で括ってみると浮かび上がるように，時代の経験にせよライフスタイルにせよ，様々なレベルで世代を繋ぐ共通項と呼べるものが薄らいできているのは否定できない。

　ここで一例として，1940年代後半のベビー・ブームで出生した団塊の世代と1970年代にその子供として生まれた第二次ベビー・ブームの世代を比べてみよう。前者では青年期の高度成長を原体験とし，大卒ないし高卒の場合，正社員もしくは専業主婦として安定した生活を享受しつつ，今日より豊かな明日を信じて人生を歩むことができた。そして同時にそれが経済大国に上昇していく自国の戦後史と重なっていた。ところが，後者はモノが溢れるほどの豊かさを自明と感じて成長した後，「失われた10年」とも呼ばれる停滞の中で社会人として歩み始めた。そのために就職氷河期から出発して非正規雇用や格差と貧困のような社会的亀裂に直面してきたので，将来に明るい展望を描くことが難しくなっていた。加えて都市化，高学歴化，情報化の進展とともに前者が経験したムラ社会的な濃密な人間のつながりが消失し，個人中心の脆くて細い人間関係が支配的になった社会で後者が生きてきたことも重要であろう。高度成長を知らない後者にとっては停滞ないし衰退が「戦後」の基調になり，親の世代の明るかった「戦後」は子供の世代では灰色に変わったのである。社会的事象に関わる言説が世代間で通じにくくなり，同じ言葉でも表象される事柄に齟齬が生じる主因は，前提とされてきた「戦後」に関わる了解が実は共有されなくなったことにあると考えるべきであろう。

　その点に照らせば，70年以上に及ぶ時間の流れを「戦後」として一括りにすることは，かなりの無理が生じているのが実情といわねばならない。かりに70余年の長い時間を「戦後」として一括したとしても，それが有する内実が空疎になり，そのために重みも乏しくなっているのは否定できないのである。2015年に出版された『学校の戦後史』で木村元は，「現在，日本社会一般において『戦後70年』という区切り方は受け入れられている」とする反面，「しかし『戦後80年』を迎えるとき，その言葉は同じように共有されう

終章　日本の「戦後」を考える視点　259

るであろうか。10年後には『戦後の学校』という枠組みを基盤としてその時代の学校を位置づけることが果たして依然として可能であろうか」と問いかけている(木村 iii)。この木村の問いに即していえば，前提とされている「戦後70年」自体が実はもはや共通了解があると一概にはいえない状況にあり，「戦後80年」になると共有される意味内容が一層薄弱になっていると想像されるのである。

　それではこうした問題の付きまとう「戦後」をどのように捉えたらよいのだろうか。昭和という元号で呼ばれる時代は天皇の即位で始まり逝去によって終わりを迎えたが，敗戦によっては終わらなかった。他方，「戦後」は敗戦とともに始まったが，昭和や冷戦の終結を通り過ぎ，国民的な重大な出来事や変動が生じなければ今後も続く公算が大きい。このように終わらない「戦後」という問題を解く手掛かりとして，日本とドイツを比べながら，「戦後」の始点と終点について考えよう。

　ところで，一口に「戦後」といっても，政治や経済から社会，文化に至るまで多次元の「戦後」が存在する。そして歴史に限定した場合でも，政治の戦後史，経済の戦後史はもとより，福祉や家族や教育の戦後史もある。また，その研究としても，石川真澄の『戦後政治史』や野口悠紀雄の『戦後経済史』をはじめとして，表題に戦後史と銘打った著作は数え切れないほど存在している。その上，今日から見れば，戦後史が始まったばかりでまだ歴史になっていない頃から既に戦後史の本が出現しているので，今日に至るまで延々と戦後史の著作が送り出されてきたことになる。そうした実情に照らせば，たとえ専門家であっても，そのうちの一部に眼を通すことすら容易ではないのは明白であろう。ましてや外国を主たるフィールドにする者にとっては，幅広く鳥瞰するのが不可能であることは論を俟たない。このような決定的な限界が存在することをまずもって確認したうえで，できるだけ特定の分野に偏らず，総体としての戦後を歴史の角度から見据えた著作を参照しながら考察を進めることにしよう。

　最初に「戦後」の始点について考えよう。

　改めて指摘するまでもなく，「戦後」の始点になるのは第二次世界大戦が終結した1945年である。しかし，見落としてはならないのは，それが日本一国だけではなく，グローバルな歴史の分水嶺だった事実である。世界大のこの戦争ではヨーロッパばかりでなく，アジアでも広い地域が戦場になり，多

数の国民・民族が戦火に巻き込まれて大きな犠牲を払った。第二次世界大戦には第一次世界大戦という先例があったとはいえ，日本では第一次世界大戦は世界史の一齣にとどまり，大半の人にとっては教科書的な知識の域を大きく超え出ることがないのが実情であろう。「第一次大戦は日本人の記憶にはない」と加藤周一がいうのは，決して的外れではないのである（萩原・加藤 26）。それに比べれば，第二次世界大戦は遥かに身近に感じられ，圧倒的に重視されているといっても誇張ではない。その理由は，単に前者よりも後者が時間的に近いことにだけあるのではない。後者ではヨーロッパの戦争に日本やアジアのそれが連動していて，アジアの諸地域に暮らす人々が戦争のために塗炭の苦しみを嘗めたこと，その経験が学校教育をはじめ家族やメディアによって世代間で伝承されてきたこと，加えて，とりわけ敗戦国では戦争によって政治や経済にとどまらず，いわば思想や文化までもが破壊されて激変する結果になったことなどが重要になる。さらに日本では1980年代に近隣諸国との間で歴史教科書の記述が外交問題に発展したことや，戦時期の強制労働をはじめ，従軍慰安婦問題がその後に浮上して韓国などとの軋轢が続いていることも，戦争が今日まで尾を引いていることを示している。このような意味で，第一次世界大戦が「忘れられた戦争」だったのに対し，第二次世界大戦は「忘れ得ぬ戦争」になったといえよう（奈良岡 viii）。

　こうして日本において戦争は国民の記憶に深く刻まれることになったが，その世界大戦がアジアで経験されたのは，上述のとおり，実質的に一回だけだったといってよい。それに対し，周知のようにヨーロッパでは世界大戦は二度経験された。したがってヨーロッパには戦後も二回ある。例えば二つの世界大戦の震源地となったドイツの田舎で教会や学校などを訪れると，両大戦で死亡した村の出身者の名前が並んで壁に刻まれているのを見かけることがある。それが示唆するのは，第二次世界大戦だけでなく，第一次世界大戦もまたヨーロッパに深い傷跡を残したことであろう。例えばわが国でもよく知られる歴史家の E. ホブズボームによれば，「すべては1914年に変わった」のであり，1914年が「極端な時代」といわれる「短い20世紀」の起点とされている（ホブズボーム 34）。同様に W. ラカーも，「第一次世界大戦以前，欧州が世界政治の中心的地位を占めていたことは異論の余地がない」とした上で，政治，経済，科学など多面にわたってヨーロッパが握っていた優位や支配的地位に関し，「第一次世界大戦はこれらすべてに終止符を打った」と記

している(ラカー 33)。一方，イギリス近代史に通暁した萩原延寿は，「欧米世界で第一次大戦がどれだけ大きなショックを与えたか，これは思想的にも文化的にも大変なもの」だったと述べている(萩原・加藤 25)。

　これらの点はしばしば指摘され，広く共有された認識になっているといってよい。そうした重い事実に照らした場合はもちろん，かつての激戦地に延々と続く墓標を一望すれば，第一次世界大戦がヨーロッパの人々の脳裏に深く刻み込まれたのが当然だったことが納得できるように思われる。たしかに第一次世界大戦の犠牲者は兵士と民間人を合わせて1600万人だったのに対し，第二次世界大戦では総計で5000万人を大きく上回り，兵士よりも民間人の方が死者が多かった。けれども，19世紀の科学と進歩の時代を生きてきたヨーロッパの人々にとっては総力を投入した第一次世界大戦は文明史的な転換点を意味し，政治や社会を一変させる深刻な経験になったのであった。

　これに対し，日本における通念では，「あの戦争」や「先の大戦」という単数形の表現で了解がつく点に特徴がある。そのことは，実感のレベルでは世界大戦が一度経験されただけだったことを表している。なるほど1985年生まれで「戦無派」に属する古市から「あの戦争をどこまで特権化していいものだろうか」という疑問が呈されてはいる(古市(2) 298)。とはいえ，半藤一利が著書に『あの戦争と日本人』という表題をつけたことや，保阪正康が著作の冒頭で「太平洋戦争とはいったい何だったのか」という問いを提起しつつも(保阪 3)，タイトルを『あの戦争は何だったのか』としているのは，そうした事情を物語っている。「あの戦争のころ，世の中はどんな色をしていたのか」と冒頭で問いかけている2017年8月15日付『朝日新聞』社説もこれと同一線上にあるといえる。仮にアメリカでこのような問いを発したなら，頻繁に戦争を行ってきた過去のある「好戦の共和国」であることから，訊ねられた人は戸惑うことであろう。ベトナム戦争の傷跡が今も残り，湾岸戦争やイラク戦争の記憶が生々しいからである。

　このような面を考慮すれば，アメリカはもとより，ヨーロッパに比べても日本では第二次世界大戦が有する転換点としての比重が格段に大きいことが推し量れる。広く知られる T. ジャットの『戦後(邦訳『ヨーロッパ戦後史』)』は，表題からして第二次世界大戦終結後の時代を扱っているのは自明だと日本では受け止められやすいが，ヨーロッパの文脈ではその理解は必ずしも当たり前の事柄とはいえない。ジャット自身，その書の主題は「第

二次世界大戦後のヨーロッパの物語」だとしながらも，この物語には「1914年に始まった30年間の戦争が濃い影を落としており，ヨーロッパ大陸はこの時点から破局への下降を開始した」と記して，二つの世界大戦を30年に互って連続するものとして捉えている（ジャット 6f.）。「短い20世紀」を理解するには「31年間の世界大戦の歴史」から始めねばならないとしてホブズボームは「31年戦争」について語っているが（ホブズボーム 32, 77f.），この点で，ジャットはラカーやホブズボームと同じくヨーロッパ人として，大半の日本人とは異なる歴史感覚を持っているといえよう。

それにもかかわらず，他方ではジャットの書に接した日本の読者があまり違和感を覚えないのも事実であろう。それが可能なのは，日本と同じくヨーロッパでも1945年がやはり歴史の大きな分水嶺になったという共通の感覚が作用しているからだと思われる。二つの世界大戦を一括して20世紀の30年戦争と捉える見方も存在するが，この点に関するジャット自身の立場は明確ではない。しかし，二度目の世界大戦が終結した1945年を重大な分岐点として位置づけている点ではジャットは日本の読者たちと同一線上に立っていると見做すことができるであろう。

このような捉え方がとくに顕著なのは，ドイツの歴史家の場合である。例えばユルゲン・コッカとクリストフ・クレスマンは現代ドイツの代表的な歴史家に数えられるが，二人とも異口同音にヒトラーが政権を獲得した1933年の重要性を指摘するとともに，それと比較して1945年の決定的な意義を強調している（コッカ 212f.; Kocka 367; Klessmann (1) 467）。彼らにとって1945年の重要性は，1918年ばかりでなく1933年と比べても大きいのである。

このように日本とドイツの両国で1945年がとりわけ重視されるのは，改めて指摘するまでもなく敗戦国という共通の背景があるからである。一般的にいって戦勝国の場合，戦争で掲げた目的や理念は戦後になっても疑問に付されるようなことはない。それどころか，デモクラシーの勝利が謳歌されたように，戦勝によってそれらが実現したという公定の解釈が広められるのが通例といえる。そのことは，ナチスや日本の軍国主義が打倒され，その跡に民主化が非軍事化と並んで強制された事実に示されている。ところが敗戦国では事態は逆であり，総力戦が敗北に終わると，戦時期に国民を鼓舞した正義や理想が道義的な悪に一変し，モラルの崩壊という深刻な危機が現出しやすくなる。戦争に敗北して国民の大半が少なくとも一時的に虚脱状態に陥る

のは，戦時下の総動員や被災の恐怖が強いる緊張から解放されることも一因だが，原因はそれだけではないのである。また，「1918年11月9日の崩壊は1945年の台風に比べればコップの中の嵐だった」という声があったように（Bessel 9），二つの敗戦の経験者にとっても第三帝国の瓦解が圧倒的な重みを有したことも，前例のない日本の敗戦に通じる面がある。こうした意味で，「戦後」の始点に関しては，日本とヨーロッパとりわけドイツとの間には濃厚な共通面が存在するといえよう。日本とドイツでは，敗北の後に残された焼け跡ないし廃墟の光景によって「戦後」の始点が表象されてきたのである。

　もちろん，本書第2章で詳述したとおり，日独両国の間には類似点と並んで重要な相違点が存在することは繰り返すまでもないであろう。なによりも徹底的な無条件降伏と不徹底な無条件降伏は戦後の始点における両国の最大の相違だったといえる。さらにドイツでは国土が戦場になったために都市部の破壊が著しかったこと，昨日まで君臨していた大量のナチスが一掃されたこと，加えて1000万人を上回る膨大な避難民と被追放民が着の身着のままで流れ込んだことなども看過できない基本的な相違点として再確認する必要がある（本書第4章）。それにとどまらない。8月15日が日本ではほぼ一斉に「終戦」として経験されたのに反し，ドイツでは敗戦は一斉には経験されなかった。そのために戦後の始まりも体験のレベルではバラバラになったのである。プラトーとレーは「プライベートな終戦はドイツ国防軍の降伏とは必ずしも合致しない」と述べ，その例をいくつも挙げている。「ある者にとっては1941年に捕虜になったときに既に戦後が始まり，別の者にとっては木造のかまぼこ兵舎から壁のある家に移った1950年代末にようやく戦後が訪れた」のである。他方でバラバラに始まった戦後の経験の仕方も多種多様だった。「出自，世代，性別，政治的立場，居住地に応じてその彩りは千差万別だった」からである。この観点から彼らは「丸ごとのドイツ人の丸ごとの経験というものは語りえない」と述べ，このことはポーランド人，フランス人，ロシア人などにも共通しているとして，経験の不均質性を力説している（Plato / Leh 7, 11）。

　程度の違いがあってもこのような指摘が日本にも当てはまるのはいうまでもない。本土と沖縄，都市と農村，学童疎開と勤労動員，前線と銃後，引揚者と内地の住民などの違いを想起すれば，敗戦の均質な経験はなかった，と

いわねばならないからである。無論その場合にも日本とドイツの相違の大きさを見過ごすことはできない。そのことは国民に占める戦死者や戦傷者の比率の違い，都市部の破壊の度合いの違いなどに歴然と表れている。とはいえ，両国は互いに異なる国だから，相違点を挙げれば限りなく続き，違いばかりが前面に押し出されることになりかねない。その意味では，主要な相違を踏まえたうえで共通点や類似点をつかみ出すことがむしろ肝要であろう。完全に異質なものであれば比較はできないし，他方で全く同質である場合にも比較は成り立たない。比較が可能になるためには，共通点と相違点が並存していることが前提になるのである。

　かつて色川大吉は「明治時代」にはまとまりがあるとし，その理由として，明治維新という大変革が起点にあり，それが連続して流れていく時間を切断しているからだと述べた（色川 92）。それと類比すれば，日本の「戦後」の始点に当たる戦争終結については一国に限定された意義にとどまらず，ヨーロッパにも通じる画期になっているといってよい。戦時動員体制下で進んだ社会の平準化や「1940年体制」の戦後への連続を重視して日本における1945年の断絶を相対化する見解は要所を衝いていて貴重であり（山之内; 野口(1)），それを軽視することはできないとしても，大局的に見れば，「『戦後』と呼ばれるべき時代が1945年の敗戦にはじまることは疑問の余地がない」のは正村公宏のいうとおりであろう（正村 i）。敗戦後の日本を繊細な筆致で描いた J. ダワーも「1945年は疑いなく分水嶺になった年であった」とし，「その重要性は，封建国家が廃止され新たに明治政府が樹立された1868年に匹敵する」と述べている（ダワー 388）。この意味で，1945年を歴史の岐路ないし分水嶺として位置づけることには基本的に一致があるといってよい。同時にこの一致が日本だけではなく，ドイツを含め二度の世界大戦に見舞われたヨーロッパにも存在する事実も視野に入れる必要がある。若者の反乱が先進諸国で同時的に発生した1968年や，共産主義体制が東欧圏で連鎖的に崩壊した1989年と同様に，1945年は決して一国的な現象にとどまらない。このような視点から，相違点を念頭に置きつつ共通面に着目して比較分析してみることには意義があり，一国ごとの固有性に埋没していた事実に新たな光を投げかけることが可能になると思われるのである。

2．ドイツの「戦後」

　以上のように，日本で「戦後」といえば1945年以降を指すのが社会的な通念となっている。しかし他方で，それがどこまで続くかに関しては見方が分岐している。それはなぜだろうか。また，その問題に関してどのような議論が行われているのだろうか。次にドイツにおける「戦後」に光を当て，「戦後」の終わりを巡る議論について考えよう。

　本書で取り上げたドイツでは「戦後」の始点に関しては日本と共通面があるものの，それがいつまで続き，あるいはどこで終わったかについては重要な相違がある。というのは，東西ドイツが国家として創建され，分断が固まった1949年に戦後が終わったとする見方が有力だからである。『戦後期』と題した D. ホフマンの著作で1945年から1949年までが対象とされ，著名な政治史家である H. グレービングたちの『西部ドイツの戦後の発展・1945－1949年』が書名どおりの扱いをしているのがその代表例といえよう（Hoffmann; Grebing / Pozorski / Schulze）。各地における敗戦後の苦難の時期を主題とした出版物がいくつもあり，ニーダーザクセン州のツェレに的を絞った体験記録集もその一つだが，それに『不穏な時代　ツェレ郡の体験報告・1945－1949年』という表題が付けられ，体験談を収集した女性についての詳細な解説が「農村的空間における戦後の暮らし」と題されていることも（Schulze 9ff.），戦後の見方の具体例になる。また専門的な歴史家を別にして，例えばドイツのウィキペディアで戦後にあたるNachkriegszeitの項目を調べると，「戦争終結に直接に引き続く時期」と定義されており，同じくドイツにおける「第二次世界大戦後の戦後」という項目では，「第二次世界大戦の後の時代」とした上で次のように説明されている。「この時代は国家的秩序，経済，インフラストラクチャーを新たに建設するか再建し，戦争で生じた破壊を除去する努力によって特徴づけられる。それはしばしば飢餓とあらゆる種類の財の欠乏を特徴としていたのである」。一方，代表的な政治家の発言や政府声明，主要なメディアなどでの多くの使用例を踏まえて Th. アイツたちは，戦後の指標とされてきたのは「連合国による占領，ニュルンベルク裁判，非ナチ化，物質的困窮，犠牲者という多くのドイツ人の自己評価ないし自己認識」だったと述べている（Eitz / Stötzel 454）。これらの説明を見れば，豊かな経済大国になったドイツが戦後から除外され，食糧不足や応急

の住宅で人々が苦心惨憺しながら暮らしていた戦争終結からの数年間が戦後として捉えられているのは明白であろう。日本の戦後に関してゴードンは３期に区分する観点から第１期に当たる「戦争直後から1950－55年のある時点まで続いた時期」を「戦争直後としての戦後」と呼び、「経済危機，政治的ラディカリズム，激しい社会的・政治的対立」が特徴だったと述べている（ゴードン(1) 7）。これを当てはめれば，独立の回復や55年体制成立などで区切られる日本におけるこの「戦争直後としての戦後」が，分断と「二重の建国」によって幕を閉じるドイツの「戦後」に相当するといえるかもしれない。

　他方，ドイツでは連邦共和国の歴史と銘打った著作が高名な歴史家によっていくつも世に送られている。代表的なものとしては，例えば M. ゲァテマカーの『ドイツ連邦共和国の歴史』や「端緒から現在までのドイツ連邦共和国の歴史」という副題を持つ E. ヴォルフルムの『巧くいったデモクラシー』がある。けれども，それらでは1945年から1949年までは連邦共和国の前史として扱われ，1945年に始まる長い戦後という視点が見出せないだけでなく，東ドイツが除外されているところに特徴がある（Görtemaker (1)；Wolfrum）。ナチズムを中心にした多産な執筆活動で著名な W. ベンツには主著の一つに『負託としてのデモクラシー』があり，編著の一つは『バイエルンにおける新たな始まり』と題されているが（Benz (1)(2)），それらの書が等しく1945年から1949年までに対象を限定しているのも，この時期がそれ以後とは明確に区別されるという認識が土台にあるからにほかならない。このような扱い方は，改めて指摘するまでもなく，ドイツが分断され，東西ドイツがそれぞれ独自の国家として発展を遂げてきたという事実を反映している。「二重の建国」までは共通の歴史があっても，それ以降は共通性が失われ，単一のドイツについて語りえなくなったというわけである。それだけではない。そこには日本とともに経済大国に飛翔した西ドイツの軌跡をサクセス・ストーリーとして自画自讃する反面，貧しさを脱することができなかった東ドイツを「失敗の歴史」として貶下する冷戦期に特徴的な発想が垣間見えることにも留意する必要がある（近藤(1) 320ff.）。

　ドイツではこのような扱い方が長く主流の座を占めてきたが，そうした視座に立てば東西統一は決定的な転換点を意味していた。統一を西ドイツによる東ドイツの併合と捉えるなら，統一後のドイツは連邦共和国の延長とな

る。他方，相対的に自立した二つの国家の合体と考えれば，統一ドイツの新生面がより強く前面に押し出されるであろう。いずれにせよ，連邦共和国の歴史から東ドイツを切り離したり，一種の付録として扱うことに対しては，ドイツ統一からしばらくして反省や批判の声が聞かれるようになった。例えば1998年の編著で A. バウアーケンパーたちが1945年から1990年までを「二重のドイツ現代史」と呼び，「分離と共通性は矛盾に満ちた一つの全体の二つの面であり，その二面を視野に入れなければ1945年以降のドイツ史は説明できない」と主張したのは(Bauerkämper / Sabrow / Stöver 10)，その表れだったといえる。また著名な現代史家である M. ザブロウや G. ハイデマンなどが寄稿した2007年3号の『政治と現代史から』では，疑問符を付したうえで「共通の戦後史」をテーマにしているのも見過ごせない。

　このような潮流は，1999年に Ch. クレスマンが提起した「非対称的に交錯する並行史」というコンセプトに集約され，H. ヴェントカーなどによって受け継がれ，発展させられてきた。クレスマンは2005年の編著『分割と統合』で東西ドイツを「切り離された歴史」とする従来の扱い方を改めて批判の俎上に載せたが(Klessmann (2) 26)，それと歩調を合わせつつヴェントカーは「成功と失敗の純粋な二元論」を排する立場を明確にし，統一までの「統合された戦後史」について語るようになったのである(Wentker 10)。もっとも，そうした潮流を背景にして送り出された P. ベンダーをはじめとするいくつかの著作には重要な問題点が指摘されている(Wengst / Wentker 11f.)。また，2015年の論考で F. ベッシュが確認しているように，今日でも「歴史家がドイツの東西を併せて考察するのは稀である」ことは否定できない。彼によれば，「ドイツ現代史の大部の鳥瞰的な著作ですら連邦共和国もしくは東ドイツを分離して考察している」のが現状であり，その例証としてベッシュは前記のヴォルフルムやグァテマカーの著作を挙げている(Bösch (1) 7)。これとの関連では次の事実が注目に値しよう。ミュンヘンの現代史研究所は1990年に設立40周年を記念した『1945年後の区切り』と題する論集を刊行したが，それには「ドイツ戦後史の時期区分のためのエッセー」という副題が付されており，編集部の序言でも「ドイツ戦後史の区切り」が主題であると述べられている。ところが著名な現代史家である当時の研究所長 M. ブロシャートの序論では書名の戦後史ではなく，「40年の連邦共和国史」が前面に押し出され(Broszat 9)，現に所載の論考はどれももっぱら西ドイツ

を扱っていることである。つまり，この書では表題にあるドイツの戦後史は西ドイツの歴史に局限され，後者と同一視されているといえるのである。

　それはさておき，広くみてクレスマンなどと同一線上にあるといえるのは，R. シュタイニンガーの『1945年以降のドイツ史』や M. フルブルックの『二つのドイツ』などであろう（Steininger；フルブルック）。前者は最終巻が出る前年の1995年まで，後者は1945年からドイツが統一した1990年までを対象にしている。その点では長い戦後を視野に収めているといえるものの，しかし叙述している対象時期を両者が「戦後」と規定していない点もやはり見過ごすことはできない。その意味で，「共通の戦後史」の輪郭はまだ明確になっているとはいえないにしても，同時に西ドイツと東ドイツを組み合わせた統合的な戦後史が浮上してきているのは間違いない。このような変化を踏まえたうえで，本章では敗戦を迎えた1945年から分断国家として出発した1949年までのドイツの短い時期を狭義の戦後と呼び，二重の建国を通り越してドイツ統一まで長く続いた時代を広義の戦後と名付けることにしたい。これらはそれぞれ短い戦後，長い戦後と言い替えてもよい。また東ドイツが除外されているものの，長い戦後という面では上記の現代史研究所の著作が一つの事例になるであろう。

　ところで，長い戦後の問題に関しては，三点を付け加えておく必要がある。一つは「戦後」の終わりに関するものである。

　周知のように，敗戦後の国家消滅を経て再出発したドイツではナチズムの「過去の克服」は重い課題であり，時期により濃淡の差はあっても粘り強く取り組みが続けられてきた。その点に日独の大きな落差があるのは一種の社会常識にもなっている。しかしながら，「過去の克服」に視点を据えた場合，今日でも「戦後」は終結したとはいえないとする立場がある。例えばユダヤ人問題の社会史を開拓した歴史家でベルリンの施設「テロルの地勢学」の責任者でもあった R. リュールプは，1995年に第三帝国崩壊50周年と分断終焉5周年を迎えたので「戦後の終わり」に遂に到達したという言説が広がったことを取り上げ，それが誤りであることを力説している。というのは，その後の展開をみると，国防軍の犯罪の巡回展示が大論争を引き起こし，D. ゴールドハーゲンの大作『ヒトラーの自発的死刑執行人（邦訳『普通のドイツ人とホロコースト』）』を巡っても激論が闘わされたばかりでなく，ナチ期の強制労働者に対する補償問題やホロコースト記念施設の建設問題，さらにはド

イツ人追放の記念館の是非などに関する論争が繰り返し演じられたからである。これらの問題が相次いで浮上し，論戦が行われて注目を浴びた事実は，降伏50周年に至ってもナチズムの過去に依然として終止符が打たれておらず，決着がつかないまま今日まで持ち越されていることを示している。その意味で「戦後」はいまだ終結していないとリュールプはいうのである（Rürup 2f.）。日独における「過去の克服」の落差を別にすれば，この論理は「終わらない戦後」を強調する荒井信一などの議論と共通している。日本では侵略したアジアへの視線が弱いだけでなく，戦後補償や従軍慰安婦の問題などが未解決のままであり，その限りで「戦後」はまだ終わっていないと荒井はいうのである（荒井 248ff.）。このような議論を踏まえ，2001年の論考で K. ナウマンはドイツの問題として「『戦後』の終わりに関して了解を作り出せない無能力」に焦点を当てているが（Naumann (2) 11），少数とはいえそうした指摘がなされる背景にはこうした状況が存在するのである。

　もう一点は，今日のドイツについて使われる「ベルリン共和国」という用語の問題である。この表現が登場したのは統一直後だったが，当初は国内よりもむしろ国外の観察者によって多く用いられた（Czada 14）。その意味で，国内でもこの語がしばしば使用されるようになったのは，ドイツの首都がボンからベルリンに移転した1999年以降だといってよいであろう。現代ドイツの代表的歴史家である H. A. ヴィンクラーは「ベルリン共和国」を題名とする論考を書いているが（Winkler），それが発表されたのが1999年だったことは，国民を啓発する桂冠歴史家とも呼べる彼の役割を考慮に入れると単なる偶然ではなかったと考えられよう。いずれにせよ，一般的な用法では「ベルリン共和国」というのは1990年以後の統一ドイツを指し，それとの対比でボンが首都だった西ドイツすなわち連邦共和国は「ボン共和国」と呼ばれる。R. チャーダたちの編著『ボン共和国からベルリン共和国へ』は書名自体がその推移を伝えているといってよい。

　しかし，用語以上に重要なのは，「ボン共和国」には戦争，占領，分断の影が色濃く染み付いているのに対し，統一後の「ベルリン共和国」はそれらの負の遺産を抱えておらず，普通の国民国家だという自己理解が基調になっていることである。例えば2009年に公刊された M. ゲァテマカーの『ベルリン共和国』では1989年の平和革命から叙述が始まり（Görtemaker (2)），2013年の M. C. ビーナートたちによる同名の書には「1990年以降のドイツ

現代史」という副題が付けられているが(Bienert / Creuzberger / Hübener / Oppermann)，そのことから「ボン共和国」を蔽ってきた第三帝国とヒトラーの戦争が遠い過去に押しやられていることが看取できる。自国を「ベルリン共和国」と呼ぶとき，出発点になっているのは敗戦ではなくてドイツ統一であり，戦争の重くて暗い影が薄められ，少なくとも明確には意識化されないのは確実であろう。同時に西ドイツが達成した経済的繁栄と安定した民主主義を継承し，大国としてのドイツという自信と自負がそこに込められているのも見逃せない。「ボン共和国」の終焉以来，ナチスの過去の抹消や大国主義的妄想の復活に対する懸念が国外で聞かれるようになったが，その原因はここにあった(Watzel 2)。この関連では，首都移転に伴い統一ドイツが従来よりも世界に開かれるのか，それとも東方化するのかという論点を中心にして1990年代後半にベルリン共和国の性格に関わる議論が演じられたことにも留意すべきであろう(Jarausch 351f.)。ともあれ，戦後との関係でいうなら，「ボン共和国」が戦後ドイツだったのに対して，「ベルリン共和国」はポスト戦後のドイツといってよい(近藤(3))。ベッシュの表現を借りれば，「ボン共和国」は長く第三帝国の後史と見做されてきたのに対し，統一後になると「ベルリン共和国」の前史として位置づけられるようになったのである(Bösch (2) 99)。

　最後の第三点は，日本におけるドイツの「戦後」の受け止め方である。

　日本には「戦後ドイツ」という文字を冠した著作が少なからず存在する。ドイツ統一以前では出水宏一『戦後ドイツ経済史』(1978年)や加藤秀治郎『戦後ドイツの政党制』(1985年)がある。また統一後では1991年に岩波新書の一冊として送り出された三島憲一『戦後ドイツ』が代表的な例であり，大統領在任当時の演説で高名な R. v. ヴァイツゼッカーの著作は『過去の克服・二つの戦後』(1994年)と題して出版された。最近の例としては2016年に公刊された井関正久『戦後ドイツの抗議運動』が挙げられよう。また猪口孝編『日本とドイツ　戦後の政治的変化』(2014年)や熊谷徹『日本とドイツ　ふたつの「戦後」』(2015年)のように，日独を対比する際には「戦後」で括る事例は数多く存在している。既述のとおり，実際にはドイツでは著作に「戦後」という表現が使われる事例はかなり少ないが，それに反して日本ではこのように頻繁に用いられているのであり，際立ったコントラストが見出されるといってよい。

終章　日本の「戦後」を考える視点　271

　一方，翻訳の場合には原著に「戦後」という言葉がないにもかかわらず，訳書では「戦後」と付けられているケースが目に付く。例えばドイツ社会民主党研究の古典ともいえる P. レッシェと F. ヴァルターの共著『Die SPD. Klassenpartei - Volkspartei - Quotenpartei』は『ドイツ社会民主党の戦後史』(1996年)として世に送られ，Ch. クレスマンのスタンダード・ワーク『Die doppelte Staatsgründung. Deutsche Geschichte 1945－1955』は『戦後ドイツ史1945－1955』(1995)と題して公刊されている。このように翻訳の場合にもドイツでの使用法とは異なる表現が日本で用いられている。上記の「戦後ドイツ」の書名も含め，そうした傾向が生じる原因は，読者がイメージしやすいように日本で理解されている「戦後」をドイツに投影するところにあると思われる。換言すると，日本の通念を光源にし，そこから他国であるドイツを照射する姿勢が暗黙の前提とされているのである。他国に眼差しを向ける出発点にこうした姿勢が存在するのはある意味で当然といえるが，その際，同時に他国の歴史や経験に内在することによってそのことを自覚化することが求められる。というのは，それによって自国の固有性や特殊性をつかみ出して相対化することが可能になるからである。そうした文脈でいえば，ドイツの「戦後」は日本で理解されている自国のそれとは意味合いが異なるだけでなく，日本で想像されているほどには単純ではないことを銘記することが肝要なのである。

3．日本の「戦後」とその終焉

　ドイツでは分断と統一によって大きな画期が経験されたが，そうしたドイツとは対照的に日本では「戦後」が重大な出来事によって区切りを迎えることはなかった。そのために「戦後」がどこまでも延びていき，終わりが判然としない状態が続いてきたのであった。一例を挙げると，そのことは，「戦後」に関する代表的な事典である1991年の『戦後史大事典』に寄せた鶴見俊輔の「刊行のことば」に表れている。「この本について」と題されたその文章では，冒頭に「戦後という時代は，戦争の終わったところからはじまって，戦争が終わったあとの混乱が整理されたところで終わる」と明記されている。しかし，そのあとにはいろいろな終わりがあることが指摘され，「戦後という時代も，日本社会の違う場所で，違う時間に終わる」と記されている一方で，「戦後は，戦後の次に来た高度成長の時代に飲み込まれて終わる」

とも述べられている（鶴見(3) 1f.）。このように鶴見自身の言葉でも「戦後」の終わりについては明快さが欠けている感は否めない。この点は，「戦後という時代の問題を戦後の次の時代に手渡そう」としてそれより20年以上前の1969年に鶴見が編んだ『語りつぐ戦後史』でも同じである。そこでは「戦後という時期が，日本人にとって，1945年8月15日に始まることはあきらかだが，いつ終わったかについては，いくつかの説にわかれる」と指摘されている。その上で，朝鮮戦争が勃発した1950年，占領に公式の終止符が打たれた1952年，安保闘争が敗北した1960年，東京オリンピックが開催された1964年の戦後終結説のほかに沖縄の占領状態が続いているから戦時が継続しているという説が存在することに触れた後，「複眼で戦後史をみる立場」をとることを理由にして，「これらの一つの説をとることはできない」と述べられている（鶴見(2) 256）。

　しかしながら，この問題以上に注目に値するのは，鶴見が「刊行のことば」で戦後は高度成長で終わると明言したにもかかわらず，高度成長以降の出来事が『戦後史大事典』では多数取り上げられ，「戦後」が高度成長を越えて続いていることが編者や執筆者たちの共通の了解事項とされていることであろう。そればかりではない。2005年にはこの書の増補新版が刊行されたが，そこでは敗戦の年である1945年から直近の2004年までが扱われていて，「戦後」のどこにも切れ目がなく，いまだに終わっていないことが暗黙の前提とされているのである。

　こうした混乱が生じているのは，「戦後」が何時まで続くのか，あるいは何をもって終焉といえるのかという点についての自覚的な問題提起がないためだと考えられる。同時に，この問題には多様な見方が可能であることが曖昧さの一因になっていると思われる。しかし，これらと並んで見過ごせないのは，冷戦終結や55年体制の崩壊，あるいはバブルから「失われた10年」への暗転などが戦後の終わりを画すような重大な出来事とは捉えられていないことである。この点は敗戦から50年目の1995年に岩波書店が刊行した『戦後日本』と題したシリーズでも大差がなく，冒頭におかれた「刊行にあたって」という文章には「日本の戦後はなかなか過ぎ去ろうとしない時代だ」として長引く戦後という見方が提示されている。

　無論，特定の事件や出来事で区切るのでなければ，「戦後」に重要な変化が起こっているのは改めて説明するまでもない。例えば経済面では科学技術

の発展に支えられた高度成長とその果実である家電製品に溢れた消費生活や日本的経営の盛衰に伴う雇用と労働の変貌は広く見るなら事件と呼べるし，政治面では55年体制の成立とその下での予想外の自民党の長期政権もやはり事件の一つといえる。さらに社会面では都市化や核家族化の進展のほかに，女性の社会進出や社会全体の高学歴化なども目立つことなく進行した事件に数えられよう。この観点からは，科学技術，労働，消費，家族，女性，教育などの多彩な戦後について語ることができる。

　このようにして振り返ってみた時に浮かび上がってくるのは，70年以上に及ぶ「戦後」には多面に亙って一種の屈折が見出されることである。それは重大な出来事に伴う劇的な転換とは異なるとしても，重要度においては勝るとも劣らない意義を有しているといえるかもしれない。そうした屈折は仔細に観察すればいくつも存在している。また政治，経済，社会，文化のどの側面を重視するかに応じて屈折点の位置も違ってくる。けれども流れていく時間に見出せるまとまりに着目すれば，それを目安にして「戦後」自体を時期区分したり，さらには戦後の終わりを論じることが可能になってくる。

　この問題への取り組みは，これまでに数々の専門家によって行われてきた。代表的なのは，中村政則による4期区分であろう。中村は2005年の著書『戦後史』において，「1960年代は戦後の基本的枠組みが定着した時期であり，それ以前と以後の時代を見はるかす展望台的位置を占めており，1990年代はこの基本構造が壊れる分水嶺的位置を占めるという認識」を土台にして，「戦後」の成立（1945－1960），「戦後」の基本的枠組みの定着（1960－1973），「戦後」のゆらぎ（1973－1990），「戦後」の終焉（1990－2000）の4期に分けることを提唱した（中村政則 10f.）。様々なレベルに幅広く目配りした上でのこの区分は啓発的といえるが，他面では，「戦後」が終焉したとされる2000年以降はどのように捉えられるのかという疑問を拭うことができない。また，そもそも終焉期が本体というべき「戦後」に含まれるのか，含まれるとすれば「ゆらぎ」と「終焉」が時間的に「成立」と「定着」の期間とほぼ等しくなり，「戦後」の半分が終焉に至る過程とされるのをいかに説明するのかという問題が生じるであろう。

　一方，日本の近現代政治史を専門とする雨宮昭一は，1950年代に戦後体制が成立したとし，その体制は「国際」・「政治」・「経済」・「法」・「社会」・「地域」などのサブシステムによって構成されていると捉えている。すなわち，

この順に「ポツダム－サンフランシスコ体制」・「55年体制」・「民需中心の『日本的経営』」・「日本国憲法」・「企業中心社会」などによって「戦後体制」が作られていたというわけである。他方，現代はその「戦後体制」が崩壊する過程にあり，それに代わって「脱戦後体制」が姿を現しつつある。ただ後者には二つのタイプがあり，それらはパートⅠとパートⅡと呼べるが，どちらが主軸になるかは未決着だという。「脱戦後体制パートⅠ」のサブシステムは同じ順に「一元的『帝国』の展開」・「連合政権体制」・「新自由主義・経営から所有へ」・「日本国憲法改正」・「市場全体主義」などであり，パートⅡのそれは「多元的アジアにおける安全共同体」・「連合政権体制」・「民需中心協同主義との混合経済」・「日本国憲法」・「個性化・多様化・脱消費社会」などということになる(雨宮 113ff.)。雨宮のこの議論も刺激的であり，「戦後体制」が「脱戦後体制」に代わられつつあることが明示されている点で貴重だが，体制転換の画期が明確ではないことや，二つの「脱戦後体制」の把握に加え，それらを対置するだけでは体制転換のメカニズムが明らかにならないという大きな問題点が残されている。

　そのほかにも「戦後」の終わりを問ういくつかの見方が存在するが，中村，雨宮を含めそれらはいずれも2000年代になってから公表された見解である。しかし，今日では忘れられているにしても，それ以前に既に「戦後」の持続を疑問視する研究者が存在していた。その例としては，経済学者の正村公宏が1985年に著した『戦後史』と政治史家の犬童一男たちが1988年に公刊した戦後デモクラシーに関する共著がある。前者で正村は戦後が「いつ終わったのかを確定するのは簡単ではない」としつつも，「『戦後』と呼ばれてきた時期はいまやひとつの歴史上の時代になりつつある」と明言し(正村 i)。一方，後者で犬童たちは，1945年の重さから「今なお現在を『戦後』として捉えるのも無理はない」としながらも，1973年のオイル・ショックを発端とする「危機の70年代」が社会全般に「深甚な変化を引き起こした」ことを考えれば，「『戦後』のかなりの部分は『既に生きられた時代』なのである」と論じて，「戦後」の終わりが目前に迫ってきていることを共通了解にしていた(犬童ほか v)。これらの見方は，直後に現実化した冷戦の終結やその後の混迷を考慮するなら，現在からみて卓見だったと評することができよう。

　その点では，ソ連が空中分解しつつある渦中の1991年に言葉としての「『戦後』はそろそろ退場していくべき運命にある」と記した文芸評論家の井

出孫六の判断にも同様の評価を与えることができる（井出 iv）。また専門的な歴史研究者では，21世紀を迎えてから日本近代史家の成田龍一が1990年頃を画期として示唆しつつ，「『戦後』後」という言葉を用いており（成田(1) 3），国外でもやはり『日本の200年』を通史として描いた歴史家の A. ゴードンが，昭和天皇の死去で昭和が幕を閉じた1989年以後を「ポスト戦後期」と呼んで戦後の終わりについて語っている（ゴードン(2) 654ff.）。さらに歴史家以外では例えば劇作家の山崎正和が類似した認識を提示している。「世界的な冷戦の終結を背景に，1994年に自民党と社会党の連立政権が生まれたとき，日本の『戦後』はその分断状況とともに，名実共に終わった」と彼は断定し（山崎 32），国際環境の激変を受けて保革対立の55年体制に終止符が打たれたことに注目している。

　このような動きは研究動向の変化にも現れている。従来，占領期は活発に研究された領域だったが，1990年代前半を転機にして停滞し，代わって「戦後を総体として規定してきた」ものとして総力戦体制が関心を引き付けるようになったのである（中北 291f.）。この変化について森は，「あきらかに一つの時代が終わろうとしている現状を反映していた」と指摘するとともに，その背景として，冷戦体制の崩壊と長期不況の下で，「高度成長を通して形成された現代経済システムの動揺・解体と構造転換を目の前にして，日本型システムを戦時・戦後期に遡り歴史的にその起源と形成を解明しようとする意識が働いた」結果だったと述べている（森 140）。明示的か否かを別にして，この新たな動向の基底には戦後がシステムとしても完了したという認識が埋め込まれていたといってよいであろう。

　研究動向のそうした変化をどこまで意識しているかは判然としないものの，近年では冷戦終結後の時期を戦後史とは区別して「現代史」と捉える傾向が見出される。その例になるのは，薬師寺克行『現代日本政治史』（有斐閣 2014年）や宮城大蔵『現代日本外交史』（中公新書 2016年）であり，国内政治を扱う前者では昭和と冷戦の終焉，外交を対象とする後者では湾岸戦争を本論の起点としている点に特徴がある。これらの著作では戦後はシステムないし体制として把握されているわけではなく，また戦後の終わりを画す指標にも相違が見出される。しかし，そこで提示されている見方は，正村や犬童たちのそれに通じていると考えてよいであろう。

　それと同時に見落とせないのは，グローバルな観点から見た現代史とのズ

レである。例えばドイツ史家の木谷勤は世界現代史を主題にした2015年の近著で、戦後の世界史を3期に区別し、冷戦終結以降の最新の第3期をグローバリゼーションで特徴づけられる新たな時期として描いているが（木谷237ff.）、その捉え方はゴードンなどと触れ合うところがある。けれども、他方で世界現代史の始点としているのは19世紀末の世界分割と帝国主義の支配であり、薬師寺などの現代史のそれとは1世紀に及ぶ時間差がある。これに対し、世界の各地域の専門家による同じ2015年の共著『教養のための現代史入門』では木谷と違い、第二次世界大戦の終結が現代史の出発点として位置づけられている（小澤・田中・水野 3）。したがってこの書での現代史は広義の戦後史に等しいといえるが、それだけに戦後史ではなく現代史と表現されているのが注目を引く。ここではこれらの齟齬の原因について詳論するのは避けるが、いずれにしても同じ現代史という語を用いても、外国史の専門家と日本を専門とする研究者の間には重要な隔たりがあることを確認しておきたい。

　もちろん、他方には既に「戦後」が終焉したか、あるいは終焉の局面にあるという以上で瞥見した見方とは異なる立場が存在している。その一つは昭和の終わりと重なった冷戦の終結より以前に「戦後」が終結したとする見方である。詳細は避けるが、例えば岩波新書の『ポスト戦後社会』で吉見俊哉は現在をポスト戦後社会と規定するとともに、中村たちより早く、すでに1970年代後半にポスト戦後社会に移行したと論じている。また渡辺昭夫は政治指導者の言葉を引きつつ、高度成長の終幕と重なる1972年の沖縄返還を境にして「『戦後』の終わりの始まり」について語り、福永文夫は同時期における第二の戦後の形成を問題にしている（渡辺 7; 福永 ii）。これと同じ見方をしているのが半藤一利である。彼は「歴史的といってもいい沖縄返還で戦後日本は完全に終わり、新しい日本の歴史がはじまった」と述べて、それ以降の時期を「その後の『戦後』」と呼び、それが日本における「現代史」に当たると説明している（半藤 541）。さらに安保から映画まで幅広いトピックに目配りして臨場感あふれる『戦後再考』を書いた文芸評論家の上野昂志も、生活経験のレベルから見れば田中角栄の登場以降の時期は「戦後の消滅」（上野 223）として特徴づけられると論じている。

　これとは反対に「戦後」は1990年頃に終わらず、さらに続いたとする論者も存在している。その例になるのは御厨貴である。周知のとおり、2011年3

月11日に発生した東日本大震災と原発事故は国民全体に深刻な衝撃を与えた。それを機に御厨は『中央公論』同年５月号に発表した論説で「災後」という言葉を造語した上で，「戦後」が終わって新たに「災後」が始まったと論じたのである。さらに同年に彼はその論説と同じ表題の著書を公刊し，同じ政治学者の天川晃がそれに賛意を示しているものの(天川 141)，「災後」という用語がどの程度定着したかは定かでない。いずれにしても，御厨は全国民的な体験としての巨大災害の意義を重視し，これを境にして「戦後」が終わって新たな時期を迎えたことを表現しようとしたのであった。

その立論には，明確な区切りがないままいつまでも「戦後」が続くことへの苛立ちが底流にあったが，そうした苛立ちは現実政治の世界にも見出される。1980年代に首相の座にあった中曽根康弘は，経済大国に相応しい国際的役割を軍事面でも担うべく「国際国家」日本を標榜するとともに「戦後政治の総決算」を唱えたが，自民党内の主流派閥に属していなかったために単なる掛け声に終始し，結局は55年体制下のエピソードに終わった。それに対し，2010年代には消滅したソ連に代わって経済面・軍事面での中国の存在感が圧倒的に大きくなる一方，選挙制度など一連の政治改革によって「首相支配」とも呼ばれる権力集中の道が開かれた結果，中曽根政権当時とは内外の勢力配置が一変した。首相の安倍晋三をはじめとして「戦後レジームからの脱却」を呼号する勢力が政界で確固たる地位を占め，社会的共鳴板が拡大しつつあるのは，そうした背景があるからである。こうしたスローガンを掲げる人々の場合には，冷戦が終わっても戦後が終わったとはいえず，冷戦後に多様な変化が現れても「戦後」の枠組みまでもが変わったわけではないと認識されているといってよい。桎梏とされる「戦後レジーム」は彼らの理解では日本国憲法とりわけ第９条にシンボライズされているので，解釈改憲ではなく第９条の明文改憲が実現しない限り，戦後はどこまでも続くという立場がとられているのである。内容的にはそれとは相違する面があるものの，類似した議論は論壇でも見られる。例えば近著『従属国家論』で「戦後日本のレジームの限界」を説いている佐伯啓思の見方はこれに類似している。また「永続敗戦」というレジームを批判する白井聡は，正反対の立場から佐伯と共通する問題提起をしていると見做しうる(佐伯 68ff.; 白井 10ff.; 福家 62f.)。佐伯は保守の論客として知られ，白井は若手ながら左翼の旗手と認められているので，「自立」をキーワードにして「戦後」の認識を巡り両翼の間に奇

妙な合致が成り立っているのが現状といえよう。

　ここでアジアと同様に第二次世界大戦の戦場になったヨーロッパの場合を見ていこう。

　先に触れた歴史家のラカーは1992年に出版した『我々の時代のヨーロッパ（邦訳『ヨーロッパ現代史』）』のなかで、「今日に至ってやっと『戦後』は終わったと確信をもって言えるようになった」と述べている。その理由は、東欧に続いてソ連でも共産主義体制が崩壊して冷戦が終結するとともに、欧州統合が進展して欧州連合が発足の運びになったところにある。ラカーにとっては冷戦は第二次世界大戦の延長線上にあり、それが終わったことによって世界大戦終結を起点とする戦後も終わった。いまでは「欧州の政治課題はすっかり変わり、ヒトラーやスターリンが50年も前に犯した犯罪の後遺症にもはや影響されない」新たな時代を迎えたというのである（ラカー 5）。

　このようなラカーの見方は、戦後の終わりに関して貴重なヒントを提供している。けれども、それを理解するにはヨーロッパの人々が感じていた冷戦の厳しさを認識する必要がある。今日ではヨーロッパは単数だが、冷戦当時のヨーロッパは鉄のカーテンによって東西に分断され、二つのヨーロッパが存在していた。しかも各々には核兵器で武装した大規模な軍隊が配置され、鉄のカーテンを挟んで対峙していた。冷戦の間、ヨーロッパは戦争の脅威に色濃く蔽われていたのである。M. マゾワーが射程を延ばして、ソ連の崩壊とともに「冷戦だけでなく、1917年に始まったイデオロギーの敵対関係の時代そのものが終わった」と記しているのも、ラカーに類似した基本的認識を示しているといってよい（マゾワー 13）。

　そうだとすれば、冷戦が現在から過去の領分に移って戦争の恐怖から解放される一方、欧州統合が本格化して未来の展望が開かれたことにより、新時代の到来が感じられたのは当然だったであろう。北欧や東欧の国々が欧州連合に加盟するまでにはなお時間がかかり、そのためにヨーロッパの国々で新時代の実感の度合いが違ったことを見過ごせないとしても、概括的にいえば1990年頃にヨーロッパでは戦後は確実に終わったのである。

　それに比べると日本では、上述したとおり、「戦後」の終わりに関して議論が錯綜した状態が続いている。その原因としては、ヨーロッパのように冷戦が重く受け止められず、加えて欧州統合のような動きも見出されないことが重要であろう。前者に関しては、東アジアの冷戦は朝鮮半島では南北分断

として固定化し，中国に対峙する台湾の存在と相俟って長く緊張状態が続いてきたものの，海で隔てられた日本ではその脅威は強くは感じられなかった。また1980年代前半に西ヨーロッパ諸国で中距離核兵器の配備に反対する巨大な運動が巻き起こったが，参加者たちに共有されていた核戦争の恐怖も，ただ一つの被爆国といいながら日本国内で広範に醸成されたとはいえなかった。戦後の日本では「9条＝安保体制」の下でアメリカに依存した平和が長く続き，戦後初期の講和と再軍備をめぐる政治的緊張が薄れて平和が保守化したのである（山本 136ff.）。

　こうして日本の社会は第二次世界大戦終結に匹敵するような世界史的な出来事に揺り動かされることがなかっただけでなく，歴史的大事件である冷戦の終焉も恐怖からの解放という強烈な実感をもたらさないまま過ぎ去った。また，その後に加速した様々なレベルのグローバル化も冷戦の帰趨と関連づけられることはあまりなかった。そのために冷戦終結と同時期に戦後の終焉を見出す場合でも，天皇の死去に伴う昭和の終わりやバブル崩壊と経済停滞の始まりが冷戦終結に代わって重視されることになった。無論，それ以前にも，一国的ないし国内的に見た場合，1960年の安保闘争を始めとして，国民が自信を取り戻した東京オリンピックや沖縄返還，世界の揺らぎを痛感したオイル・ショックと狂乱物価のような歴史の節目になりうる重要なトピックが存在したことを忘れることはできない。とはいえ，それらは国民の命運を左右するような眼に見える作用をしなかったし，脳裏に深く刻み込まれるほどの共通経験にまではならなかった。その意味では，ヨーロッパと違い，日本では第二次世界大戦の終結が有したような重量のある画期が「戦後」に存在しなかったのは確かであろう。

　この問題に関しては，日本と同じく1945年に敗戦を迎えたドイツのケースが参考になる。ドイツでは「零時」という表現が使われたように，ナチスが支配した第三帝国の崩壊は凄まじい破壊を伴い，かつてヒトラーに熱狂したドイツ国民は物質的にも道徳的にもすべてを喪失したといわれた。例えば戦争による破壊で見れば，程度にはかなりの隔たりがあるものの，ドイツの戦後は廃墟から始まり，日本では焼け跡が敗戦のイメージになったところが共通していた。それ以外にも国民の大半が意気阻喪して虚脱状態に陥ったことや，生き延びるために悪戦苦闘しなければならなかったのも同じだった。作家の野坂昭如は焼け跡闇市派を自称したが，彼の原体験の一つだった闇市は

ドイツにも出現したし，飢餓に怯える都市住民が困難な交通事情の下で農村に買出しに出向かなければならなかったのも共通していたのである（Benz(2) 107ff.; Plato / Leh 35ff.; 近藤 (4) 26ff.）。

とはいえ，出発点には類似点が多く見出されるとしても，相違点も少なくなかった。誰の眼にも明らかで重要な相違は，ドイツでは国家が消滅したのに日本では天皇をはじめとして中央政府が残ったことである。出発点におけるこの違いは，戦後の終わりに関わる大きな相違につながった。日独が決定的に違っているのは，1949年にドイツが復活したとき，東西に分断され，その境界線がのちに内部国境に変わっていったことである。1961年に出現し，冷戦のシンボルともいわれたベルリンの壁は実際には内部国境の一部だったと位置づけるのが正確だが，日本にはドイツのような死の静寂に覆われた内部国境は出現しなかったのである（近藤(2)）。このような相違の原因は，分断の前提になった占領が日本では事実上アメリカ単独で行われたのに反し，ドイツは米英仏ソの4カ国による分割占領だった点にある。一方，国民の側を見ると，日本と違い1000万人を上回る膨大な数のドイツ系の人々が失われた東部領土や東欧の国々から追放されて塗炭の苦しみを嘗め，加えて総数で1000万人に達するドイツ軍将兵が捕虜として降伏後に連合国によって拘束された。こうして敗戦後にも戦争の激震がすぐには鎮静せず，収束するまでに一定の時間を要したことが，「戦後」の見方に強く影響した。ドイツでは敗戦の経験が千差万別であるのに対応して「戦後」の捉え方は多様だが，「創立期(Gründerjahre)」とも名付けられた敗戦の年1945年から分断の年1949年までの4年間を「戦後」と呼ぶ見解が有力なのはその結果であり（Hoffmann 7ff.; コッカ 179），先述のプラトーたちは敗戦経験の多様性を力説しつつ，1945年からの数年間を「戦後ドイツ」と呼んでいる（Plato / Leh）。このような見方を先に狭義の戦後と名付けたが，ドイツではこの用法が社会に広く受け入れられ，長く続いた広義の戦後と並存する形になったのはここに理由がある。

この点に関連する例を挙げると，2014年に世を去った歴史学界の巨匠ヴェーラーは，ライフワークになった大作『ドイツ社会史』において，1945年よりも1949年を重視しているほどである（Wehler (1) 941ff.）。彼は現代史に当たる第4巻を1914年の第一次世界大戦勃発から説き起こしているが，20世紀の30年戦争がドイツで終わりを告げるのは1945年ではなく，1949年だと

しているのである。政治的支配や社会的不平等などの構造的要素に着目する
ヴェーラーの立場から見ると，敗戦後の混乱も戦争の一部であり，その意味
で新たな時代が始まるのは1945年の無条件降伏によってではなく，1949年の
二重の建国にまでずれ込んだのであった。彼は基本的に戦後という用語を避
け，使うときにも「戦後史と連邦共和国の歴史」というように二つを並列し
ている（Wehler (2) XVI）。その点から推し量ると，ヴェーラーにとっての戦
後史は30年戦争史の一部であり，存在するとしても1949年に終わっていたと
考えてよいかもしれない。

　いずれにせよ，ドイツにこうした有力な見方が存在するのは重要な事実と
いうべきであろう。それとの対比でいうと，しばしばドイツと比較される
日本には短い戦後がなく，終点が定かではない長い戦後だけが存在してい
る。ドイツの短い戦後という捉え方を参考にするなら，日本ではさしずめ公
式に占領に終止符が打たれた1952年が重要になり，時間的にも７年に及ぶの
で十分なはずだが，そうした発想は先述したゴードンの「戦争直後としての
戦後」を除くと管見のかぎりどこにも見出せない。しかも，そのゴードン
自身，著書『日本の200年』では第３部において日露戦争から第二次世界大
戦を通り越して1952年の講和までを「帝国日本」と題して一括して扱ってい
る。そして，「戦後日本と現代日本」と銘打った第４部は1952年からスター
トしていて（ゴードン (2) 319ff.），既述の「戦争直後としての戦後」という
時期が消滅しているのである。このように時期区分を変更した理由を考える
のはここでの課題ではない。むしろ確認しておく必要があるのは，1945年と
1952年のどちらを起点にとるのであれ，長く続く戦後という認識が暗黙の前
提とされている点である。

4．「戦後」をめぐる世代的断層

　次に本章の冒頭近くで触れた，日本における「戦後」認識を巡る世代間の
齟齬の問題について一考することにしよう。「戦後」は客観的な事実である
と同時に，能動的か否かを問わず主体として生きられた歴史であり，多種多
様な経験に満ちているからである。

　「戦後」についての経験が社会階層，地域，年齢，性別などに応じて異な
るのは指摘するまでもない。ある人の経験は，当然ながら別の人のそれとは
違っているのであり，そのことは自己の経験にこだわりすぎると他者のそれ

に視線が届きにくくなることを意味している。この点を念頭においた上で以下ではさしあたり世代に焦点を絞ることにするが，その側面から「戦後」について考える場合，三つの優れた著作が示唆に富んでいるように思われる。

一つは，荒川章二『豊かさへの渇望』である。これはシリーズ『日本の歴史』の最終巻に当たり，普通の市民の様々な生活の場に視点を据えて1955年から2000年代までの日本の歩みを辿るものである。その書に付けられた『豊かさへの渇望』という表題は，日本の半世紀についての著者の基本的認識を表していると考えられる。しかし，本の全体を通して印象づけられるのは一貫性よりは変化の大きさであり，それに照らすと，果たして2000年代に至るまで「豊かさへの渇望」が持続していたといえるだろうかという疑問が湧いてくる。この問題は「戦後の原点」と題した朝日新聞のシリーズにも見出される。というのは，公害問題を取り上げた2016年12月4日の記事の冒頭に「戦後日本を支えたのは豊かさへの渇望です」と明記されているからである。

もっとも荒川の場合には慎重な姿勢が認められる。というのも，彼は著書の第4章を「『戦後』からの転換」として，1995年頃からの特徴を非正規雇用の拡大や規制緩和などによる「再編のしわ寄せ」に見出しているからである（荒川 334ff.）。けれども，その段階では右肩上がりの時代が遠ざかり，今日より豊かな明日という夢が消失していたとするなら，豊かさへの渇望は持続しているのではなく，すでに涸渇し消え果てていたと考えるのが適切であろう。つまり，1955年以後の半世紀以上に及ぶ歩みを「豊かさへの渇望」という単一のイメージで一括りにするのは無理があり，渇望の霧散とともに「戦後」は終わっていたと捉えるべきだと思えるのである。

もう一つは，大門正克たちの『戦後経験を生きる』である。この著作は歴史の中の「さまざまな声」に耳を傾け，「経験のリアリティ」を再現する立場から（大門・安田・天野 3ff.），地域，労働，家族など社会の幅広い側面を照射していて貴重であり，同時代を扱った多分野にわたるルポルタージュ作品の歴史版ともいうべき趣がある。けれども，内容が多面的であるだけに浮かんでくるのは，全体をつなぐような「戦後経験」と呼べる均質性や共通性が存在するのか否かという疑問である。換言すると，様々な場所や形態の生活と経験の描写を統一しているのは，外から設定された「戦後」という時間的な枠であって，内在的な統一が欠如しているように見えるのである。その曖昧さは，著作の大半が「戦後から現代へ」という見出しでまとめられ，最

後の章が「宴の終わりとその後」と題されていて，どこかの時点で「戦後」を通り過ぎたという認識が垣間見えるにもかかわらず，説明がされていないところにも表れている（大門・安田・天野 264ff.）。この関連では，編者の天野が共著者になっている『モノと子どもの戦後史』は生活史の角度から「経験のリアリティ」に密着した啓発的な書だが，2015年に再刊されたときに表題が『モノと子どもの昭和史』に変更され，「戦後」と「昭和」の異同が等閑に付されている点にも留意すべきであろう（天野・石谷・木村 350）。要するに，様々な分野の「戦後」を繋ぎ合わせる共通項としての「戦後経験」を大門たちの書から掴み取るのは難しいといわざるをえない。そしてそうなった一因は，天野たちの場合の「戦後」と「昭和」の関係と同様に，「戦後」の区切りが不問に付され，「戦後」と「現代」の区別が曖昧なために「戦後経験」の明瞭な輪郭が浮かばない点にあると思われるのである。

　最後はノンフィクション作家の佐野真一が1992年に世に問うた『遠い山びこ』である。この著作は学術書ではないが，山形県にある山元村という山村の子どもたちの文集としてまとめられ，1951年に出版されて大きな反響を呼んだ『山びこ学校』を中心にして，村と子どもたちのその後の足取りを丹念に描いた労作である。そのなかで佐野は，過ぎ去った40年を振り返り，「かつて牛一頭，リヤカー一台が貴重品だったこの村は，いま一家に一台どころか，一人に一台近いマイカーの普及率をみている。『山びこ学校』当時の貧しさは，いまこの村のどこを探しても見つけることはできない」と激変ぶりを指摘する一方，子どもたちの消息を調べて浮かび上がったのは，「『山びこ学校』を支えた両輪ともいえる農業と教育の，もはやとりかえしがつかないまでに荒廃にさらされる姿だった」と総括している（佐野(1) 360f.）。出版から40年が過ぎた山元村の子どもたちは『山びこ学校』に出てくる方言が分からず，両親も山形郊外の工場に勤めに出るようになったので，田畑で働く姿を見ることがなくなったのである。こうした山元村を定点にすれば，「戦後」の40年あまりに起こった暮らしの変貌は絶大であり，大門たちの「戦後から現代へ」というまとめには収まりきらない感がある。このことは，戦争に翻弄された人々の「それぞれの人生や事件に依拠して，時代の相貌といったようなものをクッキリと捉え」ようとした『ルポ戦後日本　50年の現場』をはじめとする鎌田慧の一連のルポルタージュにも当てはまる（鎌田(2) 314）。

　もちろん他方では，特定の対象への内在を手法とするノンフィクションな

いしルポルタージュ作品の通例として，得られた知見の一般化がどこまで可能かという問題が残ることも確認しておかねばならない。季節工などとしてトヨタや新日鉄を取材した経験のある鎌田は，「繁栄とか好況とか豊かさとか，大国とかいわれても，わたしはいつも，一緒に働いた仲間の表情を思い出しては，そんなもの嘘だ，といい切れる確信」があると吐露しているが（鎌田(1) 262），その言葉がたとえ重くても，繁栄や大国はやはり否定できない現実だからである。佐野は「ノンフィクションの要諦は『語って説かず』である」と明言しているが，この言葉はノンフィクションの魅力とともにその限界を表しているといえよう（佐野(2) 11）。

　これらの著作を参照しつつ，同時にその問題点を念頭に置くなら，ますます重要になってくるのは，際限なく「戦後」が続くあいだにそのイメージに大きな転換が起こった事実を確認することであろう。イメージとしての日本の「戦後」に関しては C. グラックが「神話的歴史としての戦後」など5つに分類し，それを批判的に継承する形で安田常雄が「喪失と転向としての戦後」などやはり5つに区分している（グラック 324ff.; 安田 12ff.）。しかし，例えば安田の場合，文脈からして念頭に置かれているのは遅くとも1970年代までであるのに加え，「中流階級化としての戦後」のように「戦後」の特定の時期にしか当てはまらないイメージが並べられている点に問題があるように思われる。また長く続くうちに「戦後」のイメージが変化し，同時に重量感が次第に失われて内実が希薄化したことに焦点を合わせる場合，それらの分類が応用しにくいことも否定できない。

　一方，ドイツにおけるイメージの転換については K. ナウマンが詳論し，「例外概念としての戦後」，「克服概念としての戦後」など5つに整理している。また，その背後にある世代の問題については R. ベッセルが論及している（Naumann (1) 21ff.; Bessel 8f.）。しかし，ここでは1985年の周知の演説で封印もしくは忘却というかたちで「過去に目を塞ぐ」ことを戒めた大統領のヴァイツゼッカーが，同時に敗戦を破局や崩壊としてではなく解放として捉え，見方を大きく転換したことを想起すれば足りよう。ドイツでも積極的と消極的の両面で戦争の忘却が進行する一方で，国外の被害者に目を向けないまま，自分たちを戦争の犠牲者と見る傾向が強かった。けれども，戦争を経験していない世代が増大するとともに，1970年代以降にヨーロッパ・ユダヤ人の大量殺戮が視界に入ってくるに及んで被害者という自画像がひび割れ，

敗北のイメージが大きく変化した。そのことは，数十年の時間を経て，敗北を解放と捉える人々が今日では主流になってきている事実が示している。日本と同様にドイツにおいても記憶の風化が語られるとしても，それは事柄のすべてではなく，記憶を受け継いで風化を阻もうとする潮流もあれば視界を広げて理解を変換する動きも存在するのである。

　これらの問題に関しては本書第2章で論及したが，そこでの議論を踏まえながら日本のケースを考えてみよう。その場合に参考になるのは，世代論の観点から，「戦中・戦前派」，「戦後派」，「戦無派」の三つを区分したり，あるいは「戦争経験者」，「戦後第一世代」，「戦後第二世代」という三世代に区別する方法である（古市(2) 43f.; 成田(2) 214f.; 成田(3) 4)。この三区分の視点は管見の限り提起されているだけで深められているとはいえないように思われる。それゆえ，この視点を活かして以下では一例として，高度成長期の1960年代に大学の大衆化の渦中で競争にもまれながら学生生活を送った1940年代後半生まれの父母の世代と停滞期の1990年代に就職難に喘ぎつつ大学生活を過ごした1970年代後半生まれの子どもの世代に照明を当ててみたい。無論，前者の世代には大卒者と並び集団就職で都会に出た人々がいるし，後者も大企業のサラリーマンと非正規のフリーターとして出発した人に分かれるように，両者とも決して均質な集団ではない（片瀬89ff, 236ff.）。しかし，高度成長が始まる頃に「階級差よりも世代差が意味をもつ時代の到来」（藤村75）が確認されていることを考慮に入れ，これら二つの世代を対比してみると，変化の様相が際立ってくると思われる。

　周知のように，前者は一般に団塊世代，後者は団塊ジュニアと呼ばれている。広く使われているこの呼称は，もっぱら量に着目していること，内部の多様性が捨象されているところに特徴と問題点がある（苅部59ff.）。しかし，意識構造による世代区分としてNHK放送文化研究所によって提起された6世代区分のうちの2つに該当するので（NHK放送文化研究所122f., 217f.），広いパースペクティブでの議論につながる利点がある。他方で戦争と関連づけてみると，二つの世代の各々は上述の「戦後派」と「戦無派」，あるいは「戦後第一世代」と「戦後第二世代」に対応するということができる。この点から見れば，団塊と団塊ジュニアのどちらの世代も戦争を自分自身では経験していないことが共通項になるが，それだけに両者の相違が重い意味を帯びてくる。

まず父母の世代についていえば，「戦後民主主義」の下で育てられ，平和や人権の尊さを教えられると同時に，時間とともに生活レベルが向上していくレールの上を走り，日々の暮らしの中で進歩と上昇を実感できた。高度経済成長の背後には「『アメリカ的』な生活に対する強烈な憧れ」があり(吉川135)，それを駆動力とした右肩上がりの経済発展に支えられて，果てしなく続く「戦後」は明るく豊かな未来へとつながっていたのである。こうした生活感覚から醸成され，やがて社会に根を張っていったのが，「いい学校に行けばいい会社に入れる，いい会社に行けばいい人生が送れる」という競争社会に適合した通念だった(古市(1) 9)。佐高信はこの通念を「『いい学校』から『いい会社』へという戦後の一神教の如く信じられているテーゼ」と評している(佐高166)。

　これに対し，子どもの世代には溢れる豊かさは未来ではなく眼前の現実だった。それはもはや夢を紡ぎ出すことはなかったし，以前は政治に比べて一流と評された日本経済も活力が減退し，明日は今日より惨めになる可能性すら予感された。また55年体制が消滅した後の民主主義は原則なしに打算で離合集散を繰り返す政界の醜悪さに等しく，他方でかつては模範とされた欧米の民主主義は日本が先進国として横並びになったと見做されたために輝きを失っていた。その意味で子どもの世代は現在は満ち足りていても，前途に困難な問題が山積するなかで目標と針路を見出せない漂流状態におかれた。「戦後」の先が行き詰っているように感じられたのは，その結果であった。このような世代差の一端は「平成の時代」に関して朝日新聞が実施した世論調査からも読み取ることができる(2017年7月23日付『朝日新聞』)。

　因みに，若者の事情に精通した山田昌弘は，2009年の著作で「リスクをとろうとせず，安全志向が強い」若者の増大に注目し，バブルに沸いた1980年代から「20年あまり経った今，学生の意識が180度変わってしまったように思える」と述べている。彼によれば，その原因は経済面だけでなく，結婚や雇用に関わる社会制度が時代の変化に対応していないところにある。それが若者の閉塞感を強め，保守化させているのである(山田15, 27)。ここで山田が眼前に浮かべているのは上述した世代とは少しずれているとしても，概ね同一と考えてよいであろう。

　山田が対象としたのは，古市が2011年の著作で論じた若者でもある。同世代の一人として彼が力説し，同時に問題視するのは，「格差社会や世代間

格差といわれながら，日本の若者の7割が今の生活に満足している」ことであり，「その『幸せ』を支える生活の基盤自体が徐々に腐り始めている」のに，「当の若者が自分たちのことを幸せだと考える奇妙な安定が生まれている」ということだった(古市(1) 7, 14)。そうした満足やそれに基づく安定が，山田が抉り出した若者の保守化と重なっているのは指摘するまでもないであろう。

　それはともかく，多感な青年期に過ごした「戦後」を記憶の基層に沈殿した世代的な「戦後」の原体験と呼ぶなら，親の世代では上昇感，子どもの世代では閉塞感が基調になったといえよう。コツコツと辛抱強く努力を積み重ねることは社会が安定して発展していく中では意味があり美徳でありえた。経済大国を築いた企業戦士や会社人間が出現し，それを支える専業主婦が増大した背景には「頑張リズムと呼ばれる労働態度」が存在し(間 165, 182)，それが「右肩上がり」の経済成長を支えていたのである。ところが高度成長を過ぎる頃から長く美徳として称揚されてきた「努力や勤勉がそれ自体としての価値をもたなくなりはじめ」(竹内 52)，灰色の明日が待ち受けていると感じられる停滞ないし衰退期になると，労働態度は大きく転換した。今日の幸福を享受することが重視され，刹那的な楽しみを優先するライフ・スタイルが支配的になるとともに，高度成長はリアリティのない伝説に化し，一億総中流社会も格差と不平等に満ちている現実の前ではおとぎ話に変わったのである。もちろん，多くが農村や地方都市で生まれ，ムラ社会的な人間関係と貧しさが残るなかで成長した世代と，主に大都市やその郊外で出生し，豊富なモノと情報に囲まれ個人主義化した脆い人間関係の下で育った世代とが，大きく隔たった子ども時代を過ごしたことなども考慮に加えるべきであろう(天野・石谷・木村 11f.)。

　この問題は，社会学の「承認」や「まなざし」の視座から，1960年代と2000年代に起こった無差別殺人事件に即して「まなざし」の過剰と過少を対比する議論とも重なっている(片瀬 12)。同時にそれはまた，経済の発展と衰退に関連づければ，いわゆるラストベルトの惨状を描いた作家の J. D. バンスが語るように，「1940年代生まれの世代が親より裕福になる可能性は9割あったが，80年代生まれの世代になると5割まで落ち」たといわれる今日のアメリカの現実に通じているのも見逃せない(バンス)。ともあれ，これらの点を考え合わせるなら，親の世代と子どもの世代が「戦後」を共通の言葉

で語り，理解しあうのが困難だったのは当然といわねばならない。たとえ子どもの世代の時代経験を視野に入れつつ親の世代が「戦後」について語っても，それぞれが自分自身の「戦後」に固着している以上，子どもの世代との対話が上滑りになるのは避けられない。もはや世代をまたぐ共通の「戦後」は存在しないといっても過言ではなくなったのである。

　このことは「戦後」に先立つ戦争にも当てはまる。親の世代から見て第二次世界大戦を指す「あの戦争」は前線であれ銃後であれ父母が担った戦争であり，家庭で話題に上ることが少ない場合でも様々な場で体験談に触れる機会があった。年配の男性同士の会話で「どこでしたか」という言葉が出れば，どの戦地にいたのかを問うていることが理解できたのである。その限りでは，戦争にはまだ幾分かのリアリティがあり，映画や書籍の世界の中だけの出来事ではなかったのである。これに反し，子どもの世代にとっては「あの戦争」は祖父母の世代の出来事であって，時間的にも遠い過去に属していた。また「あの戦争」というだけでは互いに了解しあえないケースも見られるようになった。というのは，それがベトナム戦争を指すこともあれば，生々しい映像でみた湾岸戦争を指すこともあり，時に混線状態が生じる場面もみられるようになったのである。冷戦も冷たい形の戦争だったと考えれば，将来これらに冷戦が付け加わるかもしれない。遠ざかったのは「あの戦争」だけではなかった。それとともに少なくとも「戦後」の一部も薄明のなかに沈みつつあるといえるからである。2005年にジャーナリストの筑紫哲也は冗談めかして「今の若者にとってベトナム戦争までの戦後史は古代史だ」と述べたが(筑紫 45)，この言葉は決して諧謔や誇張として片付けることはできないであろう。それどころか，筑紫の言葉が今から10年以上前のものであることを考慮すれば，今日では冷戦の終結やそれと並行した昭和の終焉に至る戦後史までもが古代史に属すということになるかもしれない。

　いずれにせよ，親の世代が青年期を過ごした「1960年代後半には『戦争を知らない子供たち』という歌が口ずさまれたが，90年代以降は『戦争を知らない子供たち』を知らない子供たちの時代になってしまった」のは否定できないであろう(藤村 87)。敗戦から50年が経った1995年に袖井は，「戦争から占領を経て，復興，高度成長という経験を共有する人々は，若い人たちにとっては祖父母の世代であり，孫の世代は自分の知らぬ時代の証言を彼らから直接に聞き，共感できる立場にある」と記した(袖井 317)。しかし，それ

からさらに20年以上が経過した今日では直接に聞くチャンスが激減したのに加え，国内外の情勢が一変したために，共感する可能性はかなり低下していると考えねばならない。例えば戦中派を自称している政治学者で1926年生まれの田中浩は，敗戦から半世紀以上隔たった時点で，「我々の世代は，明治維新期の福沢諭吉世代と同じく，『一身にして二世を経た』ごとく，180度の価値観の転換を迫られた稀有の時代を経験してきた」と振り返っているが，この言葉の重量を受け止めるのは今後は困難になっていくであろう（田中392）。同様に，田中と同年代の1923年生まれで大学在学中に学徒出陣で軍務に就いた経歴のある政治学者の石田雄は2015年に『ふたたびの「戦前」』を世に問うた。けれども，このままではまた「戦前」になってしまうのではないかという彼の危機意識は，おそらく孫たちの世代には通じないと思われるのである（成田(3) 32）。

　このことが意味するのは，一口に戦争といっても第二次世界大戦が特権的地位を占めるのが自明ではなくなり，同時に経験に裏打ちされたリアリティが消失したことであろう。戦争を直接的に体験した人たちの多くが世を去り，絶無になるのが目前に迫っていることは，戦争が完全に記憶の問題に変わったことを示している。そのことを端的に表しているのは，戦場で戦火を潜り抜けてきた元兵士たちが集う戦友会が平成に元号が改まった頃から続々と解散し，消滅してきたことであろう（吉田107）。だが，このようにして戦争が記憶の問題になっても変化が続いてきたことは，記憶の風化が議論されてきたことからも明らかになる。親の世代はある程度まで戦争に結びつけて「戦後」をイメージでき，それゆえに焼け跡からの復興とそれに続く豊かな社会への上昇を実感できた。けれども，子どもの世代では「戦後」の前提になる戦争が記憶の風化とともに抜け落ちていったのである。彼らにとっては豊かさへのサクセス・ストーリーも過去の物語であり，実感を込めて追体験できるものではなかった。そして，それを懐かしげに語る親の世代は，眼前の現実から眼を背ける後ろ向きの胡散臭い存在にしか映らなかった。彼らには誇らしい現在や希望に彩られた未来はなく，灰色に濁んだ現実が「戦後」のイメージの中核になった。そして同時に，「あの戦争」を始点にとる「戦後」の重みが薄らぐとともに，「戦後」という呼び方自体が意味を失うようになったといえよう。

　実際，「戦後」のイメージは世代を軸にして変化していく以上，大きく隔

たった経験をいつまでも「戦後」という一語に詰め込もうとするのは無理がある。この点については見田宗介の議論が参考になる。1995年の著作で彼は1945年から1990年代初頭までの「戦後」を「現実」という言葉を軸にし，その3つの反対語を使って3つに区分している。1945年から1960年ごろまでの「理想」の時代，1960年から1970年代前半までの「夢」の時代，1970年代中葉から1990年までの「虚構」の時代がそれである（見田 10ff.）。この整理はそれぞれの時代を経験した人には得心しやすいかもしれない。けれども他方で，それを用いていえば，「理想」，「夢」，「虚構」によって特徴づけられる3つの時代を跨ぎ，それらを包括する「戦後」がどのように性格づけられるかという問題が残る。かりに最大公約数を求めるとしても，「理想」，「夢」，「虚構」からいかなる公約数が得られるであろうか。いずれにしてもその場合，少なくとも鮮明なイメージが浮かんでこないのは確実であろう。「戦後」を1990年までに限定してもこのような問題が生じるとすれば，それから四半世紀以上が経過した現在では問題は一層深刻になっているといわねばならない。一口に「戦後」といっても異なる世代の間で共有される内容が乏しく，その全体を強いて言葉に表そうとしても空疎で茫漠としたイメージしか浮かばないのは，長期化するなかで「戦後」自体が大きな変化を遂げてきたからなのである。

結び

　以上で日本には「戦後」認識に関する世代的な断層が存在することを簡単に見てきた。「戦後」の前提になる戦争や敗戦は，年齢，性別，居住地などの違いに応じて多様な形で経験されたが，その点を考慮に入れれば「戦後」認識にも落差があるのは当然であろう。ただ日本の「戦後」に関しては長期化につれて世代交代が生じ，同時に記憶の風化や忘却が伴っている点に注意を要する。いつの時代にも世代間にはなにがしかの溝があり，そこから葛藤が生じるが，政治的変化や社会変動を下地にして「戦後」認識に関しても大きな断層が出現したといえるのである。その点を考慮するなら，専門家が中心になった「戦後」の時期区分や終焉に関する議論を踏まえつつ，「戦後」のイメージとその変容を主題とする歴史が描かれなくてはならないであろう。

　もちろん，「戦後」そのものの時期区分は重要であり，それによって戦後

史は単なる不均質な事実の集積ではなくなり，まとまりを得て歴史的発展の概略を掴むことが可能になる。その場合，ある特徴を有する時期から別の特徴のある時期への推移が描かれることになるが，他方で「戦後」の終わりに関して一致がないことを考えると，「戦後」の始点と終点についての議論を深めていくことが求められよう。本章では比較の視点にたち，ヨーロッパにおける「戦後」の終わりに関するラカーの見方を取り上げ，さらにドイツのケースについてはヴェーラーの見解などに論及してきた。日本が経験した「あの戦争」は一国的な出来事ではなく，文字通り世界戦争の一環だったが，通常は関心が自国の戦争に集中するために，この基本的事実は軽視されたり視野の外に置かれたりしやすい。この点に留意し，「あの戦争」の終結から「戦後」が始まることを想起すれば，日本の「戦後」を論じるときにはヨーロッパを含め，外国のケースにも広く目配りすることが必要とされよう。

　ところで，イメージとは別に社会科学的な「戦後」の見方が存在している。その場合には専門に応じて政治史や経済史，社会史などに分化するが，共通して着眼されるのは制度や構造であり，その変化もまた歴史として描かれることになる。一例として経済史をみると，優れた日本経済史家である中村隆英の代表作『昭和史』が真っ先に浮かんでくる。この書で中村が対象としているのは，表題に反して実は「日本の現代」ないし現代史であり，昭和という元号に準拠して時代を区切る方法が排されている。他方で彼は敗戦による戦後の出発を重視せず，むしろ1955年に長い日本の現代史の転換点を見出している。例えば彼はこう書いている。「日本の現代を考えるとき，ほぼ1920年，正しくは1918年ごろに始まって，戦時，戦後の計画化と窮乏を経験し，その後の連合軍の占領と民主化とを経て，1955年ごろにほぼ戦後の経済成長の条件が整うところまでを一つの時代としてまとめることができる」。以後は経済成長や大国化の時代といえるから，日本の「現代史を大きく区切るならば，1955年が一番大きな区切りになる」（中村隆英 3f.）。

　これと同様に橋本寿朗も『現代日本経済史』の始点を第一次世界大戦の終結に見出し，「20世紀システム」の形成と展開に即して日本の経済発展を3段階に区分して描いている。そのうちの第2段階に当たるのが日中戦争からサンフランシスコ講和までであり，これは「失われた20年」と呼ばれている。この段階の前半は戦時計画経済，後半は戦後経済改革の時期に相当するが，この二つは「不足経済と計画経済の時期」として共通していることが一

括りにされている理由である(橋本寿朗 75ff.)。1955年を重視しない点では中村とは異なるものの,敗戦と戦後の出発を転換点として位置づけていないところに共通点があるのは明らかであろう。岡崎哲二が『工業化の軌跡』で「工業化の起点から第二次世界大戦後の経済復興が完了する時代」を一纏めにして論じ(岡崎 269),続編に相当する『高度成長』で吉川洋が平安時代,鎌倉時代などの「時代区分に匹敵するほどの大きな変化」が高度成長期に生じたことを力説しているのも(吉川 3),同じ認識に基づいているといってよい。なお,関連して生活のあり方という視座から大門正克が「1930年代から1950年代半ばの時代」を俯瞰して,「生存の仕組みが大きく変わった時代」として概括していることや(大門 15, 361f.),「戦後日本社会」の構造に着目する高岡裕之が高度成長期を「『戦前日本社会』が姿を消すと同時に,今日の私たちが暮らす『現代日本社会』の原型が確立した一大転換期」だったと位置づけていることも付言しておこう(高岡 13)。大門や高岡にとっても「1955年は日本近現代史の重要な時期区分」なのであり,この点では「生活革命」の観点からその画期を「1945年ではなく,1955年ごろを始点とする1960年代とみる」色川とも一致している(色川 12)。

　一方,中村や橋本とは違ってマルクス主義史学の系譜に連なる森武麿たちの『現代日本経済史』では1930年が現代史の起点とされる反面,やはり大きく括った「戦後」は登場せず,1945年は1954年までの「改革と復興」期の出発点として位置づけられるにとどまっている(森・浅井・西成田・春日・伊藤 63ff.)。同時にこの時期は1955年から1964年までの「成長と自立」期,1965年から1971年までの「成長と軋轢」期,1971年から1991年までの「過剰と摩擦」期,1992年から2001年までの「暗転と再生」期と並べられ,日本の現代経済史の中で格別に重視されてはいないのである。このような扱いに照らすなら,森たちの著作では現代史を対象にしながらも「戦後」を枠組みとする時代区分は排除されているといってよいであろう。戦後経済システムの源流を敗戦以前に見出し,戦前・戦中から戦後への連続性を強調する総力戦体制論や1940年体制論でも連続性が前面に押し出される分,敗戦による転換の意義が相対的に軽くなる傾向がある(小林・岡崎・米倉; 山之内; 野口(1))。これらの研究グループは中村や森たちとは学問的系譜を異にしているものの,戦後のスタートを重んじないところに隠れた共通点が存在するのである。

ここでは経済史における日本の「戦後」の扱い方に言及するにとどめるが，それを一見しただけでも，経験に基づく「戦後」の見方やイメージとは大きく相違する「戦後」認識が共通項になっているのは明白であろう。より正確にいえば，そこには1945年以降を「戦後」として大きく捉える視座が見当たらないということができる。この事実を踏まえるなら，生身の人間の経験やそれに基づくイメージにこだわることが大切だとしても，それに固着すると世代間の対話が成り立たないばかりか，経済史の知見を活かせず，視野狭窄に陥る危険が大きいことが分かる。

　他方，その経済史が例になるように，社会科学の立場では客観的な構造やデータが重んじられるが，抽象的な概念や数字を操作して現代史を描写するだけでは，その渦中で生きた人々が抱く生活実感や情念が抜け落ち，肉声が伝わらなくなる。上述した大門たちは歴史家として史料を博捜し，「経験のリアリティ」の再現を試みているが，経済史で蒸発してしまいがちなのは歴史のこの次元だといえよう。区分したそれぞれの時期の叙述に当たって森たちが人々の暮らしに論及しているのは，恐らくその問題を顧慮したためだと推察される。また歴史としての高度成長を描いた経済学者の吉川が「経済学で『経済成長』を分析するときには数学的なモデルが用いられる」とした上で，「そうした分析ではあまりに多くの，しかも大切なことが抜け落ちてしまう」と述べ，日本の工業化を追跡した岡崎が「経済発展の裏側には無数の『女工哀史』や『清光館哀史』があった」ことを忘れてはならないと注意を促したのも（吉川 234; 岡崎 270），この点に通じるところがある。いずれにせよ，「戦後」へのこれら二つのアプローチがそれぞれ固有の意義を有するのは間違いないとしても，どちらもそれだけでは一面的との謗りを免れにくく，重大な空白部分が残るといわねばならない。

　もちろん，二つのアプローチが大きく乖離していることを考えれば，接点を見つけるのが容易ではないのは自明といえる。社会の構造的次元を重視するアプローチをマクロの視点，個々人の経験を重んじるそれをミクロの視点と名付けるなら，マクロとミクロを架橋するのは一筋縄ではいかないのである。この問題は「戦後」を論じる場合にだけ突き当たるのではなく，歴史の研究と叙述がしばしば直面する難問といってよい。日本民衆思想史の分野で大きな足跡を残した安丸良夫は，「歴史認識にはさまざまな論理次元がある」と指摘し，「どの論理次元を主要な説明の場とするかは歴史

家の選択による」とした上で，「「自分が選んだ論理次元の特徴を理解して
いないと，パースペクティブが効かなくなり，自閉的に自分の研究に固執
したり，無限定の相対主義に陥ったりする可能性がある」と警告した(安丸
232f.)。ここで安丸がいう論理次元をアプローチないし視点に置き換えれ
ば，それぞれのアプローチに限界があることに注意を促すこの言葉は重く，
胸に刻んでおくに値しよう。本章では「戦後」の始点と終点に関する日独
両国の異同を瞥見するとともに，主として世代間の「戦後」認識の齟齬に
照明を当ててきた。その場合，齟齬の一因として労働や消費の構造変動が
あることを考慮に入れるなら，世代的経験に視線を集中すること自体に限
界があることが理解されよう。これらの点から，「戦後」がいつ始まり，既
に終焉したといえるか否かに関しては，同じ敗戦国として類似した条件の
下にあったドイツとの比較からは学べる点が多々存在している。他方で認
識の齟齬の問題を巡っては，様々な角度から光を当て，多様な見方を付き
合わせることにより，その原因や背景を掘り下げていくことが望まれよう。
日本で今日すでに見受けられる戦争の忘却が一層進み，敗戦を始点にして
「戦後」という時代を区切る意味が薄れて「戦後」がいつの間にか終わるよ
うなことになれば，歴史から学ぶことができなくなる。「戦後」の終焉とそ
の次に来る「ポスト戦後」に相当する時代への移行に関しては，自分たち
がどんな地点に立っているかを確かめるために十分に議論を尽くすことが
望まれるのである。

引用文献

Bauerkämper, Arnd / Sabrow, Martin / Stöver, Bernd, Die doppelte deutsche Zeitges-
chichteie, in: Arnd Bauerkämper / Martin Sabrow / Bernd Stöver, hrsg., Doppelte
Zeitgeschichte, Bonn 1998.

Benz, Wolfgang (1), hrsg., Neuanfang in Bayern 1945－1949, München 1988.

Benz, Wolfgang (2), Auftrag Demokratie, Berlin 2009.

Bessel, Richard, Germany 1945. From War to Peace, New York 2009.

Bienert, Michael / Creuzberger, Stefan / Hübener, Krista / Oppermann, Matthias, hrsg.,
Die Berliner Republik, Berlin 2013.

Bösch, Frank (1), Geteilt und verbunden, in: Frank Bösch, hrsg., Geteilte Geschichte.
Ost - und Westdeutschland 1970－2000, Göttingen 2015.

終章 日本の「戦後」を考える視点 **295**

Bösch, Frank（2）, Geteilte Geschichte, in: Zeithistorische Forschungen, H.12, 2015.

Broszat, Martin, Einleitung, in: Martin Broszat, hrsg., Zäsuren nach 1945, München 1990.

Czada, Roland, Nach 1989, in: Roland Czada / Wollmann, Hellmut, hrsg., Von der Bonner zur Berliner Republik, Wiesbaden 2000.

Eitz, Thorsten / Stötzel, Georg, Wörterbuch der „Vergangenheitsbewältigung", Hildesheim 2007.

Görtemaker, Manfred（1）, Geschichte der Bundesrepublik Deutschland, München 1999.

Görtemaker, Manfred（2）, Die Berliner Republik, Berlin 2009.

Grebing, Helga / Pozorski, Peter / Schulze, Rainer, Die Nachkriegsentwicklung in Westdeutschland 1945 − 1949, Stuttgart 1980.

Hoffmann, Dierk, Nachkriegszeit, Darmstadt 2011.

Jarausch, Konrad, Die Umkehr, München 2004.

Klessmann, Christoph（1）, Stationen des öffentlichen und historiographischen Umgangs in Deutschland mit der Zäsur von 1945, in: Dietrich Papenfuss / Wolfgang Schieder, hrsg., Deutsche Umbrüche im 20. Jahrhundert, Köln 2000.

Klessmann, Christoph（2）, Spaltung und Verflechtung, in: Christoph Klessmann / Peter Lautzas, hrsg., Teilung und Integration, Schwalbach 2005.

Kocka, Jürgen, Nach dem Ende des Sonderwegs, in: Arnd Bauerkämper / Martin Sabrow / Bernd Stöver, hrsg., Doppelte Zeitgeschichte, Bonn 1998.

Naumann, Klaus（1）, Die Frage nach dem Ende, in: Mittelweg 36, H.1, 1999.

Naumann, Klaus（2）, Einleitung, in: Klaus Naumann, hrsg., Nachkrieg in Deutschland, Hamburg 2001.

Plato, Alexander von / Leh, Almut, Ein unglaublicher Frühling. Erfahrene Geschichte im Nachkriegsdeutschland, Bonn 2011.

Rürup, Reinhard, Der 8. Mai 1945 in der deutschen Geschichte, Bremen 2005.

Schulze, Rainer, Nachkriegsleben in einem ländlichen Raum, in: Rainer Schulze, hrsg., Unruhige Zeiten. Erlebnisberichte aus dem Landkreis Celle 1945 − 1949, München 1991.

Steininger, Rolf, Deutsche Geschichte seit 1945, Frankfurt a.M.1996.

Watzel, Ludwig, Editorial, in: Aus Politik und Zeitgeschichte, B1-2 / 2001.

Wehler, Hans - Ulrich（1）, Deutsche Gesellschaftsgeschichte, Bd.4, München 2003.

Wehler, Hans - Ulrich（2）, Deutsche Gesellschaftsgeschichte, Bd.5, München 2008.

Wengst, Udo / Wentker, Hermann, Einleitung, in: Udo Wengst / Hermann Wentker, hrsg., Das doppelte Deutschland, Berlin 2008.

Wentker, Hermann, Zwischen Abgrenzung und Verflechtung, in: Aus Politik und Zeitgeschichte, B1-2 / 2005.

Winkler, Heinrich August, Die Berliner Republik in der Kontinuität der deutschen Geschichte, in: Werner Süss / Ralf Rytlewski, hrsg., Berlin. Die Hauptstadt, Bonn 1999.

Wolfrum, Edgar, Die geglückte Demokratie, Stuttgart 2006.

天川晃「戦後改革・占領改革・戦時改革」福永文夫・河野康子編『戦後とは何か　下』所収，丸善出版，2014年。

天野正子・石谷二郎・木村涼子『モノと子どもの昭和史』平凡社，2015年。

雨宮昭一『戦後の越え方』日本経済評論社，2013年。

荒井信一「終わらない戦後」安田常雄編『社会の境界を生きる人びと』所収，岩波書店，2013年。

荒川章二『豊かさへの渇望』小学館，2009年。

五十嵐恵邦『敗戦と戦後のあいだで』筑摩書房，2012年。

井出孫六『ルポルタージュ戦後史　上』岩波書店，1991年。

色川大吉『昭和史　世相篇』小学館，1994年。

犬童一男ほか「まえがき」犬童一男・山口定・馬場康雄・高橋進編『戦後デモクラシーの成立』所収，岩波書店，1988年。

上野昂志『戦後再考』朝日新聞社，1995年。

大門正克『戦争と戦後を生きる』小学館，2009年。

大門正克・安田常雄・天野正子編『戦後経験を生きる』吉川弘文館，2003年。

岡崎哲二『工業化の軌跡』読売新聞社，1997年。

小熊英二「まえがき」鶴見俊輔・上野千鶴子・小熊英二『戦争が遺したもの』所収，新曜社，2004年。

小澤卓也・田中聡・水野博子編『教養のための現代史入門』ミネルヴァ書房，2014年。

小俣和一郎「現代文庫版訳者あとがき」ヨッヘン・フォン・ラング編，小俣和一郎訳『アイヒマン調書』岩波現代文庫，2017年。

片瀬一男『若者の戦後史』ミネルヴァ書房，2015年。

加藤周一『「羊の歌」余聞』筑摩書房，2011年。

鎌田慧(1)『死に絶えた風景』社会思想社，1994年。

鎌田慧(2)『ルポ戦後日本　50年の現場』文春文庫，1995年。

苅部直「なぜ人は『団塊の世代』を語りたがるのか」佐伯啓思ほか『団塊の世
　　代とは何か』講談社，2008年。

木谷勤『もういちど読む山川世界現代史』山川出版社，2015年。

木村元『学校の戦後史』岩波新書，2015年。

キャロル・グラック，梅崎透訳『歴史で考える』岩波書店，2007年。

アンドルー・ゴードン(1)「序論」アンドルー・ゴードン編，中村正則監訳『歴
　　史としての戦後日本　上』みすず書房，2001年。

アンドルー・ゴードン(2)，森谷文昭訳『日本の200年　下』みすず書房，2006
　　年。

ユルゲン・コッカ「1945　新たな出発それとも復古?」C. シュテルン・H. A. ヴィ
　　ンクラー編，末川清ほか訳『ドイツ史の転換点』所収，晃洋書房，1992年。

小林英夫・岡崎哲二・米倉誠一郎『「日本株式会社」の昭和史』創元社,1995年。

近藤潤三(1)『東ドイツ(DDR)の実像』木鐸社，2010年。

近藤潤三(2)「ドイツ内部国境の変容と強制立ち退き問題(1)(2)」『南山大学ヨー
　　ロッパ研究センター報』21-22号，2016－2017年。

近藤潤三(3)「ベルリン共和国の政治的変容(1)(2)」『愛知大学法学部法経論集』
　　210-211号，2017年。

近藤潤三(4)「占領期ドイツの食糧難」『南山大学ヨーロッパ研究センター報』
　　24号，2018年。

佐伯啓思『従属国家論』PHP新書，2015年。

佐高信『戦後を読む』岩波新書，1995年。

佐野真一(1)『遠い山びこ　無着成恭と教え子たちの40年』文芸春秋，1992年。

佐野真一(2)『唐牛伝』小学館，2016年。

トニー・ジャット，森本醇訳『ヨーロッパ戦後史　上』みすず書房，2008年。

白井聡『永続敗戦論』太田出版，2013年。

袖井林二郎「解説」鎌田慧『ルポ戦後日本　50年の現場』所収，文春文庫，
　　1995年。

高岡裕之「戦時から戦後へ」安田常雄編『変わる社会，変わる人びと』所収，
　　岩波書店，2012年。

竹内洋『立身出世主義』日本放送出版協会，1997年。

田中浩『戦後日本政治史』講談社学術文庫，1996年。

ジョン・ダワー，三浦陽一ほか訳『敗北を抱きしめて　増補版・下』岩波書店，2004年。

筑紫哲也「松の根を求めて山奥へ」岩波書店編集部編『子どもたちの８月15日』所収，岩波新書，2005年。

坪井秀人『戦争の記憶をさかのぼる』ちくま新書，2005年。

鶴見俊輔(1)『日本の百年　廃墟のなかから』筑摩書房，1961年。

鶴見俊輔(2)「誰に，何を語りつぐのか」鶴見俊輔編『語りつぐ戦後史Ⅰ』所収，思想の科学社，1969年。

鶴見俊輔(3)「この本について」佐々木毅ほか編『戦後史大事典』所収，三省堂，1991年。

中北浩爾「占領と戦後改革」『岩波講座日本歴史　18』所収，岩波書店，2015年。

中村隆英『昭和史　Ⅰ』東洋経済新報社，1993年。

中村政則『戦後史』岩波新書，2005年。

奈良岡聡智『「８月の砲声」を聞いた日本人』千倉書房，2013年。

成田龍一(1)『「戦争経験」の戦後史』岩波書店，2010年。

成田龍一(2)『戦後史入門』河出文庫，2015年。

成田龍一(3)「現代社会の中の戦争像と戦後像」成田龍一・吉田裕編『記憶と認識の中のアジア・太平洋戦争』所収，岩波書店，2015年。

成田龍一(4)『「戦後」はいかに語られるか』河出書房，2016年。

野口悠紀雄(1)『1940年体制』東洋経済新報社，1995年。

野口悠紀雄(2)『戦後経済史』東洋経済新報社，2015年。

萩原延寿・加藤周一「100年単位で歴史を読む」『「国民的記憶」を問う　加藤周一対話集　3』所収，かもがわ出版，2000年。

間宏『経済大国を作り上げた思想』文真堂，1996年。

橋本健二『「格差」の戦後史』河出書房新社，2009年。

橋本寿朗『現代日本経済史』岩波書店，2000年。

J. D. バンス「取り残された白人たち」2017年６月６日付『朝日新聞』。

半藤一利『昭和史　戦後篇』平凡社，2006年。

福永文夫「はじめに」同編『第二の「戦後」の形成過程』有斐閣，2015年。

藤村正之「若者の生き方の変容」安田常雄編『社会を消費する人びと』所収，

岩波書店，2013年。

福家崇洋「戦後70年と擬制の『戦後レジーム』について」『ドイツ研究』50号，
　2016年。

古市憲寿(1)『絶望の国の幸福な若者たち』講談社，2011年。

古市憲寿(2)『誰も戦争を教えられない』講談社文庫，2015年。

メアリー・フルブルック，芝健介訳『二つのドイツ』岩波書店，2009年。

エリック・ホブズボーム，河合秀和訳『20世紀の歴史　上』三省堂，1996年。

保阪正康『あの戦争は何だったのか』新潮新書，2005年。

正村公宏『戦後史　上』筑摩書房，1985年。

マーク・マゾワー，中田瑞穂・網谷龍介訳『暗黒の大陸』未来社，2015年。

丸山真男・鶴見俊輔「普遍的原理の立場」鶴見俊輔編集・解説『語りつぐ戦後
　史Ⅰ』所収，思想の科学社，1969年。

見田宗介『現代日本の感覚と思想』講談社，1995年。

山崎正和「分断国家・日本の50年」山崎正和ほか『戦後50年は日本を幸せにし
　たか』所収，TBSブリタニカ，1995年。

森武麿「総力戦・ファシズム・戦後改革」『岩波講座アジア・太平洋戦争　1』
　所収，岩波書店，2006年。

森武麿・浅井良夫・西成田豊・春日豊・伊藤正直『現代日本経済史』有斐閣，
　2002年。

安田常雄「大衆文化を通してみる戦後日本のイメージ」国立歴史民俗博物館・
　安田常雄編『戦後日本の大衆文化』東京堂出版，2010年。

安丸良夫『現代日本思想論』岩波書店，2012年。

山田昌弘『なぜ若者は保守化するのか』東洋経済新報社，2009年。

山之内靖ほか編『総力戦と現代化』柏書房，1995年。

山本昭宏『教養としての戦後「平和論」』イースト・プレス，2016年。

吉川洋『高度成長』読売新聞社，1997年。

吉田裕『兵士たちの戦後史』岩波書店，2011年。

ウォルター・ラカー，加藤秀治郎ほか訳『ヨーロッパ現代史　1』芦書房，1998
　年。

渡辺昭夫『大国日本の揺らぎ』中央公論新社，2000年。

NHK放送文化研究所編『日本人の意識構造　第7版』日本放送出版協会，2010
　年。

あとがき

　本書は政治史を中心にして日本とドイツの戦後史の比較を試みたものである。大袈裟な表題に反して検討の鋤が入った範囲はかなり狭いが，この作業は可能な限りこれからも継続するつもりなので，ささやかでも本書が長い道程に踏み出す確かな一歩になることを望んでいる。

　日独両国を比較の俎上に載せ，日本も主題に加えているものの，著者としてはこれまで日本を対象にした論考を公表したことは一度もない。著者の専門領域はドイツ現代史であり，統一以降の政治分析のほかに移民問題や東ドイツの実像などを調べてきたが，その間はずっとフィールドをドイツに限定する姿勢をとってきた。そのようにして研究を続けてきた身としては，本書で思いがけなく脱線することになった。私事ではあるが，その経緯について簡単に記しておきたい。

　外国を専門に選ぶ動機は様々であろうが，アメリカや中国のように存在感の大きさだけで関心を引き付ける若干の国を別にすれば，大抵の場合，出発点になるのは自分が暮らす日本と比べて他国はどうなっているのだろうかという素朴な疑問や興味であろう。そこには萌芽として比較への志向が働いているといえるが，専門家として外国に取り組むようになると，比較よりは他国それ自体が関心の大部分を占めるようになり，研究が活発であればその国以外に関心を向ける余裕がなくなってくる。長期にわたって著者もそのようにして過ごしてきた。しかし定年を迎えるしばらく前から，根気や理解力の衰えを感じるようになり，余力があるうちにできること，片付けておくべきことは何かを考えるようになった。他方，自分の知的関心からばかりではなく，重要性を考慮して統一後のドイツ政治の展開のほか移民に関わる問題や東ドイツの実像の解明などに取り組んできたが，そのために不可欠な新聞や週刊誌などを恒常的に読む負担は小さいとはいえず，退職後も継続するのは

困難になると予想された。このような経緯で長く疑問として脳裏にあった日独現代史の主要問題を比較検討することに重心を移そうと心に決め，日本の戦後史に関する著作を本腰を入れて読むようになったのである。とはいっても，現代ドイツに関する宿題があったので，その仕事と並行して日本関係の書物に目を通すのは予想以上に荷が重く，遅々たる歩みになった。

そうした状況で，定年に伴い3年ほど前に木曽三川の水郷や鈴鹿の山並みに近い桑名市北部の多度に終の棲家を構えることになった。その際，引越しの準備で蔵書を整理していたところ，丸山真男や猪木正道など書棚の奥に隠れていた書物に再会した。懐かしさも手伝い，それらのページを繰っていると，いくつかの文章に目が引き付けられた。そこで引越し後に関連するいろいろな書物を引っ張り出し，薄れた記憶を呼び起こしたり曖昧な知識を確かめたりしながら，いろいろな論点について考えるようになったのである。

その一方で，比較政治学の講義などを担当した関係で関連する教科書や専門書を読んできたが，歴史学との交わりが希薄になっていることに不満を感じていた。欧米で開発された理論の紹介や応用からは生身の人間の姿が見えてこないように思えたのである。こうした問題は比較政治学に限られず，社会科学全般について以前から指摘されてきたといってよい。いずれにせよ，思案を重ねた末，ドイツ現代史に取り組んできた経験を活かすこと，長く抱えていた疑問に切り込めるテーマに絞ること，人間の肉声ができるだけ伝わる手法で比較するという3点を自分なりの指針とすることに決めた。そして可能な範囲で重要と思われる文献に目を通すとともに，かつて一読して印象に残っていた書物を再読することにしたのである。

このような経緯で出来上がったため，本書では学界動向や研究状況に十分な注意が払われていない反面，個人的な関心が前面に押し出される結果になった。今では忘れられた古い著作がしばしば引証されているのはそのせいである。その意味では本書は自己満足のための一書という色彩を拭うことはできないが，他方で長く頭の隅にあった疑問は他の人も抱いていたように感じている。もしそうなら，この書は必ずしもひとりよがりの所産ではないといえるかもしれない。ただ近年，著者が学生だった「1968年」の研究が若手によって進められている現状に照らすと，取り上げた主題がいかにも古色蒼然としているのは否めない。

本書に収めた文章は既発表のものが大半である。当初は現にあるような形

で一書にまとめる計画はなかったので重複する部分があり，ある程度は調整したが，各章が相対的に独立した論考として完結していることを考慮してそのままにした箇所もある。また本書に収めるに当たり，原型を残しながらかなりの分量を書き足した。発表したのは多年出講した愛知大学の『愛知大学法学部法経論集』と客員として在籍した南山大学の『ヨーロッパ研究センター報』であり，初出の時期は以下の通りである。

第１章　日独戦後史の比較に向けて『愛知大学法学部法経論集』213号，2017年12月

第２章　戦後史のなかの５月８日と８月15日『愛知大学法学部法経論集』207号，2016年７月

第３章　戦後史のなかの反ファシズムと反共主義『愛知大学法学部法経論集』205号，2016年１月

第４章　ドイツ第三帝国の崩壊と避難民・被追放民問題『南山大学ヨーロッパ研究センター報』20号，2014年３月。

終章　日本の「戦後」を考える視点『愛知大学法学部法経論集』212号，2017年９月

これらに関連する論考として，2018年３月に「占領期ドイツの食糧難─日独比較の観点から」を『南山大学ヨーロッパ研究センター報』24号に公表した。種々の事情で本書に収録できなかったが，本書での考察の補完になるので，併せて参照していただきたいと思う。

中間報告とはいえ，長年の懸案との取り組みを一書にまとめるまでには多くの方々のお世話になった。なによりも本文で論及した著作を残してくれた多くの先達に心から感謝しなくてはならない。初めて接したときには反撥を覚えた著作もあったが，読み返して教えられることが多いのに気付いたこともある。同時に，今日でも十分に読みごたえがあるにもかかわらず，忘却に沈んでしまった著作がいくつも存在することが惜しまれてならない。議論を活発化する意図があったため，本書では先行研究に批判的に論及することが多くなった。到達水準の理解不足のため，見当違いな批判に陥っていないか怖れている。

本書ではドイツ現代史から逸脱してしまったが，意図を汲んでもっと先に進むように励ましてくれた同学の友人たち，とくに草稿の一部に丁寧にコメントしていただいた西村稔・京都大学名誉教授，小野清美・大阪大学名誉教

授，後藤俊明・愛知学院大学教授，卒業生の疋田晴敬・津島東高校教諭，出版でご配慮いただいた芝健介・東京女子大学名誉教授に日頃の学恩も含めて感謝したい。専門違いのために逡巡することも少なくなく，それだけに温かい激励はとても心強く感じられた。ひとたび現役から退くと文献の収集が困難になるが，住まいに近いふるさと多度文学館の職員の方々には手元にない数々の和文献を入手するのを助けていただいた。とはいえ著者が眼を通すことができたのは日本現代史研究の成果のほんの一部でしかなく，蓄積の多さと専門分化の度合いに今更ながら驚かされている。さらに今回もまた，地味な内容にもかかわらず木鐸社の坂口節子さんには著者の要望を快諾し，本書を世に問うのを支援していただいた。同社から刊行した最初の著書から数えると20年になり，長きにわたるご厚情に改めてお礼申しあげたいと思う。スマホなどの情報機器が広く普及した反面，書籍はもとより新聞すら読まない大学生が増大したために学術書の出版が危機的な状況にあることを考えると，専門書中心の出版を続ける姿勢には頭が下がるばかりである。

　講義や会議，書類作成などの負担がなくなり，終の棲家も定まった現在，本来なら思う存分研究に専念できるはずであろう。しかし加齢とともに硬化した頭脳には新しい知識が入りにくいのに加え，生来の怠惰にも加速がついているのが現状というほかない。その上，退職すると大学図書館の図書利用が難儀になり，とくに雑誌論文の入手が難題になってくる。これらの困難は予想していた以上に大きく，体力，精神力の面も含めて研究生活もそろそろ終幕に近づいたという感が深い。それでも本書で着手した作業を可能なかぎり前へ進め，長年のいろいろな疑問に納得できる答えをみつけたいと念じている。

　この望みを実現に近づけていくには，これまでどおり妻・和子の辛抱強い協力が不可欠になる。それがなければ前進どころか，すぐに立往生するのは眼に見えている。また社会の中堅として親を支えるようになってきた3人の息子のほか，卒業生たちから時折聞かされる職場での苦労話などは，明るさのみえない今日の現実を知る貴重な学習機会になっている。いろいろな話を耳にするにつけ，難問を先送りしてきた社会の歪みに焦慮が募る反面で，時流に流されず，広く見渡す心構えが大切だという思いも強まってくる。本書における比較という一見すると迂遠に思える方法は，ある意味で広い視野でじっくり考える姿勢を研究面で具象化したものといえるかもしれない。それ

が成功しているか否かについてはもとより，専門外ゆえの誤りも含めて忌憚のない批判をいただければ幸いである。無論，このような比較考察の作業が次の世代にとって視界を押し広げたり，立ち止まって足元を冷静に見直したりする上で少しでも役に立つことがあれば，それにまさる喜びはない。一歩を踏み出したばかりであっても，ひとまず区切りがついたことで爽やかな気分が甦ってくる。息の長いこの作業にこれからも妻が同伴し，遠くの峰に向かって一緒に歩いていってくれることを心から願っている。

2018年盛夏

緑濃い多度の山並を間近に望みつつ
近藤潤三

人名索引

ア行

アデナウアー, K. 38, 139, 141, 142, 144, 145, 148, 150, 151, 152, 155, 168, 180
安倍能成 159
雨宮昭一 273
荒 正人 134
アレント, H. 173
安東仁兵衛 123, 156, 159, 186
石橋湛山 149, 150
伊丹万作 73
五木寛之 155
伊藤 隆 129, 132
色川大吉 75, 129, 264, 292
猪木正道 128, 143, 153
上杉慎吉 36
ヴァイツゼッカー, R. v. 56, 60, 64, 65, 99, 104, 148, 220, 233, 270
ヴィンクラー, H. A. 37, 41, 56, 63, 269
ヴェーラー, H. - U. 37, 57, 62, 171, 239, 280, 281, 291
ウルブリヒト, W. 39, 59, 138, 152, 214
エスピン゠アンデルセン, G. 11
江田三郎 186
エルツベルガー, M. 106
エレンブルク, I. 208
大内 力 129, 157
大岡昇平 79, 95
大江健三郎 78
大野英二 37
小熊英二 153, 256
大仏次郎 80, 88, 89

カ行

カイザー, J. 165
カイテル, W. 70
ガウク, J. 244, 245
片山 哲 149, 176
加藤周一 95, 96, 97, 255, 260
鎌田 慧 283, 284
河上 肇 153
岸 信介 176, 177

キージンガー, K. 109
久野 収 129, 134
グラス, G. 213, 238
グルー, J. 85, 87
クレイ, L. 93
クレスマン, Ch. 40, 61, 62, 262, 267, 268, 271
グローテヴォール, O. 165
グロプケ, H. 145
ケストナー, E. 64, 211
ケナン, G. 207
ゲッベルス, J. 62, 146, 147, 207
コッカ, J. 57, 110, 262
ゴードン, A. 26, 54, 94, 253, 266, 275, 281
近衛文麿 74, 76
コール, H. 39, 64, 66, 68

サ行

サイデンステッカー, E. 99
斉藤隆夫 182
佐伯啓思 46, 55, 277
坂口安吾 130
坂本義和 128, 158
向坂逸郎 149
笹本駿二 84
佐藤忠男 81, 97
佐野真一 29, 283, 284
シェール, W. 66
志賀義雄 149, 162
清水幾太郎 96, 153, 156, 160
清水慎三 135, 185
ジャット, T. 26, 207, 261, 262
シュタインバッハ, E. 237
シューマッハー, K. 39, 73, 141, 142, 144, 148, 151
シュレーダー, G. 65
白井 聡 46, 55, 71, 87, 109, 277
スターリン, J. 70, 85, 152, 154, 155, 156, 164, 166, 168, 205, 218

ゾンバルト, W. 177
ゾンマー, Th. 62, 66, 106, 225, 236

タ行

高橋正雄 153, 185
高見 順 75, 80, 88, 94
竹内 好 75, 179
竹山道雄 144, 153, 212
高杉一郎 155, 209
田中角栄 46, 55, 276
田中 浩 80, 289
ダワー, J. 9, 26, 80, 162, 264
チャーチル, W. 67, 218, 219
辻 清明 178
角山 栄 30, 38
鶴見俊輔 96, 161, 187, 257, 271, 272
デーニッツ, K. 69, 84, 212
テールマン, E. 170
デーンホフ, M. 106, 143, 206
ドーア, D. 127
ドレッガー, A. 65
東郷茂徳 84
徳田球一 76, 107, 149, 162, 169
徳富蘇峰 149
トルーマン, H. 79, 85, 86

ナ行

ナウマン, F. 142
中曽根康弘 137, 186, 277
中村隆英 291
中村政則 273
西部 邁 163, 179
野坂参三 107, 149, 162

ハ行

ハイネマン, G. 58, 66
鳩山一郎 109, 150
ハベル, V. 220
林健太郎 89, 156, 185
ビアマン, W. 57
ピーク, W. 59
日高六郎 91, 127, 129, 160, 169, 187, 188
ヒトラー, A. 24, 38, 62, 67, 72, 74, 84,
    100, 125, 145, 152, 166, 202, 212, 262,
    279
フォークト, K. D. 140, 146, 159

福田恒存 131
藤沢周平 97
藤田省三 38, 129, 160
藤原 彰 38
ブーバー＝ノイマン, M. 167
ブラッハー, K. D. 66, 139, 171
ブラント, W. 58, 66, 98, 103, 146, 152,
    166, 180
古市憲寿 256, 261, 286
不破哲三 163
ベネシュ, E. 217, 238
ヘルツォーク, R. 56
ホイス, Th. 39, 66, 141
ホーネッカー, E. 39, 41
ホブズボーム, E. 260, 262

マ行

マイネッケ, F. 61
マッカーサー, D. 79, 93
正村公宏 136, 163, 274
丸山真男 44, 89, 123, 129, 130, 139, 151,
    157, 158, 160, 164, 173, 178, 257
南 博 91
美濃部達吉 36
三木 清 35
三木武夫 130
宮城音弥 36, 153
宮沢俊義 96
宮本常一 29, 81
メルケル, A. 24, 240, 244
森本哲郎 163

ヤ行

安井琢磨 36
山川 均 149
山口 定 34, 170, 174
山田風太郎 36, 89, 94
山中 恒 72, 73, 96,
ヤーラウシュ, K. 65, 101, 140
吉田 茂 70, 144, 150, 151, 178
吉野源三郎 134
吉野作造 35
ヨードル, A. 69

ラ行

ラカー, W. 26, 260, 262, 278, 291

人名索引・事項索引　307

ラーテナウ, W.　106
笠信太郎　35
レオンハルト, W.　214
ロイター, E.　141, 142, 167
ローズベルト, F.　67, 85, 219

ワ行

我妻　栄　158
和田耕作　164
渡辺恒雄　163

事項索引

ア行

アウシュヴィッツ　102
アオスジードラー　202
アジア・太平洋戦争　28
アレンスバッハ研究所　61, 236
一国主義　18, 82, 87, 88
一億総中流社会　181, 187, 287
移民国　10, 203, 240, 243
イラク戦争　8, 261
ヴァイマル共和国　37, 45, 60, 82, 106, 141,
　165, 167, 181, 223
ウムジードラー　223, 224
大塚史学　30, 38
オーダー゠ナイセ線　143, 223
オールド・リベラリスト　159, 160
終わらない戦後　8, 9, 259, 269

カ行

開発独裁　138
外国人労働者　10, 201, 202, 224, 231, 240,
　241
悔恨共同体　136, 162, 164, 165, 170
革新幻想　131, 132, 170, 174
革新主義　177
過激者条例　121, 140
過去の克服　23, 104, 235, 268
ガストアルバイター　201, 203, 226, 241, 242
カーゾン・ライン　218
瓦礫女　58, 100, 107
歓迎文化　243
管理社会　134, 161
議会評議会　60
逆コース　14, 38, 94, 136, 158, 170, 182,
　183
9条゠安保体制　23, 135, 279
旧制高校　22, 35, 130, 160
共産党　16, 37, 95, 103, 107, 129, 130,

　134, 136, 150, 152, 159, 163, 168, 169,
　181
共産党（KPD）　16, 39, 107, 122, 133, 147,
　149, 152, 164, 169, 181, 214
強制移住　204, 205, 216, 239, 240, 242
強制労働者　61, 63, 204, 226, 227, 268
教養主義　35, 130, 161
共和国逃亡　228, 242
玉音放送　15, 55, 72, 75, 78, 80, 95, 97,
　102
キリスト教民主同盟（CDU）　13, 39, 59, 66,
　106, 109, 147, 165, 180, 181, 186, 233
近代化論　166
グストロフ号　213
建国神話　59, 121, 235
原爆　76, 86
公職追放　13, 108, 109
国家保安省（シュタージ）　42, 171
故郷被追放民・権利被剥奪者同盟（BHE）
　143, 232
国民突撃隊　68
55年体制　8, 9, 10, 38, 44, 71, 101, 123,
　172, 176, 180, 183, 185, 272, 275, 286
ゴーデスベルク綱領　39, 182, 184

サ行

最終解決　205
左翼党　57
ジェノサイド　205, 219, 239
自制の文化　24, 174, 183, 236, 243
シベリア抑留　90, 154, 163, 164, 209
自民党　14, 44, 123, 130, 132, 135, 172,
　180, 181, 185, 186, 188
自由民主党（FDP）　59, 66
社会化条項　148
社会主義協会　149, 186
社会主義統一党（SED）　42, 48, 57, 106,

122, 133, 167, 171
社会大衆党 182
社会的市場経済 182
社会党 10, 175, 179, 180, 183, 184, 185, 186
社会道徳的ミリュー 186, 187
社会ファシズム論 152
社会民主党 (SPD) 13, 39, 59, 106, 143, 147, 148, 165, 175, 180, 181, 182, 183
終戦の詔書 72, 78
昭和研究会 35, 177
植民地支配 16, 202
神権的天皇制 16, 97, 101, 107, 163
新左翼 137, 161
新自由主義 137
進歩的文化人 99, 156, 161
過ぎ去らない戦後 8
スターリングラード攻防戦 206
スターリン批判 136, 155, 156, 157, 159, 161, 162
ズデーテン・ドイツ人 217, 219, 220, 221, 229, 231, 238, 244
生活保守主義 181, 187
政党国家的民主主義 139
零時 61, 106, 107, 227, 238, 279
1940年体制 264, 292
全共闘 161, 179, 257
戦後改革 14, 108
戦後民主主義 16, 30, 91, 101, 133, 161, 257, 286
戦後レジーム 55, 99, 277
全体主義論 166, 167, 171, 172, 173
戦無派 17, 261, 285
総力戦体制 109, 134, 172, 275, 292

タ行

大政翼賛会 108
第三の開国 8
戦う民主主義 121, 139
団塊世代 258, 285
追放に反対するセンター 237
通貨改革 59, 107, 143, 228
抵抗運動 103, 169
天皇 9, 13, 15, 54, 71, 75, 259, 280
天皇制 44, 75, 76, 108, 123, 163
天皇制国家 30, 124, 129, 133, 159

天皇制民主主義 91, 126
ドイツ人追放 217, 219, 268
ドイツ統一 8, 15, 37, 41, 43, 45, 47, 57, 93, 123, 171, 236
ドイツ分断 59, 236
東京裁判 75
統合イデオロギー 146, 147
逃亡・追放・和解連邦財団 240
独ソ不可侵条約 152, 167, 204
土地改革 223

ナ行

内部国境 48, 203, 242, 280
長い戦後 8, 9, 15, 17, 46, 266, 268
ナチズム 15, 35, 37, 38, 44, 45, 47, 102, 147, 168, 235, 238, 268
難民 24, 201, 237, 243, 244
二重の建国 266
ニューディーラー 85
日本異質論 174
ネマースドルフ 207, 209
ネロ命令 84

ハ行

背後の一突き 67, 106, 107
パルチザン 81
ハンガリー事件 156
ハンニバル作戦 213
反ファッショ委員会 105
比較福祉国家論 173
東ドイツ 12, 18, 39, 40, 42, 59, 93, 122, 145, 171, 228, 237, 245, 266, 267
東プロイセン 206, 207, 209, 218, 235
引揚者 16, 202, 230, 263
庇護申請者 202, 203, 244
7月20日事件 169
非ナチ化 105, 109, 145
被追放民同盟 232, 237
非・反共主義 126, 157
負担調整 223, 231, 232, 241
普通の国 10, 174, 236
プロレタリア独裁 133
分割占領 110, 280
ヘイトスピーチ 104
平和問題談話会 134, 162
ベトナム戦争 8, 138, 261, 288

ベルゲン＝ベルゼン強制収容所　64，66
ベルリン　15，56，63，68，69，84，138，210，
　215，240，269
ベルリン共和国　10，269，270
ベルリンの壁　41，57，139，140，203，240，
　242，245，280
ベルリン封鎖　59，141，143
崩壊社会　16，61
保革対立　16，101，132，135，178，179，180，
　182，183，184，186，187，275
ポスト・イデオロギー　9
ポスト戦後　9，10，25，174，294
ポスト戦後社会　276
ポスト・デモクラシー　134
ポスト冷戦　9
ポツダム宣言　77，78，86，92
ホロコースト　100，147，212，235，237，239，
　268
ボン共和国　147，269，270
ボン基本法　60，141，145，182
ボン・デモクラシー　121，122，140，152，
　167，168
本土決戦　48，81，87，88，92，93

マ行

マッカーシズム　124，139，147
マーシャル・プラン　228
マルクス主義　31，33，37，39，44，123，
　129，131，139，146，168，169
短い戦後　8，17，46，268

緑の党　43，188
ミドル・パワー　21
民主主義的反共主義　151，152
民主人民戦線　149，150
民族浄化　205，217，219，239，240
民族ドイツ人　154，204，205，216
無念共同体　77，99，162
村山談話　103
明治憲法　13，36

ヤ行

山びこ学校　283
闇市　88，279
ユーバージードラー　202，203，224，242，
　244，245
ユーロ・コミュニズム　175
陽気な愛国心　236

ラ行

楽敗　91，93，109
ラーゲリ　154，167
ルブリン委員会　218
流民　227
冷戦体制　8，9，178，275
連邦軍　10，13，24，183，243
68年世代　14，100，103，168

ワ行

湾岸戦争　8，261，275，288

著者略歴

近藤潤三（こんどう　じゅんぞう）

1948年　名古屋市生まれ
1970年　京都大学法学部卒業
1975年　京都大学大学院法学研究科博士課程単位取得
現　在　愛知教育大学名誉教授，博士（法学　京都大学）
1991～1994年　外務省専門調査員として在ドイツ連邦共和国日本国大使館に勤務

著　書
　『統一ドイツの変容：心の壁・政治倦厭・治安』木鐸社，1998年
　『統一ドイツの外国人問題：外来民問題の文脈で』木鐸社，2002年
　『統一ドイツの政治的展開』木鐸社，2004年
　『移民国としてのドイツ：社会統合と平行社会の行方』木鐸社，2007年
　『東ドイツ（DDR）の実像：独裁と抵抗』木鐸社，2010年
　『ドイツ・デモクラシーの焦点』木鐸社，2011年
　『ドイツ移民問題の現代史』木鐸社，2013年

訳　書
　H.A.ヴィンクラー編『組織された資本主義』（共訳）名古屋大学出版会，1989年

比較のなかの戦後史　－日本とドイツ－

2018年10月20日第1版第1刷　印刷発行　©

著者との 了解により 検印省略	著　者　近　藤　潤　三
	発行者　坂　口　節　子
	発行所　㈲　木　鐸　社

印　刷　フォーネット＋TOP印刷　製　本　吉澤製本

〒112－0002　東京都文京区小石川 5-11-15-302
電話 (03) 3814-4195番　FAX (03) 3814-4196番
振替 00100-5-126746　http://www.bokutakusha.com

（乱丁・落丁本はお取替致します）

ISBN978-4-8332-2520-5　C3022

近藤潤三　現代ドイツ研究

統一ドイツの変容

A5判・396頁・4000円(1998年)　ISBN978-4-8332-2258-7
■心の壁・政治倦厭・治安
　統一後のドイツでは東西分裂の克服がもたらした束の間の歓喜と陶酔の後に，心に重くのしかかる難問が次々に現れてきた。旧東ドイツ地域の経済再建とその負担，失業者の増大，難民の大波，排外暴力事件の激発等。本書は統一後のドイツの現実を徹底的に一次資料に基づいて追跡し，ボン・デモクラシーの苦悩を解明。

統一ドイツの外国人問題

A5判・500頁・7000円(2002年)　ISBN978-4-8332-2317-1
■外来民問題の文脈で
　戦後西ドイツは敗戦で喪失した領土からの外来民の流入，外国人労働者の導入，難民受入等多くの課題を抱えた。このような錯綜した人の移動の総体を「外来民問題」という観点から，ドイツの外国人問題を捉える。その特有の社会構造と政策転換の変動のなかに百五十年に及ぶ統一ドイツ国家形成の真の姿を見る。

統一ドイツの政治的展開

A5判・228頁・2800円(2004年)　ISBN978-4-8332-2351-5 C3022
　第二次大戦後，分断国家として再出発したドイツ現代史において，統一は終着点ではなく転換点を意味することがますます明白になってきている。それは戦後採用してきた社会的市場経済の「構造転換」に直面しているからである。本書では政治を中心に，統一後のドイツ現代史を鳥瞰することでまとまった全体像を描き出したもの。

移民国としてのドイツ

A 5判・324頁・3500円(2008年)　ISBN978-4-8332-2395-9 C3032
■社会統合と平行社会のゆくえ
　本書は前著『統一ドイツの外国人問題：外来民問題の文脈で』の続編。同じ対象を主題に据えているのに表現が違っているのは，近年のドイツで生起している主要な変化を反映している。移民政策におけるパラダイム転換と呼ぶことができよう。

東ドイツ(DDR)の実像

A5判・336頁・4000円(2010年)　ISBN978-4-8332-2428-4 C3022
　ベルリンの壁が崩壊して20年，そして2010年は東西ドイツの統一が実現して20年になる。崩壊した社会主義国家としての東ドイツとはどのような内実を育んでいたのか。検討したり記憶しておくに値する問題が山積している。本書はそうした東ドイツの変容の歴史的歩みを総括しようとしたもの。

ドイツ・デモクラシーの焦点

A5判・422頁・4000円(2011年)　ISBN978-4-8332-2447-5 C3022
　ドイツは統一以来20年を経過した。本書は統一以前とは区別される以後の現代ドイツの変容とそれが抱える政治的・社会的難問を，社民党の危機，社会国家の再編，過去の克服問題，モスク建設紛争，左右の過激派問題として取りあげ分析・考察。　ドイツ現代政治を立体的に把握する課題に応えた労作。

ドイツ移民問題の現代史

A5判・256頁・3000円(2013年)　ISBN978-4-832-2464-2C3022
■移民国への道程
　前著『移民国としてのドイツ：社会統合と並行社会のゆくえ』の続編。本書では歴史的経緯に重点を置き，ドイツが流入であれ流出であれ，大規模で多彩な移動の国だったことを明らかにしようとしたものである。